학교폭력 예방과 상담

문용린 외 공저

학지사

머리말

학교폭력의 심각성은 이제 그 도를 넘어섰다. 그래서 예방과 근절에 대한 대책이 시급하다. 그러나 학교폭력의 복합적인 양상 때문에 효과적인 대책수립이 어려운 실정이다. 사춘기적인 심리가 은폐성과 맹목성을 부추기고 있고 학생 신분이라는 이유 때문에 교육적 가치와 사법적 정의가 충돌하고 있으며, 자식을 보호하려는 가해자와 피해자의 부모들 마음이 비이성적으로 대립하는 장면이기 때문이다.

그래서 학교폭력은 과학적인 지식과 이론 및 풍부한 실천 경험을 가진 전문가에 의해 다루어져야 한다. 그러나 이런 전문가를 찾기란 쉽지 않다. 국내 어느 곳에서도 이런 전문가를 양성하고 훈련시킨 적이 없기 때문이다. 실제로 1980년대 후반에 접어들면서 학교폭력이 급증하기 시작했지만 이에 대처할 전문성을 가진 사람은 많지 않아 아마추어식 대응만이 가능했다.

최근에 들어서는 다행스럽게도 학교폭력에 관한 과학적 연구가 늘어나면서 이론과 지식도 많이 누적되고 있다. 그러나 이런 학문적 성과가 바로 학교폭력 예방에 관심을 갖고 일하는 사람들의 전문성으로 연결되는 것은 아니다. 학자들의 연구 성과가 실천가와 운동가들의 전문성 강화로 연결되기 위해서는 어떤 연계 고리가 필요하다.

바로 이 책이 그런 연계 고리에 해당된다. 국내외에서 학교폭력에 관심을 갖고 연구한 학자들은 최근의 이론과 지식을 가급적 넓게 펼쳐 보이고자 했다. 이론적 맥락을 바르게 짚는 것보다 더 중요한 것은 없으며, 특히 이처럼 복잡한 학교폭력 현상에 관해서는 더욱 그렇다.

또한 이 책은 그간 학교폭력 예방과 대처를 위해서 불철주야 움직여 온 시민운동가와 실천가들의 실제 체험을 바탕으로 한 지혜와 경험을 싣고 있다. 즉, 가해자와 피해자 그리고 그들의 부모, 교사, 경찰, 변호사들과의 긴장감 있는 체험의 기록을 담고 있어 그 나름대로 소중한 가치를 지닐 뿐만 아니라 이론과 지식의 부족을 열정과 의지와 땀으로 보완한 증거이기도 하다.

그래서 이 책은 학교폭력의 예방과 상담에 대한 이론과 실제가 될 수 있다. 학교폭력을 다루는 모든 사람들에게 이론과 지식 그리고 실천의 경험과 지혜를 제공할 수 있을 것이라고 믿기 때문이다. 아무쪼록 이 책이 학교폭력에 관심을 갖고 있는 여러분들이 이 분야의 전문성을 확보하는 데에 큰 도움이 되길 바란다.

짧은 기간에도 불구하고 일정에 맞게 원고를 작성해 주신 고려대 김준호, 용인대 박병식 교수 등 집필자 여러분께 깊은 감사를 드리며, 이 책의 출판을 항상 격려하고 기다려 주신 김종기 청예단 명예이사장, 인내와 세심한 배려로 이 책을 제작해 주신 학지사 김진환 사장님과 편집진들께도 감사드린다.

집필진을 대표해서

문용린

차 례

제2부 학교폭력 상담

1부 학교폭력에 대한 이해

1장
학교폭력과 예방: 이해의 관점

– 문용린(서울대학교 교육학과 교수)

이 장에서는 학교폭력이라는 현상의 근본적인 속성에 대해서 논의하고 있다. 학교폭력은 잘라도 다시 생겨나는 도마뱀 꼬리같이 끈질기게 발생하는 아주 복잡하고 난해한 현상이라고 규정하면서, 이런 학교폭력에 대처하기 위해서는 포괄적인 접근과 인내심이 중요함을 언급한다. 또한 학교폭력 현상이 난해하고 복잡한 까닭은 그 발생 메커니즘이 명쾌하게 밝혀지지 않아서라고 진단하면서 학생, 가정, 학교, 사회, 매스컴 등을 포괄하는 폭력 예방환경의 중요성을 강조한다.

1. 학교폭력 예방을 위한 그간의 노력

학교폭력 문제는 이젠 더 이상 수수방관할 문제가 아니다. 전국 방방곡곡에서 학교폭력 문제가 발생하고 있다. 살인과 자살, 정신병원 입원으로까지 번져 사회 전체를 깜짝 놀라게 하는 일이 비일비재하다. 이러한 현상은 어제오늘의 일이 아닌 이미 수십 년 전부터 있어 왔던 일로 폭력의 심각한 양상은 점진적으로 커져 왔다.

1990년대 초부터 학교폭력의 심각성은 구체적으로 논의되기 시작했다. 그 시기에 학교폭력에 대한 예민성은 학교나 정부 차원보다는 민간 차원에서 더 높았다. 학교폭력의 피해학생이 속출하고, 이에 대한 학부모들의 원성이 높아져서 급기야 '자녀 안심하고 학교 보내기 운동' 이 민간운동으로 전개되기 시작하였다. 또한 학교폭력으로 자녀가 피해를 입은 학부모들이 많아지면서, 피해자 가족모임 등이 활성화되기에 이른다. 학교폭력으로 고등학생 아들을 졸지에 잃은 한 아버지가 학교폭력 근절을 결심하면서 청소년폭력예방재단(1995)을 세우게 된 시기도 바로 이 1990년대 중반이다.

이러한 시민단체들의 출현으로 학교폭력을 염려하는 시민의 목소리가 비로소 한곳으로 모여 높게 울리기 시작했다. 학교폭력 피해학생들이 상담을 받으러 오고, 그 부모들이 사후 대책을 협의해 오기 시작했다. 그러한 학생과 학부모들의 상담건수가 엄청나게 증가하기 시작하면서 시민단체들도 학교폭력의 심각성을 다시 한 번 깨닫게 된다. 그들이 하는 일은 단지 빙산의 일각을 건드리고 있는 것에 지나지 않았음을 자성하게 되었다.

결국 시민단체들은 상담활동과 사후 대책의 강구만으로는 학교폭력에 적절하게 대처할 수 없음을 인식하고 국가차원에서의 적극적인 관여의 필요성을 절감한다. 즉, 국가수준에서의 입법청원이 요구되었다. 그래서 학교폭력에 관심을 갖는 시민단체를 중심으로 학교폭력대책국민협의회가 결성되었다. 이 단체를 중심으로 하여 학교폭력대책관련법 제정이 추진되었고, 우여곡절 끝에 2004년에 학교폭력예방및대책에관한법이 교육부 소관 법령으로 제정되기에 이른다. 학교폭력 예방과 대책 강구에 국가가 적극적으로 관여하고 지원할 수 있는 획기적인 신기원을 열게 된 것이다.

이러한 여세를 몰아서 2005년 3월에 정부 5개 부처 장관과 책임자들이 모여 학교폭력에 대한 범정부적 대응을 선언했다. 경찰청과 교육인적자원부가 주도하여 학교 내 폭력, 특히 일진회를 위시한 조직폭력을 근절하겠다는 대국민 선언을 한 것이다.

2005년 3~5월까지 전국적으로 행해진 학교폭력자진신고기간 및 피해자신고기간은 정부 수립 이래 유례없는 대대적인 것이었다. 특히 5개 부처가 동시에 나선 것은 이번이 처음이었다. 그 규모와 관심에 걸맞게 상당한 성과를 거두었다. 정부는 이에 힘을 얻어 국무총리실 산하에 폭력추방 범국민 추진본부 협의회를 구성하고, 학교폭력 추방을 그중의 하나로 포함하여 학교폭력의 근절 의지를 보이고 있다.

1990년대 소수의 민간운동으로 시작된 학교폭력 근절과 예방 노력이 10여 년 만에 국가를 움직여 법령을 제정케 하고, 범정부적 대책기구까지 상설하게 한 것은 엄청난 성과로 학교폭력 예방과 대책의 신기원을 이룬 것임에 틀림이 없다.

그러나 이것은 단지 시작에 불과하다는 것을 인식해야 한다. 국가가 관여하고 지원할 수 있는 학교폭력 대책의 관련 법령을 구비한 것은 이제 학교폭력과 맞대응해서 싸울 수 있는 병참기지가 만들어졌다는 의미일 뿐이다. 학교폭력의 검은 세력과 싸우는 것은 법안이 아닌 그 법안의 지원과 보호를 받는 선한 사람들이다.

학교폭력의 검은 세력과 싸우는 일은 결코 간단한 일이 아니다. 많은 선진국이 학교폭력을 범죄로 규정하여 세밀하고 강력한 법안 제정 등으로 학교폭력에 대항해 싸우는 많은 사람들을 보호, 지원하고 있지만 그럼에도 학교폭력은 상존하고 있다.

그래서 학교폭력과 겨루는 일에는 철학과 학교폭력에 대한 포괄적인 이해가 필요하다. 학교폭력이라는 검은 세력은 계속해서 꺼뜨려도 꺼지지 않는 불과 같고 몇 번을 잘라도 잘리지 않는 도마뱀의 꼬리와 같다. 이러한 학교폭력의 생리에 대한 이해를 바탕으로 학교폭력의 질긴 근성보다 더 질기고 끈질기게 예방과 근절에 나서야 마침내 승리할 수 있다는 지혜를 얻을 수 있다. 학교폭력의 검은 세력과의 싸움에서 먼저 지쳐서는 안 된다.

2. 학교폭력은 난해한 복합현상이다

학교폭력은 결코 단순한 현상이 아니다. 어떤 사람은 자신의 학창시절 기억을 떠올리며 오늘날의 학교폭력을 학생 간의 싸움(세력 다툼) 정도로 인식하고 있는데, 그것은 잘못이다. 그렇게 사춘기 시절의 성장통(成長痛)이나 신고식 겸 입문식이라면 자살하고, 죽고, 병원에 입원하고, 정신병원에 가는 일이 그렇게 속출하겠는가? 지금 우리 사회에서, 그리고 이 책에서 문제로 삼고 있는 학교폭력은 당사자끼리 대등하게 겨루고 있는 싸움이 아닌 분명하게 구분되는 가해학생과 피해학생 사이에서의 일방적인 폭력 상황을 가리키는 것이다.

학교폭력은 그 발생과정을 이해하기가 몹시 난해하고 복잡하다. 그리고 그것에 대한 처리와 대처 역시 대단히 복합적인 문제를 안고 있다. 따라서 학교폭력의 이러한 난해성과 복합성을 먼저 이해해 두는 것이 중요하다. 상대방을 너무 가볍게 여겼다가 실패하는 경솔한 선수의 예가 학교폭력 예방과 대처에서도 여전히 통할 수 있기 때문이다.

우선 학교폭력의 난해성과 관련해서는 다음과 같은 전제를 염두에 두어야 한다. 즉, 학교폭력은 비단 우리나라만의 문제가 아니라 전 세계 모든 국가가 겪고 있는 문제이기 때문에 수많은 연구가 있어 왔음에도 아직까지 뚜렷하게 그 원인과 발생 메커니즘이 제대로 밝혀지지 않고 있다는 것이다(Gerrig & Zimbardo, 2005).

특히 미국은 청소년 비행 문제로 1930년대 이래로 가장 많은 고민을 해 왔고, 그에 상응해 정신의학, 심리학, 교육학, 사회학, 인류학, 정치학 분야에서 엄청난 연구비를 투입해 많은 연구를 해 온 나라다. 그러나 이 폭력 문제에 관한 한 분명한 설명을 아직도 못하고 있다. 미국의 예를 볼 때 학교폭력 문제가 얼마나 이해하기 어려운 문제인가를 잘 알 수 있다. 다양한 요인들이 겹쳐서 복합적으로 작용하고 있기 때문이라고 밖에 볼 수 없다(US Secret Services & US Dept of Education, 2002).

우리나라의 경우도 마찬가지다. 미국처럼 그렇게 많은 연구는 아니지만, 필요한 부분의 연구는 간헐적으로 이루어져 왔다. 학교폭력의 원인과 발생 메커니즘을 한국적 상황에서 설명하려는 시도도 물론 있었지만, 미국의 연구들과 마찬가지로 분명한 결론을 내지는 못하였다.

결국 학교폭력을 근절하고 예방하겠다는 의지에 불타고 있는 사람들은 곳곳에 많이 있지만, 그것이 어떻게 발생하고 있는지, 어떤 요소와 부분을 작동시키면 폭력을 예방하고 근절할 수 있는지에 대한 이론과 지식을 분명히 알고 있는 사람은 매우 드물다. 이런 것들이 학교폭력에 대한 대처를 어렵게 만들고 있다.

그러나 모르는 것을 아는 것으로 착각하기보다는 모르는 것을 인정하고 더 분명히 알려는 진지한 관심으로 학교폭력에 접근하는 것이 실수가 더 적은 접근법임을 알아야 한다. 따라서 학교폭력에 대한 접근은 이론과 지식보다는 진지한 관심과 사랑의 열정으로 하는 것이 더 중요할 것이다. 이제 우리는 복잡한 학교폭력 현상에 대해서 무엇을 모르는지를 분명하게 확인해 두어야 한다. 모른다는 것을 전제로 학교폭력 문제에 소박하고 겸손하게 접근하는 것이 중요하다.

3. 학교폭력의 원인과 발생 메커니즘: 분명하지 않은 것들

학교폭력을 에워싸고 있는 구성 요소는 엄청나게 복잡하다. 겉으로 보기에는 가해자와 피해자 두 당사자만 부각되어 보이지만, 그들은 단지 빙산의 극히 일부분에 불과하다.

학교폭력은 가해자에서 시작된다. 그가 피해자를 선택한 후 폭력의 방법과 강도 및 빈도를 결정한다. 가해의 지속 여부도 그의 결정에 달려 있다. 따라서 가해자에 대한 이해는 학교폭력 문제 해결의 가장 핵심적인 고리다.

그러나 과연 우리는 그 가해자 특성에 대해서 얼마나 알고 있는가? 즉, 어떤 학생이 학교폭력의 가해자가 될 가능성이 큰지 우리는 알고 있는가? 이 질문에 대한 잠정적이거나 확인되지 않은 결론이 많이 이야기되고 있으며, 대체로 가해자는 다음과 같은 특성을 지닌다는 것이다.

- 지능이 낮다.
- 학교 공부를 못한다.
- 결손가정인 경우가 많다.
- 나쁜 친구와 어울린다.
- 폭력 영상물을 많이 본다.
- 돈 씀씀이가 헤프다.
- 정서자제력이 약하고 충동적이다.
- 피해학생이 가해자로 발전된다.

그러나 이제까지의 어떤 연구도 이런 특징이 가해자를 설명하는 필요충분조건이 된다는 확실한 결론을 내린 바 없다. 예컨대 '지능이 낮은 학생이 모두 가해자가 되었다' 는 증거도 없고, '가해자가 모두 지능이 낮았다' 는 증거도 물론 찾지 못했다. 어떤 심리적, 가정적, 행동적 특징 한두 가지를 가지고 가해자를 예측하려 한 연구는 모두 실패했다. 물론 가해자 중에는 지능이 낮거나 폭력영상물을 많이 보았거나 결손가정 출신이 섞여 있을 수도 있지만, 그런 사람들 중에는 가해자가 되지 않은 학생이 훨씬 많으므로 단정 지을 수 없다. 또한 피해자였던 학생이 또 다른 학생에게 폭력을 가하는 공격적인 피해자가 간혹 있기는 하지만(박종효, 2003) 일반론으로 받아들이기는 어렵다.

많은 사람들이 '학교폭력 가해자 예측검사'를 만들고 싶어 한다. 이 검사를 통해서 가해자가 될 학생을 미리 선별해 내자는 발상이다. 그러나 불행하게도 그런 검사는 가능하지도 않고 바람직하지도 않다. 현재의 지식수준이 그런 검사를 만들 만큼 발전하지도 않았고, 하루가 다르게 변화하고 성숙해 가는 청소년들을 그런 방식으로 예단하려고 하는 것은 반인권적이고 반교육적이다.

이러한 가해자 예단이 불가능하고 바람직하지 않은 줄 알면서도 실제에서 이런 생각으로 학생을 대하는 사람이 간혹 있다는 것은 불행한 일이다. 우리가 가해자를 예측하는 것은 현재 현실적으로 불가능하므로 성급한 일반화로 속단하는 오류를 범해서는 안 된다.

학교폭력 피해자에 대해서도 여전히 확인되지 않은 부분이 많다. 예컨대 피해자 특성이 있는 것처럼 오해하는 사람이 있는데, 보통 다음과 같은 학생이 피해자가 될 가능성이 높다고 한다.

- 몸이 허약하다.
- 신체적으로 남다른 특징이 있다.
- 말을 더듬는 등 언어상에 특징이 있다.
- 건방진 모습을 보이는 등 남을 화나게 만드는 경향이 있다.
- 대인관계가 원만하지 않다.
- 전학자 중에 많다.
- 피해자가 신고를 안 하는 것은 용기가 없기 때문이다.

그러나 피해자의 공통된 특징을 찾으려 한 노력은 모두 실패했다. 어느 연구도 피해자가 되기 위한 최소한의 필요충분조건을 발견하지는 못하였다. 결론적으로 많은 연구들이 학교폭력을 가해자나 피해자의 심리적이거나 가정적 또는 행동적 특성으로 설명하는 데 실패하였다. 즉, 학교폭력은 우리가 생각하는 것보다 훨씬 복잡하고 난해한 것이다.

그래서 학교폭력 연구들은 가해자나 피해자 특성연구에서 해답을 얻지 못하고, 그들이 상호 작용하는 학급, 학교, 지역사회, 매스컴, 정치상황 등으로 연구영역을 펼쳐 나가기 시작했다. 즉, 학교폭력을 부추기거나 억제하는 사회환경적인 요소가 무엇인가를 밝혀 보고자 한 것이다. 여기에서도 잠정적으로 도출된 결론은 여러 가지가 있다. 그러나 확정적인 것은 없으며, 예를 들면 다음과 같다.

- 학교 규모가 클수록 폭력이 많다.
- 남자학교가 공학학교보다 폭력이 많다.
- 상벌체제가 불공평한 학교에 폭력이 많다.
- 관료적 경직성이 큰 학교에 폭력이 많다.
- 학생 특성이 이질적(빈부 차이)이면 폭력이 많다.

그러나 이런 결론 역시 일반적인 결론으로 받아들이기는 어렵다. 각각의 결론에 대해서 반대되는 결론을 제시한 연구도 많기 때문이다. 학교뿐만이 아니라 사회 전반적인 분위기와 상황이 학교폭력과 관련된다는 이야기도 많은데, 예를 들면 다음과 같다.

- 체벌에 관대한 가정과 학교의 문화가 학교폭력을 조장한다.
- 폭력적인 가정이 학교폭력을 조장한다.
- 일제시대의 폭력문화가 학교폭력을 조장했다.
- 군사문화가 학교폭력을 조장했다.
- 조직폭력이 미화되는 사회 분위기가 학교폭력을 조장한다.

이런 결론도 불분명하기는 마찬가지며 검증하기가 더 어려운 문제들이다. 이런 단언들은 그럴싸해 보이기는 하지만, 현재 우리 주변에서 벌어지고 있는 구체적인 사건 하나하나를 이해하고 설명하는 데는 그리 유용하지 못하다. 즉, 한국 상황 전체에서 벌어지는 학교폭력에 대한 거대담론(巨大談論)으로서는 어느 정도 유용할 수도 있겠지만, 구체적인 가해자의 가해현상을 설명하는 데에는 무리가 있다.

마지막으로 요즘 텔레비전 드라마, 영화, 컴퓨터 게임, K-1격투기 등을 놓고 그것의 폭력성이 학교폭력과 상관성이 있다는 말들을 많이 한다. 이런 주제와 관련해서 미국은 1950년대부터 누적해 온 연구결과를 무수히 가지고 있다. 이른바 'Surgeon General's Report'의 일환으로 많이 발표되고 있는 이런 연구들의 결론은 불행하게도 찬성 반 반대 반이다. 즉, 영상물에 담긴 폭력성이 학교폭력과 상관 관계에 있다는 연구와 없다는 연구가 반반씩 섞여 있다는 것이다(Liebert & Sprafkin, 1988).

지금까지 살펴본 이상의 불분명한 결론들은 무엇을 말하는가? 이것은 학교폭력의 원인과 발생조건에 관해서 섣부르게 미리 결론을 내리는 '선입견의 실수'를 경계해야 함을 의미한다. 물론 이 책의 각 장은 나름대로의 이론과 발견된 결론을 제시하고는 있다. 그러나 그것은 해당연구나 인용한 연구에 국한된 결론임을 명심해야 한다. 즉, 모든 학교폭력 상황에 동일하게 적용될 이론과 결론은 없다.

따라서 학교폭력을 다루는 교사를 포함한 어떤 전문가도, 특정 책이나 연구물 속에 제시된 이론의 틀에 전적으로 의존해서 당면한 학교폭력 문제를 해석하거나 해결하려고 해서는 안 된다. 화가는 이론으로 그림을 그리는 것이 아니라 그리고 싶은 구체적인 대상을 접했을 때 자신의 순수한 감성에서 오는 느낌으로 그림을 그린다고 한다. 마찬가지로 학교폭력을 다루는 교사나 전문가들은 이론적 틀에 지나치게 얽매일 것이 아니라 가해자나 피해자의 생생한 삶의 모습을 들여다보고, 그들이 겪는 인생의 고비에 도움을 주어 훌륭한 사람으로 성숙할 수 있도록 해야 한다는 사명감과 애정으로 학교폭력 문제를 다루어야 한다.

4. 우리가 해야 할 일들: 폭력 예방환경의 조성

학교폭력은 언제 어디서나 모든 학생에게 일어날 수 있는 예측하기 어려운 일이다. 따라서 전방위적(全方位的)인 관심과 주의를 펼치는 것이 중요하다. 따라서 학교나 지역사회의 분위기를 폭력 예방환경으로 유지해 나가는 것이 가장 중요하다.

폭력 예방환경이란 무엇인가. 가해자가 폭력을 휘두를 엄두가 나지 않도록 하는 집단압력이 존재하는 학교나 지역사회의 분위기를 말한다. 이런 분위기의 형성과 정착에 가장 중요한 개념이 신고활동이다. 학교폭력에 대한 신고가 활성화되면 가해자의 설자리가 좁아지고 위태로워진다. 따라서 가해 의도와 행동이 줄어든다.

신고의 활성화는 과거의 폭력, 현재 진행 중인 폭력, 미래의 폭력 모두를 한꺼번에 제어할 수 있는 효과를 지닌다. 즉, 신고를 통해서 폭력을 휘두르고 잠적해 있는 가해자를 찾아내고, 현재 폭력을 행사하고 있는 가해자를 즉각적으로 제지할 수 있다. 신고의 활성화가 곧 예비 가해자에겐 위협이 될 것이기 때문이다.

따라서 신고의 할성화를 위한 사회제제의 구축이 학교폭력 예방환경에 가장 중요한 관건이다. 여기서 그런 체제란 어떤 것인가. 해답은 바로 피해학생이나 그 친구 또는 제3의 목격자가 학교폭력의 발생을 학교, 부모, 경찰, 검찰 및 전문민간기구에 즉각적으로 제보해 줄 수 있는 시스템을 구축하는 것이다.

그렇다면 이런 시스템이 왜 필요한가. 피해당사자인 학생이 폭행을 당한 후 즉시 신고해 주는 것이 가장 좋지만, 사춘기의 독특한 심리가 그런 신고를 억제하고 있어 실제로 피해 당사자에 의한 직접 신고율은 25% 내외에 불과하다. 즉, 피해당사자의 신고율을 높이는 것은 결코 쉽지 않다. 또한 피해학생이 친한 친구에게 피해 사실을 알리더라도 그 친구가 신고할 확률 또한 높지 않다. 왜냐하면 친구를 도우려는 생각보다는 나도 당하지 않을까 하는 두려움이 더 크기 때문이다. 이것이 사춘기 때의 독특한 심리적 특성이다.

그러므로 학교폭력 신고율을 높이기 위해서는 지역사회의 주민이 움직여야 한다. 가해자를 압박하고, 피해학생과 그 친구들이 '신고하는 용기'를 발휘할 수 있도록 그들을 격려하고 고무하기 위한 활동을 그들 앞에서 전개해야 한다. 지역사회 주민이 나서서 자기의 자녀들이 다니는 학교에서 폭력이 발생하지 않도록 감시하고 감독하는 일을 캠페인으로 굳혀야 한다. 이렇게 함으로써 가해자를 불안에 떨게 하고, 피해학생들이 쉽게 도움을 청할 수 있는 분위기를 조성하고, 결국 지역사회 주민이 뭉쳐서 학교폭력이라는 어두운 악의 세력을 견제하고, 이에 맞서 싸울 선한 학생들의 힘을 북돋울 수 있어야 한다.

이런 지역사회활동에 시민단체, 즉 NGO들이 큰 역할을 할 수 있다. 학교당국과 경찰 및 검찰 등이 학교에서 벌어지는 학교폭력이라는 범죄에 맞설 일차적인 책임이 있지만, 관료적 병폐와 조직 이기주의가 만만치 않은 힘으로 작용한 예가 적지 않다. 예컨대, 학교폭력 발생 사실을 숨긴다든지, 관할권을 떠넘긴다든지, 불공평하게 처리한다든지 등의 문제가 발생한다. 시민단체는 바로 이런 점을 지적하고 감시, 감독하는 역할을 할 수 있다. 특히 학교폭력에 전문성을 가진 NGO라면 더 큰 기여를 할 수 있을 것이다.

결국 학교폭력은 신고를 활성화하고 이를 적극적으로 유도하는 폭력 예방환경의 조성을 통해서 가장 효과적으로 예방하고 근절할 수 있음을 이해하는 것이 중요하다. 이런 예방환경의 조성을 위해서 교사, 학교, 학부모, 지역사회, 경찰, 검찰, 시민단체들의 유기적인 네트워킹이 이루어져야 한다. 이미 네트워킹이 작용하고 있는 곳도 있다. 부산 지역과 구로동 지역에서 시작된 스쿨 폴리스가 그 한 예며, 관악경찰서와 그 지역의 학부모가 힘을 합해 운영하고 있는 관악 어머니 폴리스가 또 다른 예다. 이런 지역사회 중심의 네트워킹이 결국 학교폭력을 막는 가장 중요한 수비대가 될 것이다.

참고문헌

박종효(2003) 공격적 피해자의 심리, 사회적 특성과 문제행동. 교육학연구, 43(3), 423-449.

Gerrig, R., & Zimbardo, P. (2005). *Psychology and life* (17th ed.) New York: Allyn & Bacon.

Liebert, R., & Sprafkin, J. (1988). *The early window: Effects of television on children and youth*. New York: Pergamon Co.

US Secret Service & US Dept of Education. (2002). The final report and findings of the safe school initiative: Implications for the prevention of school attacks in The U. S.

2장
학교폭력의 정의 및 현상

- 김준호(고려대학교 사회학과 교수)

학교폭력에 대한 정확한 개념은 없다고 해도 과언이 아니며 그렇기 때문에 정확한 실태를 파악하기도 힘들다. 학교폭력이라는 단어는 '학교'와 '폭력'이라는 두 단어의 합성어라는 점에서 출발하여 '학교'를 단순한 물리적 장소가 아닌 교육기관이라고 정의하고, 폭력 역시 단순한 물리적인 폭력을 넘어 비가시적인 모든 폭력을 포함시켜 "학교 교내, 주변, 등하굣길, 집 주변, 학원 주변 등 물리적인 장소는 물론이고 교육과 관련된 장소 및 현장에서 부모와 교사를 제외한 모든 사람이 학생에게 행사한 폭력을 학교폭력"이라고 정의한다.

학교폭력은 가해자와 피해자가 같은 공간에 있는 시간이 많아 가해자 기분에 따라 언제든지 폭력 행사가 가능하고 피해자가 피할 수가 없는 경우가 대부분이다. 또한 지속적이며 장기화되는 경향이 있고 폭력에 장기간 노출된 피해학생은 폭력에 둔감해져 다양한 정신병리적 증후군을 보일 수 있으며, 폭력의 학습을 통해 가해학생은 물론이고 피해학생 역시 폭력에 대해 허용적인 태도를 보일 수 있다는 점에서 매우 심각한 폭력이다.

학교폭력 실태에 대한 종단적인 연구결과를 보면, 이것이 학교의 일상생활로 만연되어 있음을 알 수 있다. 물리적, 비가시적인 폭력은 물론이고 각종 심리적 폭력 역시 우려할 지경에 이르렀으며, 여학생들이 겪는 다양한 성폭력 피해도 좌시할 수 없는 수준에 이르렀다.

학교폭력에 대한 정확한 개념은 없다고 해도 과언이 아니다. 그러나 우리나라는 물론이고 전 세계적으로 학교폭력에서 자유로운 나라가 없을 정도로 만연되어 있는 사회 문제이기도 하다. 오히려 사람이 사는 사회는 정도 차이는 있을지언정 학교폭력에서 완전히 해방된 나라가 없다는 사실이 정확한 개념 정의를 힘들게 만드는 주원인일 수도 있다. 즉, 국가와 사회에 따라 너무나도 다양한 모습으로 학교폭력은 피해학생을 괴롭히고 있는 것이다.

개념을 정확히 정의하기 힘들기 때문에 그 누구도 정확한 실태를 파악하기 힘들다. 학교폭력을 어떻게 정의하느냐에 따라 거의 모든 학생들이 피해자라고 볼 수도 있는 반면에 개념을 다르게 정의하면 지극히 소수의 학생들만이 피해자라고도 볼 수 있기 때문이다. 예컨대 아주 넓게 정의하여 학교 내는 물론이고 학교 주변에서 청소년들 사이에서 흔히 있을 수 있는 사소한 언어폭력, 다시 말해 조금 심한 욕설도 학교폭력이라고 정의하면 모든 학생이 가해자인 동시에 피해자다. 몇 명의 학생들이 힘없는 친구를 집단적이고 지속적인 심한 물리적 폭력이나 언어폭력으로 괴롭히고 금품까지 정기적으로 갈취하는 경우도 있지만 시달림을 견디지 못한 학생이 자살이라는 극단적인 방법을 사용할 정도의 심각한 폭력은 생각보다 많지 않은 것 같다.

사회과학에는 학자들 모두가 공통적으로 인정하는 개념은 없다. 소위 전문용어라고 해도 학자에 따라, 하설에 띠라 깉은 단어가 다른 개념으로 정의되는 경우가 비일비재하다는 점이 자연과학보다 사회과학을 어렵게 만드는 이유 중 하나다. 그러나 어떠한 사회적인 대상도 정의를 하기 전에 실태를 파악할 수 없고 더 나아가 원인을 밝힐 수도 없으며, 특히 대상이 사회 문제 성격이 강할 때는 효과적인 대책을 강구하기도 힘들다. 이 장에서 다루는 학교폭력의 개념과 실태 역시 이런 한계를 분명히 갖고 출발할 수밖에 없다는 점을 밝힌다. 그러나 학교폭력에 대한 적절한 대책을 마련하기 위해서는 어떤 관점에서건 이 애매모호한 단어를 비록 상대적이지만 나름대로 개념을 정의할 필요가 있고, 이런 개념에 의한 실태를 알아보고자 한다.

1. 학교폭력의 개념

1) 학교폭력의 정의

학교폭력이라는 단어는 '학교' 와 '폭력' 이라는 두 단어의 합성어다. 즉, 학교와 연관된 폭력을 지칭한다. 그러나 '학교' 라는 단어가 의미하는 바는 단순하지 않다. 단순히 물리적인 장소로만 한정하면 학교 내부로 한정할 수도 있지만 더 넓게 보면 학교 주변으로 확장될 수도 있다. 주변으로 확대 해석해도 반경 몇 킬로미터까지로 정의할 것인가 등 세부적인 사항으로 가면 그 누구도 명확히 정의하기 힘들다.

한편 '학교' 라는 단어를 물리적인 장소가 아니라 교육기관으로 정의하면 그 교육기관에서 교육을 받는 학생들이 피해를 받을 수 있는 폭력으로 간주될 수도 있다. 즉, 물리적인 장소가 중요한 것이 아니라 피해자가 더 중요해진다. 이렇게 정의하면 학생이 피해자인 모든 폭력은 학교폭력이라고 정의할 수도 있다. 예컨대 피해자가 학생인 이상 부모에게서 받는 가정폭력도 포함될 수 있고 여행을 떠나 객지의 불량배에게 당한 폭력도 학교폭력이라고 간주할 수 있겠으나 이런 폭력까지 학교폭력으로 간주하는 사람은 없을 것이다. 즉, 학교라는 장소와 교육기관, 그리고 피교육생인 학생이라는 신분이 매우 복잡하게 얽혀 '학교' 라는 개념 속에 혼재되어 있는 것이다.

여기에 더해 좀 더 복잡해지는 이유가 있다. 피해자의 신분이 학생으로 국한되어야 하는가? 꼭 그렇지만은 않다. 예컨대 미국과 같은 나라에서는 교사에 대한 학생들의 폭력 역시 학교라는 장소에서 발생하기 때문에 일부 학자들은 학교폭력으로 간주하기도 한다. 이 경우에는 피해자가 아니라 가해자가 개념 정의에 중요한 부분을 차지한다. 따라서 가해자의 신분이 학생일 경우를 학교폭력이라고 정의할 수도 있으나 학생이 학교라는 교육기관과 무관하게, 예컨대 유흥가에서 성인을 대상으로 폭력을 휘둘렀을 때는 학교폭력은 아니다. 그러나 교사에 대한 학생들의 폭력은 교육기관과 관계되어 있기에 학교폭력이라고 간주하는 것 같다.

가해자의 신분을 학생으로 간주할 수도 없다. 교사의 심한 체벌, 감정이 앞선 심한 체벌과 욕설, 모욕 등도 경우에 따라서는 학교폭력이라고 볼 수도 있으며, 필자의 개인적인 생각으로는 학교폭력이라고 생각한다. 이와 같이 학교폭력이라는 단어의 첫 단어인 '학교' 부터 정의하기 쉽지 않다.

'폭력' 이라는 말은 더욱 정의하기 힘들다. 극단적인 협의로 정의하면 신체에 대한 직접적이고 정도가 심한 물리적 폭력일 것이다. 예컨대 법률적인 개념으로 살인, 폭행, 상해 등으로 해석될 수 있는 심한 물리적인 폭력을 학교폭력의 범주에서 제외할 사람은 없을 것이다. 그러나 정도가 매우 심각한 물리적인 폭력만을 학교폭력의 범주에 포함한다면 실질적으로 더 심각한 폭력이 제외될 수 있다. 정도가 법에 저촉될 만큼 심각하지는 않으나 지속적인 폭력도 있을 수 있으며, 지속적이지 않아도 그리고 법률에 저촉될 정도는 아닌 폭력, 예컨대 제법 심하게 구타를 당한 것을 폭력이 아니라고 간주할 수는 없다.

더 나아가 물리적인 폭력만이 폭력인가? 그렇지는 않다고 생각한다. 심한 욕설이나 모욕 등 심리적인 폭력도 폭력이라고 간주할 수 있으며, 때에 따라서는 물리적인 폭력보다 피해자에게 주는 피해는 더 클 수도 있다. 아울러 금품을 갈취하는 과정에서 직접적이고 가시적인 폭력이 행사되지 않고 심한 욕설이 없었더라도 피해학생이 이때 느끼는 심리적인 위압감 또한 폭력은 폭력인 것이다. 예를 들면 상당수의 금품갈취, 특히 대부분의 지속적인 금품갈취는 겉으로 나타난 현상만을 보면 물리적인 폭력이나 언어폭력을 보기 힘든 경우가 많다. 그러나 피해학생에게는 견디기 힘든 폭력이다. 더 나아가 '빌려 달라' 는 형태를 취한 갈취, 강매의 형태를 취한 갈취 등은 많은 경우 동조하지 않을 경우에 있을 수 있는 각종 형태의 폭력을 전제로 이루어지는 협박과 같은 폭력이라고 볼 수도 있다. 그렇다고 이런 모든 형태의 폭력을 아주 사소한 것까지 폭력이라고 정의한다면, 이 장의 서두에 언급한 바와 같이 학생들 사이의 사소한 분쟁으로 인한 사소한 주먹다짐이나 험한 말도 폭력이 되며, 이렇게 극단적으로 광의로 정의한다면 이 땅의 모든 학생들은 모두 가해자며 피해자라는 어처구니없는 개념이 성립된다.

이렇게 단순하지 않은 학교폭력이지만, 위에서 언급한 여러 측면을 고려하여 개념을 조작적으로 정의하고자 한다.

2) 학교폭력의 범주

(1) 학교, 가해자 그리고 피해자

학교폭력은 학교라는 물리적 장소, 그리고 좀 더 추상적인 의미의 교육 현장이라는 의미가 포함되어 있다. 그러나 필자는 물리적 장소에 초점을 맞추는 것이 현실적으로 적합하다고 생각한다. 교육기관 혹은 교육 현장이라는 측면을 강조하고 확대하면 모든 제도적인 폭력, 예컨대 입시지옥과 같은 것도 학교폭력이 될 수 있기 때문이다. 그러나 위에서 언급한 바와 같이 물리적 장소로 한정해도 명확한 정의는 쉽지 않다. 예컨대 학교 내부에서 발생하는 폭력만으로 정의하면 등하굣길에서 발생하는 폭력이 제외될 수 있기 때문이다. 학교 교사 주변 으슥한 골목길에서 적지 않은 폭력이 발생한다고 할 때 학교 교사 내부는 물론이고 주변까지 그 범위를 확대한다면 어디까지를 주변으로 규정해야 하는가의 문제가 야기된다. 또한 피해학생이 귀가한 후 가해학생이 피해학생의 집 주변이나 가해학생의 집 주변으로 불러내어 금품을 갈취하는 과정에서 행사한 폭력은 학교폭력에서 제외된다. 즉, 물리적인 장소는 물론이고 학교 교육과 관련된 모든 폭력은 학교폭력이라고 간주할 필요가 있다. 학교 내부는 말할 것도 없고 학교 주변, 등하굣길, 비록 귀가 후 집 근처라고 해도 피해자의 신분이 학생인 이상 학교폭력으로 간주해야 한다.

그러나 피해자의 신분이 학생이라고 해서 학생에 대한 모든 폭력이 학교폭력은 아니다. 예컨대 부모의 학대나 폭력, 교사의 폭력 등은 일반적으로 학교폭력으로 간주하지 않는다. 그러나 교사의 폭력을 완전히 배제시키기는 어렵다. 왜냐하면 교사의 폭력은 교육 현장이라는 추상적인 개념의 학교라는 측면에서 보면 그 심각성은 학생들의 폭력보다 더 심각할 수도 있기 때문이다. 가정폭력이나 교사폭력이 사소해서가 아니라 오히려 심각할 수 있다는 점에서 별개의 개념으로 연구할 필요가 있어 이 장에서는 가해자의 신분이 부모나 교사라면 학교폭력에서 제외한다.

한편 가해자의 신분을 학생으로만 한정한다면 다음과 같은 문제가 야기된다. 학교 주변 불량배들의 폭력이나 문제를 일으켜 학교를 떠난 가해자, 지속적으로 괴롭히다가 다른 학교로 전학한 가해자의 현재 신분이 학생이 아니라는 이유로 제외될 수 있다. 따라서 피해학생과 비슷한 연령대의 청소년이거나 법률적으로는 성인이라고 해도 학교 주변에서 학생들을 괴롭히며 폭력을 행사하는 모든 가해자들을 포함해야 한다. 따라서 부모와 교사를 제외한 모든 사람들이 학생들에게 행사한 모든 폭력을 학교폭력이라고 정의하는 것이 극단적인 경우가 있을 수는 있으나 현실적으로 가장 적합한 개념이라고 생각된다. 예컨대 집에서 멀리 떠나 여행 중에 생긴 피해 등도 학교폭력으로 간주될 수는 있으나 현실적으로 이런 폭력은 많지 않다고 생각되고 무리가 따르는 경우지만 그럼에도 불구하고 부모와 교사를 제외한 모든 가해자들이 학생에게 행사한 폭력을 학교폭력이라고 정의한다.

따라서 학교 교내, 주변, 등하굣길, 집 주변, 학원 주변 등 물리적인 장소는 물론이고 교육과 관련된 장소 및 현장에서 부모와 교사를 제외한 모든 사람이 학생에게 행사한 폭력을 일단 '학교' 폭력이라고 정의한다.

(2) 폭 력

위에서 언급한 바와 같이 학교폭력이라는 단어 중 '폭력' 역시 쉽게 정의하기 어렵다. 그러나 분석적으로 살펴보면 폭력을 정의하기 위해 두 가지 차원에 주목할 필요가 있다. 첫째는 폭력의 유형이며, 둘째는 유형에 관계없이 행사된 폭력의 심각성 혹은 정도를 고려해야 한다.

학교폭력의 유형을 살펴보기 전에 먼저 일반적으로 폭력이란 무엇인가를 알아보고자 한다. 폭력을 의도에 따라 도구적 폭력과 증오적 폭력으로 나눈

학자도 있으며(윤진, 1996), 가시적 폭력과 비가시적 폭력, 그리고 유형적 폭력과 무형적 폭력으로 나눌 수도 있다. 도구적 폭력이 어떤 목적을 달성하기 위한 수단으로서의 폭력이라면, 증오적 폭력은 폭력 그 자체가 목적인 것이다. 가시적 폭력 혹은 유형적 폭력은 폭력이 행사되는 모습을 식별할 수 있을 뿐 아니라 폭력의 결과 역시 경험적으로 인지 가능한 폭력이나 비가시적인 폭력 혹은 무형적 폭력은 그렇지 않은 경우가 대부분이다.

학교폭력을 정의하는 데 도구적 폭력과 증오적 폭력의 구분은 그렇게 유용한 개념은 아니다. 예컨대 금품을 갈취하는 과정에서 행사한 위협이나 협박 혹은 주먹질 등은 도구적 폭력이며 집단 괴롭힘 등은 증오적 폭력일 것이다. 그러나 둘 다 학교폭력의 중요한 부분을 차지한다. 한편 구타나 상해 등의 가시적 유형적 폭력은 학교폭력에서 제외될 수 없는 유형이나 비가시적 무형적 폭력은 조금 애매하다. 무형적 폭력의 극단적인 형태는 제도적인 폭력일 것이다. 교육제도의 불합리성으로 인한 학생들의 괴로움도 학교폭력으로 규정하기는 힘들 것이다. 그러나 심한 욕설이나 모욕 등은 말할 것도 없고 무형의 협박이나 심리적인 위압감을 조성하는 행위는 비록 가시적인 형태로 그 결과가 나타나지는 않을 수도 있으나 분명히 폭력인 것이다. 아울러 여학생들에게 행해지는 성폭력은 말할 것도 없는 폭력이지만 수치심을 느낄 수 있는 희롱 등은 어디까지를 폭력으로 규정해야 할지 분명하지 않은 경우도 종종 있다. 즉, 학교폭력에 포함되는 폭력은 도구적, 증오적, 가시적, 비가시적, 유형적, 무형적 폭력이 모두 포함되는 것이지 단순한 구타나 폭행 등 가시적인 폭력만을 폭력으로 규정해서는 안 된다.

학교폭력을 이렇게 광의로 규정한다면 학생들 사이의 사소한 욕설이나 험담 등도 폭력이며, 사소한 주먹다짐도 폭력이다. 이렇게 광의로 규정하면 모든 학생은 학교폭력의 피해자인 동시에 가해자일 수 있다는 문제가 따른다. 따라서 폭력의 유형은 광범위하게 규정하더라도 그 심각성의 정도가 경미한 것이라면 사회 문제로서 학교폭력에 포함시키기는 어렵다.

그러나 심각성이 어느 정도일 때 학교폭력으로 규정해야 하는가는 쉬운 작업이 아니다. 친구가 농담으로 한 말에 타격을 심하게 받아 자살까지 생각할 수도 있으며 심하게 구타를 당해도 웃어넘기는 학생도 있을 수 있다. 즉, 폭력의 심각성 정도는 주관적으로 달리 해석될 수 있다. 버코위츠(Berkowitz, 1974) 같은 학자는 공격(aggression)은 "타인에게 의도적으로 상처(injury)를 입히는 행동인 데 비해 폭력(violence)은 타인에게 의도적으로 극심한 상해(really serious harm)를 입히는 행동이라고 정의하였으나, 이 정의만으로 공격과 폭력이 쉽게 구별되지는 않으며 다만 심각성의 정도로 구별한 것에 불과하다.

물론 법적으로는 어느 정도 구별 가능하다. 보통 청소년 비행을 지위비행(status offense)과 청소년 범죄로 구별할 수 있을 것이다. 지위비행이란 일반적으로 청소년이라는 사회적 지위 때문에 문제행동으로 간주되는 사소한 비행이다. 예컨대 음주나 흡연, 유흥업소 출입 등을 비롯하여 정도가 심각하지 않은 주먹질 등은 지위비행인 반면, 성인이 위반을 했다면 범죄로 간주로 될 정도로 심각한 법 위반 행위를 한 주체가 법적으로 청소년이라면 청소년 범죄로 간주한다. 따라서 청소년 범죄에 해당될 정도의 심한 폭행이나 상해, 협박 공갈, 명예훼손, 성폭력 등을 학교폭력으로 간주한다는 점에 이의를 제기할 사람은 없을 것이다. 그러나 이보다는 덜 심각한 폭력도 학교에서는 비일비재로 일어나며, 비록 법으로 처벌하기는 힘들지라도 피해를 당하는 학생, 특히 지속적인 피해를 장기간 당하는 피해학생 입장에서 보면 심각한 학교폭력인 것이다.

폭력의 심각성이란 기준은 칼로 무 자르듯 분명한 것은 아니다. 어느 누구도 분명히 구별할 수 없을 것이다. 그러나 우리가 우리나라의 학교폭력 실태를 파악하고, 특히 변화추세를 알기 위해서는 동일한 개념 정의에 의한 측정 도구가 필요하다. 다시 말해 동일한 척도, 구체적으로는 학교폭력을 알아보는 설문 문항이 동일한 설문지로 지속적으로 조사할 때 우리는 적어도 학교폭력이 증가하고 있는지 혹은 감소하고 있는지를 알 수 있으며, 이러한 양적인 변화는 물론이고 어떤 유형별 변화추세를 통해 질적인 특성 변화도 알 수 있을 것이다.

학교폭력의 심각성과 실태를 알아보기 전에 지금까지의 논의를 중심으로 학교폭력을 매우 포괄적으로 정의하고자 한다. 학교폭력이란 "학교 교내, 주변, 등하굣길, 집 주변, 학원 주변 등 물리적인 장소는 물론이고 교육과 관련된 장소 및 현장에서 부모와 교사를 제외한 모든 사람이 학생에게 행사한 정도가 상당히 심각한 유형무형의 모든 폭력"이라고 정의한다.

2. 학교폭력의 실태

1) 학교폭력의 심각성

학교폭력의 심각성은 양적으로 만연되었다는 점도 있지만 질적인 특성을 고려해 볼 때 매우 심각한 폭력이다. 첨언하면, 우리나라 학교폭력은 학생들 사이에서 일상생활의 일부처럼 양적으로 만연되어 있어 심각한 사회 문제지만, 다음과 같은 질적인 특성 때문에 우리는 어떠한 희생을 치르더라도 학교폭력이 이 땅에서 사라지도록 노력해야 할 것이다.

학교폭력은 가정폭력, 군대폭력 등과 많은 유사점이 있다. 비록 물리적인 공간이 핵심적인 개념은 아니지만 학교, 가정, 군부대 등 물리적인 공간이 어느 정도 제한된 공간에서 일어나는 폭력이다. 이러한 폭력은 다음과 같은 일반적인 특징을 공유한다.

첫째, 가해자와 피해자가 같은 공간에 있는 시간이 많아 피해자는 항상 불안감을 느낄 수밖에 없다. 왜냐하면 언제라도 폭력이 행사될 수 있기 때문이다.

둘째, 피해자가 폭력을 미연에 예방할 수 있는 방법이 많지 않다. 일반적인 폭력은 피해자의 주의로 피할 수 있다. 예컨대 늦은 밤에 우범지역을 활보하지 않으면 폭력을 피할 수 있다. 그러나 첫째 특성, 즉 같은 공간에서 보내는 시간이 많다 보니 피해자가 피하려고 해도 피할 수가 없는 경우가 대부분이다.

셋째, 피해자의 행동에 관계없이 가해자의 의도 혹은 기분에 따라 폭력이 행사되는 경향이 많다. 가정폭력의 예를 들어 보자. 부인과 자녀를 구타하는 가장의 가정폭력은 폭력을 휘두르는 가장의 마음에 달려 있다. 가장이 들어왔을 때 조용히 있으면 '왜 사람이 들어왔는데도 반가워하지 않고 인상을 쓰고 있느냐' 고 트집을 잡으면서 폭력이 시작될 수도 있다. 그다음 날은 가장이 들어올 때 웃으며 맞이해도 '왜 오늘따라 내숭을 떨고 있느냐' 고 반응하며 시비를 걸면서 무지막지한 폭력을 행사할 수도 있다. 즉, 동일한 행동이라도 가해자 기분에 따라 달리 해석될 수 있어 가해자가 폭력을 행사할 의도만 있다면 어떤 구실을 만들어서라도 피해자를 학대할 수 있는 것이다.

넷째, 같은 공간에서 오랜 시간 같이 생활하다 보니 폭력이 장기적으로 지속화되는 특성이 있다. 가정폭력의 경우는 태어나면서부터 폭력이 시작되어 가출할 때까지, 군대폭력은 제대할 때까지, 학교폭력은 학교를 졸업할 때까지 지속될 수 있다.

다섯째, 이와 같이 예측 불가능하고 언제든지 행사될 수 있는 상당히 심각한 폭력에 장기간 시달릴 경우 폭력에 둔감해지는 것은 물론이고 여러 정신병리학적인 이상증세 수반과 사회적으로도 정상적인 생활을 유지하기 힘들어진다. 한마디로 인간을 총체적으로 피폐화하는 것이며 인간 존엄성을 근본적으로 말살하는 매우 심각한 결과를 초래할 수 있는 개연성이 상당히 높다. 다시 말해, 아무리 사소한 폭력이라도 장기적으로 지속화되면 그 결과는 매우 심각할 수 있다.

여섯째, 인간의 사회적 행동의 대부분은 학습의 결과다. 특히 사회적 행동은 사회화를 통해 학습되며 전승되는 것이다. 폭력 역시 예외는 아니다. 폭력에 장기간 노출된 사람, 비록 피해자의 입장에서 시달렸다고 해도 폭력은 학습되는 경향이 있다. 우리나라 속담에도 "못된 시어미 아래서 고생한 며느리가 나중에 못된 시어미가 된다."는 말처럼 힘이 약한 중학교 시절에는 학교폭력의 피해자였으나 고등학생이 되면서 중학생을 괴롭히는 가해자가 될 수 있는 개연성이 있기 때문이다.

이러한 폭력의 세습이 장기화되면 폭력은 제도화되며 제도화된 폭력은 나름대로 정당성을 부여받기도 한다. 군대 내의 비합리적인 폭력, 기합이라는 이름으로 행해지는 온갖 폭력이 거의 제도화된 것도 적지 않다. 즉, 군대 내에서는 이러한 폭력을 행사하는 고참병도 비록 군형법에는 저촉될지 모르나 당연한 행동으로 간주한다. 또한 폭력을 당하는 신참병도 군대에서는 있을 수 있는 일이라고 생각할 뿐 아니라 나도 고참병이 되면 이런 폭력을 행사할 수 있다고 생각하게 된다. 학교에서도 선배의 후배에 대한 폭력, 심지어는 교사의 폭력 역시 우리 사회에서는 제도화된 것이 적지 않다. 가정폭력은 말할 것도 없다. 내가 내 마누라, 내 자식을 때리는 일에 왜 남이 참견을 하느냐는 등의 사고방식은 모두 정도 차이는 있을지언정 폭력의 제도화며 정당화인 것이다.

이와 같은 질적인 특성을 생각해 보면 학교폭력이란 단순히 어린 학생들 사이의 사소한 주먹다짐으로만 간주할 것은 아니라고 생각한다. 따라서 아주 심각한 폭력은 말할 것도 없거니와 그 정도가 덜 심각한 폭력도 우리는 심각한 눈으로 볼 필요가 있다.

2) 학교폭력의 유형

학교폭력의 개념에서 이미 언급한 바와 같이 학교폭력의 실태를 그 누구도 정확히 파악하기 힘들다. 왜냐하면 학교폭력을 어떻게 정의하느냐에 따라 학교폭력의 실태는 달라질 수밖에 없기 때문이다. 이런 이유로 학교폭력이 사회문제로 대두된 이후 적지 않은 실태조사가 시행되었으나 연구에 따라 실태는 매우 다양한 형태로 나타났다. 예컨대 학교폭력을 광의로 정의한 연구는 70%에 가까운 학생들이 학교폭력의 피해를 입었다고 발표한 반면 아주 협의로 정의한 연구 결과를 보면 20% 미만으로 보고하고 있다. 이러한 문제를 피하는 방법은 일정한 조사방법으로 지속적인 종단적 연구를 실시하는 것이다. 물론 학교폭력이라는 용어가 법률적인 용어가 아니기에 연구자에 따라 달리 정의될 수 있으나 동일한 조사방법으로 종단적 연구를 시행하면 적어도 변화 추이는 알 수 있다는 장점이 있을 것이다.

이와 같은 문제의식에서 청소년폭력예방재단에서는 2001년과 2002년에 동일한 조사방법을 적용한 학교폭력 실태를 알아보았다. 그러나 이러한 연구가 지속되지 못하고 단 두 번의 조사로 중단된 것이 아쉽기는 하나 우리나라에서 실시된 유일한 종단적 연구라고 판단되어 이 연구 중 실태에 관한 부분만 간단히 정리해 보기로 한다(청소년폭력예방재단, 2001, 2002). 구체적인 결과를 요약하기 전에 연구방법에 대해 살펴본다.

(1) 연구대상과 표본

이 연구의 연구대상, 즉 모집단은 전국의 남녀 초 · 중 · 고등학생들이다. 기존의 대부분의 연구가 주로 서울 지역의 학생들만을 표본대상으로 삼고 있는 데 반해 전국 단위의 학생조사를 실시하였다는 특징이 있다. 최종 선정된 학생 수는 4,000여 명에 달하는 대단위 조사라고 사료된다. 구체적인 표본의 남녀 초 · 중 · 고 학생의 비율은 다음의 〈표 2-1〉과 같다.

〈표 2-1〉 남녀 및 초 · 중 · 고교별 분포

	남학생	여학생	초등학생	중학생	고등학생	전체 학생
2001	1,984 (50.5%)	1,944 (49.5%)	1,303 (32.8%)	1,633 (41.1%)	1,041 (26.2%)	3,977 (100%)
2002	2,144 (51.7%)	2,005 (48.3%)	1,429 (34.0%)	1,707 (40.6%)	1,073 (25.5%)	4,209 (100%)

주: 초 · 중 · 고교별 빈도(비율) 수치임.

(2) 조사 도구: 피해척도

이 연구의 주 연구자가 필자이기 때문에 이 글에서 언급한 학교폭력의 개념에 입각하여 학교폭력을 비교적 광의로 정의하여 피해척도를 구성하였다. 학교폭력을 크게 4가지 유형으로 구분하였다. 즉, 금품갈취, 협박, 구타를 포함하는 '협의의 폭력'과 억지로 심부름시키기, 놀림, 따돌림을 포함하는 '괴롭힘' 그리고 '성폭력'으로 나누어 조사를 실시하였다. 각 유형을 사소한 폭력과 심각한 폭력으로 다시 하위차원으로 나누어 '협의의 폭력', '괴롭힘'에는 다섯 가지의 하위 문항을, '성폭력'에는 두 개의 하위 유형이 있으나 구체적인 내용은 지면 관계로 생략한다. 아울러 학교폭력의 피해상황을 피해를 당한 학생들이 언제, 어디서, 누구에서 피해를 당했는지에 관한 문항들 그리고 피해를 입은 후에 누구에게 알렸는가에 대한 질문들, 또 피해 사실을 알리지 않았을 경우 그 이유는 무엇인가에 대한 문항들을 통해 알아보았다. 지면 관계로 자세한 내용은 생략하고 유형별 실태를 중심으로 중요한 결과를 요약해 보기로 한다.

(3) 협의의 물리적 폭력 피해

협의의 가시적 유형적인 폭력을 금품갈취, 언어폭력, 그리고 구타 등 직접적인 신체에 대한 폭력으로 나누어 조사하였다.

① 금품갈취 피해

금품갈취 피해는 전체 학생 중 9.4%가 피해 경험이 있는 것으로 나타나, 2001년도의 10.1%에 비해 2002년도에 조금 줄어든 경향이 있으나 남학생의 약 14%, 여학생의 5%가 피해를 당해 그 심각성은 여전한 것으로 나타났다.

〈표 2-2〉 금품갈취 (단위: %)

	초등학교		중학교		고등학교		합계	
연도	2001	2002	2001	2002	2001	2002	2001	2002
남자	13.8	15.5	20.8	18.6	5.7	4.8	14.5	13.6
여자	5.1	6.0	8.6	6.1	1.8	1.3	5.7	5.0
합계	9.5	11.0	14.8	12.1	3.5	3.3	10.1	9.4

② 언어폭력

협박이나 위협을 주로 측정한 언어폭력 협박 피해율은 2002년도에는 11.2%로 나타나 2001년도의 9.4%에 비해 1.8% 증가하였다. 2002년도 남학생의 경우는 14.8%, 여학생의 경우는 7.4%로 거의 두 배 정도 남학생이 언어폭력을 더 많이 당한 것으로 나타났으나, 2001년도 또한 2002년도와 마찬가지로 남녀 간의 차이가 거의 두 배(남학생 12.2%, 여학생 6.6%)였기에 거의 비슷한 양상을 보인다.

초등학생 피해율이 14.8%, 중학생이 12.3%, 고등학생이 4.9%로 초등학생이 가장 많은 피해를 당한 것으로 나타났으며, 특히 초등학교 남학생이 19.8%로 가장 높게 나타나, 중학교 남학생이 18.5%로 가장 높게 나타난 금품갈취 피해와 좋은 대조를 보이고 있다. 즉, 초등학생들 사이에서는 언어폭력 협박까지의 비행이 보이지만, 중학생이 되면 이보다 더 나아가 금품갈취 등의 좀 더 발달된 비행행위들이 나타나는 것이다. 그러나 금품갈취 피해에서 초등학생이 유일하게 증가하는 추세를 보이고 있는 것으로 조사되었기에 앞으로는 초등학생들 사이에서 언어폭력 협박 피해와 더불어 금품갈취 피해도 높은 비율을 차지할 것으로 추정할 수 있다.

〈표 2-3〉 언어폭력 (단위: %)

	초등학교		중학교		고등학교		합계	
연도	2001	2002	2001	2002	2001	2002	2001	2002
남자	14.9	19.8	14.5	16.9	5.3	6.1	12.2	14.8
여자	8.5	9.3	7.4	8.1	3.0	3.3	6.6	7.4
합계	11.7	14.8	11.0	12.3	4.2	4.9	9.4	11.2

③ 신체에 대한 폭력

구타 등 신체에 대한 직접적인 폭력 피해는 2001년도에 비해 2002년에 약간

〈표 2-4〉 신체적 폭력 (단위: %)

	초등학교		중학교		고등학교		합계	
연도	2001	2002	2001	2002	2001	2002	2001	2002
남자	15.8	25.2	15.6	14.6	5.5	6.1	13.0	15.8
여자	8.0	8.9	5.2	3.9	1.8	2.0	5.2	5.1
합계	11.9	17.4	10.4	9.0	3.7	4.3	9.1	10.6

증가하였으며, 남학생의 피해율은 15.8%고, 여학생은 5.1%로 남학생이 여학생에 비해 거의 세 배 정도 많은 피해를 입었다. 2001년도와 비교해 보면, 남학생의 경우에는 피해율이 증가한 데 비해 여학생은 작년과 비슷한 수준으로 나타나, 남녀 간의 피해율 차이가 거의 두 배에서 세 배로 증가한 것을 알 수 있다.

학교별로 구타 등 신체적 폭력 피해율을 보면, 초등학생은 17.4%, 중학생은 9.0%, 고등학생은 4.3%로 2001년도와 마찬가지로 초등학생 피해율이 상대적으로 높은 것으로 나타났다.

(4) 괴롭힘 피해

'괴롭힘' 을 강제 심부름, 놀림, 따돌림의 세 가지 범주로 구분하여 살펴본 결과는 다음과 같다.

① 강제 심부름

강제 심부름 피해는 학생 중 9.0%가 경험한 것으로 나타났으나 2001년 9.7%에 비해 약간 줄어들었다. 남학생의 피해율이 12.0%, 여학생의 피해율이 5.8%로 거의 두 배 가까이 많은 피해를 입었고, 초등학교 학생 피해율은 11.7%, 중학생은 9.1%, 고등학생은 5.2%로 2001년(중학생이 가장 높게 나옴)과는 달리 초등학생이 상대적으로 높게 나타났다. 또한 2002년에는 초등학교 남학생이 가장 높은 비율을 보여, 2001년의 중학교 남학생의 가장 높은 비율과

〈표 2-5〉 강제 심부름 피해율 (단위: %)

	초등학교		중학교		고등학교		합계	
연도	2001	2002	2001	2002	2001	2002	2001	2002
남자	12.7	15.5	15.3	13.0	7.7	6.7	12.4	12.0
여자	10.2	7.6	7.9	5.7	1.8	3.3	7.1	5.8
합계	11.4	11.7	11.6	9.1	4.8	5.2	9.7	9.0

다른 결과를 보이고 있다.

② 놀림

놀림을 당한 학생은 남학생 비율이 11.1%, 여학생 비율이 9.2%로 남학생의 비율이 여학생의 비율보다 좀 더 높게 나타났다. 그러나 2001년 남학생 11.5%, 여학생 7.3%와 비교해 보면, 남학생은 약간 줄어들고 여학생은 좀 더 늘어난 것을 알 수 있다. 초·중·고교별 피해율을 보면, 초등학생 14.0%, 중학생 10.0%, 고등학생 5.1%로 초등학생들의 피해가 가장 높다. 하위 집단 중에서 가장 피해율이 높은 집단은 남자 초등학생으로 그 피해율은 15.4%에 달한다. 2001년도에 비하면 초등학생 경우에만 그 피해율이 증가했다.

〈표 2-6〉 놀림 피해 (단위: %)

	초등학교		중학교		고등학교		합계	
연도	2001	2002	2001	2002	2001	2002	2001	2002
남자	12.1	15.4	14.2	11.4	6.5	5.7	11.5	11.1
여자	12.1	13.1	6.1	8.7	3.0	4.4	7.3	9.2
합계	12.1	14.0	10.1	10.0	4.8	5.1	9.4	10.2

③ 따돌림

따돌림 혹은 왕따 피해는 〈표 2-7〉에 나타나 있는 것처럼 그 비율이 전체 3.3%로, 2001년 2.8%에 비하면 증가 추세를 보이고 있다. 이 피해 유형에서는 남학생 피해율 3.7%, 여학생 피해율 2.8%로 남학생의 피해율이 더 높게 나타났다. 그러나 2001년에는 남학생 피해율 2.1%, 여학생 피해율 3.5%로 오히려 여학생 피해율이 더 높게 나타났었다. 초 · 중 · 고교별 피해율을 보면, 초등학생이 5.9%, 중학생이 2.8%, 고등학생이 0.5%로 초등학생의 피해율이 가장 높다. 하위 집단 중에서는 남자 초등학생이 6.7%로 피해율이 가장 높게 나타났다. 2001년과 비교해 보면, 초등학생은 4.7%에서 5.9%로 증가했고 중학생도 2.1%에서 2.8%로 증가했으나, 고등학생만 1.3%에서 0.5%로 감소했다. 또한 2001년도 전체 남녀 피해에서 여학생의 비율이 높았던 것을 반영하듯 하위 집단 중에서 여자 초등학생이 가장 높은 피해율을 보인 것과는 달리 2002년도에는 남학생의 비율이 증가한 것을 반영하듯 남자 초등학생이 하위집단 중에서 가장 높은 것으로 나타났다.

〈표 2-7〉 따돌림 (단위: %)

	초등학교		중학교		고등학교		합계	
연도	2001	2002	2001	2002	2001	2002	2001	2002
남자	3.5	6.7	1.5	3.3	1.1	0.5	2.1	3.7
여자	5.8	5.0	2.8	2.3	1.5	0.5	3.5	2.8
합계	4.7	5.9	2.1	2.8	1.3	0.5	2.8	3.3

(5) 성폭력 피해

성폭력 피해 실태를 알아보기 위해 몸의 일부를 일부러 건드리거나 만지는 등의 가벼운 추행과 강제로 입을 맞추거나, 옷을 억지로 벗겨 가슴, 배, 아랫도리를 만지는 등 심한 추행으로 나누어 조사한 결과는 다음과 같다.

① 가벼운 성추행

초 · 중 · 고교의 여학생들에 대한 가벼운 성추행 피해율은 2002년의 피해율을 전년도인 2001년도와 비교해 보면, 고등학생만이 0.8%가량 늘었고 초등학생의 경우는 4.2%에서 2.9%로, 중학생의 경우는 9.3%에서 7.8%로 피해가 눈에 띄게 줄어들고 있는 양상이 나타났다.

〈표 2-8〉 가벼운 성추행 피해율 (단위: %)

	초등학교		중학교		고등학교		합계	
연도	2001	2002	2001	2002	2001	2002	2001	2002
비율	4.2%	2.9	9.3	7.8	5.6	6.4	6.6	5.7

② 심각한 성폭력

심각한 성폭력 피해율의 경우에도 가벼운 성추행 피해율과 마찬가지로, 2002년에는 2001년에 비해 전체적으로 감소한 양상을 띠고 있다. 초등학생의 경우는 전년대비 약 0.3% 감소하였고, 중학생의 경우 역시 0.5%가량 줄었으며, 고등학생은 무려 1.1%나 줄어들었다. 이는 전체적으로 학교에서 성폭력 관련 피해사례가 점차 줄어들고 있는 현실을 반영하고 있으며, 고등학생의 경우처럼 심각한 성폭력의 피해율보다 오히려 가벼운 성추행의 피해율이 높게 나타난 이유는 여고생들의 성폭행에 인지도 혹은 경각심이 크게 높아졌기 때문이라고 해석할 수 있겠다.

지금까지 우리는 학교폭력의 개념을 중심으로 성격과 질적인 심각성 및 양

〈표 2-9〉 심각한 성폭력 피해율 (단위: %)

	초등학교		중학교		고등학교		합계	
연도	2001	2002	2001	2002	2001	2002	2001	2002
비율	0.9	0.6	2.4	1.9	1.8	0.7	1.8	1.1

적인 실태를 간략하게 살펴보았다. 다시 강조하지만 학교폭력이란 성장하는 학생들 사이에 있을 수 있는 사소한 폭력이라는 일반적인 인식과는 달리 매우 심각한 폭력이라는 사회적 합의가 이루어지기 전에 해결될 수 없다. 학교폭력에 대한 보도를 접한 후 적지 않은 사람들은 '우리가 자랄 때도 그랬다. 아이들이야 서로 때리고 싸우면서 크는 것이 아닌가? 왜 이런 문제를 침소봉대하여 사회 문제화하는가?'라고 반문하는 성인들을 자주 본다. 그러나 폭력이란 문명에 반하는 야만적인 행위며, 이러한 폭력에 대한 태도는 어릴 때 형성될 뿐 아니라 폭력을 주고받는 가운데서 폭력에 대해 둔감한 태도가 형성되고 급기야는 제도적인 폭력으로 발전된다는 점을 간과해서는 안 될 것이다.

참고문헌

윤진(1996). 2002년, 청소년의 병리-폭력. 2002년 우리청소년의 모습은? 사회정신건강연구소 개소기념 심포지엄 자료.

청소년폭력예방재단(2001). 2001년 학교폭력 실태조사 보고서.

청소년폭력예방재단(2002). 2002년 학교폭력 실태조사 보고서.

Berkowitz, L. (1974). Some determinants for impulsive aggression: Role of mediated association with reinforcements for aggression. *Psychological Review, 81*, 165–176.

3장
학교폭력과 관련된 위험요인

– 임영식(중앙대학교 청소년학과 교수)

학교폭력은 매우 복잡한 현상으로 한 가지 원인이나 이유로 발생하기보다는 다양한 요인이 서로 상호 작용하여 나타나는 경우가 많다. 따라서 학교폭력을 설명하는 이론이나 위험요인도 다양할 수밖에 없다.

학교폭력을 설명하는 이론적 관점으로는 학교폭력이 개인의 힘이나 특성의 차이로 인한 것이라고 설명하는 관점, 초기 아동기 발달과정에서부터 나타날 수 있는 행동으로 보는 관점, 성별이나 인종, 사회 계층 등과 같은 서로 다른 수준의 힘을 가진 사회적 집단에 의해 일어나는 현상으로 보는 관점, 그리고 학교폭력이 발생하는 사회적 맥락(예, 폭력에 대한 학교의 태도 등)으로 설명하고자 하는 관점이 있다.

이러한 이론적 관점에서 더욱 구체적인 요인으로 학교폭력을 설명하고자 하는 것이 학교폭력과 관련된 위험요인들이다. 학교폭력과 관련될 수 있는 위험요인으로 먼저 개인의 생물학적 요인이나 성격적 특성 등을 제시하는 개인 관련 요인이 있다. 다음으로 가정의 구조적 특성이나 기능적 특성 등을 제시하는 가정 관련 요인이 있으며, 학교폭력에 대한 학교의 태도나 관점, 친구의 특성 등으로 설명하는 학교 및 친구 관련 요인을 들 수 있다. 또한 대중매체나 지역사회 등과 같은 더욱 넓은 환경적 측면을 다루는 사회 · 문화적 요인이 있다.

학교폭력을 예방하고 이에 대해 효율적으로 대처하기 위해서는 무엇보다도 먼저 학교폭력이 발생하는 원인에 관한 이해가 선행되어야 할 것이다. 그렇지만 많은 사회적 현상과 마찬가지로 학교폭력의 원인에 관한 이해가 간단한 문제는 아니다. 학교폭력을 포함한 인간의 행동은 매우 복잡한 현상으로 한 가지 원인이나 이유로 발생하기보다는 다양한 요인이 서로 상호 작용하여 나타나는 경우가 많아 학교폭력을 설명하는 이론적 관점 또한 다양하기 때문이다. 따라서 이 장에서는 학교폭력을 설명하는 몇 가지 이론적 관점과 더불어 학교폭력과 관련될 수 있는 다양한 위험요인에 대해 알아볼 것이다.

1. 학교폭력을 설명하는 이론적 관점

학교폭력을 설명하는 이론적 관점으로는 개인적 특성의 차이, 발달과정에서 나타나는 현상, 사회 · 문화적 현상, 사회적 맥락 등으로 구분할 수 있다 (Rigby, 2004).

1) 개인적 특성의 차이

이 관점에서는 괴롭힘 등과 같은 학교폭력을 개인적 힘이나 특성의 차이로 설명하고자 한다. 즉, 상대적으로 힘이 강한 아동은 자기보다 힘이 약한 대상을 억압하려는 동기를 갖는다는 것이다. 아동 간의 심리적, 신체적 힘의 불균형 현상은 학교 현장에서 항상 존재하기 때문에 상대적으로 우세한 힘과 타인을 지배하려는 동기의 연합은 학교폭력을 설명할 수 있는 중요한 요인이 될 수 있다.

많은 경험적 연구들은 이러한 관점에서 개인의 심리적, 신체적 요인이 학교폭력을 유발하는 중요한 요인임을 밝혀 왔다. 대체로 가해자는 일반 학생보다 신체적으로 강하고 공격적이며 덜 동정적이지만(Sutton & Keogh, 2000), 피해자는 신체적으로 약하며 내향적이고 낮은 자존심을 갖는 경향이 있다(Maynard & Joseph, 1997). 이러한 개인차는 유전적 요인에 의해 나타날 수 있으며, 가정환경(예, 역기능적 가정과 강압적인 부모의 훈육은 타인에 대한 공격행동을 증가시킬 수 있음)이나 사회적 학습 등에 의해 발생할 수도 있다.

또한 학교폭력의 가해자들은 자신이 다니고 있는 학교에 대해 자부심을 거의 가지지 못하고 지역사회에 통합되어 있지 않으며(Morrison, 2002), 스트레스에 적절하게 대응하지도 못해 자신의 부적절한 반응을 자신이 가해한 피해자 때문이라고 생각하는 경향이 있다. 반면, 피해자들은 지나치게 부끄러움을 많이 가지고 있는 경우가 많다.

2) 발달과정에서 나타나는 현상

학교폭력을 설명하는 또 다른 관점은 타인을 괴롭히는 행동(bullying) 등을 발달과정에서 초기 아동기부터 나타나는 현상으로 본다. 즉, 초기 아동들은 자신의 사회적 우월성을 확보하기 위하여 타인을 희생시키고 스스로를 내세우려는 행위를 한다는 것이다. 이러한 견해는 진화론적 관점과 맥을 같이 하는 것으로, 타인에 대한 지배는 경쟁적 환경에서 개인의 생존을 확보하기 위한 일차적인 목표가 된다. 학교폭력에 대한 이러한 이론적 관점에서는 학교폭력을 어느 정도 자연스러운 현상으로 보는 경향이 있다.

아동 초기에 나타나는 이러한 행동 경향성은 처음에는 타인을 때리는 행동과 같이 직접적인 형태로 나타나지만, 성장하면서 사회적으로 비난을 덜 받는 행동 유형으로 변하게 된다(Hawley, 1999). 따라서 학교 현장에서는 신체적이고 물리적인 폭력보다는 언어적 또는 놀림 등과 같은 간접적인 괴롭힘이 더 빈번하게 발생한다.

3) 사회 · 문화적 현상

사회 · 문화적 관점에서는 학교폭력을 서로 다른 수준의 힘을 가진 사회적 집단에 의해 일어나는 현상으로 설명한다. 다시 말해 성별, 인종, 사회계층, 종교적 성향, 신체적 또는 심리적 장애 등에 의해 나타나는 차이에 대한 문화적인 견해로서 학교폭력을 설명하고자 한다. 이러한 사회 · 문화적 현상 중에서 가장 두드러진 부분이 성별 차이에 관한 것이다. 일반적으로 남성은 여성에 비해 우세한 힘을 가지고 있는 것으로 인식되고 있으며, 이러한 사회적 우월성을 유지하기 위하여 남아는 여아에 대한 괴롭힘 행동을 정당화하는 경향이 있다. 많은 연구들은 여학생보다 남학생이 타인을 괴롭히는 행동이나 학교폭력을 더 많이 행사하고 있으며, 여학생이 남학생을 괴롭히는 경우보다 남학생이 여학생을 괴롭히는 경우가 더 많다는 것을 보고하고 있다(Olweus, 1997). 특히 타인을 억압하고 괴롭히는 행동을 남자답다고 인식하는 문화권에서는 학교폭력 문제가 빈번하게 나타날 수 있다.

4) 사회적 맥락

학교폭력을 사회적 맥락에서 설명하고자 하는 관점은 위에서 설명한 사회 · 문화적 조망, 즉 성별, 인종, 사회계층 등의 요인보다는 사회적 구성체인 학교 구성원들의 태도와 행동에 영향을 미치는 맥락을 강조한다. 학생들의 행동과 태도는 무엇보다도 학교에서 학생들에게 어떠한 것을 원하는지 등과 같은 학생들이 지각하는 학교의 분위기에 의해 영향을 받는다(Rigby, 1997). 따라서 친구를 괴롭히거나 폭력을 사용하는 것이 큰 문제가 아니라고 생각하는 학교 분위기에서는 그렇지 않은 학교에 비해 학교폭력 발생률이 높다고 하겠다.

또한 각 개인의 행동은 그들이 비교적 친밀한 관계를 형성하고 있는 소수의 동료집단에 의해서도 영향을 받는다. 이러한 동료집단은 대개 공통적인 관심사와 흥미를 가지고 있으며, 서로에게 지지와 보상을 함으로써 더욱더 유사한 태도와 행동을 하게 된다. 따라서 친밀한 관계를 형성하고 있는 친구가 학교폭력에 긍정적인 태도와 행동을 보일수록 이에 연루될 가능성은 더욱 높아진다.

2. 학교폭력에 영향을 미칠 수 있는 위험요인

학교폭력은 그 정도나 양상이 갈수록 다양해지고 예측할 수 없는 상황에서 돌발적으로 발생하고 있어 정확한 원인을 밝혀내기가 어렵다. 또한 앞에서 언급한 바와 같이 학교폭력은 한 가지 원인에 의해서 발생하는 경우가 극히 드물고 여러 원인이 복합적으로 작용하여 발생하는 경우가 많다. 따라서 학교폭력에 영향을 미치는 다양한 위험요인을 통합적으로 염두에 두고 접근해야 하며, 그러기 위해 학교폭력의 위험 요인을 개인, 가정, 학교 및 친구, 사회 · 문화 관련 영역으로 세분화하여 살펴보아야 한다.

1) 개인 관련 요인

학교폭력에 영향을 미칠 수 있는 개인적인 위험요인으로는 우선 생물학적 원인을 들 수 있는데(예, Spreen, 1989 등), 그릭스비와 스티븐스(Grigsby & Stevens, 2000)는 청소년의 학교폭력이 부적절한 행동을 통제하고 사회적으로 적합한 행동을 하도록 이끄는 전두엽의 실행기능의 결함과 관련된다고 주장하였다. 즉, 학교폭력 가해 청소년은 전두엽 실행기능에 문제를 가지고 있어 공격적이고 부적절한 언어적 · 신체적 행동을 통제하는 능력이 부족한 것으로 나타났다. 또한 학교폭력과 유사한 비행행동을 보이는 청소년들 역시 실행기능에 유의한 결함이 있었으며, 이러한 뇌 기능의 이상은 과잉적인 행동경향과 낮은 주의력을 유발하여 결국 폭력적인 행동과 연결될 수 있다(Herrenkohl et al., 2000). 이러한 결과는 폭력행동이 뇌의 비정상적인 기능과 관련될 수 있다는 사실을 잘 말해 주고 있다.

사실 폭력행동을 하는 청소년에게서 나타나는 개인적인 특성 중 가장 많은 부분을 차지하는 것이 공격성이다. 공격성이 높은 사람은 사회질서나 규범을 고려하지 않고 자기중심적으로 행동하는 경향이 있다. 따라서 폭력 가해 청소년의 대부분이 상대방의 권리와 감정을 무시하고, 친구를 지배하려는 강한 욕구인 공격성을 가지고 있다(Hoover & Oliver, 1996). 학교폭력의 위험요인으로 개인의 성별과 관련해서, 많은 연구들에서 여자보다는 남자 청소년이 폭력행동에 관여할 위험이 높은 것으로 나타났다(예, Loeber & Stouthamer-Loeber, 1998 등). 그 이유로는 남자의 경우 아동기부터 신체적으로 공격성을 드러내도록 격려받고 사회화되었기 때문인 것으로 설명될 수 있다(Spivak et al., 1989). 그러나 이러한 연구결과와는 달리 학교폭력에 있어 성차가 존재하지 않는다는 연구도 있는데, 남녀의 차이는 단지 공격성을 표출하는 방식이 다를 뿐이라는 것이다. 다시 말해, 공격성을 표출하는 데 있어 남자 청소년은 직접적으로 신체적인 힘을 사용하는 반면 여자 청소년은 간접적이고 언어적인 형태로 표출하기 때문에 폭력행동의 유형에서 차이가 날 뿐 공격행동의 빈도에는 차이가 없다는 것이다(Loeber & Stouthamer-Loeber, 1998: 253).

학교폭력에 영향을 미칠 수 있는 또 다른 위험요인으로 개인의 정신적 장애, 특히 품행장애, 반항성 장애, 주의력결핍 및 과잉행동장애 등을 들 수 있다(Coolidge, DenBoer, & Segal, 2004). 예를 들어, 학교폭력 가해 청소년의 경우 반사회적 경향성과 신체적인 공격성이 매우 높고 불안감은 낮은 것으로 나타났으며, 학교폭력 피해 청소년들은 그렇지 않은 청소년에 비해 높은 불안과 우울 수준을 보였다(Craig, 1998). 그렇지만 이러한 요인들과 학교폭력 발생의 관계는 대부분 상관적인 것으로 명확한 인과성을 단정하기에는 무리가 있다.

한편, 학교폭력과 관련된 많은 연구들을 종합하여 분석한 결과, 학교폭력 피해 청소년들이 우울 및 자존감과는 강하게 관련이 있는 반면, 불안과는 연관성이 적은 것으로 나타났다(Hawker & Boulton, 2000). 특히 여자 청소년의 경우 학교폭력은 청소년들의 우울, 불안과 같은 심리적 고통을 야기시키는 원인이라고 보았다(Bond et al., 2001). 그러나 이와는 반대로 내면화된 문제행동들이 학교폭력의 원인이 되며, 그 결과 지속적으로 폭력의 피해자가 된다고 주장하는 연구도 있다(Hodges & Perry, 1999). 이러한 비일관적인 연구결과는 학교폭력과 관련된 개인의 심리적이고 정신적인 특성을 학교폭력 위험요인으로 설명하는 데 세심하게 주의해야 함을 말해 준다.

또한 성격장애와 학교폭력 간의 관련성에 대해 언급한 연구결과도 많이 있다. 학교폭력 가해 청소년에게 영향을 미치는 성격장애에는 반사회적 성격장애뿐 아니라 히스테리성, 편집성, 의존적 성격장애가 있다(Coolidge, DenBoer, & Segal, 2004). 일반적으로 가해 청소년들(Bullies)은 일탈적이고 공격적인 행동(Baldry & Farrington, 2000)에 더 많이 관련되어 있으며, 피해 청소년들(Victims)은 자기주장을 잘 내세우지 못하고 불안하고 위축된 모습을 보이는 경향이 많으며, 타인에 대한 공감 능력이 부족한 것이 특징이다(Rigby, 1996).

뿐만 아니라 학교폭력에 영향을 미칠 수 있는 또 다른 요인으로 자신에 대한 지각의 하나인 자존감과 자기효능감이 중요한 역할을 하는데 그 관련성은 연구에 따라 상이한 결과로 나타났다. 먼저, 자존감과 관련해서 올베우스(Olweus, 1997)의 연구에서는 높은 자존감은 학교폭력을 일으키거나 공격적인 행동을 하는 것과 밀접한 관련이 있는 반면, 또 다른 연구(DuBois et al., 1998)에서는 자존감이 높은 청소년이 생활에 잘 적응하며 문제행동에 관여할 가능성이 적다고 밝혔다.

또한 특정 행위를 실행해 나가는 자신의 능력에 대한 판단으로 자신감의 강도를 의미하는 자기효능감이 폭력 가해 청소년들에게서 높게 나타났다는 연구(Natvig et al., 2001)도 있지만, 자기 효능감이 높을수록 학업 성취와 학교생활에서 더 좋은 결과를 보인다는 연구결과(Zimmerman et al., 1992)도 있다. 따라서 자존감, 자기 효능감과 학교폭력과의 관계에 대한 설명은 좀 더 세심한 주의가 있어야 하며 왜 이러한 상반된 결과가 나타나는지에 대한 후속적인 연구가 필요하다. 그렇지만 여러 연구에서 일관되게 밝혀진 것은 타인과 비교하여 자신을 비현실적으로 지각하는 것이 폭력행동과 밀접한 관련이 있다는 것이다(Baumeister et al., 1996).

이 외에도 청소년에게 알코올은 여러 형태의 폭력행동을 유발하는 위험요인으로 잘 알려져 있고(Parker & Auerhal, 1998 등), 향정신성 약물 역시 학교에서 발생하는 폭력행동의 발생 가능성을 증가시키는 것으로 밝혀졌으며, 특히 공격성이 높은 청소년이 알코올을 비롯한 향정신성 약물을 사용하는 것은 더욱 위험한 잠재 요인이 될 수 있다(Lowery et al., 1999).

마지막으로 청소년이 장애를 가지고 있거나 특수교육을 받고 있는 경우, 그들은 학교폭력의 가해 및 피해자가 될 위험성이 높다(Nabuzoka & Smith, 1993). 그 이유는 사회적으로 잘 기능하지 못하고 폭력에서 자신을 보호할 수 있는 능력이 부족하기 때문에 이들의 특이한 모습은 학교폭력의 표적이 될 수 있다. 이뿐 아니라 그들은 자신이 갖고 있는 행동장애를 공격적인 방법으로 표출할 가능성이 있으므로 학교폭력의 가해 청소년이 되기도 한다.

2) 가정 관련 요인

가정은 개인의 성격과 행동유형을 형성하는 데 매우 중요한 영향을 미치는 사회기관이라 할 수 있으며, 많은 연구들을 통해 부적절한 가정환경이 청소년의 학교폭력을 유발할 수 있는 중요한 위험요인이라는 것은 잘 알려진 사실이다(Kail & Wicks-Nelson, 1993 등). 이러한 가정 관련 요인은 크게 가정의 구조적 특성(사회, 경제적 지위)과 기능적 특성(양육형태, 부모-자녀 관계 및 의사소통, 부모의 지시나 감독 등)으로 나누어 볼 수 있다.

먼저 가정의 구조적 특성으로, 가정의 빈곤은 청소년의 폭력행동을 설명하는 원인이 될 수 있는데(Hawkins et al., 1998), 그 이유는 이러한 가정의 청소년은 적절한 지지적 환경을 제공받지 못하며 범죄와 연관된 일에 관여할 가능성이 높기 때문이다(Catalano & Hawkins, 1996). 또한 가정의 주변 환경도 중요한데, 경제적 수준이 낮은 지역 혹은 범죄위험이 있는 이웃과 인접해 있는 것도 청소년 폭력을 예측할 수 있는 요인으로 작용한다(Herrenkohl et al., 2000). 또 부모의 실업, 가정 내 일인당 공간 소유 정도, 가정 내 교육을 위한 교구 및 재료의 부재 등이 학교폭력 발생과 관련이 있다(김준호, 1997).

다음으로, 가정의 기능적 측면을 세분화하여 살펴보면 다음과 같다. 첫째, 가정 내 부모의 양육 형태와 부모의 태도는 청소년의 폭력행동에 영향을 미치는 중요한 위험요인은 작용하는데, 올베우스(Olweus, 1980)는 학교폭력 가해 청소년은 다음에 제시하는 부모의 세 가지 특성과 깊은 관련이 있다고 주장하였다. 그 특성으로는 부모의 애정과 관심의 결여와 부정적인 태도, 자녀의 공격행동에 대한 방임적인 태도, 신체적 처벌과 같이 힘을 사용한 양육방법을 들 수 있다. 이와 함께 일관되지 않은 부모의 양육 방법이 청소년의 폭력행동에 영향을 미친다. 최근의 연구에 따르면, 부모가 권위적인 양육방법을 사용하고 가혹하고 처벌적인 태도로 자녀를 대할 때, 이러한 가정의 청소년은 학교폭력을 가할 위험성이 높다(Shields & Cicchetti, 2001).

반면 부모가 자녀의 독립심과 자율성을 발달시키기 위해 충분한 지원과 지지를 제공하고, 권위 있는 양육방법을 사용하는 것과 잘못된 행동에 대해 과도하게 비난하거나 낙인찍지 않는 부모의 행동(Ahmed, 2001)은 청소년의 학교폭력 관여의 위험성을 낮춘다. 그리고 학교폭력 피해 청소년의 경우, 강압적인 훈육방법을 사용하여 자녀를 통제하고 자녀를 거부하는 부모의 태도가 위험요인으로 작용하였다(Shields & Cicchetti, 2001).

둘째, 부모-자녀 관계와 관련해서, 폭력 가해 청소년은 부모와 갈등적인 관계에 놓여 있는 것으로 나타났으며(Bowers, Smith, & Binner, 1994), 자녀가 부모와의 관계를 긍정적으로 지각하고 있는 경우 학교폭력과 연루될 위험성이 적은 것으로 밝혀졌다(Rigby, 1993). 또한 가족관계에 있어 가해 청소년들은 가족 구성원들이 서로 친밀하지 못하다고 생각하고 가족에 대한 유대감을 덜 느끼고 있으며(Browers, Smith, & Binney, 1992), 가족 구성원들 각자가 서로의 문제와 요구에 대해 관심을 갖지 않는다고 지각하고 있었다.

구체적으로, 학교폭력의 피해 청소년은 과잉보호적인 가정환경을 가지고 있는 것으로 밝혀졌는데(Smith & Myron-Wilson, 1998), 그 이유는 이러한 가정이 올바른 친구관계 형성에 필요한 자기주장 기술과 독립심을 발달시킬 수 있는 긍정적인 환경을 청소년에게 잘 제공해 주지 못하기 때문이다. 또한 가족 구성원 간의 관계가 불안정하고, 가족 간의 불화가 존재하는 것(Bowers et al., 1992)은 학교폭력 피해 청소년의 가정적 특성으로 밝혀졌다.

셋째, 부모-자녀 간 의사소통은 서로 상호작용을 통해 생각, 감정, 태도 등의 메시지를 전달함으로써 공통의 이해를 도모하는 과정이라 할 수 있다. 그러나 청소년들이 부모와 개방적인 의사소통을 원활히 하지 못할 때 폭력의 위험성은 증가하게 된다(Bowers et al., 1992).

마지막으로 청소년의 폭력행동과 관련될 수 있는 요인으로 부모의 지시와 감독 역할의 부재를 들 수 있다. 다시 말해, 부모들은 자녀가 어디에 있는지, 누구와 있는지, 무엇을 하고 있는지 등을 알고 있어야 하고 이에 대한 관심과 감독이 필요하다. 따라서 부모가 자녀 감독을 소홀히 하고 보살핌을 제공하지 않는 것은 폭력을 예측하는 중요한 요인으로 작용하게 된다(Brendgen, Vitaro, & Lavoie, 2001). 이 밖에 또 다른 특성으로, 가정 내에서 폭력을 모델링하며 생활한 아동과 청소년은 폭력행동을 할 가능성이 매우 높으며(Farrington, 1991), 부모 혹은 가족 구성원이 가지고 있는 반사회적인 가치와 규범은 청소년이 폭력행동을 일으키고 정당화하도록 만드는 요인이 된다(Brewer et al., 1995).

3) 학교 및 친구 관련 요인

학교는 또래집단을 사귀고 자신의 학문적 · 사회적 능력과 한계를 경험하는 장소이자 청소년이 가장 많은 시간을 보내는 곳이다. 그러나 청소년에게 학교는 폭력이 발생할 가장 위험한 장소이기 때문에, 학교 및 친구와 관련된 위험요인을 살펴보는 것은 매우 중요하다.

먼저 학교와 관련해서, 학교 규모와 학급의 학생 수 그리고 학교 내 경쟁상황(Olweus, 1997)과 같은 요인에 초점을 맞추어 학교폭력의 위험성에 대해 연구가 진행되었으나, 이러한 요인이 직접적으로 미치는 효과는 밝혀지지 않았다. 그러나 청소년들이 학교에서 경험하는 스트레스에 대한 정서 중심적 대처

반응의 한 형태로 폭력행동을 하는 것으로 나타났다(Natvig et al., 1999).

또한 학교폭력은 청소년의 학교생활과 학업 수행과도 밀접한 관련이 있는데, 학교에 대한 관심이 적고 학업 성취 정도가 낮을 경우 학교폭력에 연류될 가능성이 높다. 특히 폭력 가해 청소년들은 학교생활과 관련해서 스트레스를 많이 겪고 있는 것으로 나타났다(Herrenkohl et al., 2000). 이러한 연구결과는 학교 내에서 발생하는 스트레스는 학교폭력과 관련될 수 있음을 잘 말해 주고 있다. 또한 가해 청소년들은 학교에 대한 강한 불만족을 표출하며(Slee, 1995) 학교에서 이루어지는 자발적인 활동에 잘 참여하지 않는다(Ahmed, 2001). 가해 청소년과 유사하게 피해 청소년 역시 학교생활에 대한 만족감이 낮으며 자신감이 매우 부족한 것으로 나타났다(Kochenderfer & Ladd, 1996). 따라서 학생들의 학교생활에 대한 만족감을 향상시킬 수 있는 요인과 방법에 관한 연구는 학교폭력의 감소에 중요한 역할을 할 수 있을 것이다.

이 밖에 학교 관련 위험요인으로 교사와의 관계를 들 수 있는데, 교사와 갈등적인 관계에 있고 교사에게 불만이 많을수록 폭력성이 증가하는 것으로 나타났으며(Rutter, 1985), 좀 더 거시적으로 올베우스(Olweus, 1994)는 교사의 애정과 긍정적 관심을 받지 못하는 것뿐 아니라 학교 당국의 학생에 대한 지도와 감독 소홀, 학생들의 반사회적 행동에 대한 규제 부재, 그리고 문제행동과 규칙위반에 대해 신체적 처벌을 가하는 것과 같은 특성이 학교폭력의 위험요인이 된다고 하였다. 특히 스미스와 슈(Smith & Shu, 2000)의 연구에 따르면, 학교폭력 피해 청소년은 학교가 자신들에게 안전하지 못한 곳이라고 느끼는 것으로 나타났다. 따라서 학교에서 학교폭력 예방을 위해 노력하고 명확한 규범을 제시하는 것은 학교폭력의 발생 위험성을 감소시키는 중요한 요인이 될 수 있다(Olweus, Limber, & Mihalic, 1999).

다음으로 청소년기는 또래집단의 영향력이 가장 큰 시기이므로, 친구는 긍정적으로든 부정적으로든 청소년의 태도와 행동에 미치는 영향이 매우 크다(Catalano & Hawkins, 1996). 학교폭력과 관련될 수 있는 친구 요인은 앞에서 살펴본 바와 같이 가해 청소년은 일반적으로 피해 청소년보다 신체적으로 강하며 공격성이 높은 특성을 가지고 있으므로, 친구관계에 있어 적대적이고 또래를 지배하고 조정하려는 특성을 가지고 있다(Craig, 1998). 이러한 이유로 가해 청소년은 친구들에게서 거부를 당하는 경우가 많으며, 이러한 거부에 대한 반응은 다시 폭력적인 형태로 되돌아올 가능성이 높으므로 악순환이 계속된다.

따라서 가해 청소년은 일반 청소년과 비교해서 친구관계를 형성하는 데 있어 품행에 문제가 있으며(Austin & Joseph, 1996), 협동심(Rigby, Cox, & Black, 1997)이 부족하다. 뿐만 아니라 가해 청소년은 스스로 자신의 충동적인 행동을 통제하지 못한다고 지각하고 있으며(Bjorkquist et al., 1982), 원만하지 않은 친구관계로 인해 학교생활을 좋아하지 않고, 교사들에게도 인기가 없다(Slee & Rigby, 1993). 이러한 특성을 가진 가해 청소년과 가깝게 지내거나 어울릴 경우, 학교폭력에 연루될 가능성은 높아진다.

학교폭력 피해 청소년 역시 친구관계에 있어 특징적인 문제를 가지고 있다. 피해 청소년이 일반적으로 가지고 있는 개인적인 특성(예, 우울 및 불안, 낮은 자존감)으로 인해 그들은 친구관계에 있어 조심스럽고 민감하게 반응하는 경향이 있다(Craig, 1998). 또한 학교폭력을 경험하지 않은 청소년과 비교해 볼 때, 더욱 위축되고 걱정이 많고 새로운 환경에 대한 적응을 두려워하므로(Byrne, 1994) 친구의 수도 적으며, 친구관계에서 외로움을 더 느끼며 학교생활에 대한 만족도도 낮다(Slee, 1995). 특히 학교폭력 피해 여자 청소년은 친구들에게서 부정적으로 평가받거나 고립되는 것에 대해 매우 걱정하는 것으로 나타났다(Slee, 1995). 또한 신뢰할 수 있거나 자신보다 더 나은 위치에 있는 친구의 수가 적은 것이 학교폭력의 피해를 당할 위험 요인이 된다(Hodge et al., 1997).

그리고 많은 연구는 비행 친구와의 접촉과 친밀한 관계를 형성하는 것이 청소년의 학교폭력과 밀접한 관련이 있다고 보고하고 있다(예, Barkin, Kreiter, & Durant, 2001; Lee & Kim, 2003). 또한 Fraser(1996)는 청소년의 폭력조직 가입 여부와 폭력행동에 대해 긍정적인 태도를 가지고 있는 친구와 교제하고 있는지가 학교폭력 유발 위험 요인이 된다고 보았다. 그 이유는 정상적인 친구집단과 어울리지 못할 경우, 갈등상황에서 협동과 타협과 같은 바람직한 문제해결 방법을 학습할 기회를 갖지 못하고 폭력적인 방법으로 문제를 해결할 가능성이 높기 때문이다.

4) 사회 · 문화 관련 요인

사회 · 문화적인 요인은 가정 및 학교와 함께 청소년의 생활과 밀접한 관련이 있으며, 학교폭력에 영향을 미치는 다양한 환경적 특성들을 포함하고 있다. 먼저 사회 · 문화적인 요인 중 대중매체는 텔레비전, 만화, 컴퓨터 게임 등 다양한 경로를 통해 확대 보급되고 있어 청소년들이 폭력 프로그램에 노출될 위험성은 더욱 커지며, 폭력에 대한 청소년의 호기심과 모방심리는 자극받고 있다. 이러한 폭력에 대한 노출은 청소년들이 문제를 해결하는 방법으로 폭력을 수용하도록 학습시키며, 대중매체를 통해 언어적이고 신체적인 폭력을 많이 경험한 청소년일수록 학교폭력 가해 경험이 많은 것으로 나타났다(Murray, 1999). 특히 정신적 장애를 가지고 있는 청소년에게 폭력적인 대중매체가 미치는 영향은 더욱 심각하다(Verlinden et al., 2000).

이와 같이 여러 연구들을 종합적으로 살펴볼 때, 대중매체를 통해 청소년들이 폭력에 노출되는 것이 청소년의 폭력행동을 예측하는 데 다른 어떤 요인보다 영향력이 크다고 할 수 있으며(Cheung, 1997 등), 브루머와 하우저(Blumer & Hauser, 1992)는 범죄를 일으킨 사람들이 범죄 영화를 더욱 좋아하며 신문의 범죄 기사는 범죄 수법을 가르쳐 준다고 하였다. 그러므로 폭력적인 대중매체는 청소년의 폭력행동과 연결되기 쉬우며 폭력을 저지를 위험성이 높은 청소년에게 수단과 기술에 대한 정보를 제공하는 강력한 위험요인이라 하겠다.

대중매체와 함께 청소년 주변에 유해환경이 존재한다는 것은 학교폭력에 있어 위험요인으로 작용할 수 있는데, 유해환경에 접촉함으로써 규범의식의 약화와 함께 반규범적인 가치나 태도를 학습할 기회가 증가하여 비행과 반사회적 공격행동을 일으킬 가능성이 높아진다(김준호, 1997). 이러한 사실은 이춘화(1999)의 연구에서 잘 확인할 수 있는데, 보호관찰 청소년 중에 폭력행동 경험이 있는 청소년이 그렇지 않은 청소년보다 폭력 매체를 접촉한 경험이 많을 뿐 아니라 유해업소에 출입하거나 고용된 경험이 더 많은 것으로 나타났다.

또한 청소년이 생활하고 있는 지역사회는 가정환경만큼 개인에게 미치는 영향력이 크다고 할 수 있는데, 지역사회 내에서 폭력에 노출되는 것은 청소년의 공격성과 학교폭력의 위험성을 증가시킨다(Farrell, Valois, Meyer, & Tidwell, 2003). 특히 맥로이드(McLloyd, 1998)는 지역사회 내에서 실직이나 열악한 경제수준과 관련된 범죄나 폭력에 노출될수록 청소년이 폭력행동에 연루될 가능성은 증가한다고 보았다. 그러나 지역사회에서 폭력에 노출되더라도 가정에서 높은 수준의 사회적 지지를 받고 있는 경우 그 위험성은 감소될 수 있다(Duncan, 1996). 이와 유사한 맥락에서 지나친 공부 압력(김준호, 1997), 지나친 경쟁 위주의 교육환경과 여가활동 기회 및 시설의 부족(권이종, 1996)과 같은 사회·환경적 여건은 학교폭력과 관련될 수 있다.

참고문헌

권이종(1996). 청소년 문제와 교육의 과제: 학교폭력 발생배경과 지도방안. 한국교육사회학회.

김준호(1997). 학교주변폭력의 실태 대책. 한국형사정책연구원.

이춘화(1999). 청소년 폭력 가해자와 가해 집단에 관한 연구. 한국청소년개발원.

Ahmed, E. (2001). Shame management: Regulating bullying. *Shame management through reintegration*. Cambridge: Cambridge University Press.

Austin, S., & Joseph, S. (1996). Assessment of bully/victim problems in 8 to 11 years olds. *British Journal If Educational Psychology, 66*, 447–456.

Baldry, A. C., & Farrington, D. P. (1999). Types of bullying among Italian school children. *Journal of Adolescence, 22,* 423–426.

Barkin, S., Kreiter, S., & Durant, R. H. (2001). Exposure to violence and intentions to engage in moralistic violence during early adolescence. *Journal of Adolescence, 24,* 777–789.

Baumeister, R. F., Smart, L., & Boden, J. M. (1996). Relation of threatened egotism to violence and aggression: The dark side of high self–esteem. *Psychology Review, 103*(1), 5–33.

Bjorkqvist, K., Ekman, K., & Lagerspetz, K. (1982). Bullies and victims: Their ego picture, ideal ego picture and normative ego picture. *Scandinavian Journal of Psychology, 23,* 307–313.

Bond, L., Carlin, J. B., Thomas, L., Rubin, K., & Patton, G. (2001). Does bullying cause emotional problems? A prospective study of young teenagers. *British Medical Journal, 323,* 480–484.

Bowers, L., Smith, P. K., & Binney, V. (1992). Cohesion and power in the families of children involved in bully/victim problems at school. *Journal of Family Therapy, 14,* 371–387.

Brendgen, M., Vitaro, F., Tremblay, R. E., & Lavoie, F. (2001). Reactive and proactive aggression: Predictions to physical violence in different contexts and moderating effects of parental monitoring and caregiving behavior. *Journal of Abnormal Child Psychology, 29*(4), 293–304.

Brewer, D. D., Hawkins, J. D., Catalano, R. F., & Neckerman, H. J. (1995). *Preventing serious, violent, and chronic juvenile offending: A review of evaluations of selected strategies in childhood, adolescence, and the community.* Thousand Oaks, CA: Sage.

Byrne, B. J. (1994). Bullies and victims in a school setting with reference to some Dublin schools. *The Irish Journal of Psychology, 15,* 574–586.

Craig, W. M. (1998). The relationship among bullying victimization, depression, anxiety, and aggression in elementary school children. *Personality and Individual Differences, 24,* 123–130.

Farrell. A. D., Valois, R. E., Meyer, A. L., & Tidwell, R. (2003). Impact of the RIPP violence prevention program on rural middle school studies: A between–

school study. *Journal of Primary Prevention, 44*, 143-167.

Farrington, D. P. (1991). Childhood aggression and adult violence: Early precursors and later-life outcomes. *The development and treatment of childhood aggression.* Hillsdale, NJ: Lawrence Erlbaum.

Fraser, M. E. (1996). Cognitive problem-solving and aggressive behavior among children. *Families in Society, 77*(1), 19-31.

Grigsby, J., & Stevens, D. (2000). *The neurodynamics of personality.* New York: Guilford.

Hawker, D. S. J., & Boulton, M. J. (2000). Twenty years research on peer victimization and psychosocial maladjustment: A meta-analytic review of cross-sectional studies. *Journal of Child Psychology and Psychiatry, 41*, 441-455.

Hawkins, J. D., Herrenkohl, T. I., Farrington, D. P., Catalano, R. F., & Harachi, T. W. (1998). A review of predictors of youth violence. *Serious and violent juvenile offenders: Risk factors and successful interventions.* Thousand Oaks. CA: Sage.

Hawley, P. H. (1999). The ontogenesis of social dominance: A strategy based evolutionary perspective. *Developmental Review, 19*, 97-132.

Herrenkohl, T. I., Maguin, E., Hill, K. G., Hawkins, J. D., & Abbott, R. D. (2000). Developmental risk factors for youth violence. *Journal of Adolescent Health, 26*, 176-186.

Hodges, E. V., & Perry, D. G. (1997). Individual risk and social risk as interactiong determinants of victimization in the peer group. *Developmental Psychology, 33*, 1032-1039.

Hodges, E. V., & Perry, D. G. (1999). Personal and interpersonal antecedents and consequences of victimization by peers. *Journal of Personality and Social Psychology, 76*, 677-685.

Hoover, J. H., & Oliver, R. (1996). *The bullying prevention handbook: A guide for principals, teachers, and counselor.* Bloomington, IN: National Educational Service.

Kail, R. V., & Wicks-Nelson, R. (1993). *Developmental psychology* (5th ed.).

Prentice Hall.

Kumpulainen, K., Rasanen, E., Henttonen, I., Almqvist, F., Kresanov, K., Linna, S. L., Moilanen, I., Piha, J., Tamminen, T., & Puura, K. (1998). Bullying and psychiatric symptoms among elementary school-age children. *Child Abuse and Neglect, 22,* 705-717.

Lee, E. H., & Kim, M. J. (2003). *Media violence, anger, contract with delinquent friends, and bullying at school in Korea,* The 4th Asia-South Pacific Association of Sport Psychology International Congress Programme & Proceeding, pp. 55-57, July 1, 2003, Seoul: Kookmin University.

Loeber, R., & Dishion, T. (1984). Boys who fight at home and school: Family conditions influencing cross-setting consistency. *Journal of Consulting and Clinical Psychology, 52,* 759-768.

Loeber, R., Farrington, D. P., Stouthamer-Loeber, M., & Van Kammen, W. B. (1998). Multiple risk factors for multiproblem boys: Co-occurrence of delinquency, substance use, attention deficit, conduct problems, physical aggression, covert behavior, depressed mood, and shy/withdrawn behavior. *New perspectives on adolescent behavior.* New York: Cambridge University Press.

Lowry, R., Cohen, L. R., Modzeleski, W., Kann, L., Collins, J. L., & Kolbe, L. J. (1997). School violence substance use, and availability of illegal drugs on school property among us high school students. *Journal of School Health, 69*(9), 347-355.

Maynard, H., & Joseph, S. (1997). Bully/Victim problems and their association with Eysenck's personality dimensions in 8 to 13 year olds. *British Journal of Educational Psychology, 66*, 447-456.

McLoyd, V. C. (1998). Socioeconomic disadvantage and child development. *American Psychologist, 53,* 185-204.

Morrison, B. (2002). Bulluing and victimization in schools: A restorative justice approach. *Trends and Issues No. 219.* Australian Institute of Criminology.

Murray, J. P. (1999). Studying television violence. In J. K. Asamen & G. L. Berry(Eds.), *Research paradigms, television, and social behavior*(pp. 369-

410). Thousand Oaks, CA: Sage.

Nabuzoka, D., & Smith, P. K. (1993). Sociometric status and social behavior of children with and without learning difficulties. *Journal of Child Psychology and Psychiatry, 34,* 1435–1448.

Natvig, G. K., Albrektsen, G., Anderssen, N., & Qvarnstrom, U. (1999). School-related stress and psychosomatic symptoms among school adolescents. *Journal of School Health, 69*(9), 362–368.

Olweus, D. (1994). Bullying at school: Basic facts and effects of a school based intervention program. *Journal of Child Psychology and Psychiatry, 35,* 1171–1190.

Olweus, D. (1997). Bully/victim problem in school: Facts and intervention. *European Journal of Psychology, Education, 12,* 495–510.

Olweus. D., Limber, S., & Mihalic, S. F. (1999). *Blueprint for violence prevention, book nine: Bullying prevention program.* Boulder, CO: Center for the Study and Prevention of Violence.

Psrker, R. N., & Auerhal, K. (1998). Alcohol, Drugs, and Violence, *Annual Review of Sociology, 24,* 291–311.

Rigby, K. (2004). Addressing bullying in schools: Theoretical perspectives an their implications. *School Psychology International, 25*(3), 287–300.

Rigby, K. (1993). School children's perceptions of their families and parents as a function of peer relations. *Journal of Genetic Psychology, 154,* 501–513.

Rigby, K., Cox, I., & Black, G. (1997). Cooperativeness and bully/victim problem among Australian school children. *The Journal of Social Psychology, 137,* 357–368.

Rutter, M. (1985). Family and Social influences: Meanings, mechanism and implication. In A. R. Nichol (Ed.), *Longitudinal studies in child psychology and psychiatry.* New York: Wiley.

Shields, A., & Ciccetti, D. (2001). Parental ,maltreatment and emotion dysregulation as risk factors for bullying and victimization in middle childhood. *Journal of Clinical Child Psychology, 30,* 349–363.

Slee, P. T., & Rigby, K. (1993). Australian school children's self appraisal of interpersonal relations: The bullying experience. *Child and Human Development, 23,* 273–282.

Slee, P. T. (1995). Peer victimization and its relationship to depression among: Austrian primary school students. *Personality and Individual Difference, 18,* 57–62.

Smith, P. K., & Myrone–Wilson, R. (1998). Parenting and school bullying. *Clinical Child Psychology and Psychiatry, 3,* 405–417.

Spivak, H., Hausman, A. J., & Prothrow–Stith, D. (1989). Practitioners' forum: Public health and adolescent prevention of adolescent violence prevention project. *Violence & Victims, 4,* 203–212.

Spreen, O. (1989). The relationship between learning disability, emotional disorders, and neuropsychology: Some results and observations. *Journal of Clinical Experimental Neuropsychology, 11,* 117–140.

Sutton, J., & Keogh, E. (2000). Social competition in school: Relationships with bullying, machiavellianism and personality. *British Journal of Educatinal Psychology, 70,* 443–457.

Taylor, S. P., & Chermark, S. T. (1993). Alcohol, drugs, and human physical aggression. *Journal of Studies on Alcoholism, 33,* 89–91.

Verlinden, S., Hersen, M., & Thomas, J. (2000). Risk factors in school shooting. *Clinical Psychology Review, 20*(1), 3–56.

Zimmerman, B. J., Bandura, A., & Martinez Pons, M. (1992). Self–motivation for academic attainment: The role of self–efficacy beliefs and personal good setting. *Journal of American Educational Research, 29*(3), 663–676.

4장
학교폭력과 왕따의 구조적 특징

– 곽금주(서울대학교 심리학과 교수)

최근 들어 학교폭력의 심각성이 주요한 사회 문제로 대두되었다. 특히 전 세계적으로 문제시되고 있는 학교폭력 유형 중 하나가 집단 따돌림이다. 그러나 각 나라마다 그 원인과 특징은 차이가 있다. 우리나라의 학교폭력과 왕따 현상은 외국과는 차별화된 특징을 지닌다. 집단적이고 지속적이며, 보통 학생들도 가벼운 정도의 비행행동을 보이는 일반성을 지닌다. 특히 이 장에서는 왕따 현상의 특징을 좀 더 구체적으로 살펴보기 위하여 환경적인 특징과 왕따 구성원의 특징으로 나누어 보았다. 환경적 특성으로는 학교환경, 가정, 지역환경 그리고 문화, 즉 집단주의 문화에 따른 영향을 설명하였다. 그리고 중요한 것이 왕따 현상에는 가해집단, 피해학생, 이를 방관하는 학생으로 구성되어 있다. 따라서 이런 구성원(가해자, 피해자, 가해자면서 피해자, 방관자)이 지닌 특성을 살펴보았다. 특히 왕따의 경우 방관자의 역할이 매우 크며 방관자 집단에서도 가해 조력자, 가해 강화자, 방관자, 피해방어자로 나눌 수 있다. 앞으로 이와 같은 방관자에 관한 좀 더 구체적인 연구를 실시하여 그 결과를 왕따 예방이나 대처 방안을 마련할 때 함께 고려하여야 할 것이다.

올해 들어 텔레비전과 신문에서는 '일진회' 기사를 두고 시끄럽다. '대체 이럴 수가', '청소년의 탈선 믿을 수 없는 지경에까지', '조폭 문화 빰치는 일진회의 폭력' 등의 기사들은 진정으로 이 땅의 청소년 문화가 심각함을 경고하고 있다. 그러나 이러한 학교폭력 문제는 어제오늘의 일이 아니다. 인간이 지닌 공격성이나 폭력은 인류의 시작부터 지금까지 논란이 되어 온 주제로, 세계 여러 나라의 심리학자들은 학교폭력의 근원을 이해하고자 아동과 청소년의 공격 및 폭력행동의 원인과 실태를 파악하려는 노력을 지속적으로 하고 있다. 우리나라에서도 여러 학문 분야에 걸쳐 이에 관한 많은 연구들이 이루어져 왔다(곽금주, 문은영, 1995; 곽금주, 윤진, 문은영, 1993). 학교폭력이란 겉으로 드러나지 않는 괴롭힘 등의 현상에서부터 중한 법적 처벌을 받아야 하는 정도의 폭력을 모두 포괄하는 것이다. 그러나 학자들의 정의에 의하면 학교폭력이란 학교 안팎에서 학생들 간에 이루어지는 부정적 의도를 지닌 공격, 폭력적인 행동을 말한다. 여기에는 금품 갈취, 대물 파손, 협박이나 위협, 괴롭힘 등 신체적, 언어적, 심리적 공격행동 모두를 포함한다. 그리고 집단적으로 한 학생을 따돌리고 괴롭히는 따돌림 현상도 넓은 범위에서 학교폭력에 속한다. 최근 외국 여러 나라에서는 일찍이 집단 따돌림을 학교폭력의 주요 양상으로 간주하고 그 심각성을 인식해 왔다. 1999년 미국에서 일어난 컬럼바인 고등학교 총기 난사 사건을 살펴보면 외부로 드러난 문제는 학교폭력과 학교 붕괴였지만, 내막을 살펴본 결과 총기를 난사했던 학생과 그의 친구가 오랜 시간에 걸쳐 지속적인 따돌림(bullying)의 피해자였음이 밝혀져 집단 따돌림의 심각성이 부각되었다. 흔히 피해자가 약자이고 자신을 보호할 수 있는 능력이 없다는 일반적인 상식과는 상반된 현상으로, 이는 지속적인 따돌림 상황에 피해자로 노출된 아이들이 자신의 내면에 억압된 분노를 어느 순간 극단적인 폭력으로 분출시킨 것이라 할 수 있다. 따라서 세계 여러 나라에서는 집단 따돌림 현상을 가장 심각한 학교폭력의 유형이라고 보고 그 원인과 대처에 관한 연구들이 이루어지기 시작하였다.

국내에서도 최근 시행된 학교폭력예방및대책에관한법률에서는 학교 내외에서 학생 간에 발생하는 학교폭력의 종류를 상해 · 폭행, 감금, 협박, 약취 · 유인, 추행, 명예훼손 · 모욕, 공갈, 재물손괴, 집단 따돌림 등의 행위로 정하고 있다(시행령 제2조). 이 중 왕따는 다른 폭력유형과 몇 가지 차별점을 가지고 있다. 첫째, 외국의 따돌림과 비교하여 우리나라의 특징을 반영하기 때문에 예방 및 중재를 위해서는 그 특징에 대한 정확한 분석과 인식이 반드시 필요하다. 둘째, 집단적이고 지속적으로 이루어지므로 피해자들에게 심각한 외현화 · 내면화 문제를 남길 수 있다. 셋째, 왕따는 다른 학교폭력에 비해 부모나 교사가 외부에서 파악하기 가장 힘든 폭력의 유형이기 때문에, 문제를 조기에 발견하고 접근하기 위해서는 피해자 및 가해자에 대한 정확한 인식이 필요하다. 넷째, 폭력에 직접적인 관련이 있는 가해 · 피해 당사자뿐 아니라 방관자들의 인식과 태도가 문제 해결에 있어 중요한 열쇠가 된다. 따라서 이 장에서는 우리나라 학교폭력의 일반적인 특징을 간략히 살펴보고, 왕따를 중심으로 폭력이 발생하는 환경적 특성과 구성원들의 집단별 특성을 살펴보기로 하겠다.

1. 우리나라 학교폭력의 특징

1) 집단성

집단성과 관련하여서는 가해행위의 범위를 어떻게 규정하는지에 따라 가해집단의 규모가 달라질 수 있다. 가해행위를 적극적으로 왕따를 시키거나 괴롭히는 행동으로 한정할 경우 대략 10% 정도가 포함되지만, 주동자를 적극적으로 도와주거나 단순 동조하는 행위까지 포함시킬 경우 40% 정도까지 늘어나는 것으로 나타났다(김현주, 2003). 특히 언론에 보도될 정도의 심각한 피해학생들의 경우 본인의 학급이나 전교생이 대부분 알고 있었거나 많은 학생들이 단순 동조했다고 할 수 있다.

또한 올해 초 문제가 되었던 '일진회' 사건을 통해서도 알 수 있듯이, 학교 내의 폭력 서클 역시 점차 집단화, 조직화되는 경향이 있다. 일부 학생들의 폭력 서클은 성인 폭력조직과 연계되어 있거나 학교 간에 연결망을 가지고 있는 경우도 있으며, 이렇게 집단화, 조직화될 경우 개인적인 폭력보다 더욱 무서운 결과를 가져올 수 있다. 그리고 학교폭력의 집단성은 학교폭력의 양상이 점차 흉포화, 범죄화되어 가는 원인이 되기도 한다.

2) 지속성

자살이나 정신병리와 같은 심각한 피해가 발생한 사례 중 대부분은 피해자가 지속적으로 폭력을 당한 경우가 많다. 특히 우리나라는 수업에 따른 교실 이동 없이 1년을 같은 교실에서 지내야 하기 때문에 한 번 피해자가 되는 경우 벗어나기가 힘들다고 할 수 있다. 최근에는 왕따로 인해 전학을 간 피해학생에 관한 신상정보가 인터넷을 통해 전학 간 학교에 알려지게 되는 일 또한 빈번하게 일어난다. 지속성에 관한 연구를 보면 한 달에 2~3회 이상 지속되는 따돌림의 경험이 남학생의 경우 12.4%, 여학생은 3.1%로 나타났다. 학년별로 보면 중학교 1학년이 왕따의 피해 경험이 가장 많지만, 한 달에 2~3회 이상 지속되는 왕따 피해 경험 비율은 학년이 올라갈수록 높은 것으로 나타났다(조학래, 2002). 따라서 학년이 올라갈수록 가해학생에 대한 피해학생의 비율은 낮아지지만 지속성이나 피해의 정도는 점점 더 심각해짐을 알 수 있다.

3) 일반성

학교폭력은 이제 소위 일컬어지는 비행학생만이 아닌 모든 일반 학생들에게서도 쉽게 발견할 수 있는 일반화된 비행행동이 되어 가고 있다(권이종, 2000; 백운학, 1999). 과거에는 성적이 좋지 않거나 가정환경이 불우한 청소년들이 가해자가 되는 경우가 많았지만, 요즘엔 성적이 좋거나 또래의 지지를 받는 학생들 또한 자신의 욕구해소를 위해 개인적으로 마음에 들지 않거나 만만한 학생에게 무차별적인 가해행동을 하는 경우가 많다. 가해 또한 학업과 입시 위주의 교육 풍토가 만들어 낸 부정적 결과로 생각할 수 있다. 성적만이 중요시되는 분위기에서는 많은 학생들이 학업에 대한 부담과 스트레스, 좌절감을 경험하게 된다. 이러한 스트레스와 좌절감을 타인에 대한 공격성, 특히 한 명의 구성원을 희생양으로 삼아 표출하게 되는 것이다. 최근 연구에서도 왕따의 동조성향에 관련된 심리적 특성 중에서 학업 스트레스가 생활 스트레스 중 유일하게 영향을 미치는 것으로 나타났으며(전주연, 이은경, 유나현, 이기학, 2004), 좌절 경험이 공격성을 유발한다는 것은 많은 연구들을 통해 입증되었다. 옷이나 행동이 튀는 학생, 성적이 좋은 학생, 잘난 척하는 학생 등은 이러한 공격의 대상이 되기 쉽다.

특히 학급 안에서 이러한 공격성은 집단적으로 나타나며, 어떤 방식으로든 튀는 학생에 대해 응징하고 획일화를 요구하는 집단의 분위기는 학생들의 개성과 자기표현 능력을 떨어뜨린다. 그 과정에서 자신의 주체적인 사고와 판단 능력을 발휘하지 못하게 되는 경우가 많아 많은 학생들이 별다른 죄책감 없이 타인을 괴롭히거나 왕따시키는 상황에 동조하거나, 자신의 공격성을 표출하고 집단에서 소외되지 않기 위해 묵인하는 경우가 많다. 이제 학교폭력은 언제, 어디서, 누구에 의해서, 누구에게든 발생할 수 있다.

2. 왕따의 특징

집단 따돌림(bullying)이란 한 학생이 반복적이고 지속적으로 한 명 이상의 학생들로부터 부정적인 행동에 노출되는 현상을 말한다. 이는 외현적으로 능동적인 공격행동을 가하는 직접적인 따돌림(direct bulling; 구타, 폭행)과 외부로 드러나지 않으나 어느 한 집단에서 소외시키거나 또는 심리적 갈등, 부적응을 갖도록 괴롭히는 간접적인 따돌림(indirect bulling; 소외, 심리적 배제)으로 구분된다. 이때 한 학생에게 지속, 반복적으로 이루어진다는 것과 힘의 불균형에 의한 대인관계가 존재한다는 것이 단순 폭력과 따돌림 행동과의 차이라 할 수 있다(곽금주, 1999a, b). 이와 같은 현상은 세계 각 나라마다 고유 용어가 있다. 예를 들어, 일본은 이지메(ijime), 중국은 링구르(lingru)라는 용어를 사용하고 있으며, 우리나라에서는 왕따(Wang-ta)라는 용어를 사용하는 것으로 세계 학자들에게 알려져 있다(Kwak, 2002). 그러나 우리나라의 왕따 현상은 서양 국가들과는 다른 특징을 나타낸다.

1) 환경적 특성

(1) 학교환경

우리나라의 학생들은 한 교실에서 거의 하루 종일 생활하는 편이다. 물론 음악실, 미술실, 과학실 등으로 옮겨 수업을 하는 경우가 있으나, 그와 같은 시간이 절대적으로 적으므로 같은 교실에서 같은 학급 또래와 종일 있게 된다. 즉, 1년 단위로 같은 학급학생들과 생활하며, 담임교사도 1년 동안 지속된다. 이와 같은 교육환경에서는 개개인의 성향은 덜 중시되고, 집단의 화합과 일치가 더 중요한 가치규범으로 여겨진다.

그리고 학업과 입시 위주의 교육으로 어릴 때부터 경쟁에 익숙해져 있다. 따라서 협동의 분위기보다는 남보다 앞서야 한다는 의식이 키워진다. 이러한 상황은 학생들의 불필요한 경쟁 유발 또는 자신과는 다르거나 특이한 것을 인정하지 않으려는 의식이 생겨나기 쉽게 만든다. 따라서 우리나라에서는 한 학급 학생 전체가 한 명을 무시하고 배척하는 현상이나, 전교생에게서 소외되는 전따와 같은 현상도 생겨나게 되는 것이다.

또한 학교 내에서의 권위주의적 문화와 의사소통 방식 역시 중요한 영향을 끼치는 원인으로 볼 수 있다. 입시 위주의 교육풍토 내에서는 개인의 자율성과 창의성이 존중되기 힘들뿐더러 교사들의 태도 역시 획일적이고 권위적이기 쉽다. 최근에도 논란이 되고 있는 두발 규제나 소지품 검사, 사립학교에서의 종교 과목 선택 문제 등은 학교 내에서의 비민주적인 의사소통관계나 획일적인 학생 통제 방식을 보여 주는 일례라고 할 수 있다. 그러한 학교 분위기에서 사실상 많은 학생들은 개인의 자율권과 선택권을 침해당하게 되고, 거기에서 오는 불만이나 좌절의 경험을 왜곡된 방향으로 해소하게 되는 경우가 많다. 목표나 욕구의 좌절이 자신보다 약한 타인에 대한 공격성으로 삐뚤어지게 표출되는 것이다.

학교폭력의 예방 및 해결을 위해서는 교사의 문제 해결 의지와 실제 능력이 중요하다. 그러나 교사들은 교내에서의 왕따 및 학교폭력 현상이 사회적으로 심각한 문제라고 여기면서도 학교 및 학급에서는 별로 심각하지 않은 것으로 인식하고 있어, 학교폭력에 대한 일반적인 인식과 실제 지각 간에 차이를 보인다. 그리고 왕따 및 학교폭력의 가장 효과적인 해결주체로서 교사들은 학생 자신을 꼽고 있어 본인들에 대한 책임감은 상대적으로 적은 것으로 나타났다(조학래, 2002). 따라서 학교 내에서의 효과적인 문제 해결을 위해 학교폭력의 정확한 실태와 실제적인 대처요령에 대한 교사교육이 요구된다.

(2) 가 정

학교폭력에 가담하는 집단 유형에 따라 가정환경의 차이가 있을 것이라는 가설에 대한 연구는 우리나라에서 비교적 최근에 이루어지고 있다. 가정에서 경험한 신체학대의 집단 차이를 보면 가해-피해집단과 피해집단이 가장 많은 신체학대를 경험하였고, 이어서 가해집단과 정상집단의 순으로 신체학대를 경험한 것으로 나타났다. 부부갈등에 있어서도 가해집단과 가해-피해집단이 가장 많았으나 정상집단과 피해집단 간의 유의한 차이는 발견되지 않았다(김소명, 현명호, 2004).

부부갈등과 관련한 다른 연구에서는 남학생의 경우 공격적 피해자가 다른 세 집단에 비해 어머니에 대한 아버지의 공격성에 많이 노출되었으며, 여학생의 경우 일반아가 다른 집단보다 어머니에 대한 아버지의 공격성에 더 적게 노출되었다(박보경, 도현심, 2002)라고 보고하여, 가정에서 부부갈등을 많이 경험할수록 학교에서 또래 가해행동을 더 많이 하는 것을 알 수 있다.

부모의 양육행동이 왕따 관여에 미치는 영향을 보면, 어머니의 애정은 피해와 부적인 상관관계를 가지며(전재천, 2000), 피해학생 및 가해학생 모두 어머니의 거부적이고 통제적인 양육행동과 관련이 있었다(김석진, 1999; 안재진, 이경님, 2002; 최은숙, 2000). 어머니의 거부 및 제재로 인한 좌절감은 다른 사람에 대한 공격성이나 적대감의 형태로 나타나 또래 가해행동의 유발 가능성을 높일 수 있다(김석진, 1999).

이상의 결과를 종합해 볼 때 다른 청소년 문제와 마찬가지로 왕따 및 학교폭력에도 가정환경 요인이 중요하게 작용하며, 중재 또한 이러한 부분을 적극적으로 고려하여 부모교육이나 면담을 동시에 이루어지도록 해야 한다.

(3) 지 역

노르웨이에서 전국 규모로 실시된 올베우스(Olweus, 1978)의 연구에 의하면 표집 대상은 조사별 발생률 차이에 큰 영향을 미치지 않는 것으로 나타났지만, 우리나라에서 실시된 많은 연구들에서는 표집 지역에 따라 차이가 있는 것으로 나타났다.

같은 학급의 친구를 따돌림 해 본 경험은 농촌 아동이 도시 아동보다 더 많은 것으로 나타났는데, 이러한 차이는 첫째, 농촌 아동이 수년간 같은 학급에서 생활하게 됨으로써 친구 개개인에 대한 장단점을 잘 알게 되기 때문에 따돌림을 더 많이 한다는 것, 둘째, 농촌 아동들은 친구와 지내는 시간, 특히 놀이 활동이 더 빈번하여 서로 간에 갈등을 일으킬 소지가 많은 것, 셋째, 두 집단 간에 왕따에 대한 개념이 다를 수 있다는 것, 넷째, 가정환경 요인의 차이에 의한 것이라는 가설을 들고 있다. 이러한 특성은 아동기의 집단 따돌림의 원인이 가정환경과 밀접하게 관련되어 있다는 연구결과(박남지, 2000; 이규미, 1998)를 지지한다. 농촌 지역에 취약계층의 자녀, 즉 경제적 형편이 매우 어렵거나 조부모 가정의 아동들이 많은 것이 왕따가 더 자주 일어나는 원인으로 작용할 수 있다(김연순, 박분희, 2004).

다른 연구에서도 강탈과 구타를 제외한 모든 형태의 학교폭력에서 대도시 학생들이 중소도시 학생들보다 더 많이 하고 있는 것으로 나타났는데, 이는 중소도시의 청소년이 대도시 청소년보다 비행률이 상대적으로 낮다고 밝힌 정문성(1992)의 결과와 같은 맥락이라고 할 수 있다(김석진, 2000). 이를 통해 왕따 및 학교폭력이라는 문제행동을 유발시키고 이를 정당화시키는 데 유흥업소 등 유해환경이 관련되어 있으리라는 추측을 할 수 있다.

또한 우리나라는 학군에 따라 부모의 사회 · 경제적 지위에 차이가 크고 학업에 관련된 학교 분위기 차이도 크다. 따라서 우리나라에서의 학교폭력 실태조사는 표집대상(지역)에 따라 발생률이나 가해 종류에 많은 차이가 날 것으로 예상됨에 따라 추후 연구에서는 이러한 변인에 대한 연구도 이루어져야 할 것이다.

(4) 문화-집단주의

집단주의 문화는 요즘 학교폭력에서 가장 큰 비중을 차지하고 있는 왕따 현상을 설명하는 데 특히 중요한 원인이 된다. 청소년기는 개인의 정체성이 확립되어 가는 과정에 있는 시기로 또래 영향이 그 어느 때보다 중요하다. 또래집단에 속하고, 또래에게서 인정받는 것이 생사를 결정할 만큼 삶의 중대한 가치 기준이 된다. 따라서 다수의 성원들이 어떠한 일에 찬성하거나 가담하게 될 때, 그 일에 동참하지 않을 경우 배척당할 위험이 있기 때문에 집단행동에 참여하기도 한다(이성식, 전신현, 2000).

호프스테드(Hofstede, 1991) 문화연구의 기본 틀인 개인주의와 집단주의에 따르면, 우리나라는 집단주의 문화 유형에 속하며 이 문화 유형에 대한 이해를 통해 우리나라 사람들의 정서와 문제에 대한 이해를 도울 수 있을 것이다. 관계중심적 가치를 가진 우리나라의 집단주의 사회에서는 개개인의 개성이나 자기주장 능력이 덜 중시되고 타인과의 유대감이나 집단 전체가 합의하는 집단적 의사결정을 중시하게 된다.

또한 집단사고를 통해 왕따에 대한 암묵적인 합의가 이루어진다. 즉, 피해자를 지지하고 도와주는 행위를 하는 사람은 집단 규범을 위반한 것으로 간주되어, 역시 왕따 대상이 된다는 것이다. 이와 같은 또래압력은 더 많은 방관자를 가해자에 더욱 동조하게 만들며, 동조에 가담하는 참가자 수가 많아질수록 동조 경향 역시 강해지는(이성식, 전신현, 2000) 악순환을 낳게 된다. 박경숙(1998)과 이춘재, 곽금주(2000a, b)의 연구에서도, 많은 응답자가 자신들이 오히려 왕따를 당할까 봐 두려워 따돌림에 가담한다고 대답했다.

2) 구성원의 특징

왕따 현상은 크게 가해자, 피해자로 구성된다. 이외에 피해 경험도 있고 가해 경험도 있는 유형(가해-피해자)과 어디에도 속하지 않는 유형(방관자)이 포함된다. 이와 같은 왕따 구성원인 가해자, 피해자, 가해-피해자, 방관자의 특성을 살펴보면 다음과 같다.

(1) 가해자 특성

1970년대 말까지 이루어진 연구에 따르면, 가해해동을 하는 이유는 물리적 이득을 얻기 위한 목적이 주된 것이었으나, 근래에는 또래 간의 우월성을 드러내 보이고 또래 지지를 통해 또래에 대한 지배력을 강화, 유지하기 위한 수단으로 가해행동을 하는 것으로 나타났다. 이러한 가해자는 크릭(Crick)과 닷지(Dodge, 1996)의 도발적 공격자(proactive aggressor)로 설명될 수 있으며, 이들은 그들의 공격성으로 또래집단 내에서 배척되거나 소외되기보다는 오히려 일반 학생들 이상의 큰 영향력을 가지며 심지어 인기가 있는 경우도 있다.

가해 주동 집단의 경우 다른 사회관계보다도 친구와의 관계가 비교적 만족스럽고 중학교 피해 집단의 경우 친한 친구의 지지가 가장 낮게 지각되었다(이춘재, 곽금주, 2000a, b). 이는 단순히 공격적이고 폭력적인 아동과는 달리 가해를 주도하는 아동의 경우 정상 집단 아이들과 비슷한 정도의 인기를 지니고 있음을 나타내 주는 것으로, 또래에게서 인기가 낮은 공격적 청소년들과는 대조적이라는 기존 연구와도 일치하는 결과다(Foster, Delawyer, & Geurremont, 1986; Olweus, 1984).

따돌림 가해자의 특징을 보면 첫째, 이들은 급우나 학생들을 대상으로 공격적인 행동을 가한다. 폭력을 즐기는 것으로 보이기도 하는데 그들은 이것을 통해 자신의 위상을 높이려는 과시욕과 벗어나고 싶은 좌절을 해소하려 한다. 그들은 자신의 공격적인 행동으로 피해 입는 학생에 대해 죄의식을 전혀 갖지 않고 자신과는 무관하게 생각하며, 감정이입이 전혀 일어나지 않는 특징을 지닌다. 둘째, 열악한 가정환경에서 성장한 경우가 많은데, 반항심이나 지배 욕구가 비교적 강한 편이다. 양육태도가 지나치게 허용적이거나 사랑이 일방적으로 부족 또는 물리적인 처벌을 가하는 부모 밑에서 자란 경우도 이에 속한다. 셋째, 긍정적인 이익이 제공되기 때문에 가해를 즐겨 행할 수 있다. 그들은 자신이 필요한 물건이나 돈을 얻기 위하여 가해행동을 한다. 국내에서는 최근 학교 수행평가 점수가 학교 성적에 반영되는 비율이 높아짐에 따라 자신의 숙제를 시키는 가해행동이 확산되고 있다. 넷째, 왕따 가해자들은 일반적으로 약물복용, 흡연, 유흥업소 출입, 마약, 폭력과 같은 비행에 연루된 경우가 많다. 경우에 따라서는 성인이 된 후에도 계속적인 비행과 연루되어 범법자(犯法者)가 되는 경우도 있다(곽금주, 1999a, b).

또 다른 특징은 왕따 피해를 많이 경험한 청소년일수록 왕따 가해 또한 많이 경험한다는 것이다(강은희, 이은희, 2003; 최윤자, 김아영, 2003). 이는 학대받은 경험이 있는 피해아동들은 공격에 대한 사회적 학습한 결과로 일반 아동들에 비해 더욱 공격적이며 폭력적이라는 선행연구(Lober & Dishion, 1987)의 설명을 지지하는 결과라고 할 수 있다. 나아가 왕따행동이 하나의 공격모델로 작용하는 동시에 피해에 따른 분노와 좌절감을 다른 학생에 대한 가해행위를 통해 표출하게 되는 악순환을 그리는 것이다. 따라서 단순히 어떤 경험을 더 많이 했느냐를 기준으로 가해 및 피해 집단을 나누는 것은, 이러한 관계의 흐름을 정확하게 보여 주지 못할뿐더러 효과적인 문제 해결을 위해서도 바람직하지 못하다.

(2) 피해자 특성

올베우스(Olweus, 1994)와 살미발리(Salmivalli, 1993, 1999)는 피해자를 수동적 피해자(passive victim)와 도발적 피해자(provocative victim)로 나누었는데, 수동적 피해자는 부모의 지나친 보호를 받으며 자신들의 의견보다는 어른들의 생각을 중요시하는 특성을 갖는다. 이러한 수동적 피해자의 특성을 갖는 피해자의 경우 특정 문화가 추구하는 긍정적인 인간상이 실제로는 아이들이 또래에게서 소외를 당하거나 공격의 대상이 되는 것을 도리어 부추긴다(Schwartz, 2000). 슈워츠(D. Schwartz)는 서양인의 입장에서 우리나라의 폭력 및 왕따 문제를 연구한 결과, 우리나라나 일본과 같이 집단주의적 성향을 가진 문화에서는 활발하고 주체적인 성격을 요구하는 현실과 상반되는 성격을 지니는 경우, 즉 극도의 자제를 요하며 자신의 감정을 드러내지 않도록 자기규제를 하는 아이들이 또래에게서 사회적 배척을 경험하게 된다. 그러한 부정적 영향으로 정상적인 정서적, 신체적 발달을 하지 못하게 된다고 하였다. 따라서 그는 집단주의 문화에 있는 아이들일수록 자신의 의견과 생각을 정확하게 표현하는 훈련이 필요하다고 했다.

외국과 마찬가지로 우리나라의 왕따 피해자도 크게 두 가지 유형으로 분류할 수 있다. 유약하고 수동적인 태도를 보이는 학생들과 잘난 척하고 타인을 무시하는 학생들이 그것이다(김용태, 박한샘, 1997; 김창대, 1999; 박경숙 등, 1998). 유약하고 수동적인 태도를 보이는 피해자는 앞서 언급한 수동적 피해자로 볼 수 있고 잘난 척하고 타인을 무시하는 학생들은 도발적 피해자로 볼 수 있다. 자신과 상황에 대한 부정적 인식과 낮은 자존감(이민아, 1998; Boulton & Smith, 1994; Matsui, Kakuyama, Tsuzuki, & Onglatco, 1996; Sharp, 1996)으로 인해 나타나는 무기력하고 수동적, 복종적인 이들의 반응은 강한 아이들의 공격 표적이 되고, 그들은 이에 적절히 대처하지 못하게 한다. 이들은 또래보다 신체가 허약하여 공격적이거나 반격할 여력을 보이지 않는다. 반면에 잘난 척하고 타인을 무시하는 태도를 보이는 피해자는 타인에 대한 배려심이 부족하고 이기적이며, 자신의 일방적인 태도가 주위와 어울리지 못하고 충돌함으로써 다수에게서 외면당한다는 사실을 인식하지 못한다. 스스로가 지닌 경쟁적이고 공격적인 태도가 주변을 자극하여 대결 국면을 형성한다. 이들은 흔히 불안한 반응과 공격적인 반응을 함께 보이며 피해를 당함과 동시에 피해집단에서 빠져 나오기 위해 다른 학생에게 가해를 하는 피해/가해 집단이 되는 경우가 많다.

도발적 피해자는 비교적 그 숫자가 적은데, 반항적이고 산만하며 화를 잘 내고 적대적 귀인편파를 보인다. 슈워츠, 닷지, 코이에(Schwarz, Dodge, Coie, 1997)와 닷지(Dodge, 1991)는 이들을 반응적 공격자(reactive aggressor)로 구분하는데, 이들은 만성적 피해자로 다른 아이들의 괴롭힘 때문에 또다시 공격적인 행동을 하게 된다. 또래들은 이 집단에 해당하는 아이들을 외면하거나 따돌리며 이들이 언제 폭발할지 모르는 통제 불가능한 분노를 가지고 있다는 이유로 그들에게 거리를 두고 가까이 지내지 않는다. 하지만 선행연구(Dodge, 1991; Olweus, 1993; Salmivalli, 1999; Schwarz et al., 1997)에서 주장하는 공격행동의 피해자보다 더 심각한 유형의 피해자는 자신들이 당하는 피해를 스스로의 탓으로 귀인하는 피해자들이다(Hodge & Canter, 1998). 주변에 친한 친구들이 없는 이러한 유형의 피해자는 다른 집단에 비해 불안, 우울, 자존감 저하, 학교 부적응 및 자살로 이어지는 위험을 나타낼 수 있다.

(3) 가해자면서 피해자의 특성

스티븐슨(Stephenson)과 스미스(Smith, 1989)는 따돌림의 가해자와 피해자 유형을 가해자, 불안한 가해자, 피해자, 도발적인 피해자, 가해-피해자의 5가지로 분류하였다. 가해자는 강하고, 단호하며, 쉽게 흥분하고, 공격을 즐기며, 보통 정도의 인기와 안정성을 지닌다. 불안한 가해자는 불안정하며 학업성적이 낮으며, 인기가 낮은 집단이다. 피해자는 약하고 자신감이 낮고 인기도도 낮은 유형이다. 그러나 도발적 피해자는 활동적이며 강하고 쉽게 흥분하며 자신이 지목되는 것을 종종 불평하는 집단이다. 가해-피해 집단은 강하고 단호하며 일반적으로 학급에서 가장 인기가 없으며 타인들을 가해하여 동시에 자신이 피해 당하는 것을 불평하는 집단이다(곽금주, 2000).

여기서 한 가지 더 주목 할 부분은 단순 피해나 가해집단에 비해 가해-피해 집단의 심리적 위험성이 가장 높다는 것이다. 단순 가해집단에 비해 가해-피해 집단은 주관적인 심리적 불편감이 크고, 스스로에 대한 문제의식도 강한 것으로 나타났다. 또한 부모나 교사 모두 이들에 대해 비행, 공격성, 외현화 문제 등이 다른 집단에 비해 높다고 보고하여 가해-피해 집단이 학교 장면에서뿐만 아니라 가족과 같은 가정환경에서도 적응상의 문제들을 심각하게 겪고 있음을 알 수 있다(김영신, 2001). 니어리와 조세프(Neary & Joseph, 1994), 오스턴과 조세프(Austin & Joseph, 1996)의 연구에서도 가해-피해 학생들을 분류하여 이들의 특성을 연구하기도 하였다.

(4) 방관자의 특성

왕따 현상에서 가해자와 피해자 이외에 중요한 역할을 하는 집단이 있는데, 바로 방관자(bystander)들이다. 여러 폭력 연구들에서도 이미 방관자의 중요성을 지적한 바 있다. 펠슨(Felson, 1982)에 의하면 상호 간의 분쟁이 발생하였을 때 제3자의 존재는 단순한 언어적 분쟁이 신체적 싸움으로 발전된다는 실험 결과를 얻었다. 또 폭력상황에서 제3자는 갈등을 감소시키는 조정자가 될 수도 있고 논쟁이나 싸움을 자극하는 선동자가 될 수도 있으며, 폭력을 인정하는 선동적인 청중일 수도 있다고 정의하기도 한다(Oliver, 1994).

또한 폭력에 직접적으로 관련되는 가해-피해 학생들만이 심리적, 사회적 위험에 노출되어 있는 것이 아니다. 폭력을 목격한 아동은 폭력행동을 대리학습할 수 있으며(Eron, 1997), 대인관계에 대해 왜곡된 인식을 가질 수 있다. 또한 또래 압력에 의해 자신의 신념과 배치되는 행동을 지속적으로 경험했을 경우, 만성화된 무력감으로 자존감이나 자기효능감이 저하될 수 있다. 그리고 힘 있는 공격적인 모델을 통해 폭력과 긍정적인 결과들을 연합시키는 신념을 발달시키기도 한다(Perry, Perry, & Rasmussen, 1986). 즉, 또래에 대한 폭력을 목격하며 생활하게 되는 방관자 집단은 직접 왕따행위에 적극적으로 가담하지 않더라도 이후 정상적인 발달을 위협할 수 있는 심각한 위험요인을 갖게 된다(곽금주, 2000).

우리나라에서는 그동안 이들 집단을 일반집단 혹은 폭력 무경험 집단으로 분류하고, 가해나 피해 집단에 비해 비교적 심리적 요인이나 환경적 요인에 있어서 문제가 적은 것으로 설명하였다. 그러나 이들 집단 역시 넓은 스펙트럼을 가지고 있으며, 특히 왕따와 같이 또래집단의 역동이 중요한 영향을 미치는 경우에는, 다수를 차지하는 이들의 태도와 행동이 폭력 발생에 핵심 역할을 하게 된다. 왕따에서는 가해자와 피해자뿐만 아니라 이를 지켜보는 나머지 아이들 역시 문제를 안고 있으며, 가담자로서 일정한 역할을 하게 된다. 국내에서는 방관자 집단을 요인별로 분류(김현주, 2003)하고, 각 집단을 구별시켜 주는 변인을 밝힌 연구가 있었으며(이희경, 2002), 집단과정으로서 집단 따돌림을 이해하고 동조와 집단주의를 중심으로 한 집단 역학과정에 주목한 연구도 이루어졌다(이성식, 전신현, 2000).

왕따의 방관자는 폭력상황에서의 방관자와는 다소 차이가 있으며 지속적으로 가해자와 피해자에게 영향을 끼치는 집단으로 볼 수 있다. 그러나 이는 가해자집단과 피해자의 성격특성이나 상호작용에 따라 다소 차이가 있을 것이다. 방관자가 피해자 편에 서게 된다면 왕따 현상을 감소시키는 강력한 집단이 될 수 있기 때문에, 왕따에 대한 예방 및 중재에 있어서는 특히 이들 집단에 대한 접근이 중요하다(곽금주, 2003).

(5) 따돌림 구성원의 참여자 역할

우리나라의 왕따현상은 외국의 따돌림(bullying)과 비교하여 좀 더 많은 인원 또는 특정 집단이 한 개인을 괴롭히는 특성을 지닌다. 학급 전체에 의해 따돌림을 당하거나 심지어 학교 구성원 전체에 의해 따돌림을 당하는 경우와 같이, 왕따는 피해자와 가해자 간의 힘의 불균형을 넘어 집단 다수의 구성원이 참가하는 집단 과정이라고 할 수 있다(Kwak & Koo, 2004). 왕따에 참여하는 집단구성원들은 집단 안에서 형성된 사회적 기대에 따라 다양한 역할을 하게 되는데, 살미발리 등(Salmivalli et al., 1996)에 따르면, 참여자 역할은 가해자(bully), 가해 조력자(assistants of the bully), 가해 강화자(reinforcers of the bully), 방관자, 피해방어자(defenders of victim), 피해자로 나눌 수 있다. 가해 조력자란 누군가 왕따를 시작하면 그 상황에 열심히 참여하고 가해자를 도와주는 역할을 하는 사람이다. 가해 강화자는 적극적으로 피해자를 공격하지는 않지만, 주위에 서서 지켜본다거나 웃어 주는 등의 행위를 통해 가해자에게 긍정적인 피드백을 보인다. 이 두 집단은 가해자의 행동을 지지하고 동조하는 집단이라고 할 수 있다. 그리고 대다수 학생들은 상황에서 떨어져 거리를 유지하고 어느 편에도 가담하지 않으려 하는데, 이들 집단을 외부인이라 할 수 있다. 그들의 의도와는 상관없이, 이러한 침묵은 암묵적으로 왕따를 승인함으로써 왕따가 계속 유지되는 데 기여한다. 마지막으로 피해 방어자는 피해자 편에 서서 그들을 위로해 주고 또래들이 가해하지 못하도록 제재한다. 이렇듯 가해자나 피해자의 중간에 위치하는 다른 구성원들이 왕따 상황에서 어떠한 태도와 반응을 보이느냐에 따라 피해자와 가해자의 상황이 달라질 수 있으며, 왕따는 집단 구성원이 다수 참여하는 복잡한 과정을 통해 작동하게 된다.

이렇게 왕따가 집단적 성격을 강하게 가짐에도 불구하고, 그간 우리나라에서의 왕따 연구는 실태에 대한 분석이나 가해자와 피해자의 특성에 관한 연구가 주로 이루어졌다. 곽금주 등의 최근 결과(Kwak, Bornstein, Lee, Lee, Choi, & Lee, 2006 a, b)에서는 왕따에 참여하는 학급 구성원들 중 피해자, 가해자가 아닌 중간 집단의 구성원들의 참여자 역할을 구분하고, 각 집단의 도덕적 태도(도덕적 이탈)와 집단과정에서의 심리적 특성(또래 동조, 또래 압력, 방관적 태도) 그리고 부모 및 또래에 대한 도식을 알아보았다. 이 연구에서는 모두 자기보고형 질문지를 사용하였으며, 서울 · 경기 지역의 초등학교 2개와 중학교 2개의 총 910명의 데이터를 수집하여, 그중 방관자 집단이라 할 수 있는 가해 지지자(pro-bully: reinforcer+assistant), 방관자(outsider), 방어자(defender)의 세 집단 503명의 자료를 분석하였다. 초등학생의 경우 총 280명 중 가해 지지자 집단은 25명, 방관자 집단은 93명, 방어자 집단은 162명으로 나타났으며, 중학생의 경우 총 303명 중 가해 지지자 집단은 50명, 방관자 집단은 132명, 방어자 집단은 121명으로 나타나 우리나라의 경우 왕따가 발생할 경우 완전히 모른 척하거나 피해자를 지지해 주는 학생이 가장 많은 것으로 드러났다. 이 연구결과, 많은 연구에서 방관자 집단으로 획일화시켜 다루었던 집단이 실제로는 왕따 상황에서 다양한 사회적 역할을 하고 있고 그 역할에 따라 다른 심리적 특성들을 가지고 있음이 드러났다. 가해자에 지지, 동조하는 집단은 도덕적 이탈 정도가 크고, 또래 압력과 동조 경향이 크며, 방관적 태도 역시 가장 큰 것으로 나타났다. 반면 피해자를 지지하는 집단은 모든 요인에서 반대 경향을 보였다.

또한 가해자를 지지하는 집단의 경우 다른 집단에 비해 부모도식과 또래도식 모두 좋지 않은 것으로 나타났으며, 피해자를 지지하는 집단의 경우 부모도식과 또래도식 모두 가장 좋은 것으로 나타났다. 이는 왕따 상황에서 가해행위를 동조, 지지하는 청소년들이 부모나 또래 관계에서 거부와 무관심의 경험을 많이 하게 되고, 따라서 타인에 대해 공격적이며 공감력이 부족하다는 것을 의미한다. 특히 또래도식이 부정적인 경향을 띠는 것은 가해집단과 차별성을 보이는데, 최근의 많은 연구들에서 가해집단은 오히려 또래들 사이에서 인기가 많고 또래들과의 상호작용을 긍정적으로 지각하는 것으로 나타났다. 따라서 부모도식과 또래도식이 모두 좋지 않은 청소년들은 왕따를 앞장서서 주도하기보다는 누군가 먼저 시작했을 경우 거기에 동조, 지지하는 경향이 있는 것으로 해석할 수 있다. 이러한 원인으로 첫째, 부모나 또래의 거부와 무관심을 통해 관계에 대한 욕구가 좌절되고, 그것이 타인에 대한 공격적인 태도를 유발할 수 있다는 것이다. 또 다른 원인으로는 강자나 다수에 동조함으로써 지지나 돌봄에 대한 욕구를 충족시키려는 데서 찾을 수 있다. 이는 가해 지지자 집단이 다른 집단에 비해 또래압력을 크게 느끼고 동조하는 경향이 높다는 것과 연결해서 생각해 볼 수 있다.

반면 피해자 지지 집단의 경우 부모와 또래에게서 인정과 돌봄, 관심을 많이 받고 있는 것으로 지각하고 있으며, 그러한 경험은 특히 또래 관계에서 이타적 행동을 하는 데 영향을 줄 것이라고 유추할 수 있다.

왕따는 가해자와 피해자만의 문제가 아닌 다양한 사회 구성원이 참여하는 집단과정이라고 할 수 있다. 가해자는 피해자를 괴롭히는 과정에서 또래에게서 사회적 지지를 얻고 그것을 통해 집단을 조정하려는 의도를 가지고 있다. 이 과정에서 다수의 집단 구성원이 어떠한 태도를 취하느냐에 따라 가해자의 행동은 집단에서 지지받거나 반대로 비난받을 수 있다.

따라서 왕따에 대한 예방 및 중재에 있어서도 피해자와 가해자에 대한 개인적 차원의 접근뿐 아니라 구성원의 다양한 특성을 고려해야 하며 나아가 집단역동을 변화시킬 수 있어야 한다. 구성원에게 왕따가 폭력적 · 비도덕적 행위라는 것을 분명히 인식시키고, 그러한 행위에 대한 동조의 압력을 거절할 수 있는 대처기술을 알려 줌으로써 왕따에 대한 집단 규범(group norms) 자체를 변화시키는 접근이 필요할 것이다. 또한 상황을 방관하거나 묵인하지 말고, 피해자를 지지해 주고 부모님이나 선생님 등 성인에게 알리는 등의 대처가 필요하다는 것을 인식시켜야 할 것이다.

참고문헌

곽금주(1998). 자기효능감과 도덕적 이탈: 연령에 따른 변화. 한국심리학회지: 발달, 11(1), 1-11.

곽금주(1999a). 학교폭력 및 왕따 예방 프로그램(I): 개관. 한국심리학회지: 사회문제 연구, 5(2), 153-168.

곽금주(1999b). 왕따에 대한 심리학적 관점. 경희대 교육연구소 주최 심포지엄. 왕따, 학교폭력의 실태와 대처방안, 69-81.

곽금주(2000). 또래간 사회적 관계: 부정적 측면에 관한 개관. 한국심리학회지: 발달,

13(3), 77-89.

곽금주(2002). 한국의 학교폭력 실태에 관한 선행 연구 고찰. 청소년 위원회 주최 학교폭력 실태 발표 및 토론회 자료집, 3-18.

곽금주(2003). 아동 청소년의 규범의식 교육을 위한 심리학적 연구. 최상진, 강지원 편저, 법심리학의 문제(pp. 13-46). 서울: 학지사.

곽금주, 윤진, 문은영(1993). 한국청소년 비행연구의 동향과 과제. 한국심리학회지: 사회, 7(1), 12-27.

곽금주, 문은영(1995). 심리적 특징 및 우울과 비행 간의 관계(2): 청소년 이전기를 중심으로. 한국심리학회지 발달, 8(1), 1-11.

곽금주, 김근영(1997). 자기지각 검사에 의한 자기개념연구(II): 자기가치감과 우울 및 비행 간의 관계. 한국심리학회지: 발달, 10(1), 1-11.

권이종(2000). 학교 내에서의 집단 따돌림의 발생원인과 해결방안에 관한 연구-학교 내의 폭력을 중심으로. 청소년학연구, 7(2), 1-38.

김석진(1999). 초등학교 집단따돌림 가해실태와 관련 요인 연구. 경기대학교 교육대학원 석사학위 청구논문.

김소명, 현명호(2004) 가정폭력이 집단 괴롭힘 행동에 미치는 영향: 사회인지와 정서 조절을 중심으로. 한국심리학회지 임상, 23(1), 17-23.

김연순, 박분희(2004) 농촌과 도시 아동의 집단따돌림 연구. 아동교육, 13(2), 31-43.

김영신(2001). 중학생의 집단따돌림 현상의 정신병리학적 연구. 보건복지부 일반과제 보고서.

김용태, 박한샘(1997). 청소년 친구 따돌림에 대한 실태조사. 따돌리는 아이들, 따돌림 당하는 아이들. 청소년 대화의 광장.

김현주(2003). 집단 따돌림에서의 동조집단 유형화 연구. 숙명여자대학교 대학원 박사학위논문.

김창대(1999). 따돌림 해결을 위한 현장모델 개발: 따돌림 해결을 위한 가정모델. 제2회 청소년상담 심포지엄 자료집, 21-33. 서울특별시청소년종합 상담실.

김현주(2003). 집단 따돌림에서의 동조집단 유형화 연구. 청소년복지연구, 5(2), 103-119.

박경숙, 손희권, 송혜경(1998). 학생의 왕따 현상에 관한 연구. 한국교육개발원.

박남지(2000). 집단따돌림에 대한 초등학교 아동의 인식연구. 건국대학교 대학원 석사학위논문.

박보경, 도현심(2002). 아동의 인성특성, 부모에 대한 애착 및 부부갈등과 또래괴롭힘. 아동학회지, 23(5), 51-64.

백운학(1999). 학교폭력과 집단따돌림 현상의 실태와 대응방안. 재활심리연구, 6(1), 223-245.

안재진, 이경님(2002). 아동의 개인적 변인과 환경적 변인이 또래에 의한 괴롭힘에 미치는 영향. 한국가정관리학회지, 20(2), 9-21.

이규미(1998). 상담사례를 통해서 본 왕따현상. 청소년 문제 연구보고서. 서울시 청소년 종합상담실.

이민아(1998). 초등학생의 집단 괴롭힘 개입유형과 심리적 특성의 관계. 연세대학교 대학원 석사학위논문.

이성식, 전신현(2000). 학교에서의 집단 괴롭힘의 상황요인과 집단역학과정. 한국형사정책학회, 12(1), 155-184.

이은희, 강은희(2003) 청소년들의 지배성, 우월감, 자기찬미, 신뢰결핍과 집단따돌림 행동 간의 관계. 한국심리학회지 건강, 8(2), 323-354.

이춘재, 곽금주(2000a). 집단따돌림 경험 유형에 따른 자기개념과 사회적 지지. 한국심리학회지: 발달, 13(1), 65-80.

이춘재, 곽금주(2000b). 학교에서의 집단 따돌림: 실태와 특성. 서울: 집문당.

이희경(2002). 공감과 동조가 집단따돌림 피해자와 가해자와 지각에 미치는 영향. 한국교육심리학회지, 16(4), 23-40.

전재천(2000). 초등학생의 집단 따돌림과 부모의 양육태도, 학교적응과의 관계. 연세대학교 대학원 석사학위논문.

전주연, 이은경, 유나현, 이기학(2004). 집단 따돌림에 대한 동조성향과 심리적 특성과의 관계 연구. 한국심리학회지: 학교, 1(1), 23-36.

정문성(1992). 일본대중문화가 한국청소년문화에 미치는 영향에 관한 연구-일본번역만화가 청소년의 공격성에 미치는 영향을 중심으로. 한국청소년연구, 11, 19-35.

조학래(2002). 중학생 집단따돌림의 실태와 대응방안. 연세사회복지연구, 8, 1-27.

최은숙(2000). 집단따돌림 가해, 피해 경향과 관련된 심리적 요인에 관한 연구. 서강대학교 대학원 석사학위논문

최윤자, 김아영(2003) 집단따돌림 행동과 자아개념 및 귀인성향과의 관계. 교육심리연구, 17(1), 149-167.

Austin, S., & Joseph, S. (1996). Assessment of bully/victim problems in 8 to 11 year-olds. *British Journal of Educational Psychology, 66,* 447-456.

Boulton, M. J., & Smith, P. K. (1994). Bully/victim problems in middle-school children: Stability, self-perceived competence, peer perceptions and peer acceptance. *British Journal of Developmental Psychology, 12,* 315-329.

Crick, N. R., & Dodge, K. A. (1996). Social information-processing mechanisms in reactive and proactive aggression. *Child Development, 67,* 993-1002.

Dodge, K. A. (1991). *The structure and function of reactive and proactive aggression.* In D. J. Pepler & K. H. Rubin (Eds.), The development and treatment and treatment of childhood aggression(pp. 201-216). Hillsdale, NJ: Erlbaum.

Felson, R. B. (1982). Impression management and the escalation of aggression and violence. *Social Psychology Quarterly, 45,* 245-254.

Eron L. D. (1997). The development of antisocial behavior from learning perspective. In D. Stoff & J. D. Maser (Eds.), *Handbook of antisocial behavior.* New York: Wiley.

Foster, S. L., DeLawyer, D. D., & Guevremont, D. C. (1986). A Critical incident analysis of liked and disliked peer behaviors and their situation parameters. In childhood and adolescence. *Behavioral Assessment, 8,* 115-133.

Hodge, S., & Canter, D. (1998). Victims and perpetrators of male sexual assault. *Journal of Interpersonal Violence, 13,* 222-239.

Hofstede, G. (1991). *Cultures and organizations: Software of the mind.* England: McGraw-Hill.

Kwak, K., Bornstein M., Lee, S., Lee, M., Choi, S., & Lee. S. (2006a). Psychological characteristics of students with different participant roles in Korean bullying (Wang-ta). Accepted paper for presenting in the biennail conference of SRA.

Kwak, K., Bornstein M., Lee, S., Lee, M., Choi, S., & Lee. S. (2006b). Interpersonal schemas of mothers and peers of peer onlookers in Korea. Accepted paper in the biennail conference of SRA.

Kwak, K., & Koo, H. (2004). *General pictures of wang-ta(South Korean bullying).* Unpublished manuscript, Seoul National University.

Lober, R., & Dishion, T. J. (1987) *Antisocial and delienquent youths: Methods for their early identification*. In Burchard-5.

Matsui, T., Kakuyama, T., Tsuzuki, Y., & Onglato, M. (1996). Long-term outcomes of early victimization by peers among Japanese male university students: Model of a vicious cycle. *Psychological Reports, 79*, 711-720.

Neary, A., & Joseph, S. (1994). Peer victimization and its relationship to self-concept and depression among schoolchildren. *Personality and Individual Differences, 16*, 183-186.

Oliver, W. (1994). *The violent social world of black men*. New York: Lexington.

Olweus, D. (1978). *Aggression in the schools: Bullies and whipping boys*. Washington, DC: Wiley.

Olweus, D. (1984). Aggressors and their victims: Bullying at school. In N. Frude, & H. Gault. (Eds.), *Disruptive behaviour in schools*. New York: Wiley & Sons.

Olweus, D. (1993). *Bullying at school: What we know and what we can do*. Cambridge, MA: Blackwell.

Olweus, D. (1994). *Bullying at school: Long-term outcomes for victims and an effective school-based intervention program*. In L. R. Huesman (Ed.), Aggressive behavior: Current perspectives. New York: Wiley.

Perry, D. G., Perry, L. C., & Rasmussen, P. (1986). Cognitive social learning mediators of aggression. *Child Dvelopment, 57*, 700-711.

Salmivalli, C. (1993). Participant role questionnaire. Finland: University of Turku.

Salmivalli C. (1999). Participant role approach to school bullying: Implications for interventions. *Journal of Adolescence, 22*, 453-459.

Salmivalli, C., Lagerspetz, K., Bjorkqvist, K., Kaukiainen, A., & Osterman, K. (1996). Bullying as a group process: Participant roles and their relations to social status within the group. *Aggreeive Behavior, 2*, 1-15.

Schwartz, D. (2000). Subtypes of victims and aggressors in children' s peer groups. *Journal of Abnormal Child Psychology, 28*, 181-192.

Schwarz, D., Dodge, K. A., & Coie, J. D. (1997). The emergence of chronic peer victimization in boy' s play groups. *Child Development, 64*, 1755-1772.

Sharp, S. (1996). Self esteem, response style and victimisation: Possible ways of preventing victimisation through parenting and school based training programmes. *School Psychology International, 17*(4), 347–357.

Stephenson, P., & Smith, D. (1988). Bullying in two english comprehensive schools. In E. Roland & E. Munthe (Eds.), *Bullying: An international perspective.* Great Britain: David Fulton Publishers.

5장
괴롭힘 행동*의 새로운 이해

– 최지영(서울대학교 교육연구소 객원연구원)

최근 우리는 학교폭력에 의해 희생당하는 학생들의 불행한 소식들을 자주 접하게 된다. 학생들에게 학교가 더 이상 즐거운 곳이 아니게 된 가장 대표적인 이유 중의 하나가 학교에서 일어나는 여러 유형의 폭력과 관련된 문제일 것이다. 이 글에서는 학교폭력과 관련된 문제 중에서 괴롭힘 행동과 관련된 주요 논의들을 다루고 있다.

이 글의 본론은 크게 세 부분으로 구성되어 있다. 우선, 괴롭힘 행동과 또래 간에 일어날 수 있는 갈등이 개념적으로 어떻게 구분되는가에 대해 논의한다. 둘째, 괴롭힘 행동을 이해하는 이론적인 관점들의 변화과정을 살펴본다. 전통적인 관점의 한계를 지적하고 생태학적 접근, 지배성 이론, 참여자 역할 접근 등 괴롭힘 행동을 이해하는 새로운 관점을 소개한다. 마지막으로 괴롭힘 행동을 예방하고 감소시키기 위한 대안적인 방법의 하나로 협동학습의 중요성에 대해 논의한다.

결론적으로 학교에서의 괴롭힘 행동을 이해하고 예방하는 일이 중요한 이유는 이러한 괴롭힘 행동이 학교 밖에서도 이어질 수 있기 때문이다. 학교만큼이나 즐거운 삶의 터전이 되어야 할 회사나 군대에서도 최근 괴롭힘 행동이 발견되고 있다는 사실을 감안한다면, 학교에서의 괴롭힘 현상에 대한 더욱 심층적인 이해와 대처방안이 필요하다고 볼 수 있다.

* 괴롭힘(bullying)은 남을 해치려는 의도를 가지고 상대적으로 힘이 있는 사람이 힘이 약한 사람을 지속적으로 여러 가지 방식으로 괴롭히는 현상을 말한다(Olweus, 1993). 집단따돌림이나 소위 말하는 왕따 등의 현상도 이 개념 안에 포함되며, 괴롭힘이라는 개념은 좀 더 포괄적인 개념이라고 볼 수 있다.

1. 괴롭힘 행동 예방의 중요성

학교에서 남을 괴롭히고 괴롭힘을 당하는 것과 관련한 연구는 한동안 유럽과 일본에서 많이 이루어졌고, 미국에서는 비교적 최근에 들어서 관련연구들이 활발하게 이루어지고 있다(예, Crick, Casas, & Ku, 1999; Grotpeter & Crick, 1996; Pellegrini, 2001; Pellegrini, Bartini, & Brooks, 1999). 괴롭힘 행동에 대한 연구자로서 가장 유명한 학자는 올베우스(D. Olweus)다. 그는 네덜란드, 스웨덴, 노르웨이 등 스칸디나비아 반도에 있는 국가들을 중심으로 괴롭힘 행동에 대해 국가차원의 대규모 연구들을 수행했으며, 이 분야 연구의 개척자라고 할 수 있다. 스칸디나비아 반도의 국가들을 중심으로 괴롭힘 행동 관련 연구가 가장 먼저 활발하게 이루어진 것에 대해 주변학자들은 그 지역 국가들이 아동의 인권이나 복지 문제에 대해 다른 나라에 비해 관심이 많기 때문일 것이라고 말한다.

최근 미국에서 괴롭힘과 관련된 연구들이 활발하게 이루어지고 있는 이유 중의 하나는 실제로 괴롭힘과 관련된 행동이 학교에서 증가추세에 있기 때문이다. 이 문제와 관련하여, 난셀과 그의 동료들은(Nansel et al., 2001)은 미국 전역의 6~10학년[1] 사이의 학생들 1만 5696명을 대상으로 설문조사를 실시했는데, 연구결과 네 명 중 한 명 정도는 직접적으로 괴롭힘 행동과 관련이 있는 것으로 나타났다. 남을 괴롭히거나(13%) 괴롭힘을 당한 적이 있다(10%)고 답변한 경우가 상당수 있었으며, 그중 약 6.3%가 남을 괴롭힌 적과 괴롭힘을 당한 적이 모두 있다고 대답했다.

이와 관련된 또 다른 연구를 한 크로포드(Crawford, 2002)는 남을 괴롭히는 행동은 일종의 보복이나 복수심에서 일어나는 경우가 많다는 사실을 밝혀냈

1) 이를 우리나라 학제와 비교하면, 대략 초등학교 6학년에서 고등학교 1, 2학년 정도에 해당한다.

다. 그는 1999년 미국 콜로라도 주에 있는 컬럼바인 고등학교에서 일어난 학교총기사건을 포함에서 미국 학교에서 그동안 일어난 37가지 총기사건을 분석했다. 그 결과 총을 쏜 학생 중 약 75% 정도가 평소에 학교생활에서 다른 학생들의 괴롭힘을 당한 적이 있고, 그로 인해 다치거나 상처받은 적이 있다는 사실을 발견했다. 크로포드의 연구에서 알 수 있듯이 남을 괴롭히는 행동을 하는 가해자는 그 이전에 어떤 상황에서는 남에게 괴롭힘을 당했던 피해자일 수 있으며, 자신이 괴롭힘을 당한 것을 다른 사람을 괴롭힘으로써 보상받으려는 보복 형태로 나타내는 경우가 있다. 즉, 이러한 연구결과에서 우리는 학교폭력이 결국 또 다른 학교폭력을 낳는다는 사실을 다시 한 번 확인할 수 있다.

2. 괴롭힘 행동의 새로운 이해

이 글에서는 학교폭력의 한 유형인 괴롭힘 행동을 좀 더 다각적인 이론적 관점에서 이해하려고 한다. 이와 관련하여 본론에서 구체적으로 다루고자 하는 내용은 다음과 같다.

첫째, 괴롭힘 행동을 올바르게 이해하기 위해서는 괴롭힘 행동과 또래 간에 흔히 일어날 수 있는 갈등을 구분하는 일이 필요하기 때문에 두 개념의 특징을 비교, 분석한다. 둘째, 괴롭힘 행동을 피해자와 가해자를 중심으로 설명하는 전통적 관점의 특징을 살펴보고 생태학적 접근, 지배성 이론, 참여자 역할 접근 등 괴롭힘 행동을 설명하는 새로운 관점을 소개한다. 마지막으로 이러한 새로운 이론적 관점들에 비추어서, 괴롭힘 행동을 예방하고 감소시키기 위한 대안적 방법의 하나로서 협동학습의 가능성에 대해 논의한다.

1) 괴롭힘 행동과 또래 간의 갈등

학교폭력을 예방하고 처방하는 데 있어서 문제가 되는 것 중의 하나는 '아이들은 싸우면서 큰다'는 사회적인 통념이다. 특히 남아의 경우에 부모는 자기 자녀가 다른 아이에게 맞고 들어오는 것보다는 그래도 때리고 들어오는 것이 낫다고 생각하는 경우가 많다. 그래서 학교폭력과 관련된 일부 문제는 실제보다 훨씬 과소평가되어, 그 심각성을 부모나 교사가 잘 깨닫지 못하는 경우가 있다. 이러한 문제의식에서 출발하여 이 절에서는 괴롭힘과 또래 간에 흔히 일어날 수 있는 갈등의 개념을 구별하고자 한다.

우리가 남을 괴롭히는 행동과 흔히 혼동할 수 있는 개념 중의 하나가 비슷한 또래 간에 나타날 수 있는 갈등이다. 우선 괴롭힘 행동에 대한 개념정의를 살펴보면, 남을 괴롭히는 행동은 기본적으로 불평등한 힘의 관계, 즉 강한 자와 약한 자의 관계에서 일어나는 현상이다(Olweus, 1993). 남을 괴롭히는 행동은 대인관계에서 나타나는 갈등의 한 결과라고 할 수 있으며, 남을 해치려는 의도성을 가지고 신체적으로나 정신적으로 다른 사람에게 지속적으로 해를 끼치는 것과 관련된다(Batsche & Knoff, 1994; Olweus, 1993). 비슷한 맥락에서 펠리그리니와 그의 동료들은(Pellegrini, Bartini, & Brooks, 1999) 남을 괴롭히는 행동은 지배적인 위치에 있는 사람이 자기보다 못한 사람을 지속적으로 괴롭히는 사회적 공격성의 한 형태라고 보았다. 남을 괴롭히는 행동은 직접적이고 물리적인 행동(예, 남을 때린다든지 위협하는 행동), 간접적인 행동, 관계적 또는 사회적 공격행동(나쁜 소문 퍼뜨리기, 따돌리기, 다른 사람의 명예를 훼손시키는 말하기 등)을 모두 포함한다.

괴롭힘과 또래 간의 흔히 일어날 수 있는 갈등을 구분하는 것과 관련하여, 웨인홀드(Weinhold, 2000)는 다음과 같은 연구결과를 발표했다. 그는 괴롭힘은 다른 사람을 해하려는 의도성이 있어야 하고, 일정한 수준의 강도와 지속성이 있어야 하며, 가해자가 권력을 가지고 있다고 보았다. 또한 피해자가 상처받을 수 있는 가능성이 높으며, 그 결과가 장기적이라는 특징을 지닌다고 하였다. 그에 비해 또래 간에 일어날 수 있는 갈등은 자신의 의지를 표현할 수 있는 자유가 있고 대화하려는 의지가 있으며, 관계를 회복시키려고 하고, 사회적 상호작용을 통해 타협을 하려는 특징을 가진다고 보았다.

이런 점을 고려해 볼 때 괴롭힘과 또래 간의 갈등은 몇 가지 점에서 분명하게 구분된다. 첫째, 힘의 관계에서의 차이다. 괴롭힘 행동은 기본적으로 힘이 강한 쪽과 약한 쪽의 관계에서 일어나는 반면, 또래 간의 갈등은 비슷한 위치에 있는 또래 간에 일어날 수 있는 것이기 때문이다. 둘째, 남을 해치려는 의도성의 유무다. 괴롭힘은 남을 해치려는 의도가 분명한 가운데서 일어날 수 있는 행동인 데 비해, 또래 간의 갈등은 남을 해하려는 의도에서 출발한 것이 아니기 때문이다. 셋째, 행동의 결과가 긍정적인가 부정적인가에 있다. 괴롭힘 행동의 결말은 항상 피해자와 가해자가 누구인지가 분명하게 드러나고 부정적이고 파괴적인 방향으로 나타나지만, 또래 간의 갈등은 당사자들이 서로 상충되는 요구들을 어떻게 타협하고 잘 풀어 나가느냐에 따라 긍정적이 될 수도, 부정적이 될 수도 있기 때문이다.

따라서 부모나 교사의 입장에서 아이들의 싸움이나 다툼을 목격하게 될 경우, 그것이 괴롭힘 행동인지 아니면 또래 간에 생길 수 있는 갈등인지를 제대로 파악하고, 그에 맞는 조치를 취하는 일이 교육적으로 필요하다.

2) 괴롭힘 행동과 또래 간의 갈등에 대한 학생들의 인식

그렇다면 학생들 스스로는 어떻게 괴롭힘 행동을 이해하고 있을까? 이와 관련된 연구결과들을 살펴보면 먼저 스미스와 그의 동료들의(Smith, Cowie, Olafsson, & Liefooghe, 2002) 연구를 들 수 있다. 스미스와 그의 동료들은 8세와 14세 아동들을 대상으로 아이들이 남을 괴롭히는 행동과 또래 간의 다툼을 어떻게 구별하는지를 살펴보았다. 이 연구에서는 14개국의 아동을 대상으로 괴롭힘 행동의 의미에 대한 연구를 했다. 연구결과 14세 아동이 8세 아동에 비해 그 두 개념을 더 잘 구분하는 것으로 나타났다. 또한 8세 아동도 기본적으로 공격적인 상황과 공격적이지 않은 상황은 구별했지만, 14세 아동처럼 공격적인 상황 내에서 신체적/언어적 괴롭힘과 관계 내에서 일어나는 사회적 고립이나 배제를 구별하지는 못했다.

또 다른 한 연구에서는(Choi & Tichy-Reese, 2003), 미국의 한 초등학교에서 3~5학년에 이르는 학생 25명을 대상으로 남을 놀리기, 때리기, 얼굴 찡그리기 등의 일련의 행동의 예를 제시하고, 학생들이 나쁜 의도를 가지고 이러한 행동을 하는 것과 다른 사람의 기분을 해치지 않고 장난스럽게 하는 행동의 차이를 구분할 수 있는지를 살펴보았다. 이 연구에서 학생들은 일련의 질문들을 받게 되었는데, 학생들이 받은 질문의 예를 들어 보면 학급 친구를 놀릴 때 어떤 경우에는 괜찮고, 어떤 경우에는 문제가 되는 것인가와 관련된 것이었다. 학생들의 반응은 그들이 악의 없이 재미 삼아 한 농담과 악의를 가지고 남을 괴롭히는 행동을 구분할 수 있는가에 따라 분석되었다. 연구결과 응답자 중 3분의 1가량의 학생들이 다른 사람의 기분을 상하게 하지 않거나 단순한 농담일 때는 괜찮다고 하였다. 또한 상당수의 학생들이 장난스럽게 때리는 것과 남을 해치려는 마음을 먹고 때리는 것의 차이를 인식하고 있음을 알 수 있었다.

이 절에서 논의한 내용을 정리해 보면, 아동이나 청소년들은 공격적인 행동과 공격적이지 않은 행동을 구별할 수 있으며, 초등학교 상급학년 이후에는 가시적으로 드러나는 신체적, 언어적 괴롭힘과 더불어 소외나 고립 등과 같은 사회적 배제의 개념을 이해할 수 있다는 사실을 알 수 있다. 또한 연령이 증가하면서 장난스럽게 다른 사람을 툭툭 치거나 인상을 쓰는 것과 남을 괴롭히려는 의도가 있어서 남을 때리거나 얼굴을 찡그리면서 위협하는 등의 행동을 구분해 나간다는 사실을 알 수 있다.

3) 괴롭힘을 이해하는 전통적인 관점

학교폭력이나 괴롭힘 행동을 어떻게 이해하는가에 따라 그에 따른 대처방안이 달라질 수 있고, 또한 대처방안의 효과성이 달라질 수 있기 때문에 학교폭력과 괴롭힘 현상을 올바르게 이해하는 일이 무엇보다 중요하다.

괴롭힘을 이해하는 데는 크게 전통적인 관점과 비교적 새롭게 등장한 관점들이 있다. 여기에서 전통적인 관점이란 시간적인 의미뿐만 아니라 그동안 교육자들이나 연구자들이 괴롭힘 현상을 이해할 때 주로 초점을 맞추어 온 부분이라고 할 수 있다. 전통적으로 연구자들은 괴롭힘과 관련하여 ① 남을 괴롭히는 사람, ② 남에게 괴롭힘을 당하는 사람, ③ 남을 괴롭히는 동시에 남에게 괴롭힘을 당하는 사람으로 나누어 연구하였다. 즉, 피해자와 가해자 측면에 초점을 맞추는 경향이 강했다. 이러한 관점에서는 학교폭력이나 괴롭힘의 문제를 특별히 피해자와 가해자의 어떤 특성 때문에 생기는 문제로 여기는 경우가 많다. 따라서 이러한 전통적인 관점은 학교폭력이나 괴롭힘 행동과 관련하여 몇 가지 한계를 가진다. 이 절에서는 괴롭힘 행동을 이해하는 전통적인 접근방식에서의 몇 가지 문제점을 스웨러와 돌(Swearer & Doll, 2001)의 입장을 중심으로 살펴보고, 비교적 새로운 관점인 생태학적 접근이나 지배성 이론, 참여자 역할 접근 등을 설명하고자 한다.

우선 피해자와 가해자에 초점을 맞추는 전통적인 접근방식의 한계를 살펴보면 다음과 같다.

(1) 방관자 역할에 대한 이해 부족

전통적인 관점의 첫 번째 문제는 학교폭력 문제에서 방관자의 역할을 중요하게 생각하지 않는다는 것이다. 그러나 사실 학교폭력이나 괴롭힘 행동에 관련되어 있지만, 직접적으로 피해자와 가해자 범주에는 포함시키기 어려운 학생들이 있다. 예를 들면, 어떤 학생들은 방관자의 역할을 충실히 해서 남을 직접 괴롭히는 가해자처럼 적극적이지는 않지만 동시에 그들이 목격한 문제상황에 대해 어떤 조치도 취하지 않는다는 점에서 문제 상황을 유지시키는 데 일조한다고 볼 수 있다.

따라서 이러한 방관자의 역할에 대한 중요성이 인식되기 시작하면서, 몇몇 학자들은 방관자집단도 학교폭력이나 괴롭힘 현상에 관련된 하나의 중요한 기능을 하는 집단으로 고려하기 시작했다. 즉, 방관자는 직접적으로 남을 괴롭히는 가해자는 아니지만, 폭력과 관련된 상황에서 침묵하거나 모르는 척함으로써 가해학생의 행동을 소극적이긴 하지만 지지하고 격려하는 역할을 한다는 것이다. 특히 샤프(Sharp, 1996)는 이러한 상황에서 괴롭힘 행동을 목격한 학생이 침묵하는 것 대신 여러 가지 대안적인 행동을 할 수 있도록 하는 것이 중요하다고 보았다. 예를 들면, 성인에게 도움을 구하기, 피해자의 입장에 서서 그들과 함께하기, 피해자가 그 상황을 벗어날 수 있도록 도와주기, 꼭 말로 하지 않더라도 비언어적인 방법을 통해 폭력이나 남을 괴롭히는 행동을 승인하지 않는다는 것을 단호하게 보여 주기, 직접적으로 '그건 공정하지 않아.' 또는 '그 아이를 좀 내버려 둬.' '지금 당장 그만두지 않으면 선생님께 말하겠어.' 라고 분명하게 가해자에게 말하는 것 등을 방관자 역할을 했던 학생이 한다면, 그 학생은 방관자 입장에서 피해자 편에 서서 괴롭힘 행동을 중단시킬 수 있는 중요한 역할을 하는 사람으로 변모하게 된다(Sharp, 1996).

교육적인 측면에서 보면, 학교폭력이 일어났을 때나 누군가가 괴롭힘을 당하는 광경을 목격했을 때 피해자와 가해자를 제외한 다른 학생들의 반응이 어떠한가가 중요하다고 볼 수 있다. 한 학생이 다른 학생에게서 괴롭힘을 당하는 것을 목격했을 때, 어떻게 행동하는 것이 좋은 방법인지를 학생들에게 분명하게 하고, 역할놀이 등을 통해 미리 대처방안들을 연습해 보는 것이 중요하다. 샤프(Sharp, 1996)도 지적했듯이, 또래 간에 일어날 수 있는 갈등을 해소하는 방법에 대해서도 어떻게 갈등을 해결하는 것이 좋은지에 대해 학생들 스스로 생각해 볼 수 있는 시간을 마련해 주고, 다른 사람들이 갈등상황에 빠져 있는 것을 발견했을 때 어떻게 중재하는 것이 옳은지에 대해 미리 생각해 볼 수 있는 기회를 주는 것 또한 중요하다.

(2) 개인특성을 중요시

학교폭력이나 괴롭힘을 이해하는 전통적 방법의 두 번째 한계는 지나치게 개인적 특성에 초점을 맞추는 것이다. 이와 관련하여 스웨러와 돌(Swearer & Doll, 2001)은 다음과 같이 지적했다. 첫째, 기존에 괴롭힘을 연구하는 많은 연구자들은 개인 중심적인 용어를 주로 사용했다는 것이다. 이것은 우리가 괴롭힘 행동과 관련하여 피해자와 가해자만을 고려했을 때 중요하게 나타나는 특징이기도 하다. 왜냐하면 괴롭힘 현상을 이해하는 데 있어 개인 중심적 개념은 피해자는 언제나 피해자, 가해자는 언제나 가해자라는 잘못된 이분법을 낳기 때문이다. 물론 피해자나 가해자의 외양적, 심리적, 환경적 특징을 파악하고, 그에 맞는 조치를 취하는 일도 중요하다. 그렇지만 여기에서 한계로 지적하고 있는 개인특성 중심이라고 하는 것은 어떤 개인이 가해자면 그 사람은 원래 가해자가 되기 쉬운 특성을 가졌고, 어떤 사람이 피해자면 그 사람은 원래부터 피해자가 될 특성을 가졌다는 점을 강조한다는 것이다. 만일 환경이 바뀌어 가해자가 더 이상 남을 괴롭히지 않는 상황이 되더라도 그 사람은 가해자로 여겨진다. 왜냐하면 그 사람은 원래 가해자가 될 개인적인 특성을 가지고 있기 때문이다. 그러나 현실에서는 실제로 피해자와 가해자의 행동이 상황이나 맥락에 따라 달라지며 입장이 바뀌기도 한다.

(3) 관찰 가능한 행동의 강조

학교폭력이나 괴롭힘을 이해하는 전통적 방법의 세 번째 한계는 관찰 가능한 행동만을 대상으로 한다는 것이다. 그러나 우리는 학교폭력이나 괴롭힘과 관련된 모든 행동을 관찰하기 어렵고 실제로 은밀히 진행되는 학교폭력이나 괴롭힘이 많다는 사실을 알고 있다. 스웨러와 돌(Swearer & Doll, 2001) 역시 학교폭력이나 괴롭힘과 관련된 모든 행동을 관찰하기는 힘들다는 점을 지적했다. 또한 앞서 지적했듯이 또래 간에 흔히 일어날 수 있는 갈등인지 아니면 남을 괴롭히려는 의도가 있는 악의적인 행동인지가 눈에 띄게 분명하게 나타나지 않는 경우도 많기 때문에, 어떤 경우에는 행동의 의도 파악조차 쉽지 않음을 지적하고 있다. 따라서 어떤 행동의 의도성이나 관찰 가능성, 눈에 잘 띄지 않는 관계에서 나타나는 괴롭힘 행동(예, 나쁜 소문내기, 따돌리기 등) 등은 앞으로 학교폭력이나 괴롭힘에 대한 연구를 할 때 신중하게 고려해야 할 중요한 요인이다.

관찰 가능한 행동에만 초점을 맞추어 왔다는 사실은 주로 남학생이 폭력행동에 연루되거나 남을 괴롭히는 비율이 많다는 연구결과들과 관련된다. 이것은 어찌 보면 당연한 결과다. 왜냐하면 남학생의 경우 물리적인 수단을 이용해서 남을 괴롭히는 경우가 많고, 이에 비해 여학생은 더욱 미묘한 방식으로 남을 괴롭히는 경우가 많기 때문이다. 따라서 괴롭힘 행동을 연구하는 데 있어서 자기 보고식이나 교사 평정 이외에도 또래 평정이나 관찰연구 등 좀 더 다양한 연구방법론이 사용되어야 할 필요가 있다. 이와 관련하여 볼턴(Boulton, 1996)도 부모나 교사 이외에 또래에 의한 평정이 중요하다고 보았다.

특별히 여성의 공격행동과 관련하여 크릭과 그의 동료들은 여성의 간접적인 방식의 괴롭힘 행동에 대해 꾸준히 연구해 왔다(예, Crick et al., 2001; Grotpeter & Crick, 1996). 크릭과 그의 동료들은 여학생의 괴롭힘 행동은 남학생보다 미묘하고 밖으로 잘 드러나지 않으며, 특히 사회적 관계 내에서 다른 학생들을 따돌린다거나 집단 활동에서 의도적으로 특정한 사람을 계속 배제하는 등의 행동과 관련이 많다는 사실을 밝혀냈다.

(4) 친사회적 행동에 대한 고려 부족

학교폭력이나 괴롭힘을 이해하는 전통적 방법의 네 번째 한계는 폭력행동의 대안이 될 만한 행동(예, 친사회적 행동 등)을 제시하는 데 소홀했다는 점이다. 이점은 부모교육에서 부모가 자녀에게 금지하는 행동이 있을 때, 그러한 바람직하지 못한 행동을 대체할 만한 대안행동을 제시해 주어야 한다는 것과 일맥상통한다. 남을 괴롭히거나 폭력을 사용하는 행동이 잘못되었다면, 그에 상응하는 바람직한 방향의 행동을 제시해 주는 일이 필요하기 때문이다. 예를 들면, 릭비(Rigby, 1997)는 학교에서 학생들이 다른 학생들과 인간관계를 맺는 방식에는 크게 세 가지가 있다고 주장하였다. 첫째는 남을 괴롭히는 방식, 둘째는 남에게 괴롭힘을 당하는 방식, 세 번째는 친사회적이고 협동적인 방식으로 다른 학생들과 관계를 맺는 것이다. 릭비의 이러한 주장은 교사를 비롯한 교육전문가들에게 학교폭력을 예방하고 처방하는 데 있어서 교육적인 시사점을 준다. 학교에서 학생들이 다른 학생들과 인간관계를 맺는 방식이 남을 괴롭히거나, 괴롭힘을 당하거나, 다른 학생들과 협력하는 방식 중의 하나로 이루어진다고 할 때, 괴롭힘 행동과 상반되는 행동은 다른 학생들과 협력하면서 지내는 행동이다. 따라서 피해자나 가해자가 폭력과 관련된 상황에서 벗어나도록 해 주는 것도 중요하지만, 폭력적인 행동을 대체할 만한 친사회적이고 협동적인 행동을 할 수 있도록 대안을 제시해 주는 것이 중요하다. 왜냐하면 폭력이나 괴롭힘 행동에 익숙했던 학생들에게 새로운 방식으로 다른 학생들과 관계를 맺어 나가는 방법을 가르쳐 주어야 하기 때문이다. 더 나아가 피해자나 가해자들이 수업시간에도 다른 학생들과 함께 어울려서 지낼 수 있는 방법을 경험할 수 있도록 지도하는 일이 필요하다.

4) 괴롭힘을 이해하는 새로운 접근법

그렇다면 괴롭힘을 이해하는 새로운 접근법에는 어떤 것들이 있을까? 앞서 전통적인 접근방법의 한계점으로 지적되었던 몇 가지 요인들을 고려한 대안적인 접근법들이 대두되었다. 이 절에서는 그러한 대안적인 접근법 중에 생태학적 관점, 지배성 이론, 참여자 역할 접근에 대해 살펴보기로 하겠다. 최근 많은 연구자들은 괴롭힘 현상을 단순히 특정 개인 간에 일어나는 갈등으로 보는 관점을 넘어서 더욱 복잡한 사회적 과정이 포함된 집단적 현상으로 보기 시작했다(Salmivalli, 2001).

(1) 생태학적 관점

생태학적 관점에서는 괴롭힘 행동을 개인적 특성과 상황의 상호작용을 통해 일어나는 것이라고 본다. 스웨러와 돌(2001)은 이러한 생태학적 관점이 괴롭힘 행동을 이해하는 데 한층 포괄적인 관점이라고 본다. 즉, 괴롭힘 행동을 이해할 때 피해자와 가해자의 개인적 특징뿐만 아니라 사회적, 물리적, 제도적, 공동체적 맥락을 함께 고려해야 한다고 본다. 다시 말하면, 괴롭힘 행동이 개인이나 맥락 내에 각각 따로 속해 있는 것이 아니라 그 두 가지 요인의 상호작용한 결과라는 것이다. 이러한 생태학적 관점은 한 개인이 또래 집단, 학교, 가족, 지역공동체와 상호작용을 하는 방식에 대한 관점을 제시해 준다. 예를 들어, 스웨러와 돌(2001)의 생태학적 관점은 괴롭힘 행동을 감소시키기 위해 협동학습의 효과를 고려하는 데 도움을 준다고 볼 수 있다. 협동적이고 지지하는 분위기의 학급 분위기는 학급 내에서의 괴롭힘 행동을 감소시키는 데 효과적일 수 있다.

(2) 지배성 이론

지배성 이론에서는 한 집단 내의 지배관계의 위계성을 중요시한다. 집단 내에 지배관계가 존재하는 것은 그 집단에서 각자가 자신의 위치를 깨닫고, 자기보다 높은 위치에 있는 사람에게 반항하지 않음으로써 집단 내의 갈등이 줄어드는 데 도움이 된다고 본다(Hawley, 1999; Hawley & Little, 1999; Savin-Williams, 1980; Strayer & Strayer, 1976).

특별히 펠레그리니와 그의 동료들은 지배관계의 관점에서 남을 괴롭히는 행동을 설명하고 있다. 특히 청소년기 초기에 학교에서 나타나는 개인과 맥락의 독특한 상호작용에 의해 특정한 형태의 공격적 행동이 증가한다고 보고 있다. 예를 들면, 남학생들이 중학교에 올라가면서 새로 반이 편성될 때, 새로운 환경에서 먼저 주도권을 잡고 싶어 한다는 것이다. 학급 내의 권력관계에서 더 높은 위치를 차지하기 위해서 때로 공격적인 행동을 하고 남을 괴롭힌다는 것이다. 그 과정을 통해 다른 아이들에게 위협적인 존재가 되고 더 이상 감히 싸움을 걸 만한 사람이 없다고 느낄 때, 그들의 괴롭힘이나 폭력행동은 감소하게 된다는 것이다. 이 관점에서 보면 괴롭힘 행동이 생존적 가치를 지닌 것으로 볼 수 있다. 즉, 새로운 집단에 속하게 될 때 그 집단 안에서 되도록 빨리 주도권을 잡아야 쉽게 새로운 상황에 적응할 수 있고, 그것은 이미 위계질서가 잡힌 어떤 집단 안에서 주도권을 되찾는 일에 비해 수월하기 때문이다.

(3) 참여자 역할 접근

남을 괴롭히는 행동과 관련해서 또 다른 새로운 접근법 중의 하나는 참여자 역할 접근이라고 할 수 있는데, 이 접근법은 남을 괴롭히는 상황에서 모든 학생들이 각각 특정한 역할을 한다는 것이다. 살미발리(Salmivalli, 2001)는 학생들이 할 수 있는 역할을 각각 남을 괴롭히는 가해자, 가해자를 도와주는 조력자, 가해자의 행동을 강화하는 강화자, 피해자 입장을 옹호해 주는 방어자, 신경을 쓰지 않는 방관자 그리고 피해자 등으로 나누었다. 〈표 7-1〉에서는 살미발리의 참여역할론에 대한 설명이 기술되어 있다.

〈표 7-1〉 괴롭힘 행동에 참여하는 역할들에 대한 설명과 문항의 예

참여자 역할	역할 설명	문항의 예
남을 괴롭히는 사람(가해자)	적극적, 주도적으로 괴롭힘 행동을 이끌어 가는 사람	남을 괴롭히기 시작함, 다른 학생들도 괴롭힘 행동에 참여시킴
가해자의 조력자	가해자의 추종자 가해자를 도와줌	남을 괴롭히는 행동에 참여함, 가해자를 도와줌
가해자의 강화자	가해자 행동을 격려함	가해자 주변에서 괴롭힘, 상황을 지켜봄, 웃음
피해자의 방어자	피해자의 편을 듦	피해자에게 '신경 쓰지 마라.' 고 얘기함, 가해자에게 괴롭힘 행동을 그만두라고 말함
방관자	괴롭힘 상황에 대해 반응하지 않고 피함	대체로 괴롭힘 상황에 없거나, 그 상황 자체에 대해 잘 알지 못함
남에게 괴롭힘을 당하는 사람(피해자)	괴롭힘 행동의 체계적인 희생자	

출처: Salmivalli, 2001.

살미발리에 의해 이루어진 일련의 연구들은 아동이 괴롭힘을 당하는 과정에서 서로 다른 사회적 역할을 한다는 점을 밝히고 있다. 사실 그녀의 연구의 출발은 괴롭힘 상황에서 방관자들이 실제로 어떤 역할을 하는지를 좀 더 자세히 살펴보는 데 있었다. 살미발리는 참여자들의 역할을 측정하기 위해 참여자 역할질문지(participant role questionnaire)를 개발했다. 여기에서 참여자 역할이라는 것은 괴롭힘 상황에서 학생들이 그 괴롭힘 상황에 어떤 방식으로 연계가 되어 있는지와 관련이 있다(Salmivalli, 1999).

필자가 최근 진행하고 있는 서울시내 대학생들을 대상으로 한 괴롭힘 행동에 대한 한 연구결과에 의하면, 60% 이상의 대학생들이 고등학교 시절 괴롭힘 행동이 일어났을 때 방관자 역할을 했던 것으로 나타났다. 또한 15% 정도의 학생들이 직접 남을 괴롭히는 일을 시작하지는 않았지만, 누군가 그러한 행동을 했을 때 가해행동을 도와주거나 부추기는 것으로 나타났다. 대략 23%의 학생만이 희생자 편에 서서 괴롭힘 행동이 더 이상 지속되지 못하도록 하는 것으로 나타났다.

살미발리의 이론은 우리나라 교육현실에 큰 시사점을 준다고 볼 수 있는데, 교실환경을 재구조화시켜서 학생들이 괴롭힘 행동을 겪게 되거나 괴롭힘 행동을 목격하게 되었을 때, 가해자 입장에 서기보다는 피해자의 입장에 서서 괴롭힘 행동을 즉각적으로 중단시킬 수 있는 역할을 하게 만들 수 있다는 것이다. 예를 들면, 교실을 좀 더 협동적이고 지지적인 분위기로 만들어서 학생들이 상호 의존적인 과제를 수행하도록 한다면, 학생들 간에 친밀감이나 이해도가 더 높아지고, 이것은 곧 또래 간의 상호 책임감을 증가시키게 된다는 것이다. 따라서 괴롭힘 행동이나 폭력행동을 목격했을 때 희생자 편에 서서 옹호할 수 있는 능력을 교실환경의 변화를 통해 증가시킬 수 있다는 것을 의미한다.

3. 괴롭힘 행동과 협동하는 방법 배우기

괴롭힘 행동을 예방하고 감소시키기 위한 교육적 방법의 하나로 학교에서 공동의 목표를 가지고 협력하여 그 목표를 이루어 내도록 경험시키는 것을 생각해 볼 수 있다. 이는 협동학습의 개념과 연결되는데, 협동학습은 사회적 상호 의존성 이론에 근거하고 있다. 사회적 상호 의존성이란 개인들의 활동결과가 서로서로 영향을 미치는 것을 말한다(Johnson & Johnson, 1989). 사회적 상호 의존성 이론에 따르면, 서로 대비되는 두 가지 종류의 상호 의존성이 있다. 협동과 경쟁이 그것이다. 협동은 개인들의 활동들이 긍정적인 방향으로 상호 연결되어 있어서, 내가 잘하기 위해서는 상대방도 역시 잘해야 한다. 반면 경쟁은 내가 이기기 위해서는 누군가 나보다 더 못하는 사람이 반드시 있어야 한다. 개념적으로 볼 때도, 협동학습은 학생들 간의 친사회적 행동을 증가시키고 괴롭힘 행동을 감소시키는 것으로 보인다.

실제로 그동안 협동학습이 괴롭힘 행동을 예방하거나 감소시키는 데 긍정적인 영향을 미치는지 알아보기 위한 여러 연구들이 진행되어 왔다. 예를 들면, 펠레그리니와 그의 동료들(1999)은 따뜻하고 지지적인 분위기의 학교에서는 남을 괴롭히거나 남에게 괴롭힘을 당하는 일이 유의미하게 감소한다는 사실을 발견했다. 또한 릭비와 그의 동료들(1997)은 협동성과 괴롭힘 행동의 관계를 연구한 결과, 남을 괴롭히는 아동들은 남녀 모두 협동성이 낮은 것으로 나타났다. 괴롭힘을 당하는 피해자 입장의 학생들 역시 협동성이 낮은 것으로 나타났다. 릭비와 그의 동료들이(1997) 지적한 바와 같이, 이유는 다를지라도 남을 괴롭히는 아동과 괴롭힘을 당하는 아동 모두 다른 사람과 협력하여 공동 목표를 이루는 협동 정신이 부족한 점에서는 같다고 볼 수 있다.

여기서 한 가지 주목할 점은 피해자나 가해자에게 협동학습의 효과가 일반 학생들에 비해 다르게 나타날 수 있다는 것이다. 예를 들어, 남을 괴롭히는 학생은 다른 사람을 누르고 싶은 마음에서 그런 행동이 나왔을 수도 있고, 따라서 다른 사람과 협력해서 무엇을 해 보겠다는 생각을 하지 않는다. 반면 오랫동안 남에게 괴롭힘을 당해 온 학생들은 무력감에 빠져 있을 수 있다. 고립되고 소외되었던 경험 때문에 다른 학생들과 함께 지내는 법을 미처 배우지 못했을 수도 있고, 별로 함께 지내는 것을 원하지 않을 수도 있기 때문이다. 따라서 피해자와 가해자를 협동학습에 참여시키기 이전에 개인적 성격특성, 협동적/경쟁적 태도 정도, 소집단 구성 등에 대한 충분한 고려가 선행되어야 협동학습의 효과를 볼 수 있을 것이다.

4. 글을 마무리하며

이 글의 목적은 학교 폭력의 한 유형인 괴롭힘 행동에 대한 이해의 폭을 넓히는 것이었다. 첫째, 괴롭힘 행동과 또래 간에 흔히 나타날 수 있는 갈등의 차이를 살펴보았다. 괴롭힘 행동을 진단하는 데 있어 무엇보다 문제가 되는 것은, 괴롭힘 행동에 대해 너무 관대한 입장을 취하여 심각한 수준의 괴롭힘 행동을 보고도 누구나 겪을 수 있는 성장통 정도로 이해하는 것이다. 하지만 지금은 괴롭힘 행동에 대해 좀 더 민감하게 받아들여야 할 시기다.

둘째, 괴롭힘 행동을 이해하는 이론적 관점의 변화에 대해 살펴보았다. 그러나 전통적인 관점에 한계가 있다고 해서 그것이 전적으로 잘못되었다거나 무시해도 된다는 것은 아니다. 오히려 우리가 학교폭력이나 괴롭힘 행동을 예방하고 감소시키기 위해서는 전통적 관점과 새로운 관점에서 파악할 수 있는 괴롭힘 행동과 관련된 변인들을 적절하게 고려하는 일이 중요하다. 예를 들어, 피해자와 가해자의 개인적 성격특성이나 성향을 정확하게 파악하는 것도 중요하지만, 또한 그들을 둘러싸고 있는 사회구조적인 측면을 제대로 들여다보는 일도 필요하다. 또한 눈에 잘 띄는 괴롭힘 행동뿐만 아니라 눈에 잘 띄지 않는 괴롭힘 행동까지 포착해 내는 안목이 필요하다.

셋째, 괴롭힘 행동을 예방하고 감소시키기 위한 교육적인 방안으로서의 협동학습에 대해 살펴보았다. 괴롭힘 행동은 교실 내에서 일어나는 권력관계와 관련되어 있다. 힘이 센 아동이 힘이 약한 아동을 괴롭히기 때문이다. 기본적으로 불균등한 힘의 관계에 의해 괴롭힘 행동이 나타난다고 볼 수 있는데, 그렇다면 학교 내에서 괴롭힘 행동을 줄이기 위해서는 모든 학생이 같은 정도의 위치에 있어야 하는가? 이것은 현실적으로 가능하지도, 또 바람직하지도 않다. 왜냐하면 인간의 모든 사회조직에는 내부적으로 위계적인 힘의 관계가 형성되기 마련이고, 문제는 학교 내에서 이러한 힘의 관계를 어떻게 긍정적이고 친사회적인 방식으로 이끌어 내는가다. 학교생활에서 학생들이 다양한 종류의 협동적인 경험을 하도록 하고, 이후 사회생활에 필요한 능력이나 기술로 전환될 수 있도록 하는 것이 중요하다.

마지막으로 학교에서의 괴롭힘 행동을 예방하고 감소시키는 일이 중요한 이유는 괴롭힘 행동이 결코 학교 내에서만 한정되어 나타나지 않기 때문이다. 최근 직장에서의 괴롭힘 행동에 대한 연구들도 증가하고 있으며, 사회생활의 각 영역에서 이러한 괴롭힘 행동이 여러 가지 형태로 나타나고 있다(예, Erikson & Einarsen, 2004; Lewis, 2004; Olafsson & Johannsdottir, 2004). 협동학습을 통해 다른 사람의 관점과 감정을 이해하고 갈등 상황에서 건설적인 방식으로 해결할 수 있는 능력을 길렀을 때, 학교 밖의 세상에서도 다른 사람들과 협력하여 지낼 수 있게 될 것이다.

참고문헌

Batsche, G. M., & Knoff, H. M. (1994). Bullies and their victims: Understanding a pervasive problem in the schools. *School Psychology Review*, *23*(2), 165–174.

Boulton, M. J. (1996). Bullying in mixed sex groups of children. *Educational Psychology*, *16*(4), 439–443.

Choi, J. Y., & Tichy-Reese, M. L. (2003). Bully and victim problems in a cooperative school. Paper Presentation at the American Educational Research Association. Chicago, U.S.A.

Crawford, N. (2002). New ways to stop bullying monitor on psychology. *A Publication of the American Psychological Association, 33*(9), 64–66.

Crick, N. R., Casas, J. F., & Ku, H. C. (1999). Relational and physical forms of peer victimization in preschool. *Developmental Psychology, 35*(2), 376–385.

Crick, N. R., Nelson, D. A., Morales, J. R., Cullerton-Sen, C., Casas, J. F., & Hickman, S. E. (2001). Relational victimization in childhood and adolescence: I hurt you through the grapevine. In J. Juvonen & S. Graham (Eds). *Peer harassment in school: The plight of the vulnerable and victimized.* New York: The Guilford Press.

Erikson, W., & Einarsen, S. (2004). Gender minority as a risk factor of exposure to bullying at work: The case of male assistant nurses. *European Journal of work and Organizational Psychology, 13*(4), 473–492.

Grotpeter, J. K., & Crick N. R. (1996). Relational aggression, overt aggression, and friendship. *Child Development, 67*(5), 2328–2338.

Hawley, P. H. (1999). The ontogenesis of social dommance: A strategy-based evolutionary perspective. *Developmental Review*, 19, 97–132.

Hawley, P. H, & Little, T. D. (1999). On winning some and losing some: A social relations approach to social dominance in toddlers. *Merrill-Palmer Quarterly, 42*(2), 185–214.

Johnson, D. W., & Johnson, R. T. (1989). *Cooperation and competition: Theory and research.* Edina, MN: Interaction Book Company.

Lewis, D. (2004). Bullying at work: The impact of shame among university and college lecturers. *British Journal of Guidance & Counselling, 32*(3), 281–299.

Nansel, T. R., Overpeck, M., Pilla, R. S., Ruan, W. J., Simons-Morton, B., & Scheidt, P. (2001). Bullying behaviors among US youth: Prevalence and association with psychosocial adjustment. JAMA, *285*(16), 2094–2100.

Olafsson, R. F., & Johannsdottir, H. L. (2004). Coping with bullying in the workplace: The effect of gender, age and type of bullying. *British Journal of Guidance & Counselling, 32*(3), 319–333.

Olweus, D. (1993). *Bullying at school–What we know and what we can do.* Oxford: Blackwell Publishers.

Pellegrini, A. D. (2001). Sampling instances of victimization in middle school: A methodological comparison. In J. Juvonen & S. Graham (Eds.), *Peer harassment in school: The plight of the vulnerable and victimized.* New York: The Guilford Press.

Pellegrini, A. D., Bartini, M., & Brooks, F. (1999). School bullies, victims, and aggressive victims: Factors relating to group affiliation and victimization in early adolescence. *Journal of Educational Psychology, 91*(2), 216–224.

Rigby, K. (1997). Attitudes and beliefs about bullying among Australian school children. *The Irish Journal of Psychology, 18*(2), 202–220.

Rigby, K., Cox, I., & Black, G. (1997). Cooperativeness and bully/victim problems among Australian schoolchildren. *Journal of Social Psychology, 137*(3), 357–368.

Salmivalli, C. (1999). Participant role approach to school bullying: Implications for interventions. *Journal of Adolescence, 22*(4), 453–459.

Salmivalli, C. (2001). Group view on victimization: Empirical findings and their implications. In J. Juvonen & S. Graham (Eds.), *Peer harassment in school: The plight of the vulnerable and victimized*(pp. 398–419). New York: The Guilford Press.

Sharp, S. (1996). The role of peers in tackling bullying in schools. *Educational Psychology in Practice, 11*(4), 17–22.

Smith, P. K., Cowie, H., Olafsson, R. F., & Liefooghe, A. P. D. (2002). Definitions of bullying: A comparison of terms used, and age and gender differences, in a fourteen–country international comparison. *Child Development, 73*(4), 1119–1133.

Savin-Williams, R. C. (1980). Dominace hierarchies in groups of middle to late adolescent males. *Journal of Youth and Adolescence, 9*(1), 75–85.

Strayer, F. F., & Strayer, J. (1976). An ethological analysis of social agonism and dominance relations among preschool children. *Child Development, 47*, 980–989.

Swearer, S. M., & Doll, B. (2001). Bullying in schools: An ecological framework. *Journal of Emotional Abuse*, *2*(2/3), 7–23.

Weinhold, B. K. (2000). Bullying and school violence: The tip of the iceberg. *Teacher Educator*, *35*(3), 28–33.

6장
학교폭력 예방에 대한 법과 정책

– 박병식(용인대학교 경찰행정학과 교수)

학교폭력예방및대책에관한법률이 2004년 1월 공포되어 같은 해 7월에 시행되었다. 그런데 시행한지 1년여밖에 되지 않은 법률인데도 벌써부터 개정해야 한다는 의견이 강력하게 제기되고 있다. 학교폭력법의 제정은 시민단체들 모두의 결정체다. 법제정 초기에는 관할부처인 교육부조차도 법률 제정에 대단히 소극적이었다. 관련당국의 소극적인 의지와 법률의 문제점으로 인해 학교폭력 예방과 대책을 위한 법제도적 시스템이 원활하게 작동되지 못하고 있는 것이다. 이 장에서는 구체적으로 어떤 문제점이 있으며 어떻게 개선해야 할 것인가? 현행법을 기초하고 시민운동을 전개하는 등 그동안의 연구 성과와 실천활동을 통해 획득한 지견을 바탕으로 바람직한 법제도의 방향성을 제시하고 구체적인 대안을 제시하고자 한다.

1. 학교폭력법의 입법과정

필자가 최초 학교폭력법의 제정에 관여하게 된 것은 2001년 김성이 청소년 보호위원장(당시)에게서 임종석 의원의 법안[1]을 검토하고 이에 대응한 법안을 작성해 달라는 프로젝트를 수탁한 것이 계기가 되었다. 그 후 교육부의 법안[2]을 입수하여 검토하고 6개월간에 걸친 작업 끝에 연구보고서[3]를 작성하면서 필자가 나름대로 작성한 법안[4]을 제출하였다. 그리고 '국회대안정치연구회'는 필자의 법안을 바탕으로 2001년 11월 2일 국회의원회관에서 '학교폭력 피해 및 가해 청소년 보호 등에 관한 입법공청회'를 개최하였다.[5] 학교폭력법 제정을 위한 움직임이 본격화하기 시작한 것이다.

그 후 필자의 법안은 한나라당 서상섭 의원의 의원입법으로 정무위원회에 제출되고 교육부의 의향은 임종석 의원의 의원입법[6]에 수렴되어 교육위원회

---

1) 법안의 명칭은 '학교폭력방지에관한특별법'이다. 특징은 학교에 학교폭력중재위원회(교사 1인, 학생 1인, 학교운영위원회 선정 1인, 경찰 1인, 변호사 1인, 청소년관련전문가 1인을 포함한 6인)를 두며, 중재위원회는 가해자에게 피해자가 살고 있는 지역의 반경 10킬로미터에 접근금지를 명할 수 있으며, 학교에 학교폭력을 예방하기 위한 교사 혹은 상담사 1명, 청소년인권 프로그램을 전담하는 교사 1명을 두며, 학교폭력 및 청소년 성폭력에 대해서는 친고죄 적용을 배제한 데에 있다.

2) 법안의 명칭은 '학교폭력 방지에 관한 특별법안'이다. 각급 학교와 지역교육청 및 시 · 도교육청에 학교폭력중재위원회를 설치하고, 지역 및 시 도교육청의 결정은 1심 판결의 효력을 가지며, 가해학생에 대한 등교정지 및 대안학교 입학명령, 폭력가해자 선도를 위한 사회복지 교육 프로그램 실시, 학교폭력 예방 담당교사 설치 등을 내용으로 하고 있다.

3) 박병식. "청소년 폭력예방 법 제도연구". 청소년보호위원회, 2001. 12.

4) 법안의 명칭은 '학교폭력피해및가해학생보호등에관한법률'이다. 이에 대해서는 상게 보고서, 110-116 참조.

5) 박경양(참교육학부모회 부회장), 신순갑(청예단 사무국장), 오운홍(교육부 장학관), 이철호(배문중 교사), 조정실(학교폭력피해자 가족협의회 회장), 차정섭(청소년보호위원회 사무국장)이 토론자로 나섰다. 국회대안정치연구회, 학교폭력 피해 및 가해청소년 보호 등에 관한 입법공청회, 2001. 11 참조.

6) 임종석 의원의 최종법안 명칭은 '학교폭력중재위원회 설치 및 교육 치료에 관한 특별법안'이다.

에 제출됨으로써 학교폭력에 대한 법안이 국회에 중복 제출되는 사태가 벌어졌다. 2003년 4월 22일 임종석 의원안을 중심으로 국회 교육위원회에서 공청회[7)]가 열렸다. 그러나 임종석 의원안이 갖고 있는 미비점이 지적되었고, 이에 한나라당 현승일 의원이 관할부처를 교육부로 하되 법안의 내용은 필자의 안을 기본으로 하는 '학교폭력예방및대책에관한법률안' 을 제출하였다.[8)] 이 법안도 부분적으로 문제점을 안고 있었지만 차후 법개정을 통해 개선해 나가기로 하여, 2003년 12월 29일 국회를 통과하였고 다음해 1월 29일 공포되었다. 그리고 6개월 후인 2004년 7월 30일부터 시행되고 있다.

그런데 학교폭력법은 공포 · 시행 이후 지금까지 수많은 문제점이 지적되어 왔으며 최근에는 법개정안까지 국회에 제출되기에 이르렀다. 시행된 지 1년 여밖에 되지 않은 법률이 개정논의에 휩싸인다는 것은 지극히 비정상적인 일이다. 학교폭력법에는 과연 어떤 문제점이 있는가?

2. 교육부의 문제점

필자는 학교폭력법의 한계를 인식하면서도 적어도 시행령만큼은 제대로 제정되기를 기대하였다. 교육부 차관도 2004년 2월 12일 학교폭력대책국민협의회 주최로 열린 법제정 축하행사에서 5월까지 관련단체의 의견을 충분히 수렴하여 제정하겠다고 공개적으로 약속하였다. 그러나 교육부는 교육청 관계자와 관변인사들에 의한 예정된 각본의 행사를 개최하였고, 이에 대응하여 학교폭력대책국민협의회는 4월 20일 시행령 제정을 위한 토론회를 열었다. 이

7) 필자 외에 권이종(청소년개발원장), 신순갑(청예단 연구실장), 임정희(사단법인 밝은 청소년지원센터 대표), 조홍순(한국교원단체총연합회 교육정책연구소장), 최영희(학교폭력대책국민협의회 상임대표)가 토론에 참석하였다.

8) 현승일 의원안에 대한 검토의견에 대하여는 류충현(교육위원회 수석전문위원), 학교폭력예방및대책에관한법률안 검토보고, 제243회 국회 교육위원회 회의록 제9회(부록), 40-48면, 2003. 11 참조.

토론회에서 필자는 교육부안의 문제점을 조문별로 심도 있게 분석, 비판하고 그 대안을 제시하였다.[9)]

그러나 교육부는 전문가 및 관련단체의 의견은 무시한 채 2004년 4월 24일 시행령안을 입법예고하였다. 이에 필자는 교육부 관계자들과 수차례에 걸친 토론과 협상에 참여하여 몇몇 조문을 수정하게 하는 성과를 올리기도 했지만, 현실적으로 교육부의 문제점만을 확인할 수밖에 없었다.

학교폭력법은 "학교폭력의 예방과 대책에 관하여 필요한 사항을 규정함으로써 피해학생의 보호, 가해학생의 선도 · 교육 및 피해학생과 가해학생 간의 분쟁조정을 통하여 학생의 인권을 보호하고 학생을 건전한 사회구성원으로 육성" 할 것을 목적으로 제정되었다(법 제1조). 하지만 현행 학교폭력법은 결코 학교폭력의 '예방과 대책' 에 관한 법률이 아니다. 학교폭력법이 문제가 있기는 하지만, 나름대로 학교폭력을 예방하고 발생한 이후의 대책을 규정하고 있다고 본다. 문제는 그것을 구체적으로 시행하기 위해 제정되어야 할 시행령이 전혀 내실이 없어 법률마저 기능하지 못하게 방해하고 있다는 사실이다.

그 대표적인 예가 피해학생의 보호에 관한 부분이다. 학교폭력법의 가장 큰 주체는 피해학생이어야 하며, 피해학생의 보호야말로 법률이 제정된 근본이라 할 수 있다. 그런데 현행 법령에 의하면 피해학생 보호는 명목상으로만 존재하고 있고 이를 실효적으로 담보하기 위한 규정이 시행령에는 단 하나의 조항도 없다. 맷돌은 있되 손잡이는 없는, 말 그대로 '어처구니' 없는 일이 벌어지고 있는 것이다.

반면에 학교폭력법 제9조 제2항에는 "교육감은 시 · 도교육청에 학교폭력

9) 박병식, 교육인적자원부 시행령(안)의 내용 및 문제점, 학교폭력예방및대책에관한법 시행령 제정을 위한 토론회, 학교폭력대책국민협의회, 2004. 4. 20 참조. 필자 외에 조홍식(서울대 사회복지학과 교수), 곽금주(서울대 심리학과 교수), 김현수(정신과 전문의), 김대유(서문여중 교사), 양금석(청예단 사무총장)의 시행령안에 대한 발표와 함께, 박교선(교육부 학교정책과 장학사), 이동진(학교폭력 피해자 학부모), 이문석(전국교직원노동조합 학생청소년위원장), 윤철경(청소년개발원 복지정책연구실장) 등 각계를 대표하는 전문가들도 의견을 발표하였다.

의 예방과 대책을 담당하는 전담부서를 설치, 운영하여야 한다."라고 규정되어 있는데, 이를 받아 시행령 제5조 제1항은 전담부서에 "장학관 1인, 초등학교 담당장학사 1인 이상, 중 · 고등학교 담당장학사 1인 이상"을 두도록 규정한 것이다.

비단 교육부만이 아니다. 학교폭력 문제를 운운하기 이전에 먼저 자신들부터 되돌아보아야 한다. 이 땅에서 생활하고 있는 사람이라면 어느 누구도 학교폭력 책임에서 자유로울 수 없다. 따라서 이제부터라도 학교폭력법을 정립시키고 학교폭력 없는 사회를 만드는 데에 진정으로 동참하여야 한다.

3. 법개정의 개념과 패러다임

1) 법개정의 개념

그렇다면 학교폭력법을 어떻게 개정해 나가야 할 것인가? 학교폭력법의 문제점에 대한 논의에 앞서 개정의 개념에 대하여 우선 명확히 해 둘 필요가 있다. 법률의 '개정'이라 할 때, 여기에는 세 가지 개념이 있다.

첫째는 조항의 '신설'이다. 입법 당시 예상하지 못했거나, 예상은 했으나 일단 제정하고서 차후 개정하자는 전략 등으로 인해 규정하지 못한 정책이 있다. 이들 정책을 개정법률에 신설할 필요가 있다.

둘째는 조항의 '보완'이다. 법률에는 규정되어 있으나 시행령의 불비(不備)로 인해 실효성이 확보되지 못한 프로그램, 법 취지는 좋으나 그 내용의 애매모호함으로 인해 혼선을 빚는 조항이 있다. 이들에 대해서는 교육부에 위임하여 시행령에 규정하지 말고 법률에 직접 규정하는 것이 바람직하다. 실패의 전철은 두 번 밟지 말아야 한다.

셋째는 조항의 '삭제'다. 학교폭력법에는 근본 목적과는 직접 연관성이 없거나 다른 법률에 규정해도 될 조문, 그리고 불필요한 조항도 있다. 이들 조항

은 과감히 삭제하는 것이 바람직하다.[10)]

2) 법개정의 패러다임

법개정에 직면하여 우리는 학교폭력법을 왜 제정했고, 법개정에서 되새겨야 할 철학이 무엇인지 확인할 필요가 있다. 이를 '패러다임' 이라 한다면, 필자는 향후 법개정 과정에서 반추하고 확인해야 할 패러다임을 다음 여섯 가지로 정리할 수 있다.

첫째는 '피해학생의 보호' 다. 학교폭력법의 가장 큰 존재 이유는 피해학생의 보호이며, 소년법 등 기존에 많은 관련법률이 존재함에도 굳이 학교폭력법을 제정하게 된 것도 바로 피해학생을 보호하기 위한 때문이다. 따라서 현행 학교폭력법을 피해학생의 보호라는 패러다임에 투영하여 실효성이 확보될 수 있는지 재검토해야 한다.

둘째는 학교폭력의 '사전예방' 이다. 발생한 이후의 대처보다 미리 발생하지 않도록 예방하는 것이 바람직함은 말할 나위가 없으며, 학교폭력법도 몇 가지 예방책을 제시하고 있다. 따라서 현행 학교폭력법이 규정한 예방책이 과연 올바로 실시되며 실효성이 있는지 재검토할 필요가 있다.

셋째는 '민력(民力)의 활용' 내지 '민관협력' 이다. 학교폭력법도 민간단체나 민간전문가의 활용을 다양한 단계에서 전제하고 있다. 그러나 학교 현장에서 민관협력은 거의 이루어지고 있지 않다. 따라서 현행 학교폭력법이 전제하고 있는 민력의 활용 혹은 민관협력이 제대로 활용될 수 있도록 시스템이 되어 있는지 확인할 필요가 있다.

넷째는 '지역사회와의 연계' 다. 지역사회에 뿌리를 내리지 못하는 프로그

10) 예컨대 법 제12조 4항("국 · 공립학교의 학교의 장은 교육감의 승인을 얻어 책임교사에게 적정한 수당을 지급할 수 있고, 사립학교의 장은 이사장의 승인을 얻어 책임교사에게 적당한 수당을 지급할 수 있다.")은 학교폭력법의 근본취지와는 거리가 멀다. 이들 규정은 관계되는 다른 법률로 옮기고 삭제하는 것이 바람직하다.

램이 실패한다는 것은 이미 정설로 굳어져 있다. 학교폭력법도 제4조에서 국가와 '지방자치단체'의 책무를 규정하여 지역사회와의 연계를 강조하고 있다. 그렇다면 현행 학교폭력법은 지역사회와의 연계성을 확보하고 있는지 확인해야 한다.

다섯째는 '개방성' 내지 '투명성'의 확보다. 학교폭력의 발생 사실은 외부에 좀처럼 알려지지 않으며 학교 현장도 이를 은폐하려는 폐쇄성을 띠고 있다. 대부분 '우리 학교만은 학교폭력이 없다'고 입버릇처럼 말한다. 과연 현행 학교폭력법이 개방성과 투명성을 제대로 확보하고 있는지 검토해야 한다.

여섯째는 '자율성'이다. 학교폭력법은 학교폭력대책자치위원회(이하 '자치위원회'라 한다)가 분쟁을 조정하고 학교폭력과 관련된 학교의 정책을 심의하도록 하고 있다. 과연 현행 자치위원회가 자율성을 제대로 확보하고 있는지 검토해야 한다.

4. 구체적인 문제점 및 개정방향

이들 여섯 가지 패러다임을 바탕으로 현행 학교폭력법의 문제점을 분석해 내고 그 대안을 제시해 보기로 한다.

1) 피해학생의 보호책에 관한 문제점과 대안

피해학생의 보호에 대하여 학교폭력법은 ① 심리상담 및 조언, ② 일시보호, ③ 치료를 위한 요양, ④ 학급교체, ⑤ 전학권고, ⑥ 기타 필요한 조치의 여섯 가지를 규정하고 있다(법 제14조 제1항). 이 중 ④~⑥까지의 조치는 학교 혹은 교육청 차원에서 해결하거나 해결 가능한 일이지만, ①~③까지의 조치는 외부의 기관 및 전문가를 활용하거나 협력하는 수밖에 없다. 문제는 현행 학교폭력법 및 시행령의 규정으로는 외부의 기관이나 전문가의 활용이 거의 불가능하거나 실효성을 기대할 수 없고, 따라서 상술한 ①~③의 조치는 유명무실한 프로그램이라는 사실이다.

첫째는 전문가의 상담 및 치료를 위한 요양에 필요한 치료비의 확보 문제다. 학교폭력법은 학교폭력대책기획위원회(이하 '기획위원회'라 한다)의 기본계획에 '피해학생에 대한 치료 · 재활 등의 지원'과 '학교폭력의 예방과 피해학생 및 가해학생의 치료 · 교육을 수행하는 청소년관련단체 또는 전문가에 대한 행정적 · 재정적 지원' 계획을 수립하도록 하고 있다(법 제6조 2항). 법률이 치료를 위한 요양 프로그램을 규정했으면, 적어도 시행령에서는 그 구체적인 실현방안을 규정하는 것이 당연한 일이다. 그런데 학교폭력법과 시행령 어디에도 치료비를 어떻게 조달하고 누가 부담할지에 대하여 규정하고 있지 않다. 치료를 위한 요양이 가능한 것처럼 해 놓고 본인에게 부담시키는 것은 마치 이솝우화에서 학을 초대하고서 접시에 밥을 내놓는 여우의 심보와 마찬가지다.

학교폭력 같은 사건에는 의료보험이 적용되지 않는 것이 원칙이다. 물론 피해자가 치료비를 부담할 만한 경제적인 형편이 되는 경우에는 추후에 치료비를 청구하여 돌려받으면 되니 그나마 다행이다. 문제는 경제적 형편이 되지 못한데, 설상가상으로 가해학생 측도 치료비를 지불할 만한 능력이 없거나 있더라도 가해 사실을 아예 부인하는 경우다.

이런 사례에서 가장 바람직한 방안은 일단 시 · 도교육청 등이 치료비를 부담하고, 추후 가해학생 측에 그 비용을 청구하는 '구상권(求償權)'을 인정하는 것이다. 그러나 교육부는 '시 · 도교육청의 예산이 거덜 난다' '법적 근거가 없다'[11]며 구상권 인정을 완강하게 거부하고 있다.[12] 결국 현 상태로는 피해

11) 최근 경찰청은 경찰병원에 학교폭력 성폭력 지원센터를 개설하였다. 교육부가 법적 근거가 마련되기를 기다릴 때, 경찰청은 법적 근거 없이 센터를 개설한 것이다.

12) 교육부가 학교폭력법 제7조 제1호에 의거하여 수립한 '학교폭력 예방 및 대책 5개년 기본계획'(교육인적자원부, 2005. 2.)에 의하면, 장기적으로 국가 차원에서 피해학생 치료 재활센터의 운영을 검토한다면서도, 학생회 또는 자치위원회 주관으로 피해학생 치료 재활을 위한 성금모금을 권장하고 있다(33면).

학생은 방치되거나 학교가 책임을 질 수밖에 없는데, 문제는 학교에 비용부담 책임이 전가될 경우에 과연 자치위원장을 겸임하고 있는 학교장이 피해학생의 보호조치로 학교에 불리한 '치료를 위한 요양' 프로그램을 선택할 것인가 하는 점이다.

둘째는 학교폭력법 제14조 제3항은 '일시보호' 및 '치료를 위한 요양'에 의한 결석만을 출석일수에 산입하도록 하고 있다. 그러나 예컨대 학교폭력이 두려워 학교에 가지 못하는 적극적인 의미의 부등교(不登校: 결코 무단결석이 아님) 등 긴급피난성 결석에 대해서는 출석으로 인정되고 있지 않다. 시급히 출석일수에 산입시켜야 한다.

셋째는 피해학생 보호 프로그램의 선정에 있어서는 법 제12조 제2항에서 규정하고 있는 '전문상담교사의 보고'와 연계시켜 그 보고를 듣고 정하도록 규정해야 한다.

넷째는 일시보호 시설의 정의와 범위에 대하여 정하고 지정해야 한다.

2) 가해학생의 선도 · 교육조치에 대한 문제점과 대안

학교폭력법 제15조는 가해학생의 선도 · 교육조치 프로그램을 규정하고 있다. 그런데 여기에도 몇 가지 문제점이 있다.

첫째는 부과한 조치에 대해 가해학생이 고의로 불응하거나 소홀히 하는 경우에 대한 대비책이 없다는 점이다. 따라서 가중조치를 부여하거나 초중등교육법 등에 의한 불이익을 줄 수 있는 근거를 마련할 필요가 있다.

둘째는 출석정지 조치의 남용을 막는 장치가 필요하다. 이주호 의원의 국정감사 결과에 의하면,[13] 일선 학교들이 학교폭력법의 규정을 어기고 자치위원회의 심의를 거치지 않은 채 '출석정지' 조치를 내린 것으로 확인되었다. 출석정지 조치는 ① 다른 학생에게 상해, 심신의 고통 또는 재산상의 손실을 주

---

13) 이주호 의원, 2004년 10월 6일자/12일자 보도자료 참조.

는 행위, ② 교직원에게 상해 또는 심신의 고통을 주는 행위, ③ 시설 또는 설비를 손괴하는 행위, ④ 수업 기타 교육활동의 실시를 방해하는 행위를 반복하는 등 성행이 불량하고 다른 학생의 교육을 방해하는 자에 대하여 그 보호자에게 출석정지를 명할 수 있도록 한 일본 학교교육법 제26조의 '출석정지' 제도를 참고로 하여 규정한 제도다. 즉, 출석정지는 정학조치와는 달리 학생에 대한 '징벌' 이 아니라 학교의 질서를 유지하고 다른 학생의 교육받을 권리를 보장할 목적으로 인정되는 것이다.[14] 따라서 필요한 한도를 넘어서 장기간 출석정지를 명하는 조치는 가급적 피해야 하며, 따라서 출석정지 조치의 남용과 폐해를 막기 위해 출석정지 기간의 상한선을 두는 방안을 마련해야 한다.[15]

셋째는 학교봉사 및 사회봉사 시간을 '○○시간 이상 혹은 ○○시간 이내' 형식으로 시간적인 상한선과 하한선의 명기를 규정해야 한다.

3) 지역위원회의 신설

현재 학교폭력과 관련된 기구로는 교육부의 기획위원회, 교육감, 자치위원회가 있다. 〈표 6-1〉은 각 기구의 직무를 나타낸 것이다. 교육감의 임무가 자치위원회의 기능과 기획위원회의 기능을 아울러 수행하고 있음을 알 수 있다. 중앙정부는 물론 일선학교마저 위원회를 설치하고 위원회를 통해서 사안을 처리하는데, 이렇게 막중한 임무를 시 · 도교육청에서는 위원회를 두지 않고

14) 상세한 내용은 박병식, 학교폭력예방및대책에관한법의 운용방향, 학교폭력예방및대책에관한법 제정 축하모임 자료집, 학교폭력대책국민협의회, 2004. 2. 12 참조.

15) 2002년 발표된 (일본)문부과학성의 '생도 지도상의 현상에 대하여' 에 의하면, 1999년에 출석정지조치를 받은 학생은 중학생 84건, 초등학생 0건으로, 그 내역을 보면 중1 2건, 중2 10건, 중3 72건이다. 주된 이유는 교사에 대한 폭력 35건, 학생 간 폭력 16건, 기물손괴 3건, 수업방해 12건, 이지메 6건, 기타 12건이다. 출석정지 기간은 3일 이내가 약 42%지만, 21일 이상도 6건 있다. 감호 장소는 모두 본인의 자택인 것으로 나타났다. 日本弁護士連合會 編, 検証少年犯罪, 日本評論社, 2002, 375면.

〈표 6-1〉 중앙정부 지역 학교에서의 학교폭력 처리기구 비교

구 분	기능 및 임무(법적 근거)
기획위원회 (교육인적자원부)	– 학교폭력의 예방 및 대책에 관한 기본계획의 수립 및 시행에 대한 평가 – 학교폭력 관련 관계중앙행정기관 및 지방자치단체장의 요청 사항 심의 – 학교폭력 관련 교육청, 자치위원회, 전문단체 및 전문가 요청 사항 심의 (학교폭력법 제7조)
교 육 감	– 기본계획에 따른 학교폭력의 예방 및 대책에 관한 시행계획 수립 – 시 · 도교육청에 학교폭력의 예방과 대책 담당 전담부서의 설치 · 운영 – 학교장 및 관련 학교장에게 관할구역 발생 학교폭력에 대한 경과 및 결과 보고 요구 – 관할구역 외의 학교폭력에 대한 적절 조치 – 학교에 학교폭력의 예방 및 대책에 관한 실시계획의 수립 · 시행 요구 – 피해학생을 위한 전학조치 대책과 가해학생에 대한 재입학 대책 강구 – 기획위원회에 관할구역의 학교폭력관련 사항 보고 – 관할구역 안의 소속학교가 다른 학생 간의 분쟁에 대한 직접 분쟁조정 – 관할구역이 다른 시 · 도 교육청소속 학교 학생 간의 분쟁에 대한 협의조정 (학교폭력법 제9조, 제16조)
자치위원회 (각급 학교)	– 학교폭력의 예방 및 대책에 관련된 사항 심의 · 학교폭력의 예방 및 대책을 위한 학교의 체제 구축 · 학교폭력 예방 프로그램의 구성 및 실시 · 피해학생의 보호 · 가해학생에 대한 선도 및 징계 · 피해학생과 가해학생 간의 분쟁조정 · 기타 대통령령이 정하는 사항 – 학교폭력 관련분쟁 조정 (학교폭력법 제10조, 제16조)

교육감이 전권 행사하도록 되어 있는 것이다.

더욱이 교육감은 관할구역 안의 소속학교가 다른 학생 간에 분쟁이 있는 경우에는 해당 학교의 자치위원회 위원장(학교의 장)과의 협의를 거쳐 '직접 조정'을 하도록 되어 있고(법 제16조 제6항), 관할구역을 달리하는 학교의 학생 간의 분쟁에 대해서는 피해학생 감독교육감이 가해학생 감독교육감 및 해당 학교 자치위원회 위원장과의 협의를 거쳐 '직접 조정' 할 만큼 큰 역할을 담당하고 있는 것이다(법 제16조 제7항).

지역사회 차원에 '학교폭력대책지역위원회'를 신설하고, 교육감의 임무와 지역위원회의 역할을 분리시켜야 한다. 그리하여 교육감이 행하는 직접조정(제16조 제6항, 제7항), 기획위원회가 수립한 기본계획에 따른 시행계획의 수립 및 심의(제9조 제2항), 자치위원회의 분쟁조정에 대한 이의신청 심의 등의 기능을 지역위원회에 부여할 필요가 있다. 지역위원회의 설치기관으로는 특별시 · 광역시 · 도 혹은 시 · 군 · 구, 아니면 시 · 도 교육청 혹은 시 · 군 · 구 교육청의 방안이 있을 수 있을 것이며, 그 구성 및 위원의 요건에 대하여는 기획위원회의 규정을 준용하면 될 것이다.

한편, 동일 관할구역의 소속학교가 다른 학생 간의 분쟁 혹은 관할구역을 달리하는 학교의 학생 간의 분쟁에 있어서, 피해학생의 보호와 가해학생의 선도 · 교육을 위한 조치에 대한 구체적인 규정이 없다. 즉, 현행 피해학생의 보호와 가해학생의 선도 · 교육조치 규정은 동일한 학교 내에서의 분쟁을 상정한 것으로, 소속학교가 다를 경우에 대해서는 관련규정이 없는 것이다. 따라서 관할구역의 소속학교가 다른 학생 간에 학교폭력이 발생한 경우와 관할구역을 달리하는 학교의 학생 간에 학교폭력이 발생한 경우에, 피해학생의 보호조치와 가해학생의 선도 · 교육조치를 어떻게 결정할는지에 대해서는 준용규정을 둘 필요가 있을 것이다.

또한 교육감에게 학교폭력에 대한 조사권을 부여하는 방안을 고려할 필요가 있다. 학교 측이 학교폭력을 은폐하거나 왜곡하는 등의 우려가 있을 경우를 대비하는 것이다.

그리고 지역위원회와는 관계없지만, 교육인적자원부에 설치된 기획위원회가 압도적으로 관계부처의 관료들로 구성하여 민간인의 참여를 제한한 것은 큰 문제다. 관계부처의 관료들은 기획위원회의 업무를 보완하는 형식의 '관계부처 협의체' 를 구성하되, 기획위원회는 민간위원으로 구성하고 교원 대표와 학부모 대표도 참여시키는 방향으로 개선되어야 할 것이다.

4) 자치위원회 및 분쟁조정 보완

학교폭력법은 자치위원회의 위원장을 당해 학교의 장이 맡도록 정하고 있다(법 제11조 제2항). 그러나 자치위원회 위원장은 위원의 호선으로 선출하게 하는 방안이 바람직하다. 학교장이 위원장을 맡으면 ① 자신이 관리하는 학교의 입장을 과도하게 감안한 나머지 분쟁을 적정하게 처리하지 못하게 될 우려가 크며(관리책임을 우려하면서 적정 처리가 가능하겠는가?), ② 분쟁조정의 생명인 신뢰성과 공정성이 훼손될 우려가 있고, ③ 경우에 따라서는 관리자(학교장)로서의 책임 외에 자치위원장으로서의 책임까지 져야 할 가능성이 있기 때문이다.

다음으로 학교폭력법 제10조 제2항은 자치위원회의 다양한 역할을 규정하고 있다. 그런데 시행령은 '분쟁조정' 에 대해서는 상세하게 규정하고 있는 반면에 그 밖의 '심의' 에 대해서는 규정하고 있지 않고 있다. 그 결과 자치위원회의 역할 중에서 '분쟁조정' 기능과 '심의' 기능이 명확하게 구분되지 않고 있다. 이를 보완할 필요가 있다.

또한 시행령 제14조 제3항은 통지를 받은 분쟁당사자가 불가피한 사유로 인하여 출석할 수 없는 경우에는 자치위원회 또는 교육감에게 분쟁조정의 연기를 요청할 수 있고, 이 경우 자치위원회 또는 교육감은 분쟁조정의 기일을 다시 정하여야 한다고 규정하고 있지만, 일방 당사자가 연기를 요청하여 분쟁조정을 고의로 지연시키는 등 규정을 악용하는 경우를 방지하기 위한 조치도 필요하다. 따라서 법 제16조 제2항의 조정기간(1월)을 고의로 넘기려는 것을 막기 위한 보완장치로 "이 경우에 연기된 기간은 법 제16조 제2항의 기한에 산입하지 아니한다."는 문언을 추가할 필요가 있다.

한편 법시행령은 "자치위원회 또는 교육감은 분쟁조정이 성립된 때에는 합의서를 작성하여 자치위원회의 경우에는 분쟁당사자에게, 교육감의 경우에는 피해·가해학생 소속학교 자치위원회 및 분쟁당사자에게 통보하여야 한다."라고 규정하고, "합의서에는 자치위원회가 조정한 경우에는 분쟁당사자와 조정에 참가한 위원이, 교육감이 조정한 경우에는 분쟁당사자와 교육감이 서명, 날인하여야 한다."라고 규정하고 있다(영 제16조). 그런데 이 분쟁조정의 효력에 대하여 교육부는 "학교폭력으로 인해 발생한 분쟁에 대한 조정의 결과는 화해의 효력이 없다. 이는 학교폭력으로 인해 학생 간에 발생한 분쟁을 사법기관에 고소·고발 또는 민사소송을 제기하기 전에 교육공동체가 교육적으로 해결해 보자는 데 그 근본취지가 있기 때문"이라고 해설하고 있다.[16)]

조정제도는 당사자 간의 합의로 제3자의 교섭중개, 조정행위를 요청하는 경우에 개시된다. 조정자(학교폭력의 경우에는 자치위원회)는 화해계약(조정합의)의 성립을 목표로 하지만, 조정안을 제시하고 타진하는 역할밖에 없으며 법적 구속력 있는 판단을 내릴 권한이 없다.[17)] 하지만 분쟁당사자가 화해(조정합의)에 이르러 합의서를 교부한 이상에는 일정한 구속력이 인정된다(〈표 6-2〉 참조).

5) 전문상담순회교사

학교폭력법은 초중등교육법에 의한 전문상담교사를 둔다고 규정하고 있는데, 초중등교육법 제19조의2 제1항은 "학교에 전문상담교사를 두거나 시·도

16) 교육인적자원부, "학교폭력예방및대책에관한법률과 동법시행령 및 해설", 2004. 8. 6. 2면.

17) 和田仁孝 太田勝造 阿部昌樹 編, 交渉と紛爭處理, 日本評論社, 2002, 66.

〈표 6-2〉 조정과 소송 · 중재의 차이

구 분	특 징
소 송 (訴訟)	- 법원이 분쟁당사자의 동의 여부를 불문하고 법적 구속력을 가진 판단, 즉 판결을 내리는 경우 - 당사자 일방의 신청으로 절차 개시
중 재 (仲裁)	- 쌍방 분쟁 당사자가 중재자의 판단에 따르기로 중재계약을 맺고, 중재자가 당사자의 동의 여부 불문하고 구속력을 가진 판단을 내리는 경우 (예, 언론중재위원회)
조 정 (調停)	- 분쟁당사자 간 분쟁을 합의(화해)로 이끌 것을 목표로 제3자가 관여하는 제도 (예, 민사조정법에 의한 민사조정, 가정법원에 의한 가사조정)

교육행정기관에 교육공무원법 제22조의2의 규정에 의하여 전문상담순회교사를 둔다."고 하여 전문상담순회교사 제도를 신설하였다. 그리고 2004년 9월 23일 초중등교육법시행령 제40조의2에 "법 제19조의2의 규정에 따라 지방교육자치에관한법률 제36조의 규정에 의한 하급교육행정기관마다 2인 이내의 전문상담순회교사를 둔다."라고 규정하기에 이르렀다.

교원의 법정정원 확보율이 낮아 교과담당교사 확보도 어려운 실정에서[18] 전문상담교사의 배치를 의무화하는 것이 어려운 일임은 이해가 가지만, 그렇다고 해서 전문상담 '순회교사' 제도가 과연 바람직한 정책인지 의문이다. 담임교사나 부모에게도 피해 사실을 알리지 않는 것이 학교폭력의 특성임은 널

18) 류충현, 학교폭력예방및대책에관한법률안 검토보고, 2003. 11. 이 검토보고서에 의하면 교사 충원율이 2003년도 현재 88.5%다.

19) 청예단의 실태조사에 의하면, 학생의 경우 학교폭력 피해 후 신고를 하지 않는다가 30.1%로 나타났다. 교사는 학생들이 신고를 많이 하는 것으로 알고 있으나 학생의 경우 교사에게 이야기하는 비율은 10.2%로 나타나 차이를 보이고 있다. 피해 사실을 이야기 하지 않는 이유를 보면 소용없다 34.6%, 보복의 두려움 23.6%, 피해가 적어서 21.0%, 수치감 및 창피함 8.9% 순으로 답하였다. 김종기, 학교폭력의 실태, 청소년폭력예방재단(www.jikim.net), 2003. 2 참조.

리 인지된 사실이다.[19] 학교 전임교사가 아닌 교육청에서 파견된 순회교사에게 얼마나 상담을 할 것인가? 그 학교 교사에게서도 교육청에서 파견된 불청객(?)으로 인식되어 외톨이가 될 가능성이 크다.

전문상담교사를 전임교사로 두기 어려운 경우에는, 한동안 신경정신과 의사나 외부 전문가를 전문상담교사로 활용하는 방안을 모색하는 것이 더욱 현실적일 것이다. 즉, 이들을 초중등교육법 제22조와 동법시행령 제42조에 의한 '산학겸임교사'[20]로 임명할 수 있도록 하는 것이다. 전문상담순회교사보다 외부전문가를 활용하는 것이 예산 절감, 전문성 확보, 소속의식 고취에 유리하다.

6) 학교폭력 책임교사의 직무 명기

일선학교에서의 학교폭력 책임교사에 대한 기피현상이 상당히 심하다고 한다. 이는 구체적인 임무 내지 직무에 대한 규정이 없는 실정에서 '책임' 이라는 용어가 주는 막연한 불안감도 작용하고 있기 때문이라고 판단된다. 따라서 책임교사의 구체적인 직무를 법률에 규정하여 책임의 한계를 명확히 할 필요가 있는데 살펴보면 다음과 같다.

- 법 제10조 제2항 제1호의 〈학교의 체제 구축〉
- 법 제10조 제2항 제2호의 〈예방 프로그램의 구성 · 실시〉
- 법 제13조의 〈학교폭력 예방교육의 계획과 실시〉
- 법 제13조 제2항에 의한 〈전문단체 및 전문가 위탁〉
- 학교폭력 사안 인지 시의 학교의 장에 대한 보고 등

20) 학교에는 교육과정 운영상 필요한 경우에 교원 외에 산학겸임교사 명예교사 또는 강사가 교육을 담당할 수 있다. 산학겸임교사는 학교운영위원회의 심의를 거쳐 학교장, 학교법인 또는 사립학교 경영자가 임용한다. 산학교사에게는 예산의 범위 안에서 수당을 지급한다.

7) 학교폭력 예방교육의 충실

학교폭력법은 학교폭력 예방교육의 정기적 실시와 전문단체 또는 전문가에의 위탁을 규정하고 있다(법 제13조). 문제는 예방교육을 규정한 시행령의 실체에 있다.

교육부는 학교폭력 예방교육을 당초 '연간 2회, 1회당 2시간' 으로 하는 시행령안을 마련했으나 '1회당 1시간' 으로 후퇴하였다가, 필자를 비롯한 민간단체의 강력한 저항에 부딪치자 '학교실정에 따라' 학교장이 정하게끔 다시 수정되었다.

과연 현행 시행령의 규정으로 하면 예방교육이 효율적이고 내실 있게 실시될까?

예방교육의 내실을 기하기 위해서는 법정 최저한의 예방교육 시간을 법률에 규정하여야 한다. 정기적으로 실시되는 '정기교육' 외에 학교폭력이 발생한 경우에 긴급 실시하는 '추가교육' 으로 이원화시킬 필요가 있다. 교육내용은 학교급별 · 학년별(초등 저학년/고학년, 중학생, 고등학생)로 구분하고 교재내용도 그에 맞춰 달리할 필요가 있다.

다음으로, 학교폭력 예방교육은 전문단체 및 전문가에 위탁하는 것이 바람직하다. 교사의 부담을 줄이고 전문성도 확보되기 때문이다. 이 경우 전문단체와 전문가를 획정하기 위한 기준(관련자격증의 범위와 기준)을 설정하고, 전문단체 육성 및 전문가 양성을 위한 교육 · 연수와 그를 위한 교육기관의 선정(인증제도)도 필요할 것이다.

8) 학교장의 의무 강화

학교폭력법은 학교장의 의무로 제14조(피해학생의 보호), 제15조(가해학생의 선도 · 교육), 제16조(분쟁조정)의 결과를 교육감에게 보고하도록 규정하고 있다. 그러나 학교폭력의 발생 사실을 보고하지 않고 사후조치 · 결과를 보고하는 것은 잘못된 절차다.

첫째는 '학교폭력이 발생한 때' 에도 즉시 교육감에게 보고하도록 학교폭력법에 의무화하여야 한다. 시행령에 보고절차 및 방법에 대한 세부사항을 규정하고, 고의로 사실을 은폐하거나 중대한 과실로 보고의무를 소홀히 한 경우, 보고요구에 불응한 경우에 대한 징계 규정을 '교육공무원 징계령' 에 신설한다. 이렇게 함으로써 교육감이 관할구역 안에서 문제가 되는 학교폭력 문제를 파악하게 되고 관심을 가질 것이며, 매스컴에 특정 학교의 학교폭력 문제가 보도가 되는 등 사안이 쟁점화될 경우에도 대응할 수 있을 것이다.

둘째는 소위 '일진회' 등 학교폭력 서클에 대해 관계기관과 협력하여 해산 등의 필요한 조치를 취하도록 의무화할 필요가 있다.

9) 신고의무의 강화

학교폭력법 제18조는 "학교폭력 현장을 보거나 그 사실을 알게 된 자는 학교 등 관계기관에 이를 즉시 신고하여야 한다." 고 하여 신고의무를 규정하고 있으나, 이에 위반한 경우의 벌칙이 전혀 규정되어 있지 않다.

아동복지법(제26조)과 마찬가지로 적어도 교사, 의료인, 청소년폭력 예방 전문단체 및 복지시설 종사자 등에게는 학교폭력 발생사실을 인지한 경우의 신고의무를 부여하고, 그에 위반하는 경우에는 처벌할 수 있는 근거를 마련할 필요가 있다.[21] 이 경우 신고인의 신분을 보호하고 그 의사에 반하여 신원이 노출되어서는 안 되도록 하는 규정도 아울러 두면 좋을 것이다. 나아가 '신고의무의 계도' 에 관한 조항도 두어 교육인적자원부 장관이 신고를 촉진시키기 위한 계도활동을 하도록 해야 한다.

---

21) 신고의무자는 교원, 의료인, 아동복지시설의 장과 종사자, 장애인 복지시설에서 상담 치료 훈련 요양을 담당하는 자, 보육시설 종사자, 모자복지상담소 상담원 및 종사자, 가정폭력상담소 상담원 및 피해자보호시설 종사자, 아동복지지도원 및 사회복지전담 공무원이다.

10) 비밀누설 금지조항의 악용 방지

학교폭력법 제19조는 직무로 인하여 알게 된 '비밀'과 피해학생 및 가해학생과 관련된 '자료'를 누설할 수 없도록 하고 있는데, 이 규정이 학교폭력의 은폐로 악용될 우려가 있다는 의견이 강력하게 제기되고 있다.

사실 본조의 취지는 피해학생 및 가해학생의 '신원'과 '사생활비밀'이 누설되어 인권을 침해당하는 경우를 금지하자는 것이지 학교폭력 발생 사실 자체에 대한 사항을 공개하지 말라는 취지는 아니다. 이는 '성폭력범죄의처벌및피해자의보호에관한법률' 제21조가 비밀누설의 금지를 규정하면서 피해자의 주소·성명·연령·직업·용모 기타 피해자를 특정하여 파악할 수 있게 하는 인적사항과 사진 등을 공개하거나 타인에게 누설하는 행위, 성폭력범죄의 소추에 필요한 범죄구성 사실을 제외한 피해자의 사생활에 관한 비밀을 공개하거나 타인에게 누설하는 행위를 금지하고 있는 데에서도 알 수 있다. 따라서 '성폭력범죄의처벌및피해자의보호에관한법률' 제21조[22]와 마찬가지로 비밀누설 금지의 범위를 더욱 구체화시켜 명문화할 필요가 있다.

5. 맺음말

한나라당 이주호 의원의 대표발의(총 28인)로 '학교폭력예방및대책에관한법률 전부개정법률안'(의안번호 1501)이 국회에 제출되어 있다. 그 주된 내용은 학교폭력에 성폭력 포함하자는 것으로 학교폭력대책기획위원의 증원 및 학부모와 교원대표의 충원, 학교폭력대책지역위원회 신설, 피해학생 치료를 위한 '구상권' 인정 등이다. 이주호 의원의 법안은 2005년 1월 11일 학교폭력

---

22) 성폭력범죄의 수사 또는 재판을 담당하거나 이에 관여하는 공무원은 피해자의 주소, 성명, 연령, 직업, 용모 등의 피해자를 특정하여 파악할 수 있게 하는 인적사항과 사진 등을 공개하거나 타인에게 누설하여서는 안 된다.

대책국민협의회와 국회 좋은교육연구회가 주최한 '학교폭력대책의 올바른 방향과 법률적 과제' 라는 토론회에서 수렴된 의견을 반영한 것으로, 필자의 주장을 상당 부분 반영하고 있다.[23)]

학교폭력법의 문제점과 개선방안에 대하여 기술하였다. 하지만 아무리 학교폭력법이 제대로 정비되었다 해도 교육당국과 학교현장이 이를 시행하지 않는다면 아무런 의미가 없다. 그런데 안타깝게도 자치위원회를 구성조차 하지 않는가 하면 예방교육도 전혀 시키지 않는 학교도 있다.

한편, 피해학생과 가해학생 등 학생도 학교폭력법의 '수신자' 다. 즉, 학생들이 이 법률을 알아야 한다. 적어도 학생들이 법률을 준수토록 하려면 그 내용을 숙지시켜야 한다. 그런데 예방교육도 실시하지 않는데다 정보까지 전달하지 않다 보니 학생들은 학교폭력법의 존재조차 모르고 있다. 학교폭력법을 소개한 초 · 중 · 고등학교 홈페이지를 본 적이 없다.

학생들이 학교폭력법을 알아야 한다는 것은, 학교폭력을 궁극적으로 해결하는 주체는 학생들이기 때문이다. 그들 스스로가 인권의식을 키워 피해자의 입장을 이해하고 권리를 대변하기 시작할 때, 비로소 학교폭력이 해결될 실마리가 보이기 시작할 것이다. 국가와 사회, 국민과 교사의 노력은 어디까지나 환경조성의 역할에 그친다. 학생들 스스로 학교폭력을 '부여된 문제' 가 아니라 '자신들의 문제' 로 자각하게 만드는 것이 해결책의 핵심이다. 따라서 학생들의 자율과 참여를 강화시키기 위한 방안의 하나로 자치위원회에 참여시키는 방안을 강구할 필요도 있을 것이다.

---

23) 필자의 주제발표에 이어 이주호 의원, 이준순(교육부 교육연구관), 정세영(천일중학교 교사), 이화영(학교평화 학교폭력예방센터장), 우옥영(전교조 보건위원장)이 토론자로 나섰다.

참고문헌

교육인적자원부(2004). 학교폭력예방및대책에관한법률과 동법시행령 및 해설.

교육인적자원부(2005). 학교폭력 예방 및 대책 5개년 기본계획.

김종기(2003). 학교폭력의 실태, 청소년폭력예방재단 홈페이지(www. jikim.net).

류충현(2003). 학교폭력예방및대책에관한법률안 검토보고. 제243회 국회 교육위원회 회의록 제9회(부록).

박병식(2001a). 학교폭력 대책특별법 입법을 위한 법·제도 연구, 학교폭력 피해 및 가해청소년 보호 등에 관한 입법공청회(국회대안정치연구회).

박병식(2001b). 청소년 폭력예방 법·제도연구. 청소년보호위원회 연구보고서, 청소년보호위원회.

박병식(2004a). 학교폭력예방및대책에관한법의 운용방향. 학교폭력예방및대책에관한법 제정 축하모임 자료집, 학교폭력대책국민협의회.

박병식(2004b). 교육인적자원부 시행령(안)의 내용 및 문제점. 학교폭력예방및대책에관한법 시행령 제정을 위한 토론회 자료집, 학교폭력대책국민협의회.

박병식(2005a). 학교폭력예방및대책에관한법의 문제점 및 개정방향, 학교폭력대책의 올바른 방향과 법률적 과제: 학교폭력과 성비행의 관계. 학교폭력대책국민협의회·국회 좋은교육연구회.

박병식(2005b). 학교폭력 정부정책 무엇을 어떻게 할 것인가?: 학교폭력 5개년 기본계획의 내용과 평가. 학교폭력대책 마련을 위한 전문가 100인 토론회 자료집, 학교폭력대책국민협의회.

이주호 의원, 2004년 10월 6일자/12일자 보도자료.

日本弁護士連合會 編(2002). 検証少年犯罪. 日本評論社.

和田仁孝, 太田勝造, 阿部昌樹 編(2002). 交渉と紛争處理. 日本評論社.

7장
조사를 통해 본 학교폭력의 실태

– 박효정(한국교육개발원 학교폭력연구특임실장)

학교폭력 문제는 학생의 문제행동 예방과 해결을 위한 심각하고도 중요한 과제임에도 불구하고 그동안 정부와 사회의 주목을 받지 못하였다. 그러다가 2005년 초에 일진회 사건을 계기로 다시 심각한 사회적 이슈로 떠오르면서 학교폭력 문제를 해결하기 위한 다양한 대책들이 마련되고 있다. 그러나 학교폭력 문제를 해결하기 위해서는 대안 마련에 앞서 우선적으로 학교폭력의 실상이 어떠한지, 어떤 추세를 보이고 있는지 그 실태를 정확하게 파악하는 일이 필요하다. 그동안 비교적 다양한 학교폭력 실태조사가 이루어져 왔으나 사용한 학교폭력의 개념, 포함된 내용이 서로 다르고 조사 방법 역시 다양해 정확한 학교폭력의 실상과 추이를 파악하는 데 한계가 있다.

본 조사도 미흡한 점이 있기는 하나 최근에 전국을 모집단으로 하여 지역을 고려한 다단계 유층군집 표집 방법에 의해 조사되었다는 점에서 비교적 초 · 중 · 고등학생들의 집단 따돌림 · 괴롭힘 등 학교폭력에 대한 정확한 실태를 파악하는 데 도움을 줄 수 있으리라 생각된다.

조사대상은 초등학교 4, 5, 6학년 4340명과 중 · 고등학생 5400명이었으며 집단 따돌림 · 괴롭힘, 가출(충동), 신체적 폭력, 돈 · 금품갈취의 4개 영역에 대해 조사하였다.

1. 집단 괴롭힘 · 따돌림

최근 학생의 또래 관계에서 문제가 되고 있는 현상 중 하나인 따돌림 또는 괴롭힘에 대한 초 · 중 · 고등학생의 인식과 실제 행동 경험 실태를 피해 실태와 가해 실태로 구분하여 조사하였다.

1) 집단 괴롭힘 · 따돌림 피해 실태

여기서는 집단 괴롭힘 · 따돌림 피해 경험 여부, 피해 유형 및 이유, 피해 후 대처 행동 등에 대한 실태를 제시하였다.

(1) 집단 괴롭힘 · 따돌림에 대한 인식과 피해 경험

먼저, 초등학생들의 집단 괴롭힘 · 따돌림에 대한 인식과 경험에 대해 살펴보면, 조사 대상 초등학생들 가운데 대다수(97.7%)가 친구를 따돌리거나 괴롭히는 행동을 해서는 안 된다는 인식을 갖고 있는 것으로 나타났다. 그러나 실제 행동에 있어서는 지난 6개월 동안 학교나 학교 주변에서 여러 학생들로부터 집단 괴롭힘 · 따돌림을 당했던 경험을 가진 학생이 13.4%로 우리나라 초등학생 10명 중 1명꼴로 집단 괴롭힘 · 따돌림 피해 경험이 있음을 알 수 있다. 따라서 대부분의 초등학생들은 친구를 괴롭히거나 따돌리는 행위를 하지 않아야 된다고 생각하고는 있으나 실제 생활에서는 인식과는 달리 피해를 가하는 학생들이 많음을 알 수 있다.

집단 괴롭힘 · 따돌림 피해는 읍 · 면 지역 학생(19.8%)이 서울(13.6%), 대도시(11.7%), 중소 도시 학생(12.2%)에 비해 더 많았으며, 6학년 학생(11.0%)에 비해 5학년 학생(14.7%)들의 집단 괴롭힘 · 따돌림 피해 경험이 더 많았다. 그리고 남학생보다 여학생이, 공부를 못하는 학생, 가정형편이 어려운 학생, 결손가정 학생과 아버지의 교육수준이 중학교 졸업 이하(22.4%)인 가정의 학생들이 집단 괴롭힘 · 따돌림을 더 많이 당하고 있었다.

한편 중 · 고등학생의 경우 집단 따돌림 혹은 괴롭힘 행동에 대해 96.2%가 '해서는 안 된다' 고 생각하고 있다. 이러한 인식은 중학생(95.7%)보다는 고등학생(일반고 96.9%, 실업고 96.9%)이, 그리고 읍 · 면 지역의 학생이 서울 및 기타 도시 지역의 학생보다 집단 따돌림 · 괴롭힘 행동을 하는 것에 대해 더 부정적으로 생각하는 것으로 나타났다.

반면 집단 따돌림이나 괴롭힘을 당해 본 경험이 있는 중 · 고등학생은 6.5%로서 도시 지역 학생보다는 읍 · 면 지역 학생의 피해 경험이 더 많았다. 또한 남학생보다 여학생이, 학교성적이 낮을수록, 가정형편이 어려운 학생일수록, 정상가정의 학생들보다는 결손가정 학생들이 집단 따돌림이나 괴롭힘을 더 많이 당해 본 것으로 나타났다. 특히 가정형편이 매우 열악한 학생들이 주로 집단 따돌림이나 괴롭힘 피해 대상이 되고 있다.

이와 같은 초 · 중 · 고등학생의 집단 따돌림 · 괴롭힘 피해 경험을 비교해 보면, 초등학생 13.4%, 중학생 8.1%, 일반계 고등학생 4.5%, 실업계 고등학생 6.4%로 집단 괴롭힘 · 따돌림이 초등학생 시기에 가장 심각함을 알 수 있다.

또한 이상에서 살펴본 집단 따돌림이나 괴롭힘 행동에 대한 인식은 이재분 등(2003)이 초 · 중 · 고등학생을 대상으로 조사한 결과(96.7%)와 유사하나, 행동 경험에 있어서는 가끔 혹은 자주 친구를 따돌리거나 괴롭힌다는 학생들이 7.5%(초등학생 8.2%, 중학생 9.4%, 일반고 학생 4.7%, 실업고 학생 4.7%)로 본 조사 결과에서 나타난 행동 경험에 비해 낮은 편이다. 따라서 이 두 결과를 비교해 볼 때 집단 따돌림이나 괴롭힘 행동에 대한 인식은 변화가 없으나 행동 비율은 증가하고 있음을 알 수 있다.

(2) 집단 괴롭힘 · 따돌림 피해 유형

최근 6개월 동안 집단 괴롭힘 · 따돌림을 당했던 경험을 가진 학생이 어떤 유형의 피해를 주로 받았는지 살펴보면, '나에게 재수 없다는 등 욕을 했다'(56.5%)는 피해가 가장 많았으며, 그다음으로는 '자기들끼리만 놀고 나를 끼워 주지 않았다' (54.7%), '전혀 말을 걸지 않거나 나를 상대해 주지 않았다' (41.1%), '키가 작다, 뚱뚱하다 또는 못생겼다면서 나를 놀렸다' (26.2%), '이유 없이 나를 툭툭 건드리거나 심부름을 시켰다' (19.5%), '목을 조르거나 주먹 또는 발로 때리는 등 심한 장난을 쳤다' (19.0%), '시비를 걸거나 시키는 대로 하지 않으면 가만두지 않겠다고 위협했다' (16.4%) 등의 순으로 나타났다. 따라서 집단 괴롭힘 · 따돌림을 당하는 초등학생은 주로 욕을 먹거나 놀림을 당하고 동료집단에서 제외당하는 것과 같은 유형의 괴롭힘에 시달리고 있다.

초등학생 대상으로 집단 괴롭힘 실태에 대해 조사했던 김은숙(1999)의 연구 결과에서는 집단 괴롭힘 피해 유형이 놀림(29.3%), 따돌림(26.8%), 때림(19.5%), 기타(14.6%), 말하지 않음(9.8%) 순이었다. 이러한 결과는 조사 문항 및 유형에 차이가 있으므로 직접적인 비교는 힘들지만, 집단 따돌림을 당하는 초등학생이 욕을 먹거나 놀림 · 따돌림 피해를 하고 있음을 알려 주고 있다.

남학생은 주로 이유 없이 툭툭 건드리거나 심부름을 시키는 것, 목을 조르거나 주먹 또는 발로 때리는 등 심한 장난을 치는 주로 신체적인 유형의 괴롭힘을 더 많이 당하는 반면, 여학생의 경우에는 상대해 주지 않는다든지, 욕을 하거나 놀이에 끼워 주지 않는 것과 같은 따돌림을 더 많이 당하는 것으로 나타나 남녀 학생 간에 집단 괴롭힘 · 따돌림 피해 유형이 다르게 나타나고 있음을 알 수 있다.

(3) 집단 괴롭힘 · 따돌림 가해 대상 및 가해자 수

집단 괴롭힘 · 따돌림을 당해 본 경험이 있는 초등학생들은 주로 '같은 반 학생' (66.2%)에게서 괴롭힘이나 따돌림을 가장 많이 당하고 있으며 그다음으로는 '다른 반 학생' (11.5%), '기타' (10.5%), '다른 학교 학생' (7.6%), '다른 학년 학생' (4.3%) 순이었다. 따라서 초등학생의 주된 집단 괴롭힘 · 따돌림의 대상은 같은 반 학생임을 알 수 있으며, 이러한 결과는 김은숙(1999)의 연구 결과(같은 반 아이 77.4%, 같은 학교 아이 15.1%, 모르는 아이 7.5%)와도 일치한다.

또한 집단 괴롭힘 · 따돌림은 주로 '2~3명' (57.8%)에게서 가장 많이 당하고 있으며, '4~5명' (21.8%), '6명 이상' (20.4%) 순으로 집단 괴롭힘 · 따돌림에 가담한 학생 수는 대체로 2~3명임을 알 수 있다. 집단 괴롭힘 가해 대상 수가 1명(67.0%), 2~3명(25.5%), 4명 이상(7.5%)의 순으로 나타난 김은숙(1999)의 결과와 비교해 볼 때 과거에 비해 집단 괴롭힘 집단의 가해자 수가 점차 증가함을 알 수 있다.

(4) 집단 괴롭힘 · 따돌림 지속 기간

집단 괴롭힘 · 따돌림을 당한 학생들은 '한 달에 1~2회 정도' (29.8%) 당하는 학생이 가장 많았으며, 다음으로는 '1주일에 1~2회' (28.4%), '거의 매일' (24.5%), '1주일에 3~5회' (17.2%)로 나타났다.

(5) 집단 괴롭힘 · 따돌림 피해 이유

집단 괴롭힘 · 따돌림을 당한 경험이 있는 학생들 중 자신이 이유도 모르는 채 집단 괴롭힘 · 따돌림을 당한 학생이 45.7%로 가장 많았으며, 그다음으로는 '친구들과 어울리지 못하는 성격 때문에' (10.1%), '잘난 척해서' (7.5%), '뚱뚱하거나 못생긴 외모 때문에' (7.3%) 등의 순으로 나타났다. 또한 괴롭힘이나 따돌림을 당하는 이유에 있어서 공부를 못하는 학생일수록 '공부를 못해서', 공부를 잘하는 학생일수록 '잘난 척해서' 를 괴롭힘이나 따돌림을 당하는 이유로 지적하여 공부를 잘하거나 못하는 학생이 따돌림을 당하는 이유가 서로 다름을 알 수 있다.

(6) 집단 괴롭힘 · 따돌림을 당한 후의 느낌과 행동

집단 괴롭힘 · 따돌림을 당해 본 경험이 있는 학생은 피해 후 어떤 느낌이 들었으며, 어떻게 대처하였을까?

집단 괴롭힘 · 따돌림을 당해 본 경험이 있는 학생의 38.7%가 '무시하고 신경을 쓰지 않으려고 했다' 고 응답하였으며, 다음으로 '학교에 다니고 싶지 않을 정도로 괴로웠다' (32.4%), '기타' (13.0%), '화풀이를 하기 위해 다른 아이를 괴롭히고 싶었다' (7.9%), '죽고 싶었다' (7.9%) 순으로 나타났다. 따라서 집단 괴롭힘 · 따돌림을 당하는 학생 가운데 40.3%에 해당하는 학생이 학교에 가고 싶지 않거나 죽고 싶다는 생각이 들 정도로 극심한 심리적 고통에 시달리고 있음을 알 수 있다.

집단 괴롭힘 · 따돌림을 당한 후의 행동에 대해 조사한 결과 '내가 당한 이야기를 부모님이나 선생님께 얘기했다' 는 학생이 30.3%로 가장 많았으며, 그 다음으로는 '기타' (26.1%), '학교에 가기 싫어졌거나, 무서워서 학교에 가지 못했다' (22.9%), '내가 당한 이야기를 친구에게 얘기했다' (22.9%), '겁이 나서 아무에게도 말하지 못했다' (19.0%), '불안해서 밖에 다닐 수가 없었다' (12.4%) 등의 순으로 나타났다. 따라서 과반수(53.2%)의 초등학생은 집단 괴롭힘 · 따돌림을 당한 후에 부모나 선생님, 친구에게 피해 사실을 알리고 있음을 알 수 있다.

한편 중 · 고등학생의 경우에는 집단 괴롭힘 · 따돌림을 당했을 때 선생님이나 부모에게 괴롭힘 · 따돌림 피해 사실을 알리기보다(26.1%) 무시하거나(48.5%) 혼자 고민하는 학생이(43.5%) 더 많은 것으로 나타났다. 따라서 중 · 고등학생에 비해 초등학생은 자신의 처지를 알려 도움을 청하는 등 적극적으로 해결하려는 학생이 더 많은 것으로 나타나 학교급에 따라 집단 따돌림 또는 괴롭힘에 대한 대처 방법이 다름을 알 수 있다.

그리고 가정형편이 어려운 학생의 경우에는 피해 사실을 알리기보다 등교하지 않거나 밖에 나가지 않는 상황 회피 방법을 택하는 경향이 더 많아 집단 괴롭힘 · 따돌림의 피해를 입는 저소득 계층의 학생에 대한 교사의 관찰과 관심이 필요하다고 할 수 있다.

2) 집단 괴롭힘 · 따돌림 가해 실태

여기서는 집단 괴롭힘 · 따돌림 가해 경험 여부, 가해 이유, 가해 방법 및 가해 후의 느낌 등에 대해 조사하였다.

(1) 집단 괴롭힘 · 따돌림 가해 경험

먼저, 초등학생의 집단 괴롭힘 · 따돌림 가해 경험에 대해 살펴보면, 전체 조사대상 중 23.3%가 가해 경험이 있는 것으로 나타나 우리나라 초등학생 열 명 중 두 명꼴로 친구를 괴롭히거나 따돌린 경험이 있음을 알 수 있다.

집단 괴롭힘 · 따돌림 가해 경험 역시 도시 지역 학생(서울 20.7%, 대도시 21.7%, 중소 도시 21.3%)보다 읍 · 면 지역 학생(35.9%)이 고학년으로 갈수록 더 많았으며, 가정형편이 좋은 학생에 비해 가정형편이 다소 어려운 학생이 다른 학생들을 괴롭히거나 따돌린 경험이 더 많았다.

(2) 집단 괴롭힘 · 따돌림 가해 유형

집단 괴롭힘 · 따돌림을 가한 경험이 있는 학생이 어떻게 괴롭혔는지 조사한 결과, '전혀 말을 걸지 않거나 상대를 해 주지 않았다' 고 응답한 학생이 42.3%로 가장 많았으며, 그다음으로 '욕을 했다' (24.2%), '우리끼리만 놀고 끼워 주지 않았다' (14.7%), '키가 작다, 뚱뚱하다, 못생겼다고 놀렸다' (6.2%) 등의 순이었다. 따라서 집단 괴롭힘 피해 유형에서 조사된 결과와 마찬가지로 초등학생은 주로 욕을 하거나 놀리고, 동료집단에서 제외하는 등의 집단 괴롭힘 · 따돌림 피해를 가함을 알 수 있다.

또한 말을 걸지 않거나 상대를 해 주지 않는 괴롭힘 및 따돌림 유형은 남학생(38.8%)보다는 여학생(46.1%)이, 성적이 좋은 학생일수록 더 많이 사용하는 것으로 나타났다.

김은숙(1999)의 연구에서는 집단 괴롭힘 가해 유형이 놀림(33.3%), 따돌림(23.6%), 말하지 않음(18.1%), 기타(16.7%), 때림(8.3%) 순으로 나타나, 과거에 비해 따돌림은 증가하고 놀림은 감소하는 등 집단 괴롭힘 가해 유형에 변화가 있음을 알 수 있다.

(3) 집단 괴롭힘 · 따돌림 가해 이유

친구를 괴롭히거나 따돌린 경험이 있는 학생은 '잘난 척해서'(29.4%) 따돌리거나 괴롭혔다는 학생이 가장 많았으며, 그다음으로는 '친구가 하니까 따라서'(11.7%), '냄새가 나거나 더러워서'(10.6%), '친구들과 어울리지 못하는 성격이어서'(7.0%), '뚱뚱하거나 못생긴 외모 때문에'(6.5%) 등으로 집단 괴롭힘 · 따돌림을 가하는 이유가 다양함을 알 수 있다. 한편 특별한 이유 없이 다른 친구가 하니까 따라서 한다는 학생도 11.7%로 다소 높은 비율을 차지하고 있는 것으로 나타나 이에 대한 지도와 대책이 필요하다. 또한 공부를 잘하는 학생일수록 '잘난 척한다'는 이유로 친구들은 괴롭히거나 따돌리는 것으로 나타났다.

(4) 집단 괴롭힘 · 따돌림 가해 후의 느낌

친구를 괴롭히거나 따돌려 본 경험이 있는 초등학생이 괴롭힘이나 따돌림을 가한 후 어떤 느낌을 가졌는지 조사한 결과, 33.4%가 '미안해서 사과하고 싶었다'고 응답하였으며, 다음으로 '아무 느낌이 없었다'(20.9%), '잘못하고 있다는 생각이 들어 괴로웠다'(18.5%), '누군가에게 이를까 봐 불안했다'(11.5%), '기타'(7.9%) 순으로 나타났다. 따라서 괴롭힘이나 따돌림을 가한 초등학생 중 과반수 정도(51.9%)는 죄책감을 느끼는 반면, 10명 중 2명은 자신의 행동에 대해 아무런 죄책감을 느끼지 못함을 알 수 있다.

또한 고학년일수록 '아무런 느낌이 없었다'는 응답을 한 학생이 더 많았고, 저학년일수록 '미안해서 사과하고 싶었다'는 응답이 더 많아 자신의 잘못된 행동에 대한 도덕 불감증은 학년이 높아질수록 증가함을 알 수 있다.

3) 집단 괴롭힘 · 따돌림에 대한 일반적인 경험

여기서는 집단 괴롭힘 · 따돌림 실태에 대한 교사의 인지 여부, 가 · 피해 후의 상담 경험, 상담을 받지 않은 경우의 대처행동에 대해 제시하였다.

(1) 집단 괴롭힘 · 따돌림 실태에 대한 담임선생님의 인지 여부

집단 괴롭힘 · 따돌림 실태에 대해 담임교사가 알고 있다고 생각하는지 조사한 결과 '모르겠다' 는 응답을 한 초등학생이 35.5%로 가장 많았으며, 다음으로 '대강 알고 계신다' (29.7%), '잘 알고 계신다' (18.6%), '잘 모르신다' (16.2%)의 순으로 나타났다. 따라서 초등학교 담임선생님 중 48.3%가 학교나 학교 주변에서 일어나는 집단 괴롭힘 · 따돌림의 실태에 대해 어느 정도 인지하고 있음을 알 수 있다.

(2) 집단 괴롭힘 · 따돌림 피해 · 가해 후 상담 경험

집단 괴롭힘 · 따돌림을 가했거나 당한 후에 상담을 받아 본 경험이 얼마나 되는지 조사한 결과, 대다수의 초등학생(92.8%)이 집단 괴롭힘 · 따돌림 후에 불안함과 괴로움, 죄책감을 느끼면서도 상담을 받은 학생은 거의 없음을 알 수 있다. 그러나 집단 따돌림이나 괴롭힘이 대체로 학교 내에서 주로 같은 반 친구에게서 발생한다는 점에서 볼 때 무엇보다도 교사가 학생에 대해 관심을 갖고 관찰과 면담을 통해 사전에 예방하는 일이 필요하다. 이와 함께 집단 괴롭힘 · 따돌림 피해나 가해 후 원하는 학생이 모두 상담을 받을 수 있도록 학교 상담활동을 활성화해야 할 필요가 있다.

상담을 받아 본 학생(337명)들은 43.7%가 '학교 선생님' 과 상담한 것으로 나타났으며 그다음으로는 '기타' (41.8%), '종교 지도자' (8.0%), '상담기관' (6.2%) 순으로 나타나 중 · 고등학생과는 달리 초등학생의 경우에는 학교 선생님이 주요 상담 대상이 되고 있음을 알 수 있으며, 전문적인 상담을 받은 학생은 6.2%에 불과함을 알 수 있다.

상담을 받은 경험이 없는 학생(2,218명)들이 상담을 받지 않은 경우 어떻게 대처하였는지 조사한 결과, '가족에게 이야기했다' 는 학생이 34.1%로 가장 많았으며, 그다음으로는 '기타' (26.0%), '친구에게 이야기했다' (21.9%), '혼자 고민했다' (18.0%) 순으로 나타났다. 따라서 상담을 받지 않은 초등학생은 집단 괴롭힘 · 따돌림 피해 · 가해에 대해 주로 가족, 친구와 의논하고 있음을 알 수 있다.

(3) 집단 괴롭힘 · 따돌림 대처 방식

만약 집단 괴롭힘 · 따돌림을 당한다면 어떻게 대처할 것인지에 대해서 초등학생 중 29.6%가 '선생님이나 부모님께 도움을 청할 것이다' 라고 하였으며 다음으로는 '나를 따돌린 친구와 잘 지내려고 노력하겠다' (27.7%), '무시하고 별로 신경 쓰지 않을 것이다' (18.9%), '나를 괴롭히는 아이들과 맞서 싸울 것이다' (10.5%), '같이 당한 애들끼리 뭉칠 것이다' (7.1%) 등의 순으로 나타났다. 따라서 초등학생의 경우 괴롭힘이나 따돌림을 당하면 그 사실을 무시하거나 다른 친구를 따돌림으로써 자신의 문제를 해결하려는 수동적이거나 공격적인 행동보다는, 선생님이나 부모에게 알리거나 괴롭힘이나 따돌림을 가한 학생과 잘 지내려고 노력하는 등 적극적인 대처 방식을 취하겠다는 학생이 더 많음을 알 수 있다.

이러한 결과는 따돌림이나 괴롭힘을 당할 경우 '선생님이나 부모의 도움을 청하거나' (53.0%), '무시하고 학교에 다닌다' (42.9%), '나를 따돌린 친구를 사귀려고 노력하겠다' (42.3%)는 이완수(2002)의 연구 결과와도 일치하는 것이다.

학년에 따라서는 학년이 높을수록 괴롭힘이나 따돌림을 당할 경우 따돌린 친구와 잘 지내려고 노력하거나 무시하고 신경을 쓰지 않겠다는 응답이 더 많았으며, 저학년일수록 선생님이나 부모에게 도움을 청한다는 응답이 더 많았다. 따라서 고학년일수록 스스로 해결하려는 의지를 더 많이 보인 반면, 저학년일수록 주위 사람의 도움을 받고 싶어 하는 경향이 더 높음을 알 수 있다.

그리고 남학생은 자신을 괴롭힌 아이와 맞서 싸우거나 무시하고 신경 쓰지 않는다는 응답을, 여학생은 선생님이나 부모에게 도움을 청하거나 자신을 따돌린 친구와 잘 지내려고 노력하겠다는 응답이 더 많아 남녀 학생 간에 대처

방식의 차이를 보였다.

중·고등학생의 경우에는 집단 따돌림·괴롭힘을 당했을 때, '무시했다'(48.5%)는 학생이 가장 많았고 다음으로 '혼자 고민했다'(43.3%), '선생님이나 부모님께 말씀드렸다'(26.1%), '취미활동에 몰두했다'(16.0%), '친구들과 상의했다'(12.9%)의 순으로 나타났다.

이와 같은 결과로 미루어 볼 때, 중·고등학생은 집단 따돌림 또는 괴롭힘을 당했을 때 자신의 처지를 알려 도움을 청하는 등 적극적으로 해결하기보다는 소극적으로 해결하려고 하는 학생이 더 많음을 알 수 있다.

중학생 중에는 집단 따돌림·괴롭힘을 당했을 때 '무시했다'(50.0%)는 학생과 '선생님이나 부모님께 말씀드렸다'(31.9%)는 학생이 더 많은 반면, 실업고 학생은 '혼자 고민했다'(47.4%), '친구와 상의했다'(17.5%), '술을 먹거나 담배를 피웠다'(10.5%)는 학생이 더 많았다. 또한 전반적으로 낮은 비율이지만, 일반고 학생은 '공부에 더 열중하려고 노력했다'(7.7%)거나 '가출이나 자살을 시도했다'(7.7%), '다른 아이 또는 동생을 괴롭히거나 때렸다'(5.1%)고 응답한 학생이 더 많아 학교급에 따라 집단 따돌림 또는 괴롭힘에 대한 대처 방법이 조금씩 다름을 알 수 있다.

읍·면 지역 학생은 '무시했다'(53.0%)거나 '혼자 고민함'(53.0%)으로써 해결하고자 한 학생이 더 많았고, 서울 지역 학생은 '취미 활동에 더 몰두'하는(24.1%) 방법으로 해결하려는 경향을 보였다. 그리고 남녀 학생 모두 '무시했다'(남 48.6%, 여 47.3%)는 학생이 가장 많았으나, 남학생은 '취미 활동에 더 몰두하거나'(22.6%), '가출이나 자살 시도'(7.5%), '술, 담배를 피우는'(4.1%) 행동을 하는 학생이 더 많은 반면, 여학생은 '선생님이나 부모님께 말씀' 드리거나(31.2%), '친구와 상의' 하거나(17.6%), '혼자 고민' 함으로써(44.4%) 해결하려는 경향을 보여 학교급, 남녀, 지역에 따라 학생 간에 집단 따돌림·괴롭힘 대처 방식이 다름을 알 수 있다.

2. 가 출

가출은 폭력 유형에 해당되지 않지만 가출행동이 발생된 이후에 가출 학생들이 범죄와 폭력이 난무하는 환경과 폭력조직에 쉽게 노출될 가능성이 매우 높다는 점에서 폭력에 영향을 미치는 중요 요인으로 간주하여 폭력 실태에 포함시켰다. 특히, 최근에 가출은 그 시작 시기가 초등학교로까지 저연령화되고 있고 가출 학생 수도 꾸준히 증가하는 특징을 보이고 있는 시점에서 학교 현장의 초 · 중 · 고등학생들이 가출 충동을 경험한 적이 있는지, 가출에 대한 인식과 경험은 어느 정도인지 파악하고자 하였다.

1) 가출(충동)에 대한 인식과 경험

먼저 초등학생의 가출에 대한 인식과 경험에 대해 살펴보면, 우리나라 초등학생들의 대다수(98.4%)는 가출을 해서는 안 되는 행동으로 인식하고 있는 것으로 나타난 반면 실제로 가출 경험이 있는 학생은 1.2%로 가출해도 된다고 생각하는 학생(1.6%)보다 가출한 경험을 가진 학생이 너 적은 것으로 나타났다.

가출 경험은 남학생, 공부를 매우 못하는 학생들에게서 더 많았으며, 정상가정 학생보다는 결손가정 학생 가운데 가출 경험이 있는 학생이 더 많았다.

한편, 중 · 고등학생의 가출에 대한 인식에 있어서는 전체 조사대상 학생 가운데 88.2%가 '해서는 안 된다' 고 생각하는 것으로 나타났으며, 중학생(89.7%)들이 실업고(88.1%)와 일반고(85.5%) 학생에 비해 가출을 해서는 안 된다고 생각하는 학생이 더 많았다.

중 · 고등학생 가운데 충동을 느껴 본 학생이 무려 45.7%로 중 · 고등학생의 반 정도가 가출을 해 보고 싶은 충동을 느끼고 있음을 알 수 있다. 그러나 실제로 가출을 해 본 경험이 있는 학생은 6.6%로 나타났다.

이상에서 살펴 본 초 · 중 · 고등학생의 가출 경험 결과를 정리해 보면, 학교급이 높아질수록 가출 경험이 증가하고 있으며 고등학생 중에서는 실업고 학생들이 더 많았고, 읍 · 면 지역의 학교 성적이 낮고 가정 형편이 어려운 결손가정 학생이 가출 경험을 더 많이 해 본 것으로 나타났다.

2) 가출(충동) 이유

가출 충동을 느꼈거나 가출한 경험이 있는 학생을 어떤 이유에서 그랬는지 조사한 결과, 반이 조금 못 되는 45.5%의 학생이 '부모님께 심한 꾸중을 들었거나 무시당했을 때' 라고 응답했으며, 다음으로는 '반복되는 일상에서 벗어나고 싶었을 때' (21.2%), '부모님의 잦은 싸움이나 이혼 등 가정불화가 생겼을 때' (19.5%) 등의 순으로 나타나 65.5%의 학생은 대체로 가정 문제, 즉 부모와의 관계나 가정불화가 있을 때 가출 충동을 느끼거나 가출하고 있음을 알 수 있다.

중학생은 '부모님께 심한 꾸중을 들었거나 무시당했을 때' 가출 충동을 느끼거나 가출한 경험이 더 많았으며, 실업고 학생은 '가정불화가 생겼을 때', '친구들이 가출 유혹을 했을 때', '용돈이 모자랄 때' 더 가출 충동을 느끼거나 가출한 반면, 일반고 학생의 경우에는 '부모님께 심한 꾸중을 들었거나 무시당했을 때', '반복되는 일상에서 벗어나고 싶을 때' 가출 충동을 느끼거나 가출한 것으로 나타나 학교급 및 계열에 따라 가출(충동) 이유가 다르게 나타나고 있다.

도시 지역의 학생은 '부모님께 심한 꾸중을 들었거나 무시당했을 때' 가출 충동을 더 느끼고 가출 행동을 하는 경향을 보인 반면, 읍 · 면 지역의 학생은 '반복되는 일상에서 벗어나고 싶을 때' 가출하고 싶다는 생각을 하거나 가출한 학생이 더 많았다. 그리고 남학생은 '부모님께 심한 꾸중을 들었거나 무시당했을 때' 가출 충동을 느끼는 반면, 여학생은 '가정불화가 생겼을 때' 가출 충동을 더 느끼거나 가출한 것으로 나타났다.

가정형편이 좋고 부모의 학력이 높은 가정의 학생은 '부모님께 심한 꾸중을 들었거나 무시당했을 때' 가출 충동을 느끼거나 가출을 한 것으로 나타난 반면, 가정형편이 어려운 학생일수록 '가정불화'로 인한 가출 행동이 더 많은 경향을 보였다. 또한 정상가정의 학생은 부모에게 심한 꾸중을 들었거나 무시당했을 때, 학업 성적이 떨어졌을 때 가출을 하고 싶거나 가출한 경험이 있는 것으로 나타난 반면, 결손가정의 학생은 가정불화가 생겼을 때, 반복되는 일상에서 벗어나고 싶었을 때 더 가출 충동을 느꼈거나 가출한 경험이 있는 것으로 밝혀져 부모와의 관계 등 가정환경이 학생의 가출(충동)에 영향을 미치는 주요 요인이 되고 있다.

3. 돈 · 물건 갈취

여기서는 폭력의 유형 중 돈 · 금품갈취 행동에 대한 초 · 중 · 고등학생의 인식과 경험 실태를 제시하였다.

1) 돈 · 물건 갈취 행동에 대한 인식과 경험

먼저 초등학생의 돈 · 금품갈취 행동에 대한 인식과 경험 실태를 보면, 대다수(99.2%)의 초등학생은 남의 물건이나 돈을 빼앗는 행동을 해서는 안 된다고 생각하고 있으며 실제로 남의 물건이나 돈을 빼앗는 행위를 한 경험이 없는 초등학생이 98.4%로 나타나 인식과 행위 간에 큰 차이가 없음을 알 수 있다.

남의 물건이나 돈을 빼앗는 행동은 중소 도시 초등학생(1.2%)보다는 읍 · 면 지역 학생(3.4%)에게서, 공부를 매우 잘하는 학생(0.5%)보다 공부를 매우 못하는 학생(3.7%)에게서, 정상가정 학생(1.4%)보다는 결손가정 학생(2.5%)에게서 더 많았다.

한편 중 · 고등학생의 경우에는 97.2%의 학생이 돈 · 물건 갈취를 해서는 안

된다고 생각하고 있으나 실제로 돈이나 물건을 빼앗긴 경험이 있는 중 · 고등학생은 20.8%나 되어 인식과 실제 행동 간에 상당한 차이를 보이고 있다.

2) 갈취 피해 대상

돈이나 물건을 빼앗긴 경험이 있는 중 · 고등학생 중 59.2%가 불량배에게 빼앗긴 것으로 나타났으며, 다음으로 학교 선후배(20.9%), 학교 동급생(10.7%) 순이었다.

일반고 학생은 불량배에게, 실업고 학생은 학교 선후배나 동급생에게서 돈이나 물건을 갈취당한 경험이 가장 많았다. 읍 · 면 지역 학생의 경우에는 불량배보다는 학교 선후배에게 갈취당한 경험이 더 많았으며 남학생은 주로 불량배에게서 여학생은 학교 선후배에게서 돈이나 금품을 빼앗긴 경험이 더 많았다.

4. 신체적 폭력

여기서는 초 · 중 · 고등학생의 신체적 폭력(패싸움하기)에 대한 인식과 경험, 피해 대상 등에 대한 실태를 제시하였다.

1) 신체적 폭력에 대한 인식과 경험

먼저 초등학생의 경우, 조사 대상 초등학생의 97.4%가 패싸움을 '해서는 안 된다' 고 생각하고 있다. 그러나 실제 행동 경험에 있어서는 7.6%에 해당하는 학생들이 '가끔' (7.3%) 혹은 '자주' (0.3%) 패싸움을 한 경험이 있는 것으로 나타났다.

따라서 패싸움을 해서는 안 된다고 생각하고 있는 학생 중 5%에 해당하는 학생은 패싸움이 바람직하지 못한 행동인 것을 인식하고 있으면서도 실제 생활에서는 패싸움을 하고 있음을 알 수 있다. 그리고 여학생보다는 남학생이, 공부를 잘하는 학생보다 공부를 못하는 학생이 패싸움을 더 많이 해 본 것으로 나타났다.

한편 중·고등학생의 경우에는 4.3%의 학생만 폭력을 사용해도 된다고 응답해, 대부분의 중·고등학생이 폭력을 해서는 안 되는 행동으로 생각하고 있음을 알 수 있다. 그러나 신체적 폭력 피해 경험이 있는 학생은 8.2%로서 인식과는 달리 실제로 신체적 폭력 피해를 경험한 학생이 적지 않음을 알 수 있다.

신체적 폭력 피해 경험은 중학생보다는 고등학생이 더 많이 경험하고 있는데, 특히 실업고 학생은 10명 중 1명꼴로 신체적인 폭력을 당해 본 경험이 있는 것으로 나타났다. 그리고 읍·면 지역 학생이, 여학생보다는 남학생의 폭력 피해 경험이 더 많았으며, 학교성적이 가장 낮고 가정형편이 가장 어려운 학생이 신체적 폭력을 당해 본 경험이 훨씬 더 많은 것으로 나타났다.

2) 신체적 폭력 피해 대상

신체적 폭력을 당해 본 경험이 있는 학생은 주로 학교 동급생(43.1%)과 학교 선후배(39.2%)에게서 당한 것으로 나타났다. 읍·면 지역의 학생은 주로 학교 선후배에게서 신체적 폭력을 당하고 있으며 남학생은 학교 동급생(45.9%)과 불량배(10.2%)에게 당한 경험이 많은 반면, 여학생은 학교 선후배(46.2%)에게서 주로 폭력을 당하고 있는 것으로 나타났다.

이상의 조사 결과를 통해 보면 중·고등학교로 올라갈수록 돈·금품갈취, 신체적 폭력 등 물리적 폭력이 많이 발생하는 반면 초등학교 수준에서는 집단따돌림·괴롭힘의 가·피해 발생이 증가하고 있음을 알 수 있다. 또한 학교폭력은 학교성적이 낮고 가정형편이 어려운 학생일수록 정상가정보다는 결손가정 학생에게서 경험빈도가 더 높았다. 이처럼 학교폭력이 학생의 성적, 가정형태와 분위기, 지역 등에 따라 다르게 나타나고 있어 이러한 점을 고려하여 다양한 지도와 지원, 정책적 배려가 이루어져야 한다.

참고문헌

김은숙(1999). 초등학생의 집단 괴롭힘 실태와 대인 관계 특성이 미치는 영향, 계명대학교 여성학대학원 석사학위논문.

박효정, 연은경(2003). 한국 중등학생의 생활 및 문화 실태 분석 연구(Ⅰ). 한국교육개발원, 연구보고 RR 2003-5.

박효정, 최상근, 연은경(2004). 한국 초등학생의 생활 및 문화 실태 분석 연구(II). 한국교육개발원, 연구보고 RR 2004-1.

이완수(2002). 초등학생 학교 폭력 실태조사. 자녀안심운동 서울협의회.

이재분, 현주, 박효정(2003). 학교 청소년 문제행동의 예방과 대책. 한국교육개발원, 수탁연구 CR 2003-14.

이해경, 김혜원(2001). 초등학생의 집단괴롭힘 가해행동과 피해행동에 대한 사회적, 심리적 예측변인들: 학년과 성별을 중심으로. 한국심리학회지 사회 및 성격, 15(1), 117-138.

2부 학교폭력 상담

8장
학교폭력 상담의 특수성과 전문성

– 이규미(아주대학교 교육대학원 부교수)

학교폭력 예방은 개인, 가정, 학교, 사회 등 다양한 장면에서 다차원적으로 이루어지는 통합적 접근에 의해 이루어지는데, 여러 가지 예방활동 중에서도 상담은 직접적이고 구체적이며 전문적인 특성을 띠고, 특히 문제의 징후를 발견하거나 환경을 개선하는 데 도움이 되는 핵심적인 활동이 되고 있다.

학교폭력 상담은 개입목적에 따라 문제노출 이전의 예방상담, 문제가 표면화된 이후에 이루어지는 위기상담, 문제의 재발 및 후유증 감소를 위한 추수상담으로 구분할 수 있다. 학교폭력 상담자로서의 참여범위는 사회단체 상담자, 교사, 행정가, 사회운동가, 의사, 법률가 등 그 범위가 다양하다. 학교폭력 상담자는 일반적인 상담기술, 즉 개인평가, 개인상담 및 집단상담, 가족상담, 자문과 중재, 행정관리, 지도감독, 컴퓨터기술, 연구 능력 외에 폭력 문제 및 관련 법률과 제도 등 부가적인 전문성을 갖추고 있어야 하고 여타의 상담자보다 더욱 적극적인 자세로 활동적인 상담활동을 전개해 나가야 한다.

1. 학교폭력 예방활동의 포괄성

학교폭력은 또래에 대한 관심이 고조되는 초등학교 고학년부터 고등학생에 이르기까지 성장기에 있는 아동, 청소년 사이에서 나타나는 문제다. 그러나 피해, 가해 양상이 점차 심각해지고, 심지어는 학교 밖 폭력조직과의 연계활동으로까지 이어지는 등 단순히 청소년 사이에서 나타나는 문제 차원을 넘어 사회의 안전을 위협하는 문제 중 하나가 되고 있다. 이러한 특징으로 인해 학교폭력 문제에 대한 접근은 매우 포괄적이고 전문적으로 이루어져야 한다. 즉, 학교폭력을 예방하고 해결하기 위해서는 개인, 가정, 학교, 사회 등 다양한 장면을 대상으로 활동을 전개해야 하고 각 장면마다 예방적, 문제 해결적, 교육적 접근 등 다양한 접근 방법을 취하는 등 학교폭력의 예방 및 해결 모형은 다양한 장면, 다차원적 접근의 특성을 갖고 전개되어야 한다. 하워드와 플로라(Howard & Flora, 1999)는 학교, 가정, 지역사회의 물리적 장면과 정보환경, 사회적 환경, 물리적 환경 등 세 가지 유형의 환경을 종합적으로 고려한 폭력예방 프로그램을 제안한 바 있다([그림 8-1] 참조). 즉, 각 환경은 각각 분리된 것이 아닌 상호 유기적 관계에 있기 때문에, 예를 들어 학교에서 주도하는 프로그램이라도 교실환경을 넘어선 것이어야 하며 학교-가정, 학교-지역사회, 학교-가정-지역사회 간의 종합적 개입이 있어야 한다는 것이다.

최근 학교폭력 예방활동은 학교, 사회단체, 정부기관, 전문상담기관 등 다양한 현장에서 이루어지고 있으며 그 실제모습도 상담에서부터 시민교육, 제도개선, 법제화에 이르기까지 다양한 형태로 이루어지고 있다. 이 모든 활동은 폭력 문제 근절이라는 하나의 목적을 갖고 상호 유기적인 관계 속에서 이루어지고 있으며 폭력 예방이라는 성과에 종합적으로 기여하게 된다.

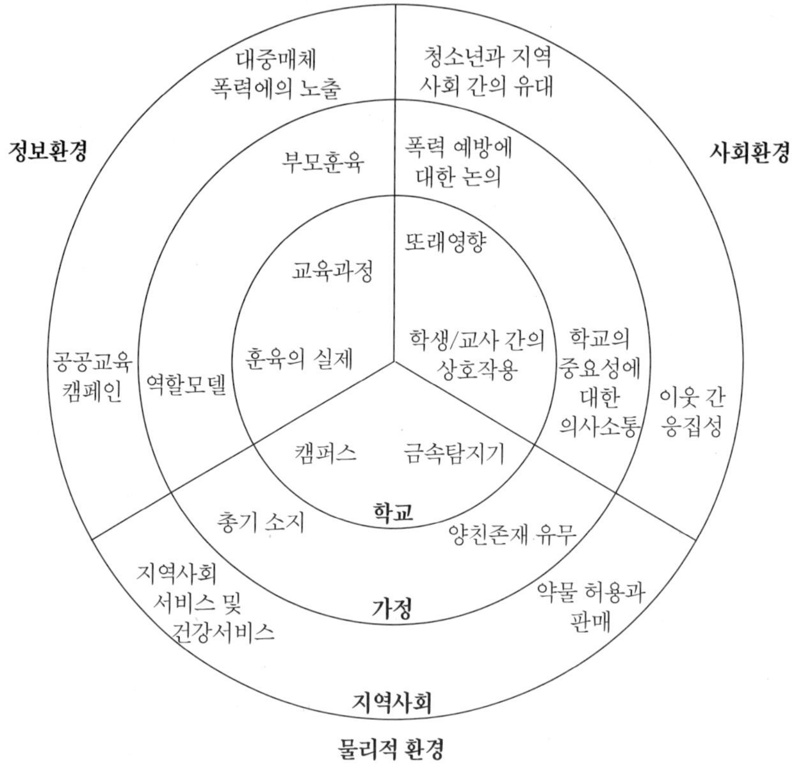

[그림 2-1] 폭력 예방 개입의 구조 (Howard & Flora, 1999)

2. 학교폭력 상담의 중요성

이렇게 다양하고 포괄적인 접근을 해 나가는 가운데서도 특히 상담활동은 여러 현장에 관계없이 학교폭력을 예방하고 해결하기 위한 핵심활동으로 매우 중요한 역할을 차지하게 되는데, 그 이유는 다음과 같이 상담의 직접적, 구체적, 전문적 특성과 함께 문제 확대 예방과 문제 환경의 발견 및 개선, 그리고 새로운 출발에 도움이 되기 때문인 것으로 설명할 수 있다.

첫째, 학교폭력에는 구체적인 관련인들이 포함되며 이들 개개인은 더욱 개별적이며 직접적인 도움을 필요로 하는데, 상담은 이러한 것을 목적으로 하는 개입방법이기 때문이다.

학교폭력 피해자라면 당장 자신의 피해 사실을 알리고 도움을 청할 수 있는 누군가를 필요로 하는데, 이러한 지원은 단순히 심리적 위안의 차원을 넘어서 심리적, 신체적 안전에 대한 보호, 후유증 회복에 도움이 되는 등 매우 절실한 것이기 때문이다. 폭력행동 청소년 역시 공격적 성향, 부적절한 문제 해결 방법, 낮은 자존감 등의 해결해야 할 문제를 갖고 있을 뿐 아니라 이러한 행동 문제가 더 크게 발전하지 않도록 하는 개입이 필요한 사람들이다. 특히 피해 혹은 가해의 지속성에 대한 불안은 부모나 가족 모두에게 큰 불안요인이 될 뿐 아니라 가혹한 피해후유증은 사망, 자살과 같은 극단적인 결과를 가져오거나 피해자의 가정을 파괴하는 정도로까지 확대되기도 한다. 즉, 상담은 학교폭력 문제의 관련인을 가장 가까운 거리에서 가장 직접적으로 도와줄 수 있는 활동인 것이다.

둘째, 학교폭력의 예방과 해결을 위한 다양한 활동 가운데서도 상담은 가장 구체적인 도움을 제공하는 역할을 한다.

상담은 학교폭력의 조속한 문제 해결뿐 아니라 후유증을 최소화하는 중요한 역할을 한다. 학교폭력은 일단 발생하고 나면 문제 해결이 복잡할 뿐 아니라 후유증 또한 장기간 지속되기 쉬우므로, 각 문제 상황에 깊이 개입하여 대처하도록 돕는 상담은 후유증의 심각성과 기간을 줄이는 데 크게 도움이 된다. 상담은 문제 상황을 적절하게 평가하여 좀 더 초점화된 개입을 하고, 이로써 피해자나 가해자가 조속히 문제에서 벗어날 수 있도록 돕는 역할을 한다.

셋째, 학교폭력 문제의 예방과 해결에는 전문적인 개입이 필요하며, 상담은 이러한 전문성이 뒷받침되는 활동이기 때문이다.

즉, 학교폭력 문제 해결을 위해서는 예방활동뿐 아니라 현재 진행 중인 문제 상황에 뛰어들어 위기 개입을 하고 중재를 해야 하는 상담이 중심과제가 되는데, 이러한 활동 상황에서 상담자는 의사소통기술, 중재기술, 진단과 문제 상황에 대한 평가기술, 사회자원을 활용하는 기술 등을 사용하여 진행 중인 문제 상황에 적절하게 대처하고 피해–가해 후유증을 좁혀 나갈 수 있기 때문이다. 즉, 학교폭력 상담은 상담자의 전문적 개입기술을 필요로 하는 활동이다.

넷째, 상담은 학교폭력 문제의 징후를 발견하고 더욱 심각해지는 것을 예방하는 데 결정적인 역할을 한다.

즉, 학교폭력 상담자 특히 학교현장에서 더 가까이 일하는 상담자는 학교폭력 문제가 더욱 심각해지는 것을 막기 위해 문제 가능성을 발견하고 이를 해결하는 데 주력하게 되는데, 이는 학교폭력 예방활동에서 무엇보다 중요한 의미를 갖는다. 간혹 처음에는 사소한 또래 간의 행동 문제로 보기 쉬우나 지속적인 폭력피해는 피해자에게 심한 모멸감을 불러일으키고, 간혹 스스로 통제하기 어려운 상황에 대처하기 위한 또 다른 폭력행동을 유발시키기도 한다. 상담은 이를 민감하게 감지하고 엉뚱한 방향으로 문제가 발전하지 않도록 하는 적절한 개입 기회가 된다.

다섯째, 상담은 개인에 대한 관심뿐 아니라 문제가 발생하고 확대되게 만드는 환경적 요소를 사전에 감지하여 문제가 되는 환경에 대해서는 개선을 시도하고 더 나아가서 학교폭력 예방 및 문제 해결을 위한 제도 개선으로 이끄는 역할을 한다.

상담현장은 학교폭력 문제의 새로운 양상이나 변화를 가장 먼저 발견하게 하는 첨병 역할을 하는데, 여기서 수집되는 여러 가지 정보는 학교폭력 문제에 대처하는 중요한 자료가 된다. 즉, 가깝게는 학교폭력을 부추기는 환경이나 조건들을 발견할 수 있게 해 주고 더 나아가서는 최근의 폭력 문제 실태나 양상을 파악하는 기회가 된다. 따라서 상담활동은 문제 예방뿐 아니라 문제 환경, 제도 개선에 중요한 자료원이 되고, 상담 결과는 개인의 문제 예방이나 해결의 수준을 넘어서 폭넓은 학교폭력 문제 예방 및 해결로 이어지게 된다.

여섯째, 상담은 단순히 문제 예방이나 해결에만 만족하는 활동이 되어서는 부족하며 새로운 출발을 돕는 긍정적인 도움활동이라는 데 의의가 있다.

최근의 상담동향은 문제 해결, 치료적인 것을 넘어서 행복한 삶의 추구에 더 큰 관심을 기울이는 활동으로 발전하고 있다. 학교폭력 상담 역시 피해자든 폭력행동 청소년이든 간에 단순한 문제 해결이나 치유의 차원을 넘어서 이들이 자신에게서 좀 더 긍정적인 자원을 발견하여 이를 확장해 나가면서 더욱 건강하고 행복한 삶을 살 수 있도록 돕는 것이다. 또한 상담자는 인간의 병리적인 면보다 긍정적인 자원에 관심을 기울이면서 이를 확장해 나가도록 돕는 사람들인 것이다.

학교폭력 관련 상담을 여러 가지로 구분하여 설명할 수 있겠으나 여기서는 상담이 이루어지는 장면에 관계없이 현재 상담활동의 목적이 무엇이냐에 따라 예방상담, 위기상담, 추수상담으로 구분하여 설명하고자 한다. 즉, 학교폭력 예방상담은 학교폭력 문제로 인한 위기상황 이전, 혹은 폭력사건이 표면화되기 전 상태에서 상담자가 폭력문제 예방이나 감지된 문제소인이 표면화되거나 확대되는 것을 막기 위해 기울이는 노력을 의미한다. 학교폭력 위기상담은 학교폭력 문제가 표면화되어 피해-가해 관계가 성립된 상태에서 폭력행동을 중단시키고 이들 간에 문제가 되고 있는 갈등상황을 조속히 해결하기 위한 노력을 의미한다. 끝으로 추수상담이라 함은 위기상담 이후 문제 재발이나 후유증을 줄이기 위해 기울이는 노력을 의미한다.

3. 목적에 따른 학교폭력 상담 구분

학교폭력 상담은 학교, 사회단체, 정부기관, 상담전문기관 등 다양한 장면에서 이루어지며 예방상담, 위기상담, 추수상담 등 과정별 목적을 위해 개인상담, 집단상담, 자문과 중재 등 다양한 형태로 이루어진다. 따라서 각 장면, 과정별 목적, 형태에 따라 상담활동의 실제 모습은 다소 차이를 나타낸다. 이에 따라 학교폭력 상담의 목적도 다양화될 수 있으나 가장 큰 목적은 무엇보다 학교폭력 문제로 괴로움을 겪는 사람들을 돕고 학교폭력 문제를 근절하는 것이다. 즉, 학교폭력 상담자는 학교폭력 피해자, 가해자, 가족 등 주변사람들을 돕는 활동은 물론 학교폭력 문제 예방과 근절을 위해 활동한다. 학교폭력 상담을 예방상담, 위기상담, 추수상담으로 구분했을 때 그 과정을 개념화하면 다음과 같다.

〈표 8-1〉 학교폭력 상담의 구분

학교폭력 상담구분	상담활동
학교폭력 예방상담	문제 발견, 평가, 예방상담, 문제환경 개선, 교육, 캠페인, 자문활동
학교폭력 위기상담	개인 및 가족상담, 의료적 개입, 신변보호, 법률자문, 중재
학교폭력 추수상담	후유증 감소 및 문제 재발 방지를 위한 개인 및 가족 상담

1) 예방상담

예방상담은 문제를 발견하고 그 문제의 심각성을 평가하며 문제가 더 심각해지는 것을 막기 위해 예방적 개입을 하는 것이다. 학교폭력 문제와 관련하여 무엇보다 예방이 중요함은 더 강조할 필요가 없을 것이다.

학교폭력에 대한 예방활동에는 우선 학교폭력과 관련된 예방 교육 및 캠페인활동이 포함된다. 우선 학교폭력 상담자는 학교폭력 예방을 위해 자신이 일하는 기관이나 현장의 특징에 맞게 예방교육이나 캠페인을 더욱 효율적으로 실천하는 방법에 대해 잘 알고 있어야 한다. 학교폭력의 심각성과 폐해를 알리고 이에 대해 각성하도록 촉구하는 활동, 잘못된 인식을 변화시키고 예방활동에 참여수준을 높이기 위한 교육활동, 문제 발견과 개입에 필요한 지식전달 활동, 문제 환경을 발견하고 개선하는 활동 등이 중심을 이루게 되며 상담자 역시 이러한 활동에 참여하게 된다.

한편 이러한 예방활동에 덧붙여 폭력 문제와 연루되어 있으나 아직 크게 표면화되지 않은 침묵하는 피해자나 잠재되어 있는 문제를 발견하여 더 큰 문제로 확대되는 것을 방지하기 위해 개입하는 것 또한 예방상담에서 큰 비중을 차지하게 된다. 이러한 청소년은 많은 경우 학교폭력의 피해를 경험하고 심리적인 곤란을 겪고 있지만 쉽게 상담자에게 접근하지 못하는 특징이 있다. 대부분 폭력피해 사실을 숨기고 상담자와는 이메일 상담이나 전화상담으로 탐색적인 접촉을 하는 게 전부다. 상담자는 이러한 청소년들의 존재에 민감해야 하며 이들을 조속히 발견해서 적절한 도움을 주어야 한다. 특히 학교상담자는 학급에 이러한 학생들이 있는지 늘 촉각을 세우고 있어야 하는데 어떤 경우의 폭력피해를 감지하더라도 상세한 진상파악과 함께 더 심각한 문제로 발전하지 않도록 적절한 조치를 해야 한다.

이 단계에서는 문제를 발견하는 것뿐 아니라 문제 전반에 대해 평가하는 일이 예방상담에서 중요한 과제가 된다. 그러기 위해 상담자는 학교폭력 문제의 다양한 증후를 읽을 줄 알아야 하고 문제를 적절하게 평가하기 위하여 문제의 발생시기, 관련된 가해자와 피해자의 범위, 문제 발생 및 문제 발전 배경, 문제의 심각성 등에 대해 파악해야 한다. 한편 폭력피해, 가해 정도만으로 문제의 심각성을 평가하기보다는 피해자의 주관적인 고통에 대해 귀를 기울여야 하며, 필요하다면 여러 가지 심리측정도구를 활용하여 그 심각성을 알아보아야 한다. 또한 이러한 평가과정에서 상담자는 폭력 문제가 발생하게 되는 복합적인 기제에 대해 알 수 있게 된다. 예를 들어, 학교 내 전반적인 폭력분위기, 폭력서클의 존재, 방관자나 조장하는 분위기, 학교폭력이 이루어지기 쉬운 장소, 새로운 유형의 폭력행동이 퍼지고 있는 현상, 교사의 무관심, 가정 내 폭력 문제 등등 다양한 배경변인을 알게 되는데, 이러한 정보들은 피해자나 가해자 등을 지도하는 데도 활용하지만 한편으로는 문제 예방을 위한 환경개선활동의 자료가 되기도 한다. 학생들이나 교사, 부모들을 위한 폭력 예방교육을 기획하고 실천하는 데 활용하거나 학교 내 폭력과 관련된 변인이나 환경을 발견하여 개선할 기회가 되기도 한다. 이러한 정보들이 순환적으로 여러 가지 예방활동의 기초 자료가 된다.

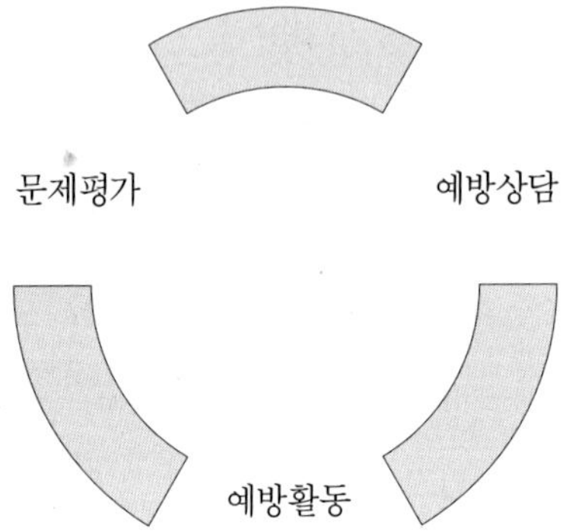

[그림 8-2] 예방상담활동의 순환성

2) 위기상담

위기상담은 현재 진행 중이어서 시급하거나 외부로 인지된 폭력피해-가해 문제에 대한 상담을 의미한다. 이 과정에서의 상담과제를 나열하면 다음과 같다.

① 피해청소년의 경우 폭력에서 벗어나기, 폭력행동 청소년의 경우 폭력행동 중단하기
② 폭력의 원인을 이해하고 이에 대처하도록 돕기
③ 피해자의 자존감 및 회복력 높이기, 학교에 재적응하기, 신체적 · 정신적 문제가 발생한 경우 의료기관에 의뢰하기
④ 피해-가해 사실과 관련된 법적 문제에 대처하기

위기상담은 피해자의 고통을 수반하는 피해 사실이 있을 경우 곧바로 개입해야 하고 피해청소년, 폭력행동 청소년, 그들의 가족, 피해 장면에 포함된 또래, 교사 등 많은 사람들이 포함되기 때문에 매우 복잡한 양상을 띤다. 우선은 피해자의 호소에 귀 기울여야 하며, 피해 사실을 확인해야 한다. 문제의 심각성을 파악하기 위해 예방상담에서와 같이 다양한 평가기술을 활용하여 문제

가 심각할수록 시급한 활동을 전개해야 한다. 이러한 활동을 위해 상담자는 폭력 문제의 특징에 대해 폭넓은 지식을 갖추고 있어야 하며 폭력 문제 해결의 다양한 측면에 부합되는 서비스를 하기 위한 위기관리 지원체계를 갖추고 있어야 한다. 즉, 단순히 심리적 접근만으로는 어려운 부분들에 대해 내담자를 돕기 위한 구체적인 방법을 갖추고 있어야 하는데 당장 신변에 위협을 느껴 학교 가기를 꺼려 하는 학생을 위해서는 신변보호를 위한 지원을 해야 하고, 의료적 문제가 생긴 피해자들을 위해서는 의료지원팀을 가동할 수 있어야 한다. 또한 많은 상담 사례의 경우 피해자, 가해자 간의 법률 문제가 발생하게 되므로 법률자문을 구할 수 있는 법률자문체계를 갖추고 있어야 한다.

물론 학교폭력 사례가 이 모든 지원을 필요로 한다고 해서 상담자가 모든 것을 책임지고 지원해야 한다는 의미는 아니다. 그러나 이러한 지원체계를 형성하고 최소한의 전문적 자문을 구할 수 있는 준비는 갖출 필요가 있다. 예를 들어, 지속적인 의료서비스가 필요한지를 판단해야 하고, 내담자가 법적으로 어떻게 대응할 수 있을지 도움을 주는 정도의 자문은 반드시 필요하다. 만일 이러한 지원체계를 갖추는 것이 힘든 환경이라면 상담자는 이러한 지원체계를 모두 갖추고 있는 전문상담기관과 연계를 갖고 필요시 도움을 청할 수 있는 준비를 해 둬야 한다.

청소년 상담전문가들도 위기상황에 처해 있거나 즉각적인 중재를 요하는 내담자에 대해 크게 부담을 느끼곤 하는데, 이러한 경우 상담자 개인이 이를 모두 감당하기는 어려우므로 학교폭력 상담에서 위기관리 지원시스템은 필수불가결한 요소다. 폭력 예방 전문기관에서도 위기상황에 대한 개입은 상담자 혼자만의 힘으로는 어려운 일이며, 위기개입이 즉각적으로 이루어져야 함은 당연한 일이다. 생명에 위협을 느끼는 정도의 위기상황이라면 여기서는 우선 생명이나 안전이 우선되어야 하며 상담자는 이를 보호하기 위해 최선의 노력을 기울여야 한다. 그러나 이러한 상황을 상담자 혼자 처리하기는 현실적으로 어려우므로 사회단체, 학교 등의 기관차원에서 이러한 지원체계를 구축하고 가동할 수 있도록 해야 한다.

학교폭력 상담에서는 중재기술이 무엇보다 중요한 상담기술로 사용된다. 피해자-가해자-기타 관련인들은 그들이 처한 입장에 따라 각기 다른 바람(want)을 갖고 있기 때문에 상담자는 이들을 중재해야 할 경우가 종종 생긴다. 상담자의 중재기술은 매우 중요하다. 예를 들어, 문제발생 초기에 가해자의 진심 어린 사과 한마디면 해결될 수 있던 문제가 감정적으로 점점 더 격화되면서 법적인 문제로 비화되는 경우가 있는데, 상담자는 이러한 문제 확대를 예방하기 위해 노력해야 한다. 상담자는 각 입장에서의 바람이 무엇인지 판단하고, 서로의 입장을 좁혀 가면서 조속히 문제를 해결할 수 있도록 적절한 중재에 힘써야 한다.

3) 추수상담

폭력 문제의 위기 상황과 실제적인 폭력 위험이 사라지고 폭력피해 청소년과 폭력행동 청소년 간의 조정이 이루어진 후, 후유증을 줄이고 문제 재발 방지를 위해 실시하는 상담이 추수상담이다. 사실 피해 청소년이든 폭력행동 청소년이든 문제가 발생하고 이를 수습해야 하는 단계에서는 폭력에 대한 피해 사실과 가해에 따른 책임 문제, 의료적인 치료 문제, 법적 보상 문제 등에서 서로 상반된 입장에 놓여 갈등하고 눈앞에 놓인 현실 문제에 쫓기게 된다. 갈등 수습에 총력을 기울여 더 큰 갈등을 겪지 않도록 이러한 단계를 최단기화하는 것이 위기상담의 과제라면, 폭력 피해자가 폭력 피해과정에서 겪은 부정적인 감정 중 미해결 감정을 해소하고 자기 보호력을 키우며, 폭력행동 청소년이 폭력행동에서 적절한 사회적 행동으로 변화할 수 있도록 돕는 것이 추수상담의 과제다.

폭력 문제는 사건이 외부로 노출된 이후에 개입을 하는 경우가 많아서 예방적 차원에서 이루어져야 할 일들이 문제노출단계나 이후에 드러난 문제를 중심으로 진행되는 경우도 많기 때문에 추수상담은 단순히 문제 해결 이후의 점검을 위한 것이거나 생략해도 좋은 차원이 아닌 상담과정 중 매우 중요한 역할을 하게 된다.

우선 피해자나 그들의 가족 중에서는 폭력 피해-가해 문제가 어느 정도 해결된 이후에도 타인에 대한 불신이나 피해의식으로 괴로움을 겪는 일이 많으며 이러한 경우 부정적인 감정 해소에 도움이 되는 장기적 심리치료가 필요하다. 또한 피해자, 가해자 모두 문제 해결과정에서 서로가 보여 준 태도에 대한 실망감으로 더 큰 마음의 상처를 호소하거나 억울한 감정 때문에 괴로워하는 경우도 있으므로 상담자는 이러한 문제를 적절하게 다루어야 한다. 폭력피해로 인한 심리적 문제는 사건이 노출되기 전부터 진행되어 온 경우가 많으므로 이에 대한 세심한 관심을 지속하여야 한다. 폭력 피해자는 만성적인 정신장애 혹은 치료를 요하는 일시적 정신과적 증상을 나타내거나 외상 후 스트레스 장애 등 심각한 후유증에 시달리거나 학교부적응의 결과를 낳아 학교를 떠나기도 한다(송동호 외, 1997; Horowitz, Weine, & Jekel, 1995).

추수상담의 목적은 이러한 부정적인 감정에서 벗어나 더욱 건강한 인간관계를 이뤄 나갈 수 있도록 하는 것이므로 무엇보다 이후 건강한 또래관계 형성에 도움이 되는 여러 가지 개입을 하게 된다. 폭력행동 청소년이 보이는 폭력행동의 시작과 원인에 대한 정확한 평가로 이를 좀 더 친사회적 행동으로 내치하거나 피해자가 더욱 적극적이고 자기 주장적인 대인관계기술을 익히게 하는 것 등이다. 간혹 폭력피해 청소년이나 폭력행동 청소년 모두 적응력의 부족이 나타나기 때문에(최윤정, 진혜경, 김종원, 2001), 이 기회에 자신의 대인관계 양식에 대한 탐색과 함께 이를 보완해야 문제의 재발을 막을 수 있다. 폭력피해자의 경우에도 어려서부터 반복적으로 따돌림을 받아 왔거나 반복적인 폭력피해에 노출되었다면 또래와의 관계에서 사회적 행동 문제나 자기 주장력이 약할 수 있으므로 이를 평가하여 적절한 사회적 행동을 학습하고 자기 보호력을 키울 필요가 있다.

특히 폭력행동 청소년들은 관계 문제나 일탈행동 등의 문제를 갖고 있는 경우가 많기 때문에 도덕적 이탈의 정도를 낮추어 주고 긍정적인 면에서 효능감을 높여 주는 등 더욱 적극적인 개입이 요구된다(박영신, 김의철, 2001). 또한 공격적인 청소년은 또래의 의도에 대해 체계적으로 인지적 왜곡을 보이는 것(Dodge & Frame, 1982)은 물론 인지적으로 정서 표현의 결과를 분석하는 과정을 생략하는 특징(이규미, 1999) 등을 보이며 사회적 인지과정의 미숙함을 드러내는 경우가 많다. 피해 청소년뿐 아니라 폭력행동 청소년의 행동 변화를 위해 개입하는 것은 매우 중요하며 이처럼 추수상담이 더 심각한 후유증과 문제 재발을 예방하는 상담활동이 되기 때문에 상담자는 이들 폭력 피해 · 가해 행동의 심리적 기제에 대해 잘 알고 있어야 한다.

4. 학교폭력 상담의 전문성

학교폭력 예방은 다양한 장면에서 다차원적으로 이루어지는 활동인 만큼 이와 관련된 복합적인 변인들에 대한 이해가 이루어져야 하고 상황에 적절한 접근이 요구된다. 학교폭력 상담자는 그가 활동하는 현장이 어디든 일반상담에 대한 전문성과 학교폭력 예방에 대한 전문성을 동시에 갖추고 있어야 한다. 여기서는 학교폭력 상담의 전문성을 학교폭력 상담자의 역할과 전문기술을 중심으로 살펴보고자 한다.

1) 학교폭력 상담자의 역할

앞에서 본 바와 같이 학교폭력 예방을 위한 개입은 다양한 현장에서 다양한 방식으로 진행된다. 따라서 이를 위해 활동하는 전문가에는 상담자, 교사, 행정가, 사회운동가, 의사, 법률가 등 그 범위가 다양하다. 이들 모두가 학교폭력 예방과 문제 해결, 혹은 폭력추방이라는 같은 목적을 위해 활동을 하고 있지만 실제 활동에서는 그들의 전문성에 따라 다시 세분화되어 나타난다. 즉, 학교폭력 예방활동은 다양한 전문가집단에 의해 추진되고 이러한 활동이 하나의 목적을 위해 통합되면서 성과가 나타나는 작업인 것이다.

카터(Carter, 1998; Carter & Stewin, 1999)는 학교폭력에 연루된 학생을 이해하고 도와주기 위해서는 〈표 8-2〉의 기여요인, 즉 사회, 지역, 학교, 가족, 관계, 개인변인들을 통합하는 종합적 접근을 해야 한다고 주장한다.

이렇게 포괄적인 기여요인에 의해 사회, 단체, 학교, 가정, 개인을 대상으로 하는 다양한 전문가 집단이 학교폭력 예방활동에 참여하게 되는 것이다. 또한 학교폭력 상담자는 그가 어떤 현장에서 어떤 활동에 주력하고 있든지 간에 이러한 변인들의 복합적인 기여에 대한 폭넓은 지식을 갖고 적절하게 대

〈표 8-2〉 학교폭력 기여요인

사회요인	• 대중매체에서의 폭력묘사 • 성역할 • 낙인이론 • 사회학습경험
지역변인	• 학교와 지역의 분리 • 가난과 실직 • 사회의 소속감 결여
학교변인	• 학교환경과 학급크기 • 학교 훈육에 대한 예상, 학교훈육의 규칙과 형태
가족변인	• 가정폭력, 학대와 유기 • 가정훈육에 대한 예상, 가정훈육의 규칙과 형태
관계변인	• 부모, 교사, 학생 간의 관계 • 피해자와의 관계 • 상황적 결정요인 • 또래집단/패거리 구성원
개인요인	• 사회적 기술과 문제 해결기술 • 유전적 요인 • 발달적 요인 • 인지적 요인 • 신경심리학적 요인 • 정신병리

출처: Carter, 1998.

처해야 한다.

학교폭력 상담자는 일반적인 상담에 대한 전문성과 학교폭력 예방에 대한 세분화된 전문성을 동시에 갖추고 있을 것으로 기대되는 사람들이다. 이들은 예방상담, 위기상담, 추수상담의 모든 현장에서 필요한 전문가로 사회단체, 상담전문기관, 학교, 정부기관 등에서 상담자, 교사, 사회운동가, 공무원의 신분으로 활동하게 된다. 학교폭력 상담자는 그들이 속한 현장이나 기관의 요구에 따라 각기 다른 역할을 담당하게 되지만 이 글 앞부분 상담의 중요성에서도 강조한 바와 같이 전문적 역량에 따라 다양한 영역에서 멀티플레이어로 활동이 가능하게 자신을 연마해야 한다.

상담자는 상담성과에 중대한 영향을 미치는 결정적인 변인이다. 유능한 상담자는 상담에 대한 전문성과 인성, 윤리에 대한 자질을 갖추고 있어야 하고 이러한 전문적 자질은 어느 시기에 완성되는 것이 아니기 때문에 지속적인 수련을 통해서 발전시켜 나가야만 한다. 상담심리학자 블로처(Blocher, 1987)는 진정한 전문성은 공적인 신뢰에서 나오는 것이라고 강조한다. 그리고 이러한 공신력은 다음의 세 가지 신념을 기초로 만들어지는데, 즉 첫째는 능력에 대한 지각에서 나온다. 특별한 교육을 받고 높은 수준의 유능함과 성취에 대한 믿음이 기초가 되어야 한다. 둘째는 스스로의 규제와 공적인 규제를 받는 사람이라는 신념에 기초한다. 즉, 전문가는 자신의 독자적인 생각에 의해서만 움직이는 것이 아니고 전문가 집단의 표준에 위배되지 않도록 늘 자기관리를 하는 사람이어야 한다. 셋째, 공적인 신뢰는 공공서비스 정신에 기초한다. 즉, 타인들이 전문가들에 대해 순수하게 자신의 일이 다른 사람들에게 도움이 된다는 점에서 우선 동기화된 사람들이라는 신념을 가질 수 있을 때 전문성에 대한 신뢰를 얻을 수 있다.

이규미(2001)는 최근의 상담동향과 관련하여 확대된 개념의 청소년 상담자의 역할에 대해 ① 상담활동과 심리평가활동(심리평가활동, 청소년의 잠재력 개발과 지원을 위한 상담, 또래, 가족 등 기타 체제를 위한 상담, 문제 해결상담, 사례관리자로서의 상담활동), ② 조직의 자문과 중재, ③ 교육, 훈련 및 캠페인활동(상담관련행사의 기획 및 진행 포함), ④ 연구 및 개발, ⑤ 청소년상담자 교육 및 훈련, ⑥ 청소년 및 상담 관련 조직관리 등으로 나누어 설명한 바 있다. 청소년 상담자는 아동, 성인, 노인 내담자 등과 일하는 상담자에 비해 현장에서 더욱 다양한 역할을 담당하며, 능동적이고 활동적인 특징을 갖는다.

학교폭력 문제가 또래에 대한 관심이 고조되는 시기, 즉 청소년기에 들어서면서 표면화되는 것이 일반적이나 폭력 예방에 대한 교육이나 개입은 이를수록 좋기 때문에 초등학교 교사나 아동상담자 역시 폭력 문제 예방에 대한 인식과 대처방법을 갖추고 있어야 한다. 폭력행동은 한 개인의 발달과정과 연결해 볼 때 청소년기에 갑자기 나타날 수도 있지만 어린시절부터 지속된 형태로 나타나는 경우도 있기 때문에 이에 따라 다른 예방활동이 필요하다(Howell & Hawkin, 1998). 어려서부터 지속적으로 폭력적인 면을 보여 온 청소년의 경우는 학교에서의 행동관리도 중요하지만 부모교육이나 학업성취활동까지 도와주어야 한다. 물론 공격적인 아동이 모두 청소년기에 심각한 폭력행동을 나타내는 것은 아니지만 아동기 개입은 이런 가능성을 줄여 주기 때문에 매우 중요하다(Astor, 1995). 특히 아동기의 폭력예방 프로그램은 특정 아동을 대상으로 하기보다 전 학교, 전 학년을 대상으로 하는 것이 바람직하다. 초등학교 상담교사나 아동 상담자는 이러한 중요성을 강조하고 예방교육 기회를 활성화하는 데 주력해야 한다.

폭력 예방 상담자 역시 청소년 내담자를 대상으로 일하는 경우가 많으며 위에서처럼 청소년 상담자의 역할만큼 다양한 활동을 기획하고 실천하게 되지만 다음의 몇 가지 특징이 좀 더 강조된다.

첫째, 폭력 문제의 해결 상담은 위기 개입적인 성격을 띠면서 적극적인 문제해결을 요하기 때문에 상담자의 더욱 능동적이고, 적극적인 개입이 요구된다. 때때로 상담자는 문제 해결과정에서 내담자의 동반자로 행동을 하며 그들의 권익보호를 위해 일한다. 그러기 위해 다양한 주변인물을 만나야 하고, 그 주변인물 모두의 입장을 파악하고 중재하는 복잡성을 보인다. 이러한 이유로 상담실 내 상담활동보다 찾아가는 상담, 현장중심의 상담활동이 더 많아진다.

둘째, 학교폭력 상담과 관련된 전문적 지식과 구체적인 개입방법에 대해 풍부한 경험을 갖추고 있어서 문제를 효율적으로 처리할 수 있어야 한다. 예를 들어, 학교 내에서 일어난 폭력사건을 사회단체에서 다루게 될 때 어떤 순서를 밟아 개입을 해야 하는지에 대한 명확한 지침을 갖고 있는 것이 효율적이다. 청소년폭력예방재단 상담팀의 자료(백승한, 1999)에 의하면 학교폭력 문제가 심각한 경우 학교의 협조를 구할 때 우선은 내담자 자신이 노력을 한 후 재단 상담팀이 개입을 하고, 학교당국과 대화 시 담임교사, 학생부장, 교감, 교장 순으로 만나게 된다. 또한 폭력행동 청소년과의 만남은 신중히 하고, 그 청소년과 부모를 만날 경우 반드시 교사가 참석한 자리에서 만나도록 한다. 또한 피해학생이 원하는 사항을 폭력행동 청소년과 학교 측에 전달하는 등의 내용을 포함하는 지침을 마련해 두고 있다. 이외에도 사건을 교육청 민원으로 접수했을 경우, 또는 법적 문제로 해결을 요하는 경우에 대비하여 매우 구체적인 처리방법을 세워 두고 있다. 청소년폭력예방재단의 상담방법에 대한 더 구체적인 내용은 본 책자에 소개되어 있다.

셋째, 학교폭력 상담자는 포괄적이고 다양한 형태의 상담을 효율적으로 운용하는 전문 코디네이터며 중재자로서의 역할이 강조된다. 학교폭력 상담은 가정, 학교, 사회에 속한 다양한 위치의 사람들, 즉 피해 청소년, 폭력행동 청소년, 부모, 교사, 다른 상담자, 학교행정가, 경찰, 의사, 법률가, 행정가 등 다양한 사람들과의 연계가 필요한데, 상담자는 이를 효율적으로 조직하고 상담 진행의 중심에 서게 된다. 따라서 많은 사회적 자원을 확보하고 있어야 함은 물론 이들의 자원을 이끌어 내어 적재적소에 활용하는 기술을 갖고 있어야 한다. 그리고 피해-가해 구조에서 오는 갈등, 불일치를 이해하고 문제 해결로 이끌기 위한 인내와 열정을 갖고 있어야 한다. 학교폭력 상담자는 이러한 면에서 상담에 대한 열정과 더불어 폭력 예방에 대한 개인적 신념과 사명감이 강하게 뒷받침되어야 한다.

2) 학교폭력 상담자의 전문기술

앞에서 설명한 바와 같이 학교폭력 상담자는 일반적인 상담전문성에 폭력 예방을 위해 필요한 전문성을 부가적으로 갖추고 있는 사람이어야 한다. 여기서는 우선 상담자의 일반적인 핵심기술이 무엇인지 살펴보고 학교폭력 상담자에게 요구되는 특수한 전문기술을 나누어 살펴보기로 하겠다.

상담심리학자 코틀러와 브라운(Kottler & Brown, 2000)은 다양한 장면, 다양한 형태의 일을 하는 상담자라 하더라도 그들 간에는 차이점보다는 유사점과 공유하는 것이 많음을 강조하면서 상담자의 전문성에 대해 다음과 같이 열 가지 범주로 나누어 설명하였다. 여기서는 특히 이들 범주의 이해를 높이기 위해 학교폭력 상담과 관련된 설명을 덧붙여 소개하겠다.

(1) 개인에 대한 평가

상담자는 개인의 성격, 수행, 성취, 태도, 흥미와 같은 인간행동에 대한 관찰과 정보수집 및 해석을 한다. 이러한 평가의 결과는 선별, 배치, 진단, 평가, 치료계획을 위해 사용된다. 학교폭력 상담에서는 관계자의 심리적 특성에 대한 평가뿐 아니라 주변 환경, 사건발생 맥락, 진상에 대한 평가를 포함한다.

(2) 개인상담

이는 개인적 문제 해결, 진로와 교육적 결정 그리고 인간적응의 문제에 치료과정을 적용하는 일대일 상호작용을 의미한다. 학교폭력 상담에서는 주로 피해자를 만나 상담하게 되는 일이 많은데, 이들은 현재 사소하지만 참기 어렵거나 지속적이고 심각한 폭력에 의한 피해자들이거나 스스로 폭력에 대처 중인 아동, 청소년들이다. 상담자는 이들이 처한 현실에 맞추어 적절한 개입을 하게 되는데, 내담자의 감정 해소와 문제 인식 그리고 행동 변화를 위해 심층적인 개인상담기술은 중요한 도구가 된다.

(3) 가족상담

이는 원래 가족 내 역기능적 행동을 일으키는 상호작용 패턴에 초점을 두는 개입이지만 폭력 예방상담에서는 피해자 가족 전체의 협조를 구하거나 가족 내 회복력을 키우기 위해, 또는 폭력피해의 후유증을 최소화하기 위한 방법으로 이를 사용할 수 있다. 상담자는 가능한 한 폭력행동 청소년이 속한 가족 내 폭력문화를 평가하고 이를 비폭력적이며 더욱 건강한 대체행동으로 변화시키기 위해 가족상담 기회를 가질 수 있다.

(4) 집단활동

이는 개인 상담활동의 목표를 더욱 효율적으로 이루기 위해 사용될 수 있다. 참가자들은 개인상담 내에서 경험할 수 없는 집단원 간의 상호작용이라는 부가된 이득을 경험한다.

한편 집단상담은 폭력행동이나 다른 부적절한 행동을 예방하는 데 크게 도움이 된다. 일부 학자들은 인생과제, 인간관계, 편견 없애기, 심리적 적응 등 다양한 주제로 구성된 집단상담을 졸업요건으로 모든 학생에게 참여를 권하거나 제공하는 것도 바람직하다고 권한다(Harper & Ibrahim, 1999). 즉, 학교 내에서 폭력 예방을 위한 생활지도를 목적으로 하는 집단상담의 형태로 이를 활용할 수 있을 것이다.

(5) 자 문

자문은 조직차원에서의 변화를 위한 것으로 상담자는 개별적인 부분들이 더욱 일체화된 전체를 이루도록 시스템의 인간적, 조직적 요소를 대상으로 자문한다. 인간관계 문제 전문가로 상담자는 대인 간 갈등이 일어나는 문제를 발견하고 예방하기 위한 개입을 한다. 폭력예방 상담자는 가정, 학교, 사회의 건강한 구조화를 위해 적절한 자문기회를 적극적으로 활용하게 된다. 직접적인 자문 외에 각종 관련위원회에 참여하는 일도 이에 속한다.

(6) 중 재

중재기술은 피해-가해의 관계가 성립된 경우 학교폭력 상담에서 무엇보다 중요한 기술로 사용된다. 즉, 이들 간의 심리적 화해를 위해서, 또는 물질적 보상 문제나 법적분쟁이 발생했을 때보다 합리적이며 상호 간 피해를 최소화하는 방향으로 상담자는 중재를 시도해야 한다.

(7) 행정관리

행정관리는 학교, 기관, 조직의 활동과 직접 관련된다. 여러 관련기관과 공적인 관계를 맺는 일, 조직을 질적으로 통제하는 일, 기금을 육성하여 활용하는 일, 전문가 모임 및 자원봉사자 모임 주관, 각종 기록의 문서화 및 보관 역시 폭력 예방활동의 주요 요소가 된다.

(8) 지도감독

이는 숙련된 상담자가 수련 중인 상담자를 돕는 중요한 역할이다. 숙련된 상담자는 초심상담자나 자원봉사자들을 위한 수련회를 주재할 수도 있고 이들을 위해 개인 슈퍼비전을 실시할 수도 있다. 또한 이들을 위한 재교육의 기회를 기획하여 제공하는 일도 이에 속한다.

(9) 컴퓨터기술

컴퓨터기술은 상담자에게도 중요한 요소가 되고 있다. 더욱이 학교폭력 상담에서 사이버 상담의 수요는 매우 클 뿐 아니라 직접상담에서뿐 아니라 여러 가지 예방을 위한 자료제공 시 유용한 기술이 되고 있다. 또한 기록보관, 계획서 작성, 전국 또는 전 세계 전문가 집단과의 정보를 교환하고 의사소통하기 위해서 인터넷과 웹(Web)은 매우 중요한 도구가 된다.

(10) 연 구

상담자는 재정지원기관, 규제위원회, 시민자문기구, 그들이 속한 단체의 이사회 등에 그들의 활동과 존재를 알리고 정당화하도록 요구받곤 하는데 연구는 상담자의 전문적 효율성을 측정하는 중요한 역할이다. 또한 연구는 이 분야의 성장을 위해 다른 전문가들과 의사소통하는 중요한 수단이 되기도 한다. 연구결과는 실제에 다시 투입되고, 활동의 성과를 확인하는 중요한 과정이므로 모든 상담자는 과학자면서 실무자로서의 자기 개발에 힘써야 한다.

이상은 일반적으로 상담자가 갖춰야 하는 기본적인 기술 영역이 학교폭력 상담에 어떻게 활용될 수 있을지에 대한 설명이었다. 그렇다면 학교폭력 상담자로서 더욱 보완해야 할 전문기술은 어떤 것이 있는지 우리나라 학교폭력 상담자들의 실제 활동내용을 중심으로 기술해 보기로 하겠다.

우리나라 학교폭력 상담전문가 중에는 청소년폭력예방재단과 같이 내담자 개인중심 활동뿐 아니라 우리 사회의 폭력문화 추방이라는 커다란 목표 아래 움직이는 NGO 소속의 활동가들이 있다. 우선 이들은 피해 청소년이나 폭력행동 청소년들을 만나 개인적, 집단적 상담활동을 펼치며 억울하고 답답한 청소년과 그 가족을 돕는 역할을 담당한다. 그러기 위해 이들 상담자는 우리나라 폭력 문제의 실태와 유형, 폭력 발생기제, 학교폭력 정책 및 사회지지체계에 대해 늘 연구하고 있으며 효율적인 개입시스템을 갖추기 위해 노력하고 있다. 바로 이러한 전문성에서 타 상담자들과 차별화되는 것이다. 또한 이들은 사례를 접했을 때 내담자와 지속적인 관계를 갖고 문제 해결이 종료될 때까지 이를 돕기 위한 활동을 펼쳐 나간다. 그리고 전문기관인 만큼 교육, 의료자문, 법률자문, 신변보호지원 등의 다각적인 지원시스템을 구축하고 있으며 필요시 이를 활용한다. 개인 및 집단 상담뿐 아니라 교육지원팀을 갖추고 있어서 예방교육 현장에 이들이 수시로 투입되어 예방교육을 실시한다. 이들 중 일부는 국가위원회나 관련전문위원회에 참여하여 제도적 개선을 꾀하기도 하고 방송활동에 적극 참여하여 사회여론을 조성한다.

그러나 앞에서도 말한 바와 같이 이들 외에도 학교, 청소년상담센터, 사회복지관, 각종 행정기관 등에서 나름의 체제를 갖고 청소년폭력 예방활동에 힘쓰는 다양한 상담자들이 있다.

5. 학교폭력 상담의 전망

코틀러와 브라운(Kottler & Brown, 2000)은 작업환경의 요구에 의해 끝없이 새로운 종(種)의 상담자가 나타날 것이라고 주장했다. 즉, 상담자는 그들이 만나는 내담자 집단, 자연적 환경, 문화유산, 제도 및 정책, 신체적 능력, 심리적 환경에 의해 각기 다른 형태로 발전되어 간다는 것이다. 우리나라의 학교폭력 예방 상담자도 우리 실정에 맞는 새로운 형태로 자리매김을 해 가고 있는 중이다. 또한 우리나라의 폭력예방 상담자라 해도 각기 다른 현장과 여건 속에서 일하고 있는 만큼 활동양상에 있어서 일치된 모습은 아닐 것이다. 그러나 학교폭력 상담의 기본적인 특성과 전문성으로 현장의 특성을 넘어 반드시 강조되어야 할 부분에 대해 살펴보았다. 상담자의 상담경험이 누적되면서 이것에서 발견되는 많은 지식과 정보를 바탕으로 우리 문화에 적합한 이론의 발전이 있을 것으로 기대된다. 그러기 위해서는 큰 목표 이전에 한 명의 내담자라도 실질적인 도움을 받을 수 있는 세심한 배려와 활동이 앞서야 할 것이다. 또한 무엇보다 다양한 현장이 통합적, 유기적으로 연계되어 활동을 펼쳐야 효율성이 배가되며 학교폭력 추방에 근접해 갈 수 있을 것이다.

참고문헌

박영신, 김의철(2001). 학교폭력과 인간관계 및 청소년의 심리행동특성: 폭력가해, 폭력피해, 폭력 무경험 집단의 비교를 중심으로. 한국심리학회지: 사회문제, 7(1), 63-89.

백승한(1999). 학교폭력 상담유형과 접근방법. 미간행자료.

송동호, 육기환, 이호분, 노경선(1997). 학교폭력 피해 청소년의 정신의학적 후유증에 관한 사례연구. 소아청소년정신의학, 8(2), 232-241.

이규미(1999). 청소년의 분노와 분노처리과정에서의 공격행동에 대한 체험분석. 이화여자대학교 대학원 박사학위논문.

이규미(2001). 청소년상담자의 역할과 자질. 한국청소년상담원 편, 청소년상담자 교육론(pp. 1-62). 서울: 한국청소년상담원.

최윤정, 진혜경, 김종원(2001), 학령기 집단 따돌림 피해 및 가해 아동의 인격형성에 관한 연구: 한국아동인성검사를 이용하여. 소아청소년정신의학, 12(1), 94-102.

Astor, R. A. (1995). School violence: A blueprint for elementary school interventions. *Social Work in Education, 17*(2), 101-115.

Blocher, D. C. (1987). *The professional counselor*. New York: Macmillan.

Carter, S. P. (1998). The Psychopathology of school violence. Unpublished doctorial dissertation. University of Alberta. Edmonton, Alberta, Canada.

Carter, S. P., & Stewin, L. L. (1999). School violence in the Canadian context: An overview and model for intervention. *International Journal for the Advancement of Counseling, 21*, 267-277.

Dodge, K. A., & Frame, C. L. (1982). Social cognitive biases and deficits in aggressive boys. *Child Development, 53*, 620-535.

Harper, F. D., & Ibrahim, F. A. (1999). Violence and school in the USA: Implications for counseling. *International Journal for the Advancement of Counseling, 21*, 349-366.

Horowitz, K., Weine, S., & Jekel, J. (1995). PTSD symptoms in urban adolescent girls: Compounded community trauma. *Journal American Academy Child & Adolescent Psychiatry, 34*(10), 1353-1361.

Howard, K. A., & Flora, J. (1999). Violence-prevention programs in schools: State of the science and implication for future research. *Applied & Preventive Psychology, 8*, 197-215.

Howell, J. C., & Hawkin, J. D. (1998). Prevention of youth violence. In M. H. Moore & M. Tonry (Eds.), *Youth violence* (pp. 263-315). Chicago: The University of Chicago Press.

9장
학교폭력 상담 매뉴얼

– 임재연(청소년폭력예방재단 상담센터 상담실장)

학교폭력 상담은 학교폭력 대상자인 피해 · 가해 학생을 포함한 교사, 학부모, 주변학생들을 대상으로 문제 해결에서 재발 방지까지를 염두에 두고 진행하는 총체적인 상담이다. 학교폭력 상담자는 중립적이고도 객관적인 시각을 견지하면서 사례의 비유와 정보 제공을 통해 내담자가 최선의 결정을 할 수 있도록 돕는다.

학교폭력 상담의 궁극적인 목표는 사건의 수습이 아니라 피해학생과 가해학생의 치료와 선도에 있으며, 이를 통한 학교폭력 재발 방지를 위해서는 학교폭력을 바라보는 주변 어른의 인식전환부터가 전제되어야 한다.

학교폭력 상담 시 반드시 체크해야 하는 사항과 공통적으로 필요한 사항은 진행과정에 따라서 매뉴얼화하였다. 그리고 학교폭력의 유형과 사례에 따라 다양한 피해결과를 나타내지만 이 장에서는 학교폭력 유형별로 대처해야 하는 공통적인 방법을 매뉴얼화하였다.

학교폭력 문제는 법의 실행과 함께 학교에서 공식적으로 해결하도록 법제화되었음에도 불구하고 학부모, 가족, 주변인 그리고 학교외부 상담자의 많은 도움이 필요한 상황이다.

1. 학교폭력 상담 개요

1) 학교폭력 상담이란?

학교폭력 상담은 학생들 사이에서 폭력이라는 위기상황이 발생한 후(드물게 발생 전 예방을 위한 상담도 있다) 진행하는 위기상담이다. 현재 벌어진 폭력상황의 해결을 위한 개입과 장기적 재발방지의 측면에서 원인이 되는 요인을 상담, 지원해 주는 전반적인 개입이 이루어져야 한다. 이는 피해학생의 신변보호에서부터 피해·가해자에 대한 원활한 합의유도를 거쳐 대상자인 피해학생 및 가해학생에 대한 지속적 치료상담까지를 모두 포함한다.

2004년 7월 29일 이후부터는 학교폭력예방및대책에관한법(이하 학교폭력법)에 의해 학교폭력 발생 시 학교 내 자치위원회가 소집되어 피해학생에 대한 보호조치, 가해학생에 대한 선도조치 및 피해·가해 학생의 분쟁조정을 결정하도록 되어 있다. 그러나 아직까지는 학교자치위원회의 역할이 현실적으로 많은 어려움과 한계를 가지고 있으며, 학교 외부의 상담기관이나 학교 교사를 통한 직접 상담과 중재개입이 더욱 중요한 역할을 담당하고 있는 실정이다. 또한 학교폭력법에 의한 문제 해결의 진행도 필요하지만 이후 대상학생의 교사나 부모 그리고 주변학생들의 역할이 더 중요하게 남아 있다.

이에 학교폭력이 발생한 후 상담을 담당해야 하는 상담자는 교사, 학부모, 학교 내 상담자, 학교 외 상담자 등 누구든지 될 수 있을 것이다. 그렇다면 상담자는 학교폭력에 대해 왜, 누구와 그리고 어떻게 상담해야 하는가?

2) 학교폭력 상담의 목표

사건처리가 아닌 근본적인 해결방안 모색

학교폭력을 해결하려는 노력과 이에 대한 사회의 인식이 점점 활발해지고 있다. 그러나 정작 학교폭력이 발생했을 때 이를 어떻게 수습해 나가야 하는지, 즉 도움을 요청한 내담자에게 어떻게 도움을 주어야 하는지에 대해 검증되고 정리된 답은 아직 전무한 실정이다.

상담에 정확한 답이 없듯이 학교폭력 상담에도 사실 정답은 없다. 다만 청소년의 폭력 상황을 알게 된 즉시 즉각적, 적극적으로 개입하는 것이 가장 중요하다. 그리고 학교폭력이라는 사건 처리와 함께 대상학생에 대한 지속적인 상담, 관리, 재발 방지를 위한 환경적인 부분까지 지원해 줌으로써 학교폭력의 근본적인 해결책을 찾도록 하는 것이 무엇보다 중요하다.

지금까지 학교폭력이 제대로 해결되지 않은 가장 큰 이유 중의 하나가 학교폭력의 실제 대상자인 학생들이 사실에 대해 이야기하지 않고[1] 또 이야기할 수도 없어서 학교폭력이 드러나지 않는다는 사실이었다. 그러나 학생들이 이야기 하지 않는 큰 이유 중의 하나가 이야기하더라도 제대로 해결해 주지 못하고 오히려 또 다른 폭력을 발생시키는 악순환이 계속되기 때문이다.

그렇다면 왜 그동안 제대로 해결하지 못했는가? 그 이유를 필자는 이렇게 생각한다.

학교폭력은 학생들 사이에서 발생한 하나의 '사건'이긴 하다. 그러나 이것을 해결해 가는 과정에서, 예컨대 가해학생을 전학시키고 피해학생이 등교를 하지 않는 것으로 외형상 문제는 해결된 것으로 여겨지지만 이렇게 가해자는 처벌받고 또 그것으로 피해자는 억울하지만 보상받은 것으로 여겨야 하는 마치 하나의 사건을 처리하듯 학교폭력 문제가 다루어졌을 뿐 피해 · 가해 학생은 물론 주변 방관학생을 위한 재발 방지 차원에서의 근본적인 접근은 이루어지지 않았다. 가해자는 무엇을 잘못했고 피해자는 보호받아야 할 대상자라는

1) 학교폭력 피해 후 사실을 알린 대상(청소년폭력예방재단, 학교폭력 실태조사, 2002)
- 신체폭행의 경우: 친구(30.9%), 알리지 않는다(29.5%), 가족(28.5%), 교사(5.3%)
- 괴롭힘, 따돌림의 경우: 알리지 않는다(39.2%), 가족(29.1%), 친구(24.6%), 교사(4.6%)

인식을 교육을 통해 학생들이 가질 수 있는 분위기는 지금까지 없었다. 그것은 사고의 수습일 뿐 학교폭력은 반드시 다른 형태로 재발 또는 확대될 가능성이 매우 크다.

청소년 시절 그들은 대부분의 일상을 '학교', '학급'을 중심으로 집단생활을 하는 가운데 주변 친구, 교사 혹은 선후배와의 관계 속에서 보내게 된다. 그래서 중요한 인성이 발달하는 청소년의 시기에 이들 집단과의 관계, 문화가 한 개인에게 주는 영향은 상당히 크다. 그러므로 학교폭력을 발견했을 시에도 이들을 둘러싼 일상과 관계, 문화 속에서 학교폭력 발생의 메커니즘을 찾아야 하고, 해결방안 또한 주변관계 속에서 재발 가능한 2차적 학교폭력을 염두에 두고 모색해야 한다. 학교폭력 문제가 일단락되었다고 판단될 즈음, 오히려 이 시점부터 부모와 교사, 주변 사람의 적극적인 관심과 개입이 필요하다.

따라서 학교폭력 상담의 궁극적인 목표는 피해학생이 보호와 치유를 통해 대인관계에서 어려움 없이 학교에 잘 적응하며 성숙해 나가고 가해학생이 가해요인에 대한 상담과 적절한 처벌을 통해 선도, 치료되고 주변학생들이 학교폭력에 대한 제대로 된 인식과 예방에 관한 교육으로 주변의 위기들을 함께 도와 나갈 수 있도록 돕는 것이다.

3) 학교폭력 상담의 내용

(1) 내담자가 피해학생과 피해학생 부모

도움을 요청하는 내담자는 대부분이 학교폭력 피해학생이나 피해학생의 부모다. 이들과의 상담 시 무엇을 유념해야 하는지에 대해 살펴보자.

① 피해학생 및 피해학생 부모의 특성

내가 혹은 내 자녀가 학교폭력을 당한 억울함과 분노를 가지고 상담을 받으러 온다. 더군다나 피해학생이 폭력에 맞서 적극적으로 반응하지 못하고 속수무책으로 당할 수밖에 없는 상황이 대부분으로 피해학생과 피해학생의 부모는 더욱 강한 분노감을 내재한 상태인 경우가 많다. 특히 신체적인 폭행으로 외상이 뚜렷한 경우에 부모는 이성을 찾기 어려울 정도로 흥분한 상태를 보일 수도 있다. 또한 피해 사실을 안 뒤 시간이 지나면 지날수록 자녀의 피해상황을 생각하게 되면서 부모도 정서적인 충격 속에 빠지는 경우도 많다.

그리고 피해학생의 경우 상담 자체가 학교폭력 문제를 노출하게 되지 않을까 하는 염려와 그 결과 가해학생에게서 보복을 당할지도 모른다는 불안감을 가지고 있다.

학교폭력 피해자의 대상이 되었다는 사실만으로도 피해학생이나 피해학생 부모는 자존심에 큰 상처를 입는다. 그러므로 상담자에게 찾아와 학교폭력 피해 사실 외에 왜 당했는지, 문제가 잘 해결되지 않는 근본적인 원인이 무엇인지 등에 관한 구체적인 부분을 자발적으로 얘기하기는 쉽지 않다.

이때 상담자는 내담자의 분노감을 이해해 주고 피해자가 현실적인 부분을 감안한 방안을 모색하도록 도와주어야 한다. 그래서 피해자의 요구를 존중하는 것도 중요하지만 문제의 원인을 파악해서 다시 재발하지 않고 해결할 수 있는 방법을 모색해야 한다.

② 피해학생 상담

심리상담, 피해 후유증 치료, 대인관계 훈련

피해학생의 경우엔 피해를 당했지만 함께 해결할 수 있다는 희망적인 위로와 신체적 · 정서적 안전에 대해 안심시키는 등 정서적 지지가 무엇보다도 우선되어야 한다. 그리고 피해를 얼마나, 어떻게, 왜 당했는지에 대한 파악을 통해 피해학생의 요구는 무엇이며 향후 다시 학교폭력을 당하지 않도록 피해학생이 취할 수 있는 방법들을 모색해 나가야 한다.

학교폭력은 2/3 정도가 같은 학교의 선배나 또래친구에 의해 이루어지며 특히 절반 정도는 같은 학교의 반 급우나 또래 친구[2)]가 가해자다. 따라서 또래의 소외나 배신으로 인한 정서적 충격이 상당히 큰 상태다. 이에 대한 심리상담이 위주가 되어야 하며 피해후유증에 대해 치유될 수 있도록 해야 한다.

그리고 피해학생의 부족한 사회기술 부분에 대해서는 훈련[3]이 필요하다. 그러나 상담자는 성급히 코치하려는 시도보다 우선 폭행당한 것에 대한 자연스러운 분노가 살아나도록 해 주는 것이 좋다. 정당한 분노의 표출로 자존감이 살아나도록 돕고, 이는 피해학생에게 내재되어 있는 분노로 또 다른 가해학생으로 변할 수 있는 것을 예방할 수 있다.

또한 피해학생 스스로 자신이 못나서 피해를 당한다는 피해의식에서 벗어날 수 있도록 상담자는 도와야 한다. 이는 피해학생 스스로가 폭력에 대처하는 힘을 가질 수 있도록 그리고 향후 대인관계에서도 자신감을 가질 수 있도록 해야 하기 때문이다.

이미 심리적인 피해가 심각한 상황일 경우 필요한 심리검사[4]를 실시하도록 하고 결과에 따라 전문상담을 권유하는 등 더 전문적인 조치를 취하도록 한다.

③ 피해학생 부모 상담

위기상담+부모교육: 정서적 지지. 문제 해결방안 제안, 이성적 접근 당부

피해학생 부모에게도 자녀가 당한 피해와 그로 인한 분노에 대해 정서적 공감과 지지를 우선적으로 제공해야 한다. 그리고 발생한 학교폭력 문제의 해결방안에 대한 상담이 주요 내용이 된다. 이때 이번 사건에 대한 원만한 해결도 중요하지만 향후 피해학생이 또다시 피해를 당하지 않기 위한 근본적인 해결

2) 학교폭력 가해자별 실태(청소년폭력예방재단, 학교폭력 실태조사, 2002년)
  – 같은 학교 학생: 60%(이 중 같은 학년: 46%), 모르는 사람: 40%

3) 피해학생을 위한 일반적인 프로그램으로는 폭력피해 치료 프로그램 및 대인관계 향상 프로그램이 있다. 피해로 인한 분노의 발산 및 치유 그리고 친구 또는 타인과의 관계를 원만하게 할 수 있는 방법에 대해 경험하고 배우는 프로그램이다. 자세한 내용은 피해자 프로그램 '친구야 놀자', '무지개 프로그램'을 참고하기 바란다.

4) 피해학생 상담 시 실시하는 일반적인 심리검사는 성격검사, 인성검사, SCT(문장완성검사), HTP(그림검사) 등이 있고 내담자에 따라서 필요시에는 지능검사, 진로적성검사 등도 실시한다.

책을 모색해야 한다. 이를테면 부모의 자녀양육 태도로 인한 자녀의 따돌림 피해라든가, 가정환경으로 인한 학생의 폭력피해, 피해학생 개인적인 특성으로 인한 피해의 재발 등은 피해학생 개인도 중요하지만, 부모가 일차적으로 학생을 돕지 않으면 다시 재발될 수 있는 부분임을 짚어야 한다. 이때 조심해야 할 것은 만약 피해학생이 폭력의 동기를 유발했다는 식의 책임이 거론되면 피해학생 부모의 분노감과 억울함은 상담자에 대해서도 '내 편이 아니다' 라는 식의 불신으로 되돌아올 수 있다.

상담자는 피해학생 부모가 문제 해결을 위해 구체적인 목표와 한계를 인식하고 자발적으로 결정한 후 스스로 노력할 수 있도록 도와야 한다. 가해학생의 처벌에 관한 부분 또한 단순한 처벌보다는 교육적인 관점에서 판단할 수 있도록 돕는 것도 필요하다.

한 가지 주의해야 할 점은 피해학생 부모가 이성적으로 해결해 나가기 어려운 상황일 때가 있다. 이를테면 너무 분한 나머지 가해학생을 찾아가 다시 폭행하거나, 무작정 학교교실로 가해학생을 찾아가 반응을 하는 상황이 때때로 발생한다. 그러나 이렇게 되면 문제를 잘 해결하기보다는 피해를 당한 자녀의 문제는 덮고 오히려 어른들의 감정싸움으로 더 악화되어 피해를 당한 학생에게 불이익의 영향을 미칠 수 있다. 만약 이성적으로 진행해 나가기 어렵다고 판단되는 피해학생 부모의 경우엔 심리적인 부분에 대해 안정을 취할 수 있도록 전문적인 상담이나 치료 전문가에게 연결해 주는 것도 필요하다.

(2) 내담자가 가해학생 및 가해학생 부모

학교폭력법이 시행되면서 피해학생 측의 요구에 맞서는 가해학생 측의 상담도 많이 증가하고 있는 추세다(청예단 상담센터, 2004, 2005.).

다음은 가해학생, 가해학생 부모와 상담 시 주의해야 할 부분을 살펴보기로 하자.

① 가해학생 및 가해학생 부모의 특성

가해학생과 가해학생의 부모는 내가 혹은 내 자녀가 폭력을 행했음에도 불구하고 대부분 폭력 자체를 부인하거나 최소화하려는 본능이 있다. 신체적인 폭행이 아닌 정서적인 폭력의 경우엔, 특히 그 자체를 폭력이 아닌 장난으로 취급하고 있다. 가해학생이 집단일 경우에는 집단행동에 대해 합리화하며 개인의 행위에 대해서 책임감을 약화시킨다.

믿고 있는 (혹은 관심 밖의) 내 자녀의 폭력가해에 대해 피해학생 측의 요구조건을 인정하기 어렵고, 처벌이든 보상이든 최소화해야 한다는 과제를 가지고 있다. 이때 상담자는 처벌받아야 하는 폭력 문제의 현실적인 부분과 내담자로서의 가해학생 측이 요청한 도움을 잘 파악하여 적절한 방법을 모색해야 한다.

② 가해학생 상담

심리상담(분노표출, 분노조절, 장래목표설정), 처벌직면, 환경적 요인 제거

가해학생에게는 폭력의 비정당성을 인식시켜 줌과 동시에 자신의 행위에 대한 책임을 느낄 수 있도록 상담해 주는 것이 중요한 과제다. 이를 위해서 피해학생이 당한 피해상황과 그 충격을 이해하도록 해야 한다. 또한 가해학생이 받게 되는 현실적인 처벌 부분도 직시하도록 해야 한다.

먼저 왜 폭력을 가했는지 이들이 폭력이라는 방법을 선택하게 된 심리 내적, 외적 요인들을 면밀히 탐색[5]하며 듣고, 가해학생이 가지고 있는 인식 부분에 대해 우선 이해해 주는 공감도 필요하다. 이는 가해학생들과의 지속적인 상담[6]을 위해 관계를 우선 공고히 하는 작업이 있어야 하기 때문이다. 그러나

---

5) 가해학생 상담 시 필요한 심리검사로는 인성검사, 성격검사, SCT(문장완성검사), HTP(그림검사) 및 진로적성검사 등이 있다.

6) 가해학생과의 상담은 멘터의 역할과도 같은 지속적인 상담이 이어져야 한다. 개인상담뿐 아니라 학교폭력 가해학생 대상의 다 회기(8~10회기) 프로그램을 통해 프로그램

훈계나 행위에 대한 평가는 가해학생에게 오히려 역효과를 줄 수 있으므로 비난하거나 심문조의 상담은 금물이다. 그래서 가급적이면 가해학생과의 눈을 마주치면서 부드러움과 강한 어조를 적절히 활용해야 한다.

자신의 욕구만족을 위해 폭력을 사용하는 행위가 성인이 되어 사회적응에도 심각한 문제를 야기할 수 있으므로 가해학생과의 심리상담은 매우 중요하다. 뿐만 아니라 가해학생을 둘러싼 환경적인 요인이 제거될 수 있도록 돕는 부분도 상담자의 중요한 역할이다. 왜냐하면 환경적인 요인은 가해학생의 행동이 지속되도록 하는 결정적인 부분이지만 가해학생 스스로는 그 고리를 끊을 수 없기 때문이다.

③ 가해학생 부모 상담

위기상담 + 전문적인 부모교육

가해학생의 폭력발생 요인 중 가장 강력한 요인이 가족관계 맥락을 들 수 있다. 그러므로 가해학생 부모와의 상담은 조심스러우면서도 단호하게 문제해결을 위한 위기상담과 자녀양육을 위한 부모교육상담이 함께 이루어져야 한다.

우선 상담자는 가해학생의 부모가 피해학생의 부모와 입장을 바꿔 생각해보고 상대방의 입장을 공감할 수 있도록 도와야 하고 또한 가해학생의 부모가 자녀에 대해 보호자이지 책임자가 아님을 인식할 수 있도록 도와야 한다.

문제 해결을 위해서도 가능하면 피해학생 부모와의 충돌 없이 협의를 통해 원만한 해결책을 찾을 수 있도록 이끌어 주는 것이 중요하다. 예컨대 '애들끼리 크면서 싸울 수도 있죠' 라는 식의 사소한 말 한마디가 피해학생의 부모를 자극해서 감정적인 싸움으로 확대될 수 있음을 인식하고 상담자는 가해학생

운영기간 동안 생활의 변화를 관찰하고, 집단 프로그램 후 지속적인 개인상담을 가지는 게 좋다.

부모의 언어 사용에 신경 쓸 수 있도록 돕는 것도 필요하다.

이때 기억해야 할 것은 상담의 대상은 부모다. 상담자는 부모의 심정을 잘 듣고, 공감하고, 치료동맹관계를 잘 맺어 나가는 것이 중요하다. 자녀 문제의 책임을 부모에게 묻고 비난하는 식의 태도보다는 자신도 그럴 수밖에 없었음을 이해해 주는 상담자 앞에서만 부모도 자신의 변명, 방어를 내려놓고 진솔하게 자신의 문제를 탐색하고 반성하게 되는 것이다. 그래서 상담자는 부모의 불만사항을 공감해 주고 부모로서의 역량에 대해 자신감을 회복하도록 돕는 것이 바람직하다.

그렇다면 어떻게 상담을 해야 하는가? 어떤 순서로 무엇에 관해 어떻게 상담을 해야 하는지 그리고 문제의 유형과 상황에 따라 어떤 특성을 가지고 상담을 해야 하는지에 관해 다음 장에서 구체적으로 다루어 보고자 한다.

2. 학교폭력 공통 상담 매뉴얼

1) 공통 상담과정

학교폭력의 유형과는 상관없이 학교폭력에 관해 상담하는 과정에는 공통적인 부분이 있다.

(1) 필수 기재 사항

피해 · 가해자에 대한 인적 상황, 학교폭력 발생의 원인, 유사사건의 유무, 내담자의 원함 등 되도록 자세한 내용을 파악해서 기록해 두어야 한다. 상세한 상담일지 작성이 상담자의 의무이기도 하지만 필요시에는 법적인 증거자료로 활용되기도 한다. 여기서는 전화상담일지와 면접상담일지 두 가지 양식을 소개한다.

① 전화상담일지 작성 예시

학교폭력상담은 전화로 일차적으로 신고 또는 상담해 오는 경우가 대부분이기 때문에 전화상담의 역할은 매우 중요하다. 그러나 이 경우 전화매체를 통한 상담의 한계가 있기 때문에 초기상담의 역할이 중요한 반면 적극적이고 구체적인 지원을 하기는 어렵다. 초기 전화상담 중에는 긴급한 내용에 대해서 적당한 시간 내에(30~60분) 상담을 하고 이를 기록하며, 연속상담 또는 면접상담으로 연결이 될 수 있도록 하는 것이 좋다.

<전화상담 일지>

사례번호 : 050823	상담일: 2005년 8월 14일 화요일
상 담 자 : 임재연	시 간: 오전 · 오후 10시 00분 ~ 10시 25분 (총 25분)

<table>
<tr><td rowspan="3">내담자</td><td>이름</td><td>김**</td><td>남 · 여</td><td>직업</td><td>*</td><td>연락처</td><td>*</td></tr>
<tr><td>관계</td><td colspan="6">부 · ∨모 · 형제 · 친척 · 친구 · 교사 · 본인 · 기타 :</td></tr>
<tr><td>주소</td><td colspan="4">서울 **구 **동</td><td>이메일</td><td></td></tr>
<tr><td>학생</td><td>이름</td><td>이**</td><td>남 · 여</td><td colspan="2">**중학교 3학년</td><td colspan="2">가해자( ), 피해자(○)</td></tr>
</table>

<table>
<tr><td>학교폭력</td><td>∨신체폭력</td><td>∨금품갈취</td><td>따돌림</td><td>괴롭힘</td><td>언어폭력</td><td>위협 및 협박</td><td>사이버폭력</td></tr>
<tr><td>기타</td><td>성</td><td>비 행</td><td>학교부적응</td><td>대인관계</td><td>그 외</td><td colspan="2"></td></tr>
<tr><td colspan="2">중재개입 필요성</td><td colspan="2"></td><td colspan="2">중재개입 핵심</td><td colspan="2"></td></tr>
</table>

■ 상담내용기록

<table>
<tr><td colspan="2">(Ct. – 내담자 내용)

(Ad. – 상담자 내용)</td></tr>
<tr><td>슈퍼비전</td><td></td></tr>
</table>

행복한 학교생활을 위한 클리닉 청예단 상담센터

② 면접상담일지 작성 예시

<면접상담 일지>

사례번호 : 050823

■ 피해자

이름	이**	**고등학교 1학년	∨ 남, 여	기타 특이사항	신체 외소				
주소	경기도 **시			연락처					
피해유형	∨ 따돌림	∨ 신체폭력	금품갈취	∨ 괴롭힘	언어폭력	위협협박	사이버폭력	성폭력	기타( )
피해기간	1회성	3개월 이내	6개월 이내	∨ 1년 이내	1년 이상	기타( )			
피해장소	학교 내(○)	학교 외( )	기타( )						
피해상황	전치 2주 외상, 정서적 불안								

■ 가해자

이름	최**	**고등학교 1학년	∨ 남, 여	기타 특이사항	학급 임원
폭력경험(∨ 有, 無)	처벌 경험	∨ 1회, 2회, 3회 이상	처벌형태	사회봉사 2주	
기타(가정 상황)					

■ 상담내용

상담일	2005. 7.21. 목 11:30~13:00	상 담	면접상담	상담자	임재연
내담자	이** (피해자 父)	연락처	*		
학교폭력 내용	▶ ▶ ▶				
주호소 내용	▶ ▶				
현재 상황	▶ ▶				
피해자 원함	▶ ▶				
상담 평가 및 결과	▶ ▶				

■ 중재 개입

1차 개입	▶ ▶

(2) 상담의 전체 진행과정 요소

① 상담의 시작

- 라포 형성하기: 정서적 지지를 통해 내담자에게 신뢰감과 안정감을 주도록 한다.
- 위기 상황에 있는 학생의 경우 안전을 우선 확보하기: 신체적 고통 치료 및 정신적 충격에 대한 안정 조치 여부를 확인하기 → 차후 적절한 기관을 소개, 연계한다

② 문제에 관한 정보 수집

- 피해학생에 대해 파악하기: 학년, 성별, 교우관계, 특이사항 등
- 피해상황 파악하기: 피해유형(신체폭행, 금품갈취 등), 피해 정도(외상 및 충격 등), 사건이 일어난 원인, 정황
- 가해학생에 대해 파악하기: 학교, 학년, 성별 등 인적 사항, 가해학생 수, 가해의 동기, 다른 피해자 및 유사 사건의 유무, 가정적 특이사항 등
- 학교폭력 발생의 정확한 사실 파악하기: 발생의 더욱 구체적 원인, 1회적인 사건 또는 지속적 사건, 지속적 사건이라면 그동안의 구체적인 피해내용, 피해 기간, 피해 진행상황

③ 해결방안을 위한 실마리 찾기(내담자의 원함과 대처에 초점)

- 학교폭력 발생에 관한 증거자료를 확보하기(사진, 일기장, 진술서, 목격자 등) → 필요시 증거자료 만들기(육하원칙에 입각한 일기형식의 자료 만들기)
- 내담자의 상담 및 해결에 대한 원함 파악하기
  (예, 사과, 처벌, 치료비 합의, 공감, 재발 방지 등)
- 피해학생의 현 상태에 대한 이해(대처능력, 적응능력 파악)
- 피해학생 측(학부모 포함)의 현재까지의 대처상황 확인
- 가해학생 측의 대응방법에 대한 파악
- 학교의 인지 여부 및 해결을 위한 시도와 과정 확인

④ 해결을 위한 상담자의 방안 공유 및 제시

(내담자 상황에 맞는 상담자의 적절한 해결방안을 공유하면서 결정적인 부분은 제시한다)

- 피해자 본인에게는 당당한 마음과 자기주장 훈련으로 대처하도록 한다.
- 가해자 측과 학교에 문제 제기: 피해자가 노출을 강하게 꺼리는 경우를 제외하고는 일단 학교에 알려 공식적으로 해결할 수 있도록 한다.
  (구체적인 사실과 증거자료를 가지고 객관적 · 공식적인 제기 형태가 중요)
- 경찰에 신고 및 법적 소송

⑤ 상담종결(정리 및 사후관리를 위한 연속상담의 가능성 열어 놓기)

- 피해자의 실제 대처 및 문제 해결 실현에 관해 검증하기
- 연락처 등 신상 파악을 위한 질문하기
- 지속상담, 면접상담, 집단 프로그램 등으로 연결하기
- 지원할 수 있는 전문기관 연계 및 지원 요청하기
  (예, 재발 가능성 등 신변의 위험에 대한 경호지원 요청하기)

유의점으로는 문제의 정확한 정보 확인과 연속상담을 위한 상담내용의 꼼꼼한 기록은 필수임을 기억해야 한다.

3. 학교폭력 유형별 상담 매뉴얼

학교폭력은 사례마다 발생경위, 피해유형, 피해 정도가 다르다. 같은 따돌림이지만 기간이 짧아 충격이 크지 않은 사례에서 지속적인 괴롭힘과 따돌림으로 회복이 불가능할 정도의 피해상황에 이르기까지 다양한 사례가 있다. 또한 학교폭력의 유형에 따라서도 사례는 차이가 있다. 예컨대 신체폭행과 따돌림의 피해 유형과 정도에는 차이가 있다. 그러므로 이에 따른 대처와 내담자의 원함까지를 고려한다면 상담의 방법을 일목요연한 매뉴얼로 나타내기란

쉽지 않다.

3장에서는 2장에서 언급한 공통적인 상담방법 외에 학교폭력 유형별로 발생유형과 피해상황에 대해 어떻게 대처하도록 도와주는 것이 최선의 방법인지 정리해 보고자 한다.

1) 신체폭행

신체폭행[7]의 경우 상해가 표면상 확연하게 나타나므로 도움을 요청하는 사례가 가장 많다.

(1) 피해상황 구분

<table>
<tr><th>가해자 / 피해자</th><th>1인</th><th>다수</th></tr>
<tr><td rowspan="3">1인</td><td>A 유형 (단순폭행)</td><td rowspan="3">B 유형
(일진 등에 의한 집단폭행)</td></tr>
<tr><td>A1 유형 (일방적 폭행)</td></tr>
<tr><td>A2 유형 (지속적 폭행)</td></tr>
<tr><td>다수</td><td></td><td>C 유형 (패싸움)</td></tr>
</table>

- A 유형: 피해, 가해자가 따로 없고 1회적인 쌍방 간의 싸움이다(예, 맞장뜨기).
- A1 유형: 일대일의 일방적 폭행이며 일대일로 싸운 형태지만 가해자는 일방적인 폭행을 가하고 피해자는 일방적으로 당한 피해다. 이때 싸우는 주변에 가해자의 동조자들이 함께 있지만 말리지 않고 지켜보는 상황이 빈번하다.

7) 2005년 청예단 상담센터의 상반기 학교폭력상담통계에 의하면 전화상담으로 도움을 요청한 사례 중 신체폭행 사례가 39%로 가장 많다.

- A2 유형: 1명의 가해자에게 1명의 피해자가 지속적으로 당하는 폭행이다. 이것은 일반적으로 괴롭힘이나 금품갈취 등과 병행되는 경우가 많다(괴롭힘을 참조하도록 한다).
- B 유형: 동급생, 선배, 폭력서클 등의 집단에 의한 강압적 환경에서의 폭행으로 인한 피해다.
- C 유형: 집단 대 집단의 패싸움으로 인한 폭행피해다.

(2) 피해 정도

- 피해가 경미한 외상 없음 정도에서 가벼운 멍, 전치 2~8주, 코, 눈, 얼굴뼈 골절 및 사망에 이르는 피해도 있다.
- 가해자가 집단이거나, 가해자가 1인이지만 주변인들이 보는 가운데서 일방적으로 맞은 경우, 혹은 지속적인 폭행일 경우 피해결과는 정신과적인 피해와 함께 더욱 심각한 피해를 낳는다.
- 신체폭행의 피해는 일방적인 폭행 피해인지 쌍방의 폭행 문제인지의 판단이 중요하며, 이를 위해 정당방위, 책임소지 판단 등 정확한 정황 파악과 증거가 필요하다.

(3) 문제 제기 및 대처과정

문제 발생

↓

피해 사실 알려짐(부모, 교사, 상담실, 경찰서)

↓

학교폭력 상담
• 피해자의 정확한 피해 사실과 현 상태 확인(필요시 응급조치, 경호 지원 등) ↓ • 증거자료 확보(상처 부위 사진, 병원진단서, 목격자, 목격자진술서, 폭행 흔적이 있는 옷이나 물건, 녹취록 등) ↓

• 가해자측에 대한 문제 제기
① 가해자 및 가해자 학부모 만남
② 학교 측에 알림
③ 경찰에 신고 및 소송제기

⬇

① 가해자 및 가해자 학부모 만남: 피해결과가 경미, 일대일의 1회성 단순폭행, 가해자가 잘 아는 사람, 피해자가 학교에 알리기를 거부하는 경우(A유형)

구체적인 사실(증거)을 들어 문제 제기

↓

가해자의 사실 인정, 사과, 재발방지 약속 및 각서, 치료비에 대한 합의

↓ 미진행 시

학교 알림, 경찰 신고

(단순폭행 시 이를 학교에 알릴 경우 자칫 피해자가 가해자의 친구들에게서 따돌림 등의 또 다른 폭력에 노출될 가능성을 염두에 두어야 한다. 무엇보다도 피해자-가해자의 인간적 관계를 푸는 부분이 우선되어야 한다.)

※ 중재자의 도움 없이 진행되는 것이므로 무엇보다도 피해자 부모의 이성적이고 일관된 태도로 풀어 나가는 것이 필요하다.

② 학교 담임에게 알림: A유형을 제외한 모든 유형의 경우
자치위원회를 통해 공식적인 피해자 보호조치, 가해자 처벌 가능, 그러나 교육적 차원의 해결을 원할 경우

구체적인 피해 사실을 들어 교사의 중재 요청: 피해자의 원함 명확히 전달

↓

가해자의 사실 인정, 사과, 재발방지 약속 및 각서, 치료비 보상에 대한 합의 중재

↓ 미진행 시

자치위원회 소집, 피가해자 조치 및 처벌에 관한 결정

↓ 미진행 시

교육청 민원제기 또는 경찰신고

(교육청 민원실에 진정서 작성 후 서면으로 접수, 학교 측에 원하는 사항 구체적 기록)

※ 학교에 알릴 경우: 보복성 폭행, 재발 등에 대한 피해자의 보호를 우선시해야 하고 이를 위해 경호 지원을 요청할 수 있다. 일방적, 지속적 또는 집단폭행으로 심각한 피해를 입은 경우는 재발 방지를 위한 서면으로 된 각서를 반드시 요청해야 한다. 이 각서는 재발 시에 법적 증거자료로 활용될 수 있다.

③ 경찰에 신고: 심각한 피해, 가해자의 사실 부인, 집단폭행, 목격자가 없을 경우, 가해자가 모르는 사람일 경우, 보복성 폭행의 경우 등(B, C 유형)(자세한 내용은 13장 '학교폭력의 법적인 고찰' 참고)

형사법적 진행

↓

보호처분 등 형사 판결

↓

민사소송에 의한 손해배상 청구 가능

↓ 판결 불만족 시

인권위원회 제소 가능

※ 경찰에 신고할 경우: 피해 정도, 처벌 가능성, 피해자에게 주는 긍정적인 효과 등을 고려한 다음 고소하는 것이 좋다. 왜냐하면 경찰의 개입이 시작되면 학교 측의 중재, 교육적인 조치 등은 불가능하다. 또한 가해자가 재범이 아니면 법적 처벌의 수위가 낮아 피해자가 기대하는 처벌을 받기도 어렵다. 가해자가 만 14세 이상일 경우에 형사법적 책임이 성립될 수 있다. 그러나 가해자가 일진회와 같은 조직적인 폭력 성향의 집단일 경우에는 교사와의 협력 아래 경찰의 도움을 요청해서 학부모, 교사, 경찰이 함께 집단을 해체, 선도하도록 해야 한다.

신체적 폭행은 피해상황에 따라 응급조치가 필요한 경우 이를 신속하게 진행하고 치료와 상담을 동시에 병행한다. 피해자가 원할 시에는 가해자의 접근금지를 요구할 수도 있다.

2) 금품갈취

금품갈취는 대부분 신체폭행, 괴롭힘 등과 함께 발생하는 경우가 많다. 그리고 지속적인 피해로 이어질 가능성이 높아 피해액수에 상관없이 이에 대한 대처가 신속하게 이루어져야 한다.

(1) 피해상황 구분

- 모르는 사람에게 당하는 갈취나 요구: 학교 내외에서 일진, 동네 불량배에 의한 금품 갈취 및 요구
- 아는 사람에게 당하는 반강제적 갈취: 같은 학교, 같은 반의 학생에게 힘과 무력에 의해 반강제적으로 빌려 주고 받지 못하는 경우(예, 일진과 같은 불량서클의 '2진' 아이들이 '1진' 상납용으로 동급생 및 후배를 대상으로 하는 금품갈취)
- 아는 사람에게 지속적으로 당하는 괴롭힘과 신체폭행을 동반한 금품갈취(괴롭힘과 신체폭행을 참조)

(2) 피해 정도

학생들 사이에서 금품갈취는 '빌려 달라' 고 해서 갚지 않는 식의 반강제적인 갈취가 많고 액수 자체가 크지 않을 경우 피해자도 암묵적으로 당하고 있는 경우가 많다. 직접적인 금전피해 외에도 휴대폰, 의복, 문구류 등의 피해도 많이 있다.

(3) 문제제기 및 대처과정

문제 발생

↓

피해 사실 알려짐(부모, 교사, 상담실, 경찰서)

↓

학교폭력 상담

- 정확한 피해사실 확인, 다른 피해 사실(신체폭행 등) 여부 확인

↓

- 증거 확보 : 금품갈취의 경우 증거 확보의 어려움이 있다(증인의 진술서 또는 증언 녹취, 신체폭행 등이 있을 시에는 신체폭 내용도 같이 조사에 포함시킴).

↓

- 가해자 측에 대한 문제 제기(신체폭행과 비슷한 과정이며 여기서는 금품갈취에 해당하는 경우만 기술한다.)
  ① 가해자 및 가해자 학부모 만남
  ② 학교중재, 단속 요청
  ③ 경찰신고, 순찰 요청: 사이버머니 갈취의 경우 사이버 경찰청 문의 및 의뢰

↓

① 가해자 및 가해자 학부모 만남: 피해액수가 적고 문제제기를 처음 하는 경우, 가해자를 아는 경우

가해자의 사실 인정, 사과, 재발방지 약속 및 각서

↓

갈취금품 배상

↓ 미진행 시

학교 측에 알림

② 학교중재, 적극적인 지도 요청: 지속적인 피해, 집단 또는 무력에 의한 갈취의 경우, 그러나 교육적 차원의 해결을 원할 경우

구체적인 사실을 들어 교사의 중재 요청(담임 → 책임교사 → 교장 순으로 문

제를 알림(담임은 진상에 대한 조사, 책임교사는 조사 및 피해, 가해자 간 사과와 배상 등을 유도))

↓

가해자의 사실 인정, 재발방지 약속 및 각서: 재발 시 확실한 처벌 조치 이행

↓

갈취금품 배상

↓ 미진행 시

자치위원회를 통한 중재 및 조치 결정

↓ 미진행 시

교육청에 민원제기 또는 경찰에 신고

※ 학교에 알릴 경우: 가해자가 모르는 사람이거나 지역의 선배일 경우 이에 대한 예방 차원에서 학교 전체의 예방교육과 주변의 순찰 등을 진행한다.

③ 경찰신고, 순찰 요청: 피해액수가 크고, 가해자가 모르는 사람일 경우

※ 경찰에 신고할 경우: 금품갈취의 경우 액수에 상관없이 형사처벌이 가능하므로 교육적 해결을 원할 경우엔 학교에 알리고 중재를 요청한다. 피해자의 신분노출을 원하지 않을 경우, 피해금액 배상보다는 신변보호, 재발방지를 원할 경우에는 경찰의 주변 순찰 강화를 요청할 수 있다.

3) 집단 따돌림, 괴롭힘

- 대부분 피해자의 성격, 말투, 교우관계, 특이사항이나 피해 · 가해자 상호 간의 충돌 또는 특정한 사건으로 인해 시작되는 경우가 많지만 이러한 원인은 누구의 잘못으로 이해해서는 안 된다.
- 집단 따돌림, 괴롭힘은 대부분 사소한 행동으로 시작했다가 심화 · 지속되는 경우가 대부분인데 이는 피해자의 개인적인 요인이 변화하기 어려운 점도 있지만 가해자들이 전혀 죄의식을 느끼지 못하는 부분이 큰 역할을 차지한다. 따돌림을 당하는 원인이 피해자에게 있을 뿐 가해자의

행동에 대해서는 지극히 일반적인 행위로 보는 주변 어른들의 인식 또한 큰 문제로 여겨진다.

- 집단 따돌림은 소외시키기, 모함하기, 소문내기 등으로 일어나지만 지속될 시에는 신체폭행, 언어적 폭력, 괴롭힘(놀림, 억지로 시키기, 귀찮게 하기 등) 등이 함께 발생을 하는 경우도 많다.

(1) 피해상황 구분

- 사소한 괴롭힘, 장난에서 시작 → 괴롭힘의 강도 커짐 → 주변의 학생들 동조하며 가해자 증가 → 피해자 점점 더 위축, 주변의 친구들 가해자로 변모 → 집단 따돌림으로 문제 확대 → 집단 따돌림과 괴롭힘 지속

(2) 피해 정도

집단 따돌림, 괴롭힘은 외부로 드러나는 피해는 적은 데 비해 정신적인 피해는 상당히 크다. 특히 학교 일상생활 가운데서 늘 부딪치는 또래에게서 소외되고 배신당하는 충격은 청소년기에 상당히 큰 정서적, 심리적 상처를 주기 때문이다. 또한 피해자가 피해 사실을 아무에게도 알리지 않음으로써 그 상황이 지속되는 것은 따돌림을 당하는 사실을 알리는 것조차 피해자에게는 큰 아픔이기 때문이다. 1년 이상의 지속적인 피해를 심하게 당할 경우 정신분열 증세 등으로 확대되어 '자살' 이라는 극단적인 결과를 초래한 사례가 적지 않다.[8] 따돌림은 발생하게 된 원인을 정확하게 파악하여 그 원인을 해결해 주는 것이 무엇보다 중요하다.

---

8) 서울대의대(2000) 연구에 따르면 학교폭력 피해자의 일부는 정신병을 가지고 있거나 정신병으로 이환할 위험이 있다고 보았으며, 특히 따돌림을 당하는 아이들은 정상대조군과의 비교에서 정신병적 증상이 유의하게 높게 측정되었다고 보고했다.

(3) 문제 제기 및 대처과정

문제 발생

↓

피해 사실 알려짐(부모, 교사, 상담실)

↓

학교폭력 상담

- 공감대 형성하기: 따돌림 피해자의 경우 공감과 지지가 무엇보다도 중요하다.

↓

- 따돌림의 정황 및 이유, 피해기간, 피해자 개인적인 특성, 경험 등에 대해 구체적으로 파악하기

↓

- 피해자의 정서적, 심리적 피해상황 파악하기(정신적 피해가 심각한지의 여부에 따라 전문 상담(치료)자에게 연결)

↓

- 증거자료 확보(집단따돌림과 괴롭힘의 경우 구체적이고 사실적인 증거확보가 어렵다. 이메일, 낙서메모지, 일기장 등이 증거자료가 될 수 있지만 이 정도의 증거자료도 없는 경우엔 피해자가 직접 증거자료를 만들어야 한다. 증거자료 만들기 육하원칙에 의거하여 언제, 누가, 어디서, 어떤 폭력상황이 발생했는지 구체적이고 사실적으로 정황을 묘사하고 그 당시 피해자의 심정까지 기록을 해서 자료를 만들어야 한다.)

↓

- 가해학생에 대한 문제 제기
  ① 학교에 증거자료 제시하고 도움, 중재 요청
  ② 학교에 가해자에 대한 처벌 요청
  ③ 경찰신고
  ④ 민사소송

* 교육청 민원, 인권위원회

↓

① 학교에 도움 중재요청: 문제발생 후 초기 대처 시, 경미한 피해일 경우

- 학급전체 대상보다는 가해자, 피해자 분리하여 개인상담
- 가해자, 피해자 함께 집단상담
- 또래상담 권유

- 피해자의 친구 찾아주기, 자기주장 훈련 등
- 담임은 따돌림의 원인을 분류해 보고 이에 적절한 방법으로 대처하는 것이 좋다.
  - 오해로 생긴 경우(피해자가 직접 오해를 풀 수 있도록 유도)

담임의 중재하에 가해, 피해학생 개별상담

↓

피해 · 가해자의 쌍방 간 인정, 사과, 화해 및 관계형성 유도

– 피해자의 특성(신체적, 성격적 등)때문에 빚어진 경우(담임의 강한 의지를 학급에서 공개적으로 표명)

가해자 제재, 관리

↓

가해자 부모에게 반드시 알리고 가정에서의 지도 요청

↓ 미진행 시

가해자 처벌 공론화, 학급 내 처벌규정 정하고 실시

※ 따돌림의 경우 초기 대응이 중요하다. 또한 학급 담임의 중재와 대처가 상당히 큰 역할을 차지한다. 담임의 철저한 관리 감독하에 학급 내 집단 따돌림에 대해 초기에 집단 따돌림 문제 인식, 가해자의 따돌림 행동 금지, 피해자가 원하는 보호조치 등 강력한 대처를 하는 것이 매우 필요하다. 피해, 가해자의 상담, 전문 프로그램 연결, 가해자에 대한 조치 등 다각적인 교육적 해결을 통해 사법적으로 가지 않고도 해결 및 재발을 방지할 수 있어야 한다.

② 학교에 가해자에 대한 처벌 요청: 학교 측에 도움 요청 등, 초기 대처 이후에도 지속적인 재발의 경우, 피해자의 피해가 심각한 경우

- 자치위원회 소집 및 자치위원회 규정에 따른 피해자보호, 가해자 처벌 조치

③ 경찰 신고: 교육적인 차원에서 해결이 되지 않을 경우

- 피해 사실에 대한 증거자료가 확보되어야 함. 형사처벌의 가능성 타진 후 진행

④ 민사소송: 피해자의 심각한 정신적 피해에도 불구하고 형사법적 처벌이 성립하지 않거나, 치료비에 대한 보상이 없을 경우

- 정신적 피해 감정, 피해보상비 청구

4) 사이버 폭력

최근 사이버를 이용한 학교폭력이 점점 증가하고 있다. 이는 면대면의 직접적인 폭력과 함께 사이버상에서까지 폭력이 연장되는 사례가 많다. 불특정 다수에게 피해가 공개되고 급속도로 확산되는 것을 감안하여 사이버폭력 또한 즉각적인 조치와 적극적인 대처가 필요하다.

(1) 피해상황 구분

- 괴롭힘, 따돌림의 연장선상에서 동일 가해자들에 의해 사이버 상에서 피해를 받는 경우(괴롭힘, 집단 따돌림 참고)
- 아는 사람에게서 사이버 상에서의 언어폭력, ID를 도용한 금품갈취, 게시판 또는 안티카페를 통한 공개적 비방, 욕설, 명예훼손 등의 피해를 받는 경우
- 모르는 사람에 의해 사이버 상에서의 언어폭력, 금품갈취 등의 피해를 받는 경우

(2) 피해 정도

- 지속적인 사이버상의 폭력 또한 정신적인 피해를 가져오며 무엇보다도 불특정 다수에게 공개되는 비방, 모함, 명예훼손 등은 심각한 정신적인 피해를 낳을 수 있다. 금전적인 피해도 발생할 수 있다.

(3) 문제제기 및 대처과정

문제 발생

↓

피해 사실 알려짐(부모, 교사, 상담실, 경찰, 사이버수사대)

↓

학교폭력 상담

피해자 스스로의 적극적인 대처

- 가해자를 만나는 사이버 상의 공간에서 피해자 스스로 거절, ID 및 비번 변경, 가해자에게 경고, 공간폐쇄 등 일차적 시도를 적극적으로 한다.

↓ 지속될 경우

가해학생에 대한 문제제기

① 가해자와 가해자 부모와 만남
② 학교의 중재 요청
③ 경찰(사이버 수사대 포함)

↓

① 가해자와 가해자 부모에게 연락 또는 학교의 중재 요청: 가해자를 아는 경우

구체적인 피해 사실과 증거자료 제시

↓

가해자의 사과, 재발 방지 각서

↓

공간 삭제 및 공개 사과 요청: 안티카페, 게시판 등을 통한 공개적 폭력의 경우

↓ 위협, 협박 시

사이버 수사대에 도움요청: 재발 방지에 대한 도움 요청

② 사이버 수사대에 신고: 가해자를 모르는 경우

참고문헌

김은영(1997). 학교폭력 피해학생들의 정신건강에 관한 연구: 학교사회사업의 개입마련을 위하여. 숭실대학교 대학원 석사학위 논문.

서울대 의과대학(2000). 학교폭력 피해자의 정신병 실태조사. 보건복지부.

송동호(1997). 학교폭력 피해 청소년의 정신의학적 후유증에 관한 사례 연구, 소아, 청소년 정신의학, 8(2).

이희영(1997). 학교폭력 피해자와 가해자의 사회 · 심리적 문제에 관한 연구: 학교사회사업적 개입 마련을 위하여. 숭실대학교 대학원 석사학위 논문.

임재연(2003). 학교폭력 피해 · 가해 학생의 정신적인 장애와 후유증: 청소년 폭력의 실태와 대책. 대구한의대 청소년 문제연구소, 29-48.

정지민(1998). 학교폭력 피해-가해 유형에 따른 청소년의 학교적응 및 공격성에 관한 연구. 숙명여자대학교 대학원 석사학위논문.

청소년폭력예방재단 상담센터(2004). 제1차 학교폭력전문상담원 양성교육.

청소년폭력예방재단 상담센터(2005). 제2차 학교폭력전문상담원 양성교육.

청소년폭력예방재단(2005). 청소년폭력예방 전문가 양성과정.

청소년폭력예방재단(2002). 학교폭력 실태조사.

청소년폭력예방재단 상담센터(2004).학교폭력 상담통계.

청소년폭력예방재단 상담센터(2005). 학교폭력 상담통계.

Olweus, D. (1993). *Bullying at school: What we know and what we can do*. Oxford: Blackwell.

10장
학교폭력 상담 · 중재 사례

– 정규원(청소년폭력예방재단 학교폭력예방교육센터 소장)
– 김충식(청소년폭력예방재단 전남지부 지부장)
– 이정희(청소년폭력예방재단 상담센터 상담원)

본 기관(청소년폭력예방재단)에서 상담 · 중재한 학교폭력 사례를 주요 유형별(따돌림, 괴롭힘, 금품갈취, 신체폭행)로 총 6개 사례를 간략한 개요(표)와 더불어 1) 피해상황 발단 및 의뢰사유, 2) 상담 및 중재 내용, 3) 상담 및 중재 결과, 4) 상담자 평가 및 의의 순의 목차로 정리하였다.

'1) 피해상황 발단 및 의뢰사유'에서는 의뢰된 학교폭력 사례내용의 개요 및 상담실에 의뢰되는 직접적인 계기가 되는 사건 및 내용을 기술하였다. '2) 상담 및 중재내용'에서는 전화 및 면접, 기타 방법에 의한 상담 및 중재에 대한 순차적인 개입내용 및 문제 해결과정을 다루었다. '3) 상담 및 중재 결과'에서는 상담 및 중재 개입을 통해 피 · 가해 학생 각각 및 양측에게 나타난 결과에 대한 내용을 다루었다. '4) 상담자 평가 및 의의'에서는 전반부에서 기술되지 않은 개입에서 중요한 내용이나 사례를 통해 더 발전되어야 하는 부분, 긍정적인 효과, 상담개입 외 학교폭력 전반에서 개선되어야 하는 부분들에 대한 상담자 평가 및 의의를 다루었다.

또한 각 사례들은 대부분 2004년 8월 '학교폭력 예방 및 대처에 관한 법률' 시행 이전 개입된 사례들이라 '자치위원회' 개입 등 법적 조치 내용이 결여되어 있을 것이다. 그러나 학교폭력 사례에서 이 법에 따른 '자치위원회'의 조치 등은 학교에서 담임 → 학생부장 → 교장에게 보고되어 학교에서 적극적으로 문제 해결하는 과정의 내용을 참조할 수 있을 것이다.

1. 따돌림 사례

인적 사항	중학교 1학년 여학생
피/가해 구분	피해자
학교폭력 유형	집단 따돌림(왕따)
가해자 유형	같은 학급 주동자 1명, 그 외 학급 대부분의 아이 및 타 학급 아이들 동조
상담중재방식	피해자 부모 전화상담 1회 및 피해학생, 부모 내방(면접)상담 및 심리검사
기타 개입	중재 종결 후 피해학생 6차 개인상담 진행

1) 피해상황 발단 및 의뢰사유

피해학생은 1학기 중간고사 이후인 5~6월부터 초기 상담을 한 11월까지 학급의 몇몇 주동하는 아이들로 시작해 반 전체 거의 모든 아이들에게서 따돌림을 당했고 심한 욕설, 비아냥거리는 말 등 언어폭력이 동반되었다. 직접적으로 상담이 의뢰된 계기가 된 사건은 같은 반 한 아이가 컴퓨터실 유리를 깬 일과 관련하여 선생님이 있는 자리에서 피해학생이 깨진 유리조각이 든 서랍을 연 행동이 '고자질한 것'으로 인식되어, 많은 학생들이 피해학생을 둘러싸고 협박성 말과 위협을 가한 것이다. 이 일로 피해학생은 아이들이 무섭고 학교에 갈 수 없다고 호소하였다.

2) 상담 및 중재 내용

- 피해학생 어머니는 1차 본 기관 전화상담 후 그때까지 피해학생이 당한 심한 언어폭력, 괴롭힘, 따돌림 내용을 A4 용지 3장 분량으로 요약해 담임교사를 찾아감. 담임교사는 피해학생이 왕따인 것은 알았지만 이렇게

심각한 줄은 몰랐다고 하면서 본인이 가해자 부모와 이야기, 가해자 아이들을 만나 조사할 것이라고 하고 피해학생 어머니를 돌려보냄.

- 피해학생 어머니는 재차 상담(본 기관)을 통해 담임교사가 분명한 입장이 정해지지 않은 상태에서 가해자 부모를 바로 만나는 것은 오히려 부정적 효과가 있을 수 있으니, 담임교사와 충분히 이야기하여 '가해자 부모를 만나면 어떻게 하실지' 등을 알아보라고 조언을 받음. 그 후 피해학생 어머니는 담임교사와 다시 의사소통하여 가해자 부모를 만나면 어떻게 하실 것인지 그리고 사과 각서받는 일 등에 대해서도 물어봄.
- 담임교사는 피해학생 어머니의 계속적인 문제 제기로 심리적인 압박감을 받은 것처럼 보이며, 점차 문제의 심각성을 인식하고 본인이 그 주 내로 문제를 해결하겠다고 함.
- 그러나 담임교사는 가해학생들을 불러 진술서를 받고 나서 피해학생 및 가해학생 간 시각 차이가 크다고 하며, 가해자 부모를 불러 이야기하는 것에 대한 어려움을 전하고 사과 · 각서를 받는 부분도 쉽지 않을 거라는 인상을 비침.
- 피해학생 어머니는 교사를 통해 적절한 중재가 되지 않고 사과 · 각서 등을 못 받을 경우에 대한 대처 부분에 대해 불안한 마음을 가지고 상담을 의뢰함. 상담자는 교사 중재로 일이 해결되지 않을 경우 교육청 민원, 재판 등 최후의 방법도 있을 수 있다는 정보 제공 및 조언, 정서적 지지를 하고 일단 현재 상황을 주시하며 강한 의지를 가지고 대처하도록 격려함.
- 피해학생 어머니와 친한 한 학부모에게 전화가 와 사건경위를 이야기했더니, 그 학부모가 주동자 아이의 어머니에게 귀뜸을 해서 가해학생 어머니가 알게 되고 가해학생 어머니가 피해학생 어머니를 만나고 싶다고 연락하는 일이 발생함. 가해학생 어머니는 피해학생 어머니를 만나 미안하다고 사과하고 '어떻게 해 주면 좋겠느냐' 고 물어봐서 피해측의 요구를 들어주고자 하는 긍정적 · 협조적 태도를 취함. 피해측이 '학교에서의 중재', '가해자 교육' 을 이야기하니 긍정적으로 받아들이고 일이 더 커

지지 않기를 바람. 피해학생 어머니가 가해학생 어머니와 이야기하는 도중 피해학생에게서 다급히 전화가 와 '아이들이 사과했으니, 가해학생 어머니에게 이야기하지 마라' 고 함. 가해학생 어머니를 만나기 전 담임 교사에게도 전화가 왔는데 가해학생 아이들에게 '사과하지 않으면 일이 더 커진다' 고 하고 백지(A4 종이)를 주고 '앞뒤로 빽빽이 다 채워라' 고 했다고 함.

- 피해학생 어머니가 교사에게 전화해 아이들과 가해학생 부모가 사과한 것을 전하고 학교중재를 요청하니 교사는 '피해학생 어머니가 바라는 것이 각서냐, 각서로 아이가 왕따당하지 않을 것 같냐?' 라고 하며 격한 감정을 나타냄. 이에 대해 피해학생 어머니는 상담에서 속상한 마음 털어놓고 대처방법에 대해 조언을 구함. 상담실에서 더 중요한 것은 피해학생 자신의 마음 상태며 이후 계속적인 마음의 상태 변화 및 적응이니, 그 시점에서 각서를 받느냐 마느냐 하는 것은 어머니가 신중히 선택하실 수 있는 문제라고 이야기함. '각서' 에 대해서는 피해학생 어머니가 진정 원한다면 교장선생님께 도움을 청할 수도 있겠지만 가장 중요한 건 피해학생과 피해학생 어머니의 마음이며 피해학생과 피해학생 어머니가 결정하고 상담실은 그에 따른 도움을 줄 것임을 전함(이 상담이 진행된 시기는 2003년 11월로, '학교폭력예방및대처에관한법률' 시행 이전임을 참고).
- 피해학생은 사과받은 이후로 상태가 급격히 좋아짐. 피해학생은 친구들과 오해를 풀고 다시 관계가 회복된 이후에도 개인상담 6회기를 진행하면서 평소 자신의 친구관계에서의 특징, 더 효과적으로 친구를 사귀는 방법 등에 대해서 자신에 대한 통찰력을 얻고 친구들을 이해하였으며, 구체적인 학교생활에 대한 준비 및 계획을 함.

3) 상담 및 중재 결과

- 피해학생 부모와 학생의 상담, 학부모의 학교에 대한 요청, 주위 자연스

러운 자원 동원(아는 어머니) 등을 통해 피 · 가해 학생 간의 오랜 갈등과 문제가 일주일 만에 가해학생의 사과와 화해를 통해 해결되는 결과를 낳았고 피해학생은 개인상담을 통해 자기와 타인에 대한 통찰, 미래를 현실적으로 계획하는 것으로 이후 친구관계 및 적응에서 더욱 도움을 얻고 개인적으로도 성숙하는 계기가 되었다.

4) 상담자 평가 및 의의

- 친구들과의 관계에서 빚어진 트러블과 오랜 피해는 피해학생 부모 및 교사, 가해학생 부모의 '개입' 에 의한 간접적인 효과와 친구들의 직접적인 '사과' 를 통해 해결되었지만, 그 이후에도 상담실에서 6회기의 개인상담을 통해 이후 친구관계 및 학교생활 적응과 평소 친구관계에서의 걸림돌이 될 만한 자기 자신 내부의 문제도 탐색하고 변화하려는 노력으로 피해학생이 더 성숙한 사람으로 성장하도록 하는 계기가 되었다.
- 구체적인 증거가 부족한 '따돌림' 사례였지만, 피해학생 부모의 지속적인 상담과 끈질긴 의지 및 노력을 통해 가해학생과 가해학생 부모의 사과를 받게 되었고 학생들 간의 진실한 화해가 피해학생의 정서적 회복에 큰 몫을 하였다.
- 가해학생 부모의 사실을 인정하고 진심으로 사과하며 협조하는 태도가 피 · 가해자 간 심한 감정의 골을 허물고 가해학생 또한 사과하는 자세를 가지는 데 큰 몫을 한 것으로 추측, 평가된다.
- 피해학생이 학교 측에 문제 제기를 하는 과정에서 학교가 열악한 처지에 놓인 피해학생 편에 서지 않고 가해학생 쪽의 입장을 고려하는 듯한 인상을 주어 피해자 쪽에는 큰 좌절과 실망, 또 한 번의 상처가 된 점도 있었으나, 피해학생 부모는 자신의 감정을 잘 관리하여 피해학생을 위한 최선의 노력과 타협점을 찾아간 것이 근본적인 해결에서 중요함을 일깨워 준 사례라고 할 수 있다. 피해학생 부모와 교사 간의 감정적 갈등은 서

로가 서로를 배려하고 협력함으로써 이루어질 수 있는 일이다.

- 공식적인 문제 제기와 함께 피해자 주위의 자연스러운 자원(아는 엄마)에 의한 은근한 개입이 극한 갈등을 해소하는 과정에서 중요한 역할을 했다는 점을 눈여겨볼 만하다.

현재는 담임교사가 학교폭력 문제를 알게 되면 학교장에게 신고해야 하는 것이 의무로 자치위원회를 통한 개입이 권장되고 있지만, 문제의 본질적인 해결은 처벌과 신고 외에 다른 우회적인 접근에 의해 해결되는 경우도 있음을 전혀 간과할 수 없다. 그렇다고 이것이 학교의 공식적인 개입이나 피해자 측의 문제 제기의 중요성을 과소평가하는 부분이 되어서는 안 될 것이다.

2. 괴롭힘, 금품갈취 사례

인적사항	중학교 2학년 남학생
피/가해 구분	피해자
학교폭력 유형	괴롭힘, 금품갈취(억지로 빌리기)
가해자 유형	같은 학급의 소위 '이진' 이란 아이
상담중재방식	4차 전화상담
기타개입	이전 피해경험 학부모 자문 연결

1) 피해상황 발단 및 의뢰사유

피해학생은 같은 반 친구에게서 여러 번 핸드폰을 빼앗기고 아침에 돌려받는 식의 피해를 당했다. 피해학생은 체구가 다소 작은 편인데, 1학년 때부터 이러한 괴롭힘을 당해 왔다. 핸드폰을 빼앗는 같은 반 아이는 3학년의 폭력적 조직 및 조직 장과 연류되어 있다는 소문이 있다. 괴롭힘과 사소한 금품갈취 등의 피해는 내담자 자녀 외에도 다른 몇몇 학생들도 당했다. 피해학생 아버지는 피해학생이 집에 있을 때 핸드폰이 없는 것을 우연히 발견하고 그동안의 일을 알게 되었다. 피해학생 아버지가 상담실에 처음 전화상담한 것은 몇몇 다른 아버지와 함께 다음날 교장선생님 면담을 약속한 상태로 무엇을 어떻게 준비해서 면담을 해야 하는지에 대한 조언을 구하고 방법을 찾기 위해서였다.

2) 상담 및 중재 내용

- 앞으로 더 큰 피해가 일어나지 않도록 자료 및 방법을 찾고 다른 아버지들과 함께 힘을 합치는 등 적극적으로 대처하고 있는 것에 대해 정서적으로 지지. 그리고 교장선생님 면담 시에 내담자 자녀 외에 피해학생 2, 3명의 피해사례 증거를 같이 모아 제시하는 것이 더 효과가 있을 것이라는 내용을 상담.
- 피해학생 아버지는 구체적인 증거자료로 핸드폰 통화내역서를 뽑아 다른 아버지들과 함께 학교장을 면담함 → 학교 측 적극적 지도 약속 → 전교생 가정에 양일에 걸쳐 가정통신문 발송함.
- 아이가 약간 내성적이고 체격이 왜소한 편이므로 스스로 대처하는 방법 등을 아버지가 교육함.
- 가해학생의 일진과의 직접적 관련 여부 및 일진 존재 여부에 대해서는 확실히 알 수 없고 피해학생도 그 부분에 대해서는 이야기하지 않아 아버지가 일단 예의주시하며 지켜보기로 함.
- 4차 상담 진행 즈음에 오토바이 절도 사건으로 피해자 학교 자퇴생(3학년 나이) 몇 명이 구속, 수감되는 일이 발생했고, 2학년의 괴롭히는 아이들이 구속된 자퇴생과 어느 정도 관련이 있어서인지(확실히 밝혀지지 않았지만) 그 아이들의 괴롭히는 행동도 당시에는 주춤함. 이 학교 자퇴생의 구속사건은 언론에도 크게 보도되었는데, 학교에서는 이러한 상황에서 재학생들이 구속된 자퇴생과 관련이 있다는 내막을 모두 밝히거나 그러한 학생을 처벌하는 부분에 대해서는 조심스러운 모습을 보이며 관련을 짓

지 않으려는 분위기임. 또한 피해학생의 아버지도 2학년 가해학생을 공식적으로 처벌하거나 주변 자퇴생과 관련성을 직접 밝히는 것은 피해학생이 감당해야 할 부분이 너무 커지므로, 일단 더 이상의 공식적인 문제 제기는 중지하고, 피해학생 개인이 학급에서 이후 다른 피해를 겪는지의 여부와 더 이상의 큰 피해가 없는지에 대한 주의와 점검 후 꼭 개입해야 할 일이 벌어지거나 개입해야 할 때 다시 문제 제기를 하겠다며 마무리함.

- 구속된 자퇴생의 경우엔 거의 재범이며, 양부모가 없거나 한부모 가정, 이혼가정인 학생이 대부분이었다. 구속된 한 명에 대해서는 오토바이를 절도당한 당사자 학생의 학부모가 '후견인'으로 자처하여 학생 보호와 선도에 나서기도 함.

3) 상담 및 중재 결과

- 아버지의 문제 제기와 해당 학교 출신 자퇴생의 구속 사건으로 학급 내 괴롭히던 학생들의 행동도 일시적으로나마 중단됨으로써 피해학생은 전보다는 더 안심하고 학교에 다니게 되었다. 그리고 아버지의 개입으로 정서적 지지를 얻고 대인관계 대처훈련 등을 연습함으로써 스스로 대처하는 태도에서 더욱 융통성을 가지게 되었다.
- 주변 '자퇴생' 구속사건으로 학교 내 같은 반 급우에 의한 은근한 '괴롭힘'의 피해사건이 어느 정도 묻히는 현상이 일어나 순간적으로 피해가 중단되기는 했으나 이후 정도가 심하진 않아도 간헐적인 피해가 있는 것으로 확인되었다.

4) 상담자 평가 및 의의

- 피해자 아버지들이 연합하여 구체적인 증거를 가지고 학교 교사를 만난

것이 학교에서도 책임감을 크게 느끼고 단속 분위기를 강화하는 데 긍정적인 효과를 주었고, 문제 제기 시점에서 관련되었을지 모르는 자퇴생들이 구속됨으로써 동시적인 우연효과로 재학생들의 행동도 다소 약화되는 계기가 되었다.

- 선배나 자퇴생 등 '일진' 과 같은 무리와 관련이 있는 학교 내 가해자의 경우 관련 학생 전체 조직을 해체하거나 근본적인 선도 개입 없이 특정 몇몇 학생에 대한 행동만 제재하고 처벌하는 것으로는 한계 및 위험성이 있다. 그러므로 경찰, 학교, 사회단체의 연계를 통해 '불량서클' 조직구성원에 대한 파악 및 선도교육이 정기적 · 적극적으로 이루어져야 할 것이다. 또한 '신고' 로 인한 '보복' 등 피해학생 개인의 피해 재발을 막기 위해서는 보복 시의 처벌기준 강화 및 '학교폭력이 범죄' 라는 인식 전환과 숙지를 위한 '가해학생 대상 특별 프로그램' 및 사전 '예방교육' 의 확대 실시가 필요하다.
- 구속된 자퇴생에 대해서는 결국 피해학생 부모가 '후견인' 으로 나서 열악한 가정환경에 있으면서 비행을 일삼을 수밖에 없었던 가해학생을 포용함으로써 가해학생을 위로하는 일이 일어났다. 이것은 언론에도 감동적인 '일화' 로 보도되었는데, 이처럼 방치된 폭력 및 비행 청소년 문제의 경우 경찰, 학교 차원의 공식적인 개입과 함께 지역사회와 학부모의 비공식적인 관심과 후원이 있을 때 오히려 사회 및 청소년 모두에게 더 큰 변화와 긍정적인 효과를 가져올 것이라고 본다.

3. 괴롭힘, 신체폭행 사례

인적 사항	중학교 3학년 여학생
피/가해 구분	피해자
학교폭력 유형	괴롭힘, 신체폭행

가해자 유형	같은 학교 · 학급의 동급생 집단(6명)
상담중재방식	피해학생 부모 6차 전화상담 및 피해학생 · 부모 면접상담(1회), 교사 전화상담 및 면접상담(각각 1회), 가해자 집단프로그램.
기타개입	피해자 지속적 개인상담 연계(지역 청소년상담실), 3학년 전 학년 대상 학급별 학교폭력 예방프로그램

1) 피해상황 발단 및 의뢰 사유

피해학생은 중 2때 이사로 전학을 했다. 2학년 때는 무난히 지냈으나 3학년으로 진학하면서 같은 반 특정 집단(5~6명)의 괴롭힘을 받았다. '너가 ○○냐?'라는 등 시비를 걸고 자리를 찾아 가방을 뒤지며 등에 분필로 낙서를 하는 등의 괴롭힘과 언어폭력을 행사했다. 초기상담 전날 가해학생들의 시비에 피해자가 '왜 그러냐?'고 반문했다가 교탁 앞에서 1 : 다수로 신체폭행(경미한 신체적 충돌)이 일어났다. 피해학생은 심한 외상은 없으나 정신적인 스트레스와 불안을 심하게 보이며 등교를 거부했다.

피해학생 부모 중 어머니는 담임선생님과 통화해서 가해자 학부모들을 소집해 날라고 요청(학교에서는 그럴 정도의 사안이 아니라고 함)했고, 아버지의 경우 경찰서에 신고하겠다고 할 정도로 흥분한 상태였다.

2) 상담 및 중재 내용

- 상담을 통해 피해자 부모의 당황스러움과 흥분을 최대한 가라앉히고 외상이 거의 없는 경미한 신체폭행인 만큼 경찰 신고라는 극단적인 방법보다는 학교 측에 이성적, 공식적으로 문제를 제기해 더 원만한 해결을 볼 수 있도록 유도함.
  - 구체적인 방법 조언: 경미한 외상이라도 상처에 대한 사진, 옷의 흔적, 반 아이들의 진술서 등 구체적인 자료를 준비해 학교 측에 담임, 학생

부장, 교장의 수순을 밟아 문제를 제기하고 해결을 부탁, 요청하라고 조언함(이 사례에 대한 개입 시기는 2004년 4월로 '학교폭력예방및대처에관한법률' 이 시행되기 이전).

- 학부모가 학교에 가서 교사를 만나고 학생들은 진술서를 작성했으며 교사가 있는 자리에서 피 · 가해자 양측 학생은 각각 있었던 사건에 대해서 구두 및 서면 진술. 피해학생 부모는 학교 측에 '가해자 특별교육' 및 학교 학생들 대상 '학교폭력 예방교육' 의 실시를 강하게 주장함.
- 학교 측에서는 교사중재로 피 · 가해 양측을 화해시키고 일을 마무리하려고 하였으나 피 · 가해학생의 의견대립 및 분쟁이 그치지 않고, 피해학생은 이후 학교생활에 대해 여전히 불안해하는 것이 역력하여 피해자 부모는 계속해서 학교에 본 기관에서 가해자가 특별교육을 받을 것과 학교 학생 대상으로 예방 프로그램을 실시할 것을 강하게 주장함.
- 결국 기관 상담원의 학교에 대한 전화상담 및 교사들의 내방상담으로 사건 해결에 대한 이후 방안을 논의, 학교 측에서는 '가해자 특별교육 프로그램' 을 본 기관에 의뢰해 실시하기로 결정함. 예방 프로그램에 대해서도 이후 실시하기로 잠정적으로 결정함.
- 결과적으로 가해학생은 본 기관에서 5일 동안 '가해자 특별교육 프로그램' 을 받고, 피해학생은 거주하는 인근지역 청소년상담실로 연계해 약 4개월 이상의 개인상담을 받음(가해학생은 '교내 1주일 봉사' 도 실시).

3) 상담 및 중재 결과

- 피해학생은 개인상담 및 가해자 학생들의 교육, 예방 교육 프로그램 진행 등의 과정을 통해 이후 자신감 있고 활기찬 학교생활로 적응했다.
- 가해학생은 특별 프로그램을 통해 '장난이었는데 피해학생이 예민하다' 는 생각에서 벗어나 아무리 작은 가해행동이라도 피해자에게 극한 영향을 미칠 수 있고 피해학생이 '피해라고 느끼는 심각성이 높을 때' 그것

은 '학교폭력' 이 될 수 있음을 인지했다.

심리검사 및 집단 프로그램을 통해 자신과 타인을 이해하고, 평소 친구 및 가족관계도 돌아보고 자신의 미래에 대해서 계획함으로써 더욱 책임감 있는 생활유지 및 긍정적인 생활태도 자세를 습득했다.

- 피 · 가해 학생들은 중 3 남은 시기 동안 한 번도 부딪치는 일이 없이 원만하게 학교생활을 하다가 졸업했다.

4) 상담자 평가 및 의의

- 경미한 신체폭행 사례였지만, 구체적인 증거를 확보해 문제를 드러내어 해결책을 찾으려는 노력이 피해학생 개인상담 및 가해자 특별교육, 예방교육 등의 여러 방면의 개입을 가능케 하고 원만한 결과를 낳은 구심력으로 작용했다.
- 특히 피해학생 부모의 아이 보호를 위한 적절한 수준의 끈질긴 요구, 학교측의 문제를 해결하려는 의지 및 어느 정도 개방된 자세가 학교폭력 전문기관이 개입하여 적절히 해결하도록 하는 데 큰 강점으로 작용하였다.
- '학교폭력예방및대처에관한법률' 이 시행된 2004년 8월 이전 사례나 공식적인 학교폭력법 적용 및 '자치위원회' 를 통한 해결은 아니지만, 담임 → 학생부장 → 교장 순으로 사건이 보고되었고 학교장이 책임의식을 갖고 해결에 적극적인 태도를 보인 것은 학교폭력법이 시행되는 현재 시점에서도 충분히 긍정적으로 참고할 만한 사례다.

4. 일대일 신체폭행 사례 I

인적사항	중학교 1학년 남학생
피/가해 구분	피해자(특이사항: 정신지체)

학교폭력 유형	일대일 신체폭행
가해자 유형	같은 학급 학생 1명
상담중재방식	전화상담, 피해 · 가해 가정, 학교, 병원 6차 방문상담
기타개입	합의서 작성 및 합의, 가해프로그램 진행

1) 피해상황 발단 및 의뢰사유

피해학생은 정신지체학생으로 평소에 입에 물을 먹고 뿌리는 행동을 자주 하였다. 이러한 행동을 못마땅하게 여긴 가해학생이 피해학생의 머리와 어깨를 구타하여 병원 신경외과 치료를 받았으며 '3주간의 안정과 치료를 요한다' 는 진단결과를 받았다.

사건발생 후 학교 측에서 직접 중재하려고 일주일간 노력했으나 피해학생 어머니가 해결 전 이미 교육청에 연락하여 일이 확대되었고, 경찰 고소가 이루어졌으며 언론보도 이야기까지 거론되었다. 이런 상황에서 청예단을 통해 사건 해결의 경험이 있던 학교 측의 재의뢰를 받아 상담 및 개입이 시작되었다.

2) 상담 및 중재 내용

- 경찰서 및 교육청에 보고가 된 상황이기 때문에 분쟁조정 신청을 할 필요가 없어(학교폭력법에 따라) 학교 · 피해 측을 만나 먼저 원하는 것에 대해 탐색. 처음에는 피해자 측의 요구(합의)에 대해 학교, 가해자 측에서 합의를 위한 적극적인 자세가 없었고 감정대립이 컸음.
- 피해 측에게 '피해학생 어머니모임', 그동안 상담한 결과에 대한 예시를 설명하고 아이에 대한 치료에 전념하길 권함. 또한 학교 측과 가해부모 측에 요구조건 제시를 보류하고 매일 아이의 회복상태를 체크하면서 진심 어린 사과를 요구하라고 조언함. 그런 다음 3일 후에 피해학생 어머니를 만나 피 · 가해학생들의 추후 학교적응 문제, 가해학생 어머니의 경제

적 어려움 등을 말하면서 피해자측 감정과 요구조건이 누구러졌을 때 다음날 가해자 측에 합의에 대한 생각을 전하라고 상담함.

- 이미 나온 병원비에 대해 우선 병원 측의 협력으로 할인혜택을 받았고 피해학생 어머니에게 가해자의 가정형편을 설명한 후 치료비 수준(실제 치료비보다 약간 많은 금액)의 액수로 합의하기로 함. 합의는 병원사무실에서 이루어짐.
- 합의내용
  - 피해학생의 정신적, 심리적 해결을 위해 가해학생은 피해학생에게 진정 어린 사과를 한다.
  - 위 가해학생이 앞으로 이런 유사한 일로 다른 학생에게 피해를 입히지 않도록 보호자는 최선의 노력을 다한다.
  - 피해학생의 심리적 안정과 가해학생의 선처를 위해 피해 측과 가해 측이 공동으로 협력하여 피해학생의 빠른 쾌유와 학교적응을 서로 돕는다.
  - 민사합의: 가해부모는 피해 측의 병원 치료비, 위로비 등을 포함한 ○○ 금액을 지불한다.
  - 청소년폭력전문기관에서 가해자 프로그램을 60분간 10회 집단상담을 받는다.

3) 상담 및 중재 결과

- 피해 · 가해 학생 간 사과 및 화해, 가해학생이 피해학생에게 재차 피해를 주지 않도록 보호하고 책임, 치료비 지불 등의 공증을 통한 정식 합의가 이루어지고 이행되었다.

4) 평가 및 의의

- 학교 측이나 피해부모 측은 원인에 대한 증빙자료를 제시하지 못해 감정에 대한 갈등 상황이 심해졌고, 피해학생도 잘못한 부분이 있어 가해학생 부모도 이로 인한 감정이 있었다는 점, 가해학생의 경제적 여건의 어려움 등이 합의를 방해하였는데, 상담자가 양측에 적절히 개입함으로써 피 · 가해자 양측이 한 발짝씩 양보함으로써 바람직한 합의에 도달할 수 있었다.
- 가해학생의 경제적 여건의 어려움에 대한 상담자의 설득으로 피해자가 치료비 수준의 피해보상만 받겠다고 동의한 데 이어 병원 측의 도움으로 할인혜택을 받아 합의금이 줄어든 점이 합의의 긍정적인 요소로 작용하였다. 이 사례를 포함한 많은 중재상담 사례를 볼 때, '학교폭력' 을 의료보험혜택 적용 대상에 넣게 되면 학교폭력의 원만한 해결에 더 도움이 될 것으로 기대되므로 관련 법 개정이 필요하다.

5. 일대일 신체폭행 사례 II

인적 사항	고등학교 3학년 남학생
피/가해 구분	피해자
학교폭력 유형	일대일 신체폭행
가해자 유형	같은 학급 학생 1명
상담중재방식	전화상담, 피해 · 가해 가정, 학교, 병원 3차 방문상담
기타 개입	합의서 작성

1) 피해상황 발단 및 촉발 사건

2005년 7월 어느 날 저녁식사 후(18 : 50경) 피해학생 및 가해학생 교실에 에 어컨이 켜져 있었는데, 가해학생은 피해학생에게 창문을 닫아 달라고 3번을 요청했으나 피해학생은 이를 듣지 못했고, 이것을 발단으로 말다툼이 시작되어 주먹싸움으로까지 번져 결국 피해학생은 왼쪽 눈 골절이 함몰되고 병원 입원치료(13주 진단)를 받게 되었다. 피해학생의 작은아버지가 처음 기관에 전화하여 상담 및 개입이 시작되었다.

2) 상담 및 중재 내용

- 피해학생의 작은아버지가 처음 전화상담을 하여 피해학생의 상황과 사건개요를 들었고, 좋은 방향으로 해결하겠다고 하여 피해학생의 병문안을 먼저 하고 추후 해결에 대한 내용을 상담한 후 일단은 종결함.
- 10여 일 후 사건이 잘 해결되었는지 확인하기 위해 학교 측과 연락하여 상황을 들어 보니, 해결이 제대로 이루어지지 않았고 담임교사의 부탁으로 다시 개입하게 됨. 피해학생과 가해학생 학부모를 만나 보니 합의금에 대한 상당한 차이가 있었고 감정 대립 때문에 양쪽이 만나고 있지 못한 상황이었음.
- 피해학생의 피해상황이 크고 피해, 가해 양측 간의 감정대립이 상당히 심각한 상태. 그래서 각각 개별적으로 상담한 후 합의서 초안을 작성, 피해 측이 법무사의 공증을 원해 초안 작성한 합의서를 가져가 정식 합의서를 작성한 후 공증을 받음.
- 합의내용
  - 사건발생 직후부터 현재(합의서 작성)까지 치료 및 입원비용을 가해 측은 피해 측에 지불한다.
  - 이후 6개월간의 치료비에 대해서도 S 병원, Y 병원, J 병원 담당의사의 진단과 소견에 따라 부담(통원치료 포함), 수술 및 수술 후유증이 발생할 시 가해 측은 이에 대한 비용을 지불한다.
  - 위 내용에 대해 가해측은 위와 관련된 사항을 어겼을 시 민 · 형사상

책임을 지며 어떠한 처벌도 받겠다. 또한 가해 측이 위 내용을 성실히 이행했을 시 피해 측은 민 · 형사상의 어떠한 처벌도 묻지 않는다.

– 위와 관련된 사항에 대해 가해 측 법정대리인 ○○○와 피해 측 법정대리인 ○○○은 이를 이행한다.

3) 상담 및 중재 결과

- 가해, 피해, 학교 측 3회 상담 및 방문 개별 상담을 통해 상담 및 중재개입의 위와 같은 '합의내용' 에 대한 합의가 이루어지고 이행되었다.

4) 상담자 평가 및 의의

- 중재상담을 추진할 경우, 각서나 합의서는 양측을 따로 면담한 후 작성한 최종안을 가지고 중재장소에서 만나 합의가 이루어졌는데, 피해학생 '삼촌' 이 중재장소에 나타나 법무사 사무실에서 작성하자고 하자 언성이 높아지고 이로써 해결에 어려움이 생겼다. 중재상담에서 합의의 경우, 공공성이 있는 기관에서 중재초안을 가지고 학교, 피해 측, 가해 측이 모두 참여해서 공식적인 해결이 되도록 하는 것이 바람직할 것이다.
- 가해자 측에서도 병원비, 치료비 지불, 합의에 대한 의사는 있었으나 병원비 보험혜택 문제, 합의서 공증, 추후 발생할 수 있는 수술 문제 등에 대해 의견 차이가 많아 합의하는 데 어려움이 있었다. 피해학생의 피해 정도가 컸으나 초기개입이 이루어졌기에 쉽게 합의가 된 점도 있다.

6. 집단 신체폭행 사례

인적 사항	고등학교 3학년 남학생
피/가해 구분	피해자
학교폭력 유형	집단 폭행
가해자 유형	같은 학급 학생 1명
상담중재방식	전화상담, 피해 · 가해 가정, 학교, 병원 등 12차 방문 개별상담
기타 개입	합의서 작성 및 양측 합의 중재, 학교사회사업가 가해 프로그램 연계, 학급 예방교육 프로그램 및 교내 예방 캠페인 실시

1) 피해상황 발단 및 의뢰사유

3월 어느 날 여학생들이 보는 데서 한 학생이 피해학생의 생식기를 잡는 심한 장난이 있었고 피해학생이 화를 내었다고 일진회 소속 가해학생 9명이 포위하여 그중 2명이 피해학생을 구타, 팔에 타박상과 코뼈가 부러지는 상해를 입혔다. 피해학생은 모 병원에서 코 수술(5주 진단)을 받았고 이로 인해 가해자 3명은 구속되고 6명은 불구속 입건되었다.

본 기관이 중재상담을 해서 문제를 해결했던 한 학교의 교사가 이 사건을 듣고 소개하여 해당 담임교사가 전화상담을 했다.

2) 상담 및 중재 내용

- 가해자인 일진회(추후 자체 학교서클로 확인됨) 소속 9명 중 구속된 부모와 불구속된 학생 부모 측과의 갈등이 문제 해결의 난점이었다. 피해자 측은 가해자 측의 예상보다 무리한 합의금을 요구하였고, 여러 언론 보도로 가해자 측은 매우 감정이 상한 상태였음(반면 학교 측의 적극적인 해결 의지는 문제 해결의 장점이 되었음).

- 사건 발생 후 20일이 경과하여 상담이 요청되었고, 그 사이 피해학생 아버지는 감정이 많이 격해져 있어 상담자 혼자 상담하기보다 '피해자 자조모임' 어머니와 함께 병문안을 간 후 추후에 개입하기로 함.
- 2회차 면접 시에는 학교장과 적극적인 불구속 학부모와 함께 병문안을 시도하여 피해학생 부모의 감정이 많이 수그러짐. 피해학생 아버지와 관계가 좋은 불구속 부모에게 가해에 대한 책임 정도를 떠나 '집단구타' 이므로 다른 불구속 부모들을 설득해 지속적인 병문안을 하라고 하여 도움을 받음.
- 또한 피해 · 가해 양측 부모들이 다 알고 지내는 사이로 친분들도 있어 구치소에 있는 구속된 가해학생 3명을 피해학생 아버지와 가해학생 부모들이 함께 면회를 가게 하였는데, 피해학생 아버지가 구치소에 있는 아이들을 직접 보니 마음에 부담을 느끼고, 추후 아들의 학교적응 문제 등과 관련하여 다시 생각해 보게 되어 합의에 대한 마음을 갖게 됨.
- 상담 7일 후 피해학생 부모가 합의하겠다고 했을 때 가해학생 부모 중 한 명이 일방적으로 본인 측은 합의했으니 참석하지 않겠다고 하여 공동합의가 어려워졌다가, 결국 9명의 부모들이 모두 참석하여 상담개입 후 2주 만에 합의가 병원사무실에서 이루어졌음.
- 피, 가해자 간 합의를 통해 다음과 같은 내용의 약속이 이루어졌음.
  - 피해학생의 정신적, 심리적 해결을 위해 가해학생들이 진정 어린 사과를 한다.
  - 가해학생이 앞으로 이런 유사한 일로 다른 학생들에게 피해를 입히지 않도록 보호자는 최선의 노력을 다한다.
  - 피해학생의 심리적 안정과 구속학생들의 선처를 위해 피해 측과 가해 측이 공동으로 협력하여 피해학생의 빠른 쾌유와 학교적응을 서로 도우며 구속한 아이들의 선처를 위해 공동으로 노력한다.
  - 민사합의: 가해부모들은 피해 측의 병원 치료비, 위로비 등을 포함한 금액 ○○원을 지불한다.

– 청예단 기관에서 가해자 프로그램을 90분으로 하여 10회 집단상담을 받는다

3) 상담 및 중재 결과

- 피, 가해자 간 공식적인 합의서 작성 및 합의를 통해 피해학생의 치료와 안정, 가해학생의 선처 등이 이루어지고 학교생활에 공동으로 재적응하려는 노력이 이행되었다.
- 학교가 상주형 학교사회사업을 하고 있어서 가해자 프로그램의 경우 본 기관(전남 청예단)에서 실시하지 않고 가해자 대상자를 의뢰, 사후관리를 부탁하였고 본 기관에서는 학급별 예방 프로그램 및 학교 내 학교폭력 예방 캠페인 등을 실시하였다.
- 개입 후 피해학생 및 가해학생 모두는 원만한 학교생활을 하고 있다.

4) 상담자 평가 및 의의

- 이 사례는 집단구타로 가해자 측의 불구속 · 구속 입건된 부모 측 간의 의견 일치가 이루어지지 않고 고소 및 언론에 여러 차례 보도되어 학교, 가해 측, 피해 측 간의 감정 대립이 극에 달해 있었기 때문에 해결에 어려움이 있는 사례였다. 그러나 각각의 개별방문으로 상황을 이해시키고 감정을 누그러뜨린 후 중재를 진행한 것이 사건해결에서 중요한 역할을 차지하였다.
- 사례가 피해자 측이 아닌 학교 측에서 의뢰된 것이라 피해 측과의 라포 형성이 어렵다는 문제가 있었는데, '피해자부모 자조모임' 구성원의 도움으로 함께 병원에 방문함으로써 피해자 부모와 라포를 형성한 후 7일 만에 빠르게 합의가 이루어진 점이 눈에 띈다.
- 집단구타일 때는 가해자 측의 의견을 충분히 일치시킨 후 개입해야 하며

피해학생이 많을 경우도 의견일치 후 중재상담에 개입하는 것이 필요하다. 이 사례의 경우 불구속 대상자 어머니의 적극적인 자세로 어려운 사례인데도 비교적 쉽게 해결되었다.

- 학교 측에서 의뢰한 사례인 만큼 학교 측의 적극적인 의지는 사건중재 후 가해 프로그램 실시, 예방교육, 캠페인 등을 통한 사건의 완전한 해결 및 사후관리 차원 등에 있어서도 바람직한 마무리가 이루어지게 했고, 실제로 피해 · 가해 학생의 정상적인 학교생활을 도왔다.

참고문헌

청소년폭력예방재단 상담센터(2003~2005). 청소년폭력예방재단 전남지부 상담사례.

11장
학교상담과 자치위원회 활동

– 신순갑(서초구립방배유스센터 관장)

지난 2004년 1월 29일 법률 제7119호로 '학교폭력예방및대책에관한법률'이 공포되었으며 동년 7월 30일 관련법 시행령이 발효되었다. 이 법률의 목적은 법률 제1조에서 규정한 바대로 학교폭력의 예방과 대책에 관하여 필요한 사항을 규정함으로써 피해 학생의 보호, 가해 학생의 선도, 교육 및 피해 학생과 가해 학생 간의 분쟁 조정을 통하여 학생의 인권을 보호하고 학생을 건전한 사회구성원으로 육성하고자 하는 것이다. 법 제정 이후 1년여가 지난 지금 전국 1만 580여 개교가 법률에 의해 '학교폭력대책자치위원회(약칭 자치위원회)'를 구성했지만, 실제 학교현장에서 이에 대한 적용의 미숙함과 운영능력의 저조함으로 인하여 이와 같은 법이 그 실효성을 거두지 못하고 있다. 아울러 본 법률의 내용은 청소년의 보호체계와 관련된 인권–보호적 측면이 선언적 의미의 수준에 머물러 있어 추후 본 법안의 수정 및 보완이 예상된다.

이 장에서는 학교 내에서의 자치위원회 운영에 있어서 필요한 핵심적인 법률내용을 소개하고 학교폭력대책 자치위원회의 효율적인 운영방안을 모색해 보고자 한다.

1. 학교폭력예방및대책에관한법률

이 법률은 지난 2004년 1월 29일 공포되었고 그로부터 6개월 후 시행되었다. 초기 법제정에서 '청예단'을 비롯한 많은 시민단체들은 '피해청소년의 보호', '의료대책강구', '예산확보', '학생인권보호' 등의 내용을 골자로 하였지만 입법과정에서 핵심적 내용들은 삭제되고 선언적 의미로서의 법률이 제정되었다. 그러나 그 내용이 비록 미미하지만 '학교폭력'에 대한 제도적 장치의 첫출발이라는 의미는 존재한다.

1) 청예단의 법률제정 투쟁

그동안 1996년부터 사회 문제로 부각하게 된 '학교폭력 문제'에 대하여 관련 시민단체들의 끊임없는 요구와 해결을 주장하였다. 그중 '청소년폭력예방재단'은 1996년, 1999년, 2001년 3회에 걸쳐 국회 교육위원회에 본 법률의 필요성을 알리고 제정을 요구하였다. 특히 청예단과 학교폭력피해자가족협의회는 2000년부터 2001년까지 1년간 '법률안제정'[1)]을 이슈로 대학로에서 격주간 토요집회를 실시하여 세간을 주목을 받았다. 당시 법률 제정의 초안에는 교육개혁을 위한 학부모연대, 전교조, 교총, 참교육학부모연대, 월드비전 등과 함께 본 법안의 초안을 작성하였다. 2002년 본 법안의 초안은 이들 단체를 하나로 묶은 '학교폭력국민대책협의회'[2)]에서 박병식 교수의 도움을 받아 교

1) 당시 법률안의 명칭은 '학교폭력방지에 관한 특별법'이며 시민단체안과 시민 35만 명의 서명을 모아 국회 교육위원회 임종석 의원에게 제출하였고 이를 임종석(안)으로 발표하였다. 이 법률의 특징은 '중재위원회의 구성과 성폭행, 청소년인권교육, 국가 및 지자체의 재원마련 등'을 포함하는 것이 주요 특징이다.

2) '학교폭력대책국민협의회'는 법률 제정의 진행이 둔화되자 청예단 김종기 전 이사장의 제의로 협의회가 구성되었고 초대 공동대표는 김종기, 문용린, 최영희, 임웅균 등이 임명되고 상임대표는 최영희 씨가 맡았으며 초대 사무총장은 필자가 역임하였다.

육위원회 현승일 의원 등이 정리하여 2003년 6월 23일 발의하여 2003년 12월 29일 국회에서 의결되게 되었다.

물론 이 과정에서 당초 제안한 법률안이 교육부와 관련 공청회, 국회의 법제심사를 거치는 과정에서 많은 중요한 사항들이 누락되게 되었으며 결국 지금의 껍데기만 남아 있는 선언적 의미수준의 법안이 되게 된 것이다.

필자는 2001년 당시 법률 제정을 위한 거리투쟁을 청예단의 주도하에 운영하면서 법률에 꼭 들어가야 하는 필요한 내용을 관련단체들과 수차례의 회의를 통하여 법률초안을 기초하였다. 당시 주요 내용은 '본법률의 특별법으로의 제정', '학교폭력 피해자의 보호'와 '학교 내에서 중재의 필요성 강조', '학교의 예방교육 강화' 등을 주요 골자로 하였다. 이후 학교폭력대책위원회 주도하에 교육부를 통하여 2004년 1월 법률제정이 완료되었으나 피해자 보호시스템 미비와 관련 예산 미확보, 교장이 당연직 위원장으로 되어 있는 비민주적 구조의 '자치위원회' 운영과 운영홍보 부족, 특별법이 아닌 일반법으로서의 법 실행의 한계 등으로 의견이 모아진다.

그럼에도 불구하고 동 법률이 제정됨에 따라 그 어느 때보다도 학교 내에서의 '학교폭력대책자치위원회'의 역할이 중요해지고 이에 따른 운영절차와 방법 모색의 필요성이 높아진다.

현재 관련 법률의 내용에 '학교폭력대책자치위원회'에 관한 내용이 법안과 시행령에 기술되어 있지만, 세부적인 운영에 관하여는 기술되어 있지 않다. 따라서 모든 학교 내에 '학교폭력대책자치위원회'를 구성하고 있지만 실제로 운용에 있어서는 제대로 활용치 못하고 있는 실정이다.

2) 학교폭력대책자치위원회(약칭 자치위원회)의 의미

'자치위원회'의 학교 내 설치는 그동안 교내 폭력 사건을 해결할 수 있는 전담기구의 미비로 대부분의 사건들이 경찰서나 형사, 민사상의 방법을 통하여 진행되어 오고 있어 학교 현장에서 엄청난 인적, 재정적 소모가 발생하고 있었다. 그동안 대표적인 학교 내 기구로서 '5자 위원회', '중재위원회' 등이 학교폭력 사건의 중재적 역할을 맡고 있었지만, 법적 지위의 미비로 그 역할의 중대성에 비해 실제적인 성과가 없었다.

따라서 동 법률에 의해 설치된 '자치위원회'는 법적지위를 부여받으며 1차적 목적은 피해, 가해 당사자들을 법적 심판 대신 학교 내에서의 자율적인 합의 또는 중재를 한다는 목적을 두고 있다.

기존에 운영되었던 '중재위원회'와의 차별성은 대외적 전문가가 위원(경찰, 법조계, 상담가 등)으로서 활동한다는 것이다. 따라서 기존의 학교성원 중심에서 지역사회 중심으로 위원회 구성이 포진되었다는 차별성이 있다.

이것은 중재를 유도해 내기 위하여 '자치위원회' 스스로의 중립성과 객관성을 유지시키려면 절대적으로 필요하기 때문이다.

'학교폭력대책자치위원회' 활동 중 경찰, 검찰에 해당 사건이 의뢰되었을 때도 이러한 객관적인 조사자료를 그들에게 수사자료로 넘겨 줄 수 있어서 좀 더 객관적인 형, 민사상의 접근을 꾀할 수 있다. 따라서 '학교폭력대책자치위원회'는 구성 자체는 관련 법률에 기초하지만 형사적 구속력이 없기 때문에 강제적 집행에 있어서 그 실효성이 반감되는 것은 사실이다. 그러나 교육과정상에 있는 학생, 청소년들에 대한 사회적 온정주의를 배경으로 형사, 민사적 사건으로의 확대 이전에 '학교폭력대책자치위원회'를 통한 원만한 조정과 중재는 결국 학생들을 정상적인 학교생활로의 복귀를 목적으로 하고 있는 것이며 학생들을 보호하기 위한 형사적 법집행과 교육적 해결과정의 중간적 역할로서의 기능을 수행하는 의미를 부여할 수 있다.

3) 학교폭력대책자치위원회와 관련된 중요 내용

먼저 이번 법률의 주요 내용들을 간략하게 살펴보면 다음과 같다.

① 학교폭력을 '학교 내 외에서 학생 간에 발생한 폭행, 협박, 금품갈취, 따

돌림 등에 의하여 신체적 정신 또는 재산의 피해를 수반하는 행위로서 대통령령이 정하는 행위' 로 정의함(제2조).

② 국가, 지방자치단체는 학교 폭력을 예방하고 이의 근절을 위한 법적, 제도적 장치를 마련하여야 함(제4조)

③ 교육인적자원부장관은 학교 폭력 예방 및 대책에 관한 기본계획을 5년마다 수립 시행하여야 함(제6조)

④ 학교 폭력대책기획위원회를 둠(제7조 제1항)

- 학교 폭력의 예방 및 대책에 관한 기본계획의 수립 및 추진 상황의 평가 등을 심의하기 위하여 교육인적자원부 장관 소속하에 위치

⑤ 시, 도 교육청에 학교폭력 예방 및 대책 담당 전담부서 설치(법 제9조)

⑥ 교육감은 학교 폭력의 예방 및 대책에 관한 기본 계획에 따라 학교에 학교폭력대착자치위원회를 설치, 운영함(제10조, 제11조, 제14조, 제15조)

⑦ 위원장은 학교장이 되고 위원은 다음 각 호에 해당하는 자 중에 학교장이 위촉(제11조)

▶ 위원의 자격

· 학생생활지도의 경력이 있는 자로서 10년 이상의 경력을 가진 교사
· 초, 중교육법 제31조의 규정에 의한 학교운영위원회의 학부모 대표
· 판사 검사 또는 변호사의 자격을 가진 자
· 해당 학교의 구역을 관할하는 경찰서 소속 경찰 공무원
· 청소년 보호에 지식과 경험을 가진 자

▶ 자치위원회의 기능

· 학교폭력 예방 및 대책을 위한 학교의 체제 구축
· 학교폭력 예방 프로그램의 구성 및 실시
· 피해학생의 보호
· 가해학생에 대한 선도 및 징계
· 피해학생과 가해학생간의 분쟁 조정 등

⑧ 학교교장은 학교폭력을 예방하기 위하여 상담실을 설치하고 전문상담교

사를 두며 학교폭력 문제를 담당하는 책임교사를 선임하여야 함(제12조)

⑨ 학교의 장은 학교폭력 예방교육을 정기적으로 실시하여야 함(제13조)

⑩ 자치위원회가 피해학생의 보호를 위해 필요하다고 인정한 때에는 학교의 장은 피해학생에 대해 일정한 보호조치를 취할 수 있음(제14조)

▶ 피해학생의 조치

㉠ 심리, ㉡ 상담 및 조언, ㉢ 일시 보호하는 일, ㉣ 치료를 위한 요양, ㉤ 학급교체, ㉥ 전학권고 등

⑪ 자치위원회가 가해학생의 선도, 교육을 위하여 필요하다고 인정한 때에는 학교의 장은 가해학생에 대하여 일정한 조치을 취하여야 함(제15조).

▶ 가해학생의 조치

㉠ 서면사과, ㉡ 접촉, ㉢ 협박금지, ㉣ 학급교체, ㉤ 전학, ㉥ 학교봉사, ㉦ 사회봉사, ㉧ 특별교육이수 또는 심리치료, ㉨ 출석정지, ㉩ 퇴학처분(고교생)

⑫ 자치위원회는 학교 폭력과 관련하여 분쟁이 있는 경우에는 그 분쟁을 조정할 수 있으며 조정기간은 1월임(제16조)

⑬ 학교폭력 현장을 보거나 그 사실을 알게 된 자는 학교 등 관계 기관에 즉시 신고하여야 함(제18조)

⑭ 학교폭력 예방 및 대책과 관련한 업무의 관계자들은 그 직무로 인하여 알게 된 비밀을 타인에게 누설하여서는 아니 되며, 이를 위반한 자는 벌금형에 처함.(제20조)

2. 학교폭력대책자치위원회의 기능과 역할

학교폭력의 대처방법 중 자치위원회의 기능과 역할은 가장 중요한 것은 폭력이 일어나지 않도록 어린 아동기 때부터 미리 예방하는 것이다. 그러나 자치위원회의 기능과 역할은 이미 폭력이 일어나고 이에 대처하는 것, 가해자와

피해자를 대상으로 한 자치위원회를 소집하여 분쟁을 해결하고 대응하는 것, 그리고 가해자의 행동을 처벌, 치료하고, 피해자가 극복될 수 있도록 도와주는 것을 말한다.

1) 피해학생에 대한 보호체계 수립

학생들 간의 공격적인 폭력행동은 주로 성인의 감독이나 교사들의 감독이 미치지 않는 극히 제한적인 공간에서 발생하며, 주로 친구나 가족에게 알리는 반면 교사나 경찰에 알리는 예는 드물다. 따라서 '자치위원회' 는 사건접수 후 즉시 피해학생에 대한 보호체계를 갖추어야 한다.

정서적 지지가 필요한 경우 'peer system' 혹은 'big-brother' 프로그램을 가동하여 멘토할 수 있는 동료를 붙여 정서적 지지를 해 줄 수도 있다.

상황에 따라서 심각한 경우에는 전문상담치료나 정신과적 치료도 병행할 수 있다. 피해학생을 위하여 일시적인 학업중단도 대안이 될 수도 있다.

어쨌든 상황에 맞게 피해학생을 지지하고 보호하는 방안을 강구하여야 한다.[3)]

2) 가해학생에 대한 개입

원칙적으로 '가해학생' 에 대한 개입은 치료적 접근과 처벌적 접근으로 개입하여야 한다. 우선적으로 가해학생은 잘못된 행동에 대하여 처벌하는 것이 마땅하나, 본 법률의 목적이 학교 내에서의 '교육적 해결' 을 의도하고 있어 가급적이면 처벌을 하되 재발에 대한 예방적 차원과 가해학생의 문제행동 교

3) 학교현장에서의 가장 시급한 문제는 피해학생에 대한 '의료비' 처리다. 이는 현실적으로 보험적용을 받을 수 없기 때문에 비싼 병원비로 인하여 일차적인 보호체계가 되고 있지 않다. 일본의 경우 이러한 경우 해당교육청이 병원비 일체를 담당하고 있으나, 우리의 경우 법적 지원 및 교육관청의 지원은 전무하다.

정으로 이끌어야 한다. '자치위원회' 는 처벌과 치료적 접근을 동시에 접근할 수 있다.

① 치료적 개입

'자치위원회' 는 폭력을 행사하는 학생들에 대하여 단순히 처벌을 명령하는 기구만이 아닌 도움을 줄 수 있는 집단으로 이해되어야 한다. 대부분의 폭력 학생은 가정 내 심각한 학대나 폭력 등에 노출되어 있을 수 있으며, 본인의 분노조절이 잘 안 되어 심각한 공격행동으로 이어지는 경우가 있을 수 있다. 또한 본인의 의사 여부에 관련 없이 일진회 등 불량서클에 가입될 수 있으며, 정서적 불안에 의해 폭력을 휘두를 수도 있다. 따라서 자치위원회는 이들을 대상으로 '단기적 문제해결기술훈련', '분노조절훈련', '사회성증진훈련' 등을 실시할 수 있도록 전문기관에 위탁교육[4]하여야 한다.

② 처벌적 개입

'자치위원회' 는 가해학생의 폭력 정도에 따라 선도 및 징계를 명할 수 있는데 이의 법률적 근거는 '학교폭력예방및대책에관한법률' 제10조 제2항에 따를 것이다. 그러나 학교 현장에서는 기존의 '선도위원회' 혹은 '징계위원회' 를 통해 기존 학생들을 선도 및 징계하여 왔다. 따라서 학생들의 학교폭력 사건을 처리하는 데 있어서 관련법을 적용하는 것에 대한 약간의 혼란이 있는 것이 사실이다. 이 글에서는 좀 더 명확하게 '학생징계' [5]에 대한 처리과정과 법적 근거를 제시하고자 한다.

먼저 학교폭력과 관련된 사안에 대하여 학교 내 '학교폭력대책자치위원회' 가 이를 심의하였다면 이 과정에서 별도의 선도위원회가 열리지 않더라도 위원회 자체에서 학생을 징계하거나 조치할 수 있다. 이것은 학교폭력 예방 및 대책에 관한 법률 제10조에서 위원회의 기능 중 '징계' 기능을 수행하는 것으

4) '학교폭력예방및대책에관한법률' 제15조(가해학생에 대한 조치)

5) '학생징계' 에 대한 법률적 언급은 '초중등교육법' 제18조와 '초중등교육법 시행령' 제31조, 학교폭력예방및대책에 관한법률 제10조, 15조 동법시행령 31조에 언급되어 있다.

로서 별도의 징계를 위한 위원회를 개최할 필요가 없는 것이다.

아울러 '학교폭력대책자치위원회' 는 현행 초중등교육법에서 열거하고 있는 징계유형 4가지[6]를 포함하여 피해학생에 대한 서면사과, 접촉 및 협박 금지, 학급교체, 전학, 출석 정지를 적용[7]할 수 있다.

따라서 '학교폭력대책자치위원회' 는 징계학생에 대하여 별도의 '선도위원회' 를 소집할 필요가 없는 것이다.

3. 학교폭력대책자치위원회의 사건 처리

1) 학교폭력대책자치위원회의 사건 처리과정

학교 내에서 학교폭력 발생 시 피해자들은 피해 사실을 숨기거나 가까운 친구에게 알리는 것[8]이 일반적인 상황이다. 이러한 경우 학교 내에서는 사건을 처리하기가 무척 힘들다. 이 외에 부모나 교사에게 알리는 경우와 경찰과 그 밖의 상담기관 등에 알리는 경우가 있는데, 어쨌든 학교폭력대책자치위원회는 정식으로 학교에 보고된 학교폭력 사건만을 다룬다.

따라서 대부분 사건 자체가 경미한 경우에는 담임교사나 생활지도부장하에서 사과문이나 각서, 경우에 따라서는 치료비 등을 배상하고 사건을 종결한다. 이는 정식으로 학교폭력사건으로 보고되지 않으며 학교폭력대책자치위원회에서도 현실적으로 심의 대상이 되지 않는다. 그러나 피해사실이 심각하고 중대할 경우 학교가 직접 자치위원회를 소집하거나 피해자 측에서 자치위

6) 초중등교육법제8조에서는 ① 학교 내의 봉사-3일 이상 7일 이내, ② 사회봉사 5일 이상 10일 이내, ③ 특별교육 이수 10일 이상의 기간으로 하고 출석 처리, ④ 퇴학처분의 종류가 있다.

7) '학교폭력예방및대책에관한법률' 제15조(가해학생에 대한 조치)

8) 청소년폭력예방재단(2001년도)의 학교폭력실태조사에서 '친구' 의 경우 31.5%, 알리지 않는 경우' 는 36.5%를 나타낸다.

원회의 소집을 학교의 장에게 요구하여 소집[9]할 수 있다.

'학교폭력대책자치위원회' 가 일단 소집되면 그동안 조사된 사건현황 자료를 가지고 위원회에서 조정 및 중재 혹은 징계를 실시할 수 있다. 물론 이 과정에서 피해–가해 학생이 경찰이나 검찰에 고발할 경우 위원회의 활동은 중단되며 법적 판결을 기다려야 한다. 이 경우에 위원회와 학교의 사건자료는 객관적 법적 판단을 위한 기초자료로 경찰, 검찰에 넘길 수 있다. 현재 대부분의 학교에서는 이러한 객관적 자료를 사법당국에 넘기지 않는데, 이러한 경우 법정에서 전혀 엉뚱한 결과를 낳을 수 있기 때문에 되도록이면 자료를 넘겨주는 것이 좋다.

사건이 중대하거나 심각한 피해를 주었을 경우에는 검찰로 송치되어 법정에 서게 되는데, 이때 민사소송이 후속적으로 제기되거나, 형사소송에서 가해자는 소년교도소나 보호처분 등을 받게 된다. 그러나 대한민국의 법정은 청소년에게 재활 기회를 많이 주고 있어 강력한 법집행과 처벌이 이루어지기는 어려운 실정이다.

2) 학교폭력대책자치위원회의 중재개입

(1) 중재개입의 원칙[10]

- 1원칙–객관성 유지(非감정)
- 2원칙–중립성 유지
- 3원칙–도덕성 유지(원리성)
- 4원칙–사후관리(연속성)
- 5원칙–비밀유지(기밀유지)
- 6원칙–피해자우선보호(우선성)

9) '학교폭력예방및대책에관한법률' 제11조(자치위원회의 구성. 소집)
10) 6원칙은 James & Burl(2001)의 이론을 재구성한 것임.

(2) 중재개입 시 주의사항

- 각 측의 주장에 대해 객관적인 설명과 함께 현 상황과 제도에 대한 한계점을 정확하게 주지시킨다.
- 피, 가해 측의 주장에 대해 모두 경청한다.
- 피, 가해 측의 감정을 최대한 완화시킨다.
- 합의하지 않으면 각 측이 불리하다는 인식을 심어 준다.
- 외상 전치 3주 이하는 가급적 합의 유도(사법처리의 어려움)한다.

(3) 피해자 상담

- 학교 내 처벌의 한계에 대하여 피해자에게 고지 및 사법적 처벌의 한계를 피해자에게 고지한다.

〈표 11-1〉 중재개입의 진행과정[11)]

학교폭력 사건 발생

↓

피해자 상담

가해자 상담

↓

피해자 진술 확보

① 본인 ② 담임 또는 학교 관계자 ③ 주변 친구 ④ 부모

가해자 진술 확보

→ 경미할 경우

중재
(사과, 각서)
피해자: 부모, 담임생활지도
가해자: 위험성 고지
가정환경
부모상담
학급담임

대부분 사건의 내용이 단순하거나 임의적일 때 치료비에 대한 합의를 거쳐 사과나 각서수준으로 합의케 된다.

↓

피해자 측 입장
① 처벌을 원하는 경우
② 치료비를 원하는 경우
③ 사과를 원하는 경우
④ 재발방지를 위한 경우
⑤ 전학을 원하는 경우
⑥ 기타

⇄ 심각할 경우

가해자 측 입장
① 피해자측 주장 불인정(장난/우연)
② 저소득층이어서 치료비 미지불
③ '배째라' 식의 자포자기
④ '법대로' 사법절차

사건이 심각할 때는(예, 살인, 뇌사상태, 심각한 장애 등) 대체로 치료비의 과중과 형사, 민사적 제기 요소가 많기 때문에 현실적으로 중재하기에 어려움이 많다.

- 완전히 가해자의 잘못일 때 치료비 100% 유도 및 가해자와 피해자 양자 잘못일 경우 70 : 30 정도로 치료비 합의를 유도한다. 경우에 따라 달라질 수도 있다.
- 가해자의 서면사과, 공개사과(학급 내 또는 부모참석)를 통해 재발 방지를 약속한다.
- 피해자 요청 시 전학을 수속한다.
- 정신적 손상이 커서 외상 후 스트레스성 장애 징후가 있거나 예상될 때 정신과병원 진단서를 유도한다.

(4) 가해자 상담

- 객관적, 중립적 자료를 제시하여 가해자의 행위적 결과가 단순히 장난이 아니었음을 알린다. 이때 장난이 피해자에게는 심각한 피해가 될 수 있음을 알린다.
- 장난의 위험성을 고지하고 타 사건사례를 통해 학교안전공제회의 병원비 지불을 유도한다. 동시에 가해자의 경제적 수준과 잘못 인정 등의 서류를 확보한다.
- 자녀에 대한 불이익을 강조한다.
- 사법적 처리에 대한 위험성을 강조한다.
- 사법적 절차에 대해 설명하며 자녀의 사법적 경험의 비건전성을 주지시킨다.

---

11) 실제, 중재 개입시 중재자는 원칙적으로 학교 내의 학생부장 혹은 교장 등이 할 수 있으나, 자치위원회 위원 중 전문상담가나 변호사 등의 외부위원이 학교측 위원과 함께 진행하는 것이 바람직하다. 여기서 다루는 중재개입에 대한 설명은 사건의 내용이 경미하거나 상식적으로 합의될 수 있는 사안에 대하여 다루고자 한다.

<학교폭력대책자치위원회의 사건 처리과정>[12)]

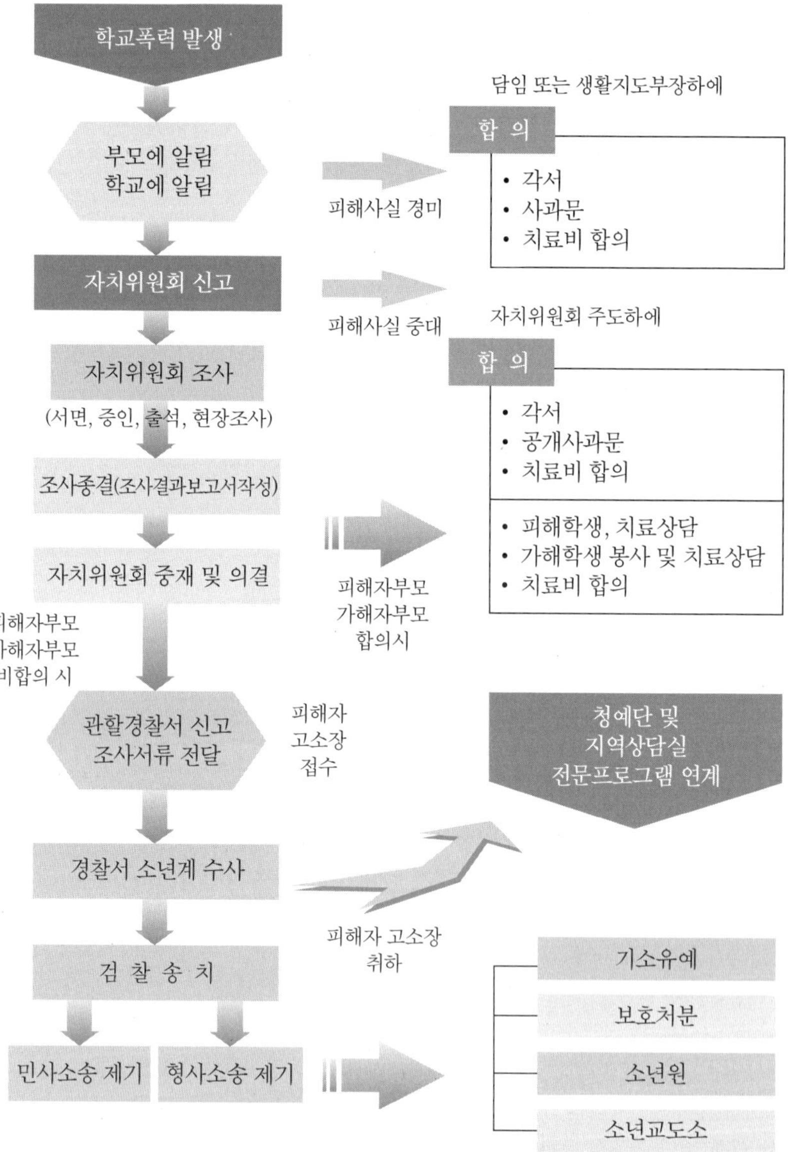

12) 사건처리과정 도표는 그동안 필자의 경험을 토대로 요약 정리한 것임.

3) 학교폭력 대책자치위원회 위기 개입

일반적인 문제 해결방법으로는 문제를 극복할 수 없을 때나 혼란과 긴장이 그 어느 때보다 팽팽히 학교 내에 잠복되어 있을 때(살인사건 등), 자치위원회 위원과 외부 전문가팀으로 된 구성원들이 함께 위기개입팀을 조직하여 문제를 극복할 수 있다. 실제로 살인사건이 일어난 학교들에서 공통으로 나타나는 문제점은 피해 당사자가 물론 주된 피해자지만 그 사건을 목격한 혹은 이야기로 들은 모든 학생이 피해자다. 이 학생들의 경우 피해 정도는 제각각이지만 대체적으로 외상후 스트레스성장애로 인해 본인의 학업은 물론 학교, 학급 전체의 면학 분위기가 저조하여 오랫동안 정상적인 학교운영이 힘든 경우가 대부분이다. 따라서 이들 학교는 위기적 상황을 맞이했을 때 긴급히 위기개입팀을 조직하여 학교를 다시 면학의 분위기로 가득 찬 정상적인 학교운영이 될 수 있도록 노력해야 할 것이다. 미국의 컬럼바인 고등학교에서 20여 명이 넘는 친구와 교사를 사살한 사건이 일어났을 때 불과 하루 만에 위기개입팀이 가동되었다는 것은 사건 자체도 중요하지만 지역사회의 위기적 대응시스템이 그만큼 잘 되어 있다는 반증임을 유념해야 한다.

(1) 위기개입 6단계[13)]

1단계: 문제
학생의 입장에서 문제를 경청하고 검토하여야 한다. 개방형 질문을 포함하여 적극적인 경청이 필요하다. 학생의 비언어적, 언어적 메시지에 관심을 기울여야 한다.

〈계속〉

13) Gilliland(1982). Gilliland는 위기개입 전문가의 효과적인 개입모델로서 6단계 모델을 제시하는데, 통합된 문제해결과정을 구조화하여 설계한 것으로 학교폭력 위기개입에 적합한 모델로서 응용하여 정리해 진행하는 것이 바람직하다. 여기서 다루는 위기개입에 대한 설명은 사건의 내용이 경미하거나 상식적으로 합의될 수 있는 사안에 대하여 다루고자 한다.

도움말) 자치위원회는 피-가해 학생들의 의견을 신중하게 들어야 하며 되도록 위원들 앞에서가 아닌 전문상담자와의 대화를 통해서 기록하는 것이 좋다. 이때 필요하다면 초기 사건 때 학급 내에서 받은 학생들의 진술서와 주변 친구들의 이야기를 종합하는 것이 좋다. 피해자의 경우는 고학년일 경우 저학년 때의 주변 친구들과 담임의 이야기를 토대로 학교 생활관계를 파악할 수 있다. 아울러 부모들과의 면담도 필수적이며, 이를 통해 피-가해 학생의 생활방식도 파악할 수 있을 것이다.
2단계: 안전 확보
피해 · 가해 학생의 안전을 확보하여야 한다(특히 피해학생). 신체적, 심리적 안전에 대한 위협의 치명성, 중요성, 비유동성, 심각성을 사정하여야 한다. 피해 학생의 내부적 사건과 피해 · 가해 학생을 둘러싸고 있는 상황 모두를 파악하여야 한다.
도움말) 안전 확보를 위하여 주변의 단기보호시설, 의료기관, 전문상담실 등을 파악하여야 한다.
3단계: 지지 제공
위기개입을 진행하는 자치위원회가 법적인 기구며, 객관적인 입장에서 개입하고 있는 것을 알려야 한다. 더불어 학생들을 돌보고, 긍정적이며 수용적인 태도를 견지하여야 한다. 이를 통해서 피해-가해 학생(측)들의 신뢰를 얻을 수 있다.
4단계: 대안 탐색
피-가해 학생들이 지금 선택할 수 있는 사항을 탐색할 수 있도록 돕는다. 즉각적인 상황에 대한 지지, 대처기제, 긍정적 사고를 갖도록 촉진한다.
5단계: 계획 세우기
동원 가능한 자원을 명확히 분류하고, 대처기제를 제공할 수 있는 현실적이고 즉각적인 단기 계획을 세운다. 이 계획은 학생들이 이해할 수 있고 실천할 수 있는 명확한 활동단계여야 한다.
6단계: 긍정적 활동에 참여
참여를 유도하여야 한다. 학생들이 현실적으로 달성할 수 있고 수용할 수 있는 명확하고 긍정적인 행동단계에 참여하도록 도와야 한다.

(2) 위기개입팀 교내 구성원의 역할

- 위원장(위기관리팀장)
  - 위기관리팀 소집 및 운영의 책임자

- 위기사건과 개입과 관련한 전반적 과정 인지 및 감독
- 위기사건 해결을 위한 모든 결정 및 행동에 대한 책임
- 위기상황과 관련한 탄력적 교과과정 운영
  (예, 휴교조치, 수업시간표 변경 및 수정)
- 외부기관의 개입을 도모, 연계활동 총괄 및 과정
- 사망한 학생의 가족과 접촉하기

• 장학사(행정지원 담당)
- 상부 기관인 교육청과의 연계: 사건 진행 상황 보고
- 위기상황에 대한 행정지도 감독 및 조언
- 외부 지원체계 동원을 위한 행정절차 원조
- 위기 사건의 영향을 받은 타 학교와 의사소통
- 향후 교육정책 수립 시 영향력 행사 및 건의
  (위기사건 및 해결과정에 대한 자료수집, 교사의견 수렴을 통해)

• 교감(언론담당)
- 사건에 대한 정확한 정보 수집 및 정리
- 내외에 퍼져 있는 잘못된 소문이나 비사실적 이야기를 통제하고 사건에 대한 동일한 지침 확립
- 언론매체에는 사실적인 정보를 제공하여 왜곡, 과장 보도 대처
- 교사 내부의 어려움 관장하고 지지
- 교장 부재 시 역할 대행

• 보건교사(의료담당)
- 사건 발생 시 긴급 응급 처치 및 환자 호송
- 교재의 전반적 의료 행위 총괄
- 심리적 응급 상황에 있는 학생 발견 및 의뢰
- 필요시 외부 의료진 연계
- 학생입원 시 일일 문병진을 교사와 학생으로 구성

• 학생부장(안전 담당)

- 안전한 장소 및 이동경로 파악 및 사전 확보
  (생활지도부의 업무: 평상시 업무 중 안전 위한 교내 시설점검 등 안전관리 담당)
- 위기상황 발생 시 안전장소로 학생 이동
- 혼란스러워하는 학생의 안정 위한 노력
- 학생에게 정확한 정보 제공
- 학생의 등하교 안전 지도: 파출소, 경찰서 연계

• 학교상담교사, 학교사회사업가 또는 전문상담가
- 위기상황 해결을 위한 전반적 개입계획 및 방향 수립 및 제공
- 외부 전문지지체계와 학교 연결 및 조정
- 지역정신건강센터, 심리치료전문가, 복지기관, 가족치료기관, 청소년 상담실 등
- 외부 전문기관으로의 의뢰 확인 및 사례회의 참석
- 각 체계(학교, 학생, 외부기관)의 욕구 및 적절한 서비스 파악
- 각 체계에 적절한 지원체계 연계
- 외부기관 철수 이후, 위기상황에 노출된 학생에 대한 지속적 사후관리
- 사안과 관련하여 학교에서 징계처분을 받은 학생에 대한 교육적 활동 지원

(3) 위기개입팀 교외 구성원의 역할

• 전문상담가 또는 전문 관련기관 상담팀
- 위기상황에 따른 실제개입전략 수립 및 실시
- 교내 상담교사를 도와 지원체계 수립

• 경찰(법조인)
- 현재 진행 중이거나 진행할 사건의 당사자 학생에 대한 상황 및 법적 해결 예측 및 지원
- 사법적으로 진행 중인 사안을 학생의 보호적 차원에서 지원

- 정신과 의사 또는 외과의사(의료인)
  - 보건교사와 연계하여 초기 의료적(외과, 정신과적) 진단을 제공
  - 필요한 경우 직접, 간접 치료 제공
  - 팀장 및 코디네이터와 지원체계 수립

4. 남은 과제들

학교폭력법 통과 이후 전국의 모든 학교들이 몸살을 앓고 있다. 현장의 학교가 법 기준대로 시행하려고 해도 시행할 수 없는 문제와 정밀하지 못한 법적 체계 때문에 모순점들이 속속 나오고 있는 현실이다.

1) 중소도시 및 도서산간 지역에서의 '자치위원회' 구성과 청소년상담실의 부족

현행법은 학교폭력 사건 발생 시 학교 내 '학교폭력 대책자치위원회'를 소집하여 가급적 교육적 해결 내지 중재, 합의를 도출하는 것을 주요 목적으로 한다. 그런데 인적 자원이 별로 없는 인구 30만 미만의 소도시나 지방의 시, 군구 지역은 법률에서 정한 변호사, 관련 법조인, 상담가, 관련 단체 전문가, 의료인 등을 구성하고 싶어도 구성할 인적 자원이 없어 대부분 실행하지 못하고 있는 실정이다. 이는 법 수립 및 시행과정에서 졸속으로 이루어진 탓이다.

더구나 지역사회 네트워크는 말할 나위도 없다. 네트워크를 구성하려고 해도 할 수 있는 지역 상담실, 청소년수련관, 복지관 등이 전혀 없기 때문이다. 2005년 현재 청소년상담실은 16개 광역시에 각각 종합상담센터로서 1개소씩 있으며 전국의 지자체 234개 중 128개소의 청소년상담실이 있을 뿐이다. 전국의 약 40%가 청소년상담실조차 없는 상황에서 자치위원회 구성은 물론이요, 청소년 문제 등을 상담하고 지원받을 곳이 없다. 더구나 상담실이 있는 경우

에도 광역시 기준은 7~8명이 근무하며, 지자체의 청소년상담실은 1~3명이 고작이기 때문에 현실적 어려움이 가중되고 있다.

2) 학교안전공제회의 운영 문제

학교안전공제회는 각급 학교에서 교내 · 외 교육활동 중에 발생하는 학생사고에 대한 피해보상과 분쟁이 발생할 경우 사고 관련 교직원에 대한 경제적 · 법률적 애로사항을 지원하여 학생과 교직원 및 학교를 보호하고 안정된 교육환경을 조성하고자 함을 목적으로 하고 있으나 현실적으로 운영상에 문제가 많은 조직이다. 일본이나 영국, 미국의 경우 학생 사고 시 의료비에 대해서는 해당 교육청이 비용을 지불하고 있으나, 우리나라의 경우 가해자가 그 비용을 지불하며 추후 민사소송 시 추가비용을 지불하고 있는 형편이다. 만일 가해자가 중산층 이하 가정의 자녀일 때 의료비 및 기타 제 비용을 지불할 능력이 없어 실제로 저소득층 피해자가 아무런 대책 없이 치료도 못 받는 경우도 있다. 학교안전공제회는 학교의 안전문제와 관련하여 비용을 지불하고 있지만 대부분 그 수혜자가 되는 학생은 너무나 적다. 학교안전공제회와 관련하여 비용지불을 받는 학교 측에서도 비용 신청방법이 너무나 까다롭고 실제 지급되는 비용도 작기 때문에 대부분 신청하지 않을뿐더러 개인적 혹은 학교 측에서 각출로 비용을 대신하고 있는 실정이다. 일반적인 복지관시설이나 청소년수련관 등에서조차 학생들의 안전사고 시 작은 사고에서 사망에 이르는 대형사고 시에 일반적으로 1억에서 2억 정도의 배상을 해 준다. 그러나 우리나라의 학교는 '보험' 이라는 좋은 제도를 마다하고 사단법인으로서의 열악한 학교안전공제회를 각 지역별로 만들어 운영하고 있다. 운영진도 해당 교육청의 교육감이 이사장이며 이사진도 모두 당연직이사로서 부교육감, 교육장, 국장급 등 보험에 대한 비전문가집단이 맡고 있어 학교안전을 더욱 위협하고 있다.

3) 피해자 측의 즉각적인 징계요청 수락의 어려움

수많은 학교폭력 피해자와 그의 가족들은 학교폭력 피해 시 가해학생들에 대한 즉각적인 징계를 요구한다. 그러나 학교 내에서 자치위원회가 소집되고 진행되는 과정에서 피해자 학부모가 사법적인 고소를 하는 경우가 있다. 이 경우 자치위원회 활동은 중지되며 법적 효력을 잃게 된다. 이 과정에서 학교 측은 사법적 판단을 기다리게 된다. 대개 경미한 사건일 경우 1~2개월 사이에 끝나지만 사안이 복잡하고 중대할 경우 6개월에서 1년 이상 가는 경우도 있다. 이때 피해자 측은 아무런 징계도 받지 않고 학교를 다니는 가해학생을 보며 '학교가 가해학생 측과 짜고 있다' 는 오해를 하게 되어 학교와의 관계가 더욱 불신감이 높아지기에 이른다. 따라서 필자는 사법적 판단이 길어지게 될 경우 사법적 결과 여부에 관계없이 학교에서 징계할 수 있는 권한을 학교에 주는 조항을 신설해야 한다고 생각한다. 현재 이러한 세부조항의 미 제정으로 현장 학교와 피해자의 어려움은 더욱더 가중되고 있다.

4) 관련법에 대한 학교장의 몰이해

대부분 학교장의 학교폭력 사건에 대한 인식은 '수치스러움' 이고 그것이 좋은 학교와 나쁜 학교를 선별하는 기준이 되기도 한다. 현장 학교에서의 상담부장, 학생부장, 책임교사 등은 대부분 적극적으로 외부의 전문자원과 함께 학교폭력의 문제를 논의하고 해결하려고 하는 의지를 가지고 있으나 실행단계에 들어가기도 전에 학교장의 제지를 받는다. 특히 학교폭력 사건의 경우 '자치위원회' 를 소집하여야 하나 '자치위원회' 의 외부인에게 학교의 치부를 알린다는 생각에서 학생선도위원회나 징계위원회를 열어 대신하기도 한다. 이는 명백히 실정법의 위반이며 위반 시 법적 제재가 더욱더 강력히 집행되어야 할 것이다.

참고문헌

교육부(2004). 학교폭력예방및대책에관한법률.

교육부(2004). 학교폭력예방및대책에관한법률과 동법 시행령 및 해설.

신순갑(2001). 학교폭력 피해 및 가해청소년 보호 등에 관한 입법 공청회. 국회대안정치연구회.

신순갑(2001). 학생징계 및 재입학제도 개선. 한국청소년개발원.

신순갑(2004). 학교폭력예방 및 대책에 관한 법률 시행령(안)공청회. 교육인적자원부.

신순갑(2005). 한국, 미국, 일본 학교폭력국제세미나 자료집. 청소년위원회.

한인영 등(2003). 학교와 사회복지. 서울: 학문사.

Burns, K. (2005). *School violence*. Farmington Hills, MI: Greenhaven Press.

Conoley, J. C. (2004). *School violence intervention*. New York: The Guilford Press.

Elliott, D. S., Hamburg, B. A., & Williams, K. R. (Eds.). (2003). *Violence in American school*: A new prespective. New York: Cambridge Univ.

James, R. K. & Gilliland, B. E. (2001). *Crisis intervention strategies*(4th ed.). Pacific Grove, CA: Brooks/Cole.

12장
학교폭력 치료상담

– 진태원(메티스신경정신과 원장)

청소년의 학교폭력이 날이 갈수록 큰 문제가 되고 있지만 실제적으로 중요한 관심과 인식은 턱없이 부족한 실정이다. 청소년 폭력은 그 특성상 일반적인 폭력과 달라서 더욱 폭넓은 이해와 관심이 절대적으로 필요하고, 그 해결을 위해 가족 및 학교, 지역사회가 함께 협력해 나가야 한다.

청소년기는 신체적으로 테스토스테론이라는 남성 성 호르몬이 왕성하게 분비되고 이것이 공격성에 중요한 역할을 하기 때문에 다른 시기보다 폭력을 자제하는 역치가 낮고, 독립이라는 중요한 인생의 과제를 성취하는 시기다. 이를 쟁취하기 위해 건강한 투쟁, 경쟁심의 한 표현으로 사고하기보다는 신체활동에 의지하는 경향이 있고 또한 미숙한 문제 해결 방식의 하나로 폭력을 이용하는 성향이 있다. 또한 성인의 행동을 모방을 통해 학습하므로 쉽게 폭력을 배우게 되지만 폭력이 야기하는 부작용을 깊이 인식하는 능력은 부족하다. 피해학생은 신체적인 후유증과 함께 장기간에 걸쳐 문제가 되는 정신적 후유증을 남기는 경우가 많고, 가해학생은 폭력의 원인이 되는 여러 가지 정신적 문제들을 방치하고 있는 경우가 흔해 폭력의 악순환을 겪을 가능성이 높다.

1. 청소년 폭력

청소년 폭력은 과거부터 있어 왔고, 지금은 물론 앞으로도 발생할 것이다. 그러나 요즈음의 청소년 폭력은 그 양과 질에서 해마다 놀라운 증가를 보이며 악화 일로를 걷고 있다. 사회는 폭력의 희생자를 보호해야 하는 책임과 의무가 있는 동시에 폭력의 가해자 역시 선도하고 수용해야 하는 역할을 가지고 있다. 따라서 가해자에 대한 감정적인 적대감과 단순한 격리 또는 끝없는 수용과 용서만으로는 해결할 수 없다. 청소년 폭력도 광범위하게 보면 청소년의 행동 양태 중의 하나이므로 특정한 사회적, 생물학적, 심리적 상황에 처한 청소년을 포괄적으로 이해하는 것이 폭력 문제를 균형 있고 현실적으로 해결하는 일의 시발점이 될 것이다.

청소년의 폭력은 성인의 그것과는 다른 각도에서 이해해야만 한다. 불안정한 존재로서의 청소년과 그만큼 긍정적 가능성을 가지고 있는 존재로서의 청소년은 부모나 교사 같은 성인의 영향권 내에 있지만 끊임없이 이를 벗어나고자 한다. 긍정적 의미의 공격성은 이런 독립 의지를 포함하므로 청소년 폭력의 긍정적 측면 모두를 간과하지는 말아야 한다. 그러나 이 글에서는 일반적으로 사회에서 인식하고 있는 청소년 폭력을 정의하고 그중에서도 생물 · 의학적 의미에서의 폭력, 특히 정신장애와 연관되는 청소년의 폭력 문제를 알아보고 그 정신 · 의학적 치료 방법을 제시하고자 한다.

1) 폭력이란 무엇인가

폭력은 인간 사이에서 나타나는 공격성이라 할 수 있다. 그러나 사람에게 사용될 때 '공격성' 은 주로 생물 · 의학적, 심리학적 관점에서 사용되고 '폭력' 은 주로 법률학, 사회학, 공공 정책적인 측면에서 사용된다. 공격성은 '다른 개체에 대해 파괴적인 행동을 하거나 고통스러운 자극을 줄 목적으로 행해지는 전반적인 행동' 이라고 정의한다. 여기에는 몇 가지 주의점이 있다. 첫째, 폭력은 분명한 행동이어야 한다. 폭력적인 상상이나 계획, 꿈 등은 포함되지 않는다. 둘째, 이런 '분명한 행동' 은 신체적인 폭력, 언어폭력 모두를 포함한다. 셋째, 자신을 향한 공격성(자살 또는 수동적 자살 행위, 예를 들면 주정 중독, 약물 남용 및 중독, 신체 질환의 치료 거부 등)은 이 정의에서 제외되지만 그렇다고 폭력의 생물학적, 심리적인 특징이 완전히 다른 것을 의미하는 것은 아니다.

2) 폭력과 생물 · 의학적 요인

첫째로 유전적 요인을 꼽을 수 있다. 할아버지와 손자 간의 공격성에 관계가 있다는 연구결과를 비롯하여 다양한 쌍생아, 양자 연구에서도 가족력을 인정할 만한 결과를 보이고 있다. 그러나 이는 폭력의 학습 영향을 완전히 배제하지 못한다. 둘째로 호르몬의 영향이다. 앞서 말한 것처럼 테스토스테론이라는 남성 성 호르몬이 대표적이지만 다른 호르몬(인슐린 등)과 폭력성과의 관계도 밝혀지고 있다. 그러나 한 호르몬에도 남성과 여성이 각기 다른 영향을 받고 있으며 호르몬이라는 한 가지 요소로 폭력을 모두 설명하기에는 많은 문제가 있다. 셋째로 뇌의 신경 전달 물질의 이상을 꼽을 수 있다. 이 중에서 세로토닌과 노르아드레날린 시스템의 이상이 알려져 있다. 또 측두엽 경련, 전두부의 병소가 있는 경우에도 폭력성이 증가한다. 이외에 여성의 월경 전 증후군과 폭력성의 관계에 대한 연구도 있으나 아직 일관되고 명확한 관계를 설명하기에 부족한 점이 많다.

3) 청소년 폭력의 특징과 이에 관심을 가져야 하는 이유

폭력이 돌발적으로 발생할 수도 있지만 실제 폭력은 태어나면서부터 가지고 있는 유전적, 생물학적인 문제가 환경적 요인에 의해 영향을 받고, 또한 환경에 대한 인간의 반응이 환경을 변화시키는 오랜 상호 역동관계의 소산인 경우가 대부분이다. 따라서 청소년 폭력은 태생기에서 시작해서 소아기를 거쳐 성인 폭력으로 이행하는 종시간적인 개념으로 인식해야 하므로 성인 폭력을 예방한다는 측면에서도 중요하다. 또한 청소년기에는 신체적으로 테스토스테론이라는 남성 성 호르몬이 왕성하게 분비되며, 이 호르몬은 공격성에 중요한 역할을 하므로 다른 시기보다 생물학적으로 폭력의 낮은 역치를 보일 수 있는 시기임을 인식해야 한다. 발달학적으로 청소년기는 독립이라는 중요한 인생의 과제를 성취해야 하는 시기로, 이를 쟁취하기 위해서는 건강한 투쟁, 경쟁심의 한 표현으로 사고보다는 신체활동에 의지하는 경향이 있고 또한 미숙한 문제 해결 방식의 하나로 폭력을 이용하는 성향이 있다. 또한 청소년은 성인의 역할 수행을 모방을 통해 학습하므로 쉽게 폭력을 배우게 되지만 폭력이 야기하는 연속적인 부작용을 깊이 인식하는 능력은 부족하다. 우리가 일반적으로 부모와 환경을 폭력과 연계시켜 이야기하는 경향이 많은데, 양육 태도나 부모의 폭력성의 학습 안에 유전적, 생물학적 요인이 중요한 역할을 하고 있다는 점 또한 간과해서는 안 된다.

2. 폭력과 관련된 소아 · 청소년의 정신병리와 치료상담

1) 피해학생의 정신병리와 상담

학교폭력의 피해학생들은 많은 정신적 어려움을 겪는다. 피해를 당하는 학생들은 불특정적으로 인과관계 없이 우연히 폭력의 희생자가 되는 경우도 많지만, 그 이전에 폭력에 노출되기 쉬운 면들을 가지고 있는 경우도 있다. 신체적, 정서적으로 발달이 또래에 비해 늦은 경우, 친구관계나 학교적응에 어려움을 겪고 자신감이 저하되어 있는 경우, 자기주장이 확실하지 못하고 위축되어 있는 경우, 단체생활에서 여러 가지 이유로 다른 이들에게 튄다는 느낌을 가지게 하는 경우 등에서도 보인다. 폭력을 당하고 나서는 폭력의 희생자가 되었다는 분노와 불안, 공포, 우울감 및 소외감과 자책감을 느끼기도 하고 심한 경우에는 외상후 스트레스장애나 불안우울증을 겪기도 한다. 또한 보복심리와 스스로의 불안감과 소외감을 줄이고 다시는 피해를 당하지 않겠다는 두려움으로 스스로 가해자가 되어 다른 이들을 피해자로 만드는 경우도 많다. 폭력의 피해를 당한 후 나타날 수 있는 대표적인 질환은 다음과 같다.

(1) 외상후 스트레스장애

이 장애는 거의 모든 사람에게 외상으로 경험될 만큼 심한 감정적 스트레스를 경험했을 때 나타나는 장애다. 즉 전쟁, 자동차, 기차, 비행기 등 교통수단으로 인한 사고와 산업장에서의 사고, 개인적 피해를 끼치는 폭행, 강간, 테러 및 폭동, 때로는 홍수, 폭풍, 지진, 화상폭발 등 생명을 위협하는 재난이 발생했을 때 당시에 받은 충격에 의한 발병이다.

일반 인구 중의 유병률은 1~3%로 진단받을 정도까지는 아니더라도 증상을 경험하는 사람은 5~15%에 이른다. 재난을 당한 사람들 중 5~75%에서 이 장애가 나타나며, 어느 연령층에서도 나타날 수 있으나 청년기에 가장 많다. 미혼, 이혼, 사별, 신체불구, 사회적 위축과 관련성이 높다.

① 원인

주된 원인은 스트레스와 스트레스 시의 사회적 환경, 피해자의 성격경향과 생물학적 취약성 등이다. 스트레스가 심할수록 더 잘 발병하고 증상도 심하다고 생각되었으나, 현재는 스트레스 자체의 심각성보다 개인이 그 스트레스를 어떻게 받아들이는가, 즉 환자의 주관적 반응 내지 의미 부여를 더 중요한 요인으로 본다. 한편 생존자가 많을수록 경험을 공유하므로 서로 도움이 되지만 반면에 생존자는 살아남은 데 대한 죄책감이 있어 이후 치료에 어려움을 겪기도 한다.

나이가 너무 어리면 대응전략이 아직 없어서 감정발달이 정지된다. 한편 나이가 많으면 대응전략이 퇴행, 경색되어 스트레스에 대처하기 어렵다.

외상후 스트레스장애를 잘 일으키는 소인에는 어린 시절 외상을 경험했을 때, 성격장애(경계형, 의존성, 반사회적) 경향이 있을 때, 사회적 지지가 부적절할 때, 정신질환에 대한 유전-체질적 취약성이 있을 때, 최근 스트레스성 생활변화가 있을 때, 외부에서 통제하는 존재를 느낄 때, 최근 술을 과하게 마실 때 등이 있다.

이 환자들은 병전에 이미 스트레스에 대하여 과도한 자율신경계 반응, 즉 심장박동이나 혈압상승 등 기능항진이 동반되고, 외상을 겪었을 때 그 감정반응을 말로 표현하는 능력이 결핍되어 있다고 한다. 이 때문에 재난에서 살아남은 사람들은 감정 표현 대신 정신신체화 증상(psychosomatic)을 경험한다고 한다. 또한 스트레스나 외상이 소아기의 미해결된 무의식적 갈등을 다시 불러일으킨다고 보기도 한다. 때문에 퇴행이 일어나고 억압, 부인, 취소의 방어기제가 동원된다. 불안은 반복 회상되고 극복되고 그리고 감소된다. 환자는 경제적 보상이나 동정 등 이차적 이득도 누리므로 증상이 지속되기 쉽다.

사건을 기억하고 잊고 하는 정보처리 과정 중에서, 심한 외상이 야기한 대량의 정보를 처리하고 합리화하는 기능이 장애를 보여 지속적으로 스트레스를 경험하며, 회피기법으로 스트레스의 재경험을 피하려고 하지만 단지 부분적으로만 성공할 뿐이다.

② 임상양상

주된 임상양상은 위협적이었던 사고에 대한 반복적 회상이나 악몽에 시달리는 등 외상경험을 재경험하고, 그러한 외상을 상기시키는 것들을 지속적으로 회피하려 하거나 그러한 상기에 대한 반응을 마비시키려 하는 등 지속적으로 과민상태에 있는 것이다.

이런 상태와 더불어 우울, 불안, 일상생활에 대한 집중곤란, 흥미상실, 대인관계에서 무관심하고 멍청한 태도, 짜증, 놀람, 수면장애 등을 보인다. 대개 뚜렷한 불안의 자율신경계 증상이 동반된다. 흔히 해리증상이나 공황발작 같은 증상이 나타나기도 하고 착각, 환각 및 기억과 주의력장애를 보이기도 한다. 희생자가 있을 경우 혼자 살아남은 데 대한 죄책감, 배척감, 수치감 등이 있다. 사고경험과 비슷한 위험 상황을 회피하며 그런 비슷한 자극으로 증세가 악화된다. 불안, 우울 및 지나친 흥분이나 폭발적이거나 갑작스러운 충동적 행동을 보일 때도 있다. 약물 남용, 알코올 남용이 병발하기도 한다.

③ 외상후 스트레스장애의 진단

생명을 위협하는 분명한 외상 또는 스트레스가 있은 후 수반되는 정신증세가 특징이다. 즉, 재경험, 회피행동, 과민성을 보이되 1개월 이상 지속적이어야 진단된다. 증상발생이 1개월 미만이면 급성 스트레스장애, 외상경험 후 6개월 이상 지났을 때 발병하는 경우는 지연발병이라고 한다. 진단 시 실제 뇌장애가 있는지 잘 알아보아야 한다.

④ 외상후 스트레스장애 진단기준

가. 개인이 다음의 두 가지가 존재하는 외상적 상황에 노출되었다.

- 개인은 실제적인 죽음이나 죽음의 위협적인 사건들 혹은 심한 부상을 당하거나 자신과 다른 사람의 신체적 온전성에 대한 위협을 경험, 목격, 또는 직접 직면한 적이 있다.
- 개인의 반응은 강한 두려움, 무력감 혹은 공포를 포함한다.

  [주: 아동은 안절부절못하거나 혼란스러운 행동으로 나타날 수도 있다.]

나. 외상적인 사건은 계속해서 다음의 하나(또는 그 이상)로 재경험된다.

- 영상, 사고, 혹은 지각을 포함하는 사건에 대한 반복되고 침습적인 고통스러운 회상

  [주: 어린 아동의 경우 그 외상의 주제나 측면이 표현되는 반복적인 놀이를 하기도 한다.]
- 그 일에 대한 고통스러운 꿈을 반복해서 꾼다.

  [주: 아동의 경우 인식할 수 있는 내용은 없지만 무서운 꿈을 꾸기도 한다.]
- 외상적인 사건이 실제 일어나고 있는 것처럼 행동하거나 느낌(그 경험이

되살려지는 기분, 착각, 환각, 그리고 해리적인 플래시백(flash back) 삽화를 포함하고, 이런 것은 각성상태 중독상태에서 생길 수 있다)

[주: 어린 아동의 경우 외상-특이적인 행동이 일어나기도 한다]

- 외상적인 사건의 일면과 유사하거나 상징하는 내부 혹은 외부적인 단서에 노출될 시의 강한 심리적 고통
- 외상적인 사건의 일면과 유사하거나 상징하는 내부 혹은 외부적인 단서에 노출될 시의 생리적인 반응

다. 외상과 연관된 자극에 대한 지속적 회피와 일반적 반응의 둔화(외상 전에는 존재하지 않았음), 다음의 세 가지(혹은 그 이상)로 나타난다.

- 외상과 관련된 사고, 느낌, 대화를 피하려는 노력
- 외상에 대한 회상을 일으키는 활동, 장소, 사람을 피하려는 노력
- 외상의 중요한 측면을 회상할 수 없음
- 중요한 활동에서 흥미 혹은 참여의 현저한 감소
- 다른 사람에게서 동떨어지거나 격리된 느낌
- 제한된 범위의 감정(예, 사랑이란 느낌을 가질 수 없음)
- 단축된 미래에 대한 감각(예, 직업, 결혼, 자녀, 정상 수명에 대해 기대하지 않음)

라. 증가된 각성에 의한 지속적 증상(외상 전에는 존재하지 않았음), 다음의 두 개(혹은 그 이상)로 나타난다.

- 입면이나 수면 유지의 곤란
- 흥분성 혹은 분노의 표출
- 집중장애
- 과도 각성
- 과도한 놀람 반응

마. 이 장애(기준 나, 다, 라의 증상)의 기간은 한 달 이상이다.

바. 이 장애는 사회적, 직업적 혹은 다른 중요한 기능 영역에서 임상적으로 중요한 고통이나 장애를 일으킨다.

다음을 명시한다.
급성: 증상의 기간이 3개월 미만일 경우
만성: 증상의 기간이 3개월 이상일 경우
다음을 명시한다.
늦은 발병: 스트레스 후 적어도 6개월 이후에 증상 시작

⑤ 경과 및 예후

증세는 사건발생 얼마 후에 나타나기 시작한다. 그 기간은 1주에서 30년이다.

증상은 시간에 따라 유동적이나 스트레스가 있을 때 악화된다. 30%가 회복하며, 40%는 경한 증상을, 20%가 중등도 증상을, 10%가 변하지 않거나 악화한다. 좋은 예후는 급성 발병일 때, 증상기간이 짧을 때(6개월 이내), 병전 기능이 좋을 때, 사회적 지지가 강할 때, 다른 정신과적 · 내과적 장애가 없을 때다. 나이가 너무 어리거나 많으면 예후가 나쁘다. 과거 정신과적 장애가 있을 때도 예후가 나쁘다.

⑥ 치료

가벼운 경우는 발병 초기에 조기 발견하여 적절한 약물 및 단기정신치료를 실시하여 조기에 업무에 임하도록 하는 것이 좋다. 심한 경우 입원치료하여 지지적 정신치료 및 사회복귀를 위한 재활치료를 시도해야 한다.

약물치료는 삼환계 항우울제가 좋다. 용량은 우울증 치료 때와 같다. 치료기간은 최소 8주간이다. 효과가 없으면 최소 1년간 유지치료를 한다. 최근 그 외에 SSRI, MAO 억제제, 항경련제, 클로니딘(clonidine)과 프로프라놀롤(propranolol)도 좋다고 한다. 이들은 모두 노르아드레날린 과잉활동(noradrenergic hyperactivity)을 감퇴시킨다고 보기 때문이다. 환자가 격정을 보이면 단기적으로만 항정신병 약물을 쓸 수도 있다.

정신치료는 외상 후 단기간 시행된다. 이때 위기개입 기법이 사용된다. 교육, 대응전략의 발전, 사건을 받아들이기, 안도를 제공한다. 환자가 재난을 부

인하려는 충동을 극복하게 해 주고 안심시키며 이완하도록 돕는다. 친구나 가족이 돕도록 하며 때때로 지역사회 또는 정부가 도와야 할 때도 있다. 수면제를 써서라도 잠을 자게 해야 한다. 환자에 따라 스스로의 외상경험을 되돌아보고 관련된 감정을 재반응하고 외상경험을 재구성하여 미래에 대해 계획을 세우도록 해야 한다. 이때 집단치료, 가족치료도 도움이 된다.

기타 행동치료, 인지치료, 최면술 등도 사용된다. 행동치료는 상상기법을 사용하거나 실제 노출시키는 것이다. 이 노출은 강하게 하거나 점진적으로 할 수 있다. 그다음 이완을 하게 한다. 스트레스 대응에 대한 인지치료도 효과적인데, 이완이나 인지치료는 스트레스 관리에 해당된다. 증상이 심하거나 자살이나 폭력의 위험이 있으면 입원시킨다.

(2) 급성 스트레스장애

DSM-IV는 외상후 스트레스장애와 관련하여 장애기간만이 차이가 있는 새로운 병명을 제시하고 있다. 즉, 급성 스트레스장애는 외상경험 후 4주 이내에 증상이 나타나고 그 증상이 2일~4주간 지속될 때다(DSM-IV 진단기준 참조).

① 급성 스트레스장애 진단기준

가. 개인은 다음 두 가지의 외상적 사건에 노출되어야 한다.

- 개인은 실제적인 죽음이나 죽음의 위협 또는 심한 부상, 자신과 다른 사람의 신체적 온전성에 대한 위협을 경험 또는 목격하거나 직접 직면한 적이 있다.
- 개인의 반응은 강한 두려움, 무력감, 공포를 포함한다.

나. 고통스러운 상황을 경험 중이거나 그 후에, 개인은 다음의 세 가지(혹은 그 이상) 해리성 증상을 가진다.

- 감정 반응의 둔화, 이탈, 혹은 무반응을 주관적으로 느낌
- 주위 환경에 대한 인식의 감소(예, 멍하게 있음)

- 비현실감
- 이인증
- 해리성 기억상실(즉, 외상의 중요한 면을 회상하지 못함)

다. 다음 중 적어도 한 가지 방식 이상으로 외상적인 사건이 계속 재경험된다. 반복되는 영상, 생각, 꿈, 착각, 플래시백(flash back) 혹은 경험이 되살려지는 기분 혹은 외상적 사건을 회상하게 하는 사람을 만날 때 고통

라. 외상을 회상시키는 자극을 과도하게 회피함(예, 사고, 감정, 대화, 활동, 장소, 사람)

마. 과도한 불안, 증가된 각성(예, 숙면을 취하지 못함, 짜증을 잘 냄, 집중력 장애, 과도한 주위 탐색, 놀람 반응의 증가, 안절부절못함)

바. 이 장애가 사회적, 직업적 혹은 기능의 다른 중요한 영역에서 임상적으로 중요한 고통 혹은 손상을 일으키고, 개인이 가족들에게 외상적 경험을 이야기함으로써 조력을 구하거나 개인적인 자원을 동원하는 것 등의 몇 가지 개인임무 수행능력에 손상을 일으킨다.

사. 증상은 최소한 2일 이상 지속되고 최고 4주간 지속되며 사고 후 4주 이내에 시작된다.

아. 이 장애는 물질의 직접적인 생리학적인 영향(예, 약물남용이나 처방) 혹은 일반적인 의학적 상태에 의한 것은 아니다.

② 감별진단

감별진단은 적응장애, 보상성 신경증, 우울 및 불안장애, 기질적 정신장애, 약물 또는 물질중독, 알코올중독 등인데 이런 장애와 합병될 때가 많다. 기타 인위성 장애, 꾀병, 경계형 인격장애, 정신분열증, 우울증, 공황장애, 범불안장애 등과 감별해야 한다.

(3) 우울증과 자살

청소년기의 특징적인 정신장애를 보면 먼저 일반적인 것으로 불안과 우울

증세가 있다. 이때의 우울과 불안은 그 정도가 심하여 성인과 마찬가지로 신경증적인 양상을 보이며, 특히 자살 가능성도 높다. 우울증의 일반적인 임상적 특성은 성인기의 그것과 유사하지만 청소년기에 있어서는, 특히 충동적인 행동, 약물남용 또는 행동장애가 흔히 동반된다. 행동장애 또는 경계선형 인격장애가 청소년기의 자살과 밀접한 관계에 있고 공격성이 강한 청소년의 경우 그 공격성이 자신에게로 향할 때 자살 행위가 나타날 수 있다. 또한 모험을 즐기는 청소년의 경향, 폭발적인 특성, 경직된 인지기능을 갖고 있는 청소년들에게서 자살의 위험성이 높아진다. 폭력의 피해를 당했을 때 우울증과 불안감이 심해지는 경우가 많다.

(4) 정신증

일반인은 정신분열병(SPR)으로 대표되는 정신증 환자의 폭력 빈도가 높을 것으로 생각하지만 실제 연구에서는 그렇지 않다. 다만 앞에서 폭력의 전조를 감지하기 힘들고 위험한 수단을 사용한다는 특징은 있다. 10대 중 · 후반의 청소년기는 정신 분열병의 초발 연령이고 전구 증상으로 흔히 안절부절못함, 초조감, 사회적 위축, 짜증 증가, 강박적 행동, 수면장애 등으로 결국 난폭한 행동—부모를 대상으로 하는 경우가 많음—이 흔히 나타난다. 특히 자기 방에만 들어가 있고 부모와 접촉을 피하며 친구 관계도 서서히 적어지는 초기 증상을 부모가 사춘기 때문이라고 생각하고 방치하다 뒤늦게 병원에 내원하는 경우가 있으므로 주의해야 한다. 정신증 소인이 있는 경우 폭력 피해와 같은 심한 스트레스를 받게 되면 정신증 증상의 유발요인으로 작용할 수 있다.

2) 가해학생의 정신병리와 상담

가해학생의 정신병리에 대한 치료상담이 필요한 대표적인 질환을 살펴보면 다음과 같다.

(1) 품행장애(행동장애)

청소년 비행 분류에는 여러 방법이 있지만, 폭력에 대한 죄책감이 없고 도덕적으로 둔감한 반사회적 성격 성향 등을 보이는 일차성 비행장애와 우울, 주의력결핍 과잉행동장애, 부모나 환경과의 갈등에 의한 반응으로 난폭한 행동을 보이는 이차성 비행장애로 나누는 방법이 있다.

이 중에서 특히 이차성 비행장애는 의학적 치료에 반응하는 성적이 상대적으로 좋은 것으로 나타났다. 폭력 증상을 가장 많이 보이는 비행장애는 가정 내 문제 해결 방법으로 사소한 폭력이 행사될 때 나타나는 경우가 많으므로 비행 청소년 치료에는 부모 및 가족치료 접근법이 매우 효과적이지만, 현실적으로 부모의 비협조적인 태도, 자녀에게 모든 문제의 원인을 투사하는 태도가 치료에 커다란 걸림돌이 된다.

① 품행장애의 진단 기준

가. 타인의 기본 권리를 침해하고 나이에 맞는 사회적 규범 및 규칙을 위반하는 지속적이고 반복적인 행동 양상으로서 다음 중 3개(또는 그 이상) 항목이 지난 12개월 동안 있었거나 적어도 1개 항목이 지난 6개월 동안 지속되었다.

- 사람과 동물에 대한 공격성
  - 타인을 괴롭히거나 위협하거나 협박한다.
  - 흔히 육체적인 싸움을 도발한다.
  - 타인에게 심각한 신체적 손상을 일으킬 수 있는 무기를 사용한다.
  - 사람에게 신체적으로 잔혹하게 대한다.
  - 동물에게 신체적으로 잔혹하게 대한다.
  - 피해자와 대면한 상태에서 도둑질을 한다.
  - 타인에게 성적 행위를 강요한다.
- 재산의 파괴
  - 심각한 손상을 입히려는 의도로 일부러 불을 지른다.

- 다른 사람의 재산을 일부러 파괴한다(방화는 제외).
- 사기 또는 도둑질
  - 타인의 집, 건물, 차를 파괴한다.
  - 물건이나 호감을 얻기 위해 또는 의무를 회피하기 위해 거짓말을 흔히 한다.
  - 피해자와 대면하지 않을 상황에서 귀중품을 훔친다.
- 심각한 규칙 위반
  - 13세 이전에 부모의 금지에도 불구하고 밤늦게까지 집에 들어오지 않는다.
  - 친부모 또는 양부모와 같이 사는 동안 적어도 2회 이상 가출한다(또는 장기간의 1회 가출).
  - 13세 이전에 시작되는 무단결석

나. 행동장애가 사회적, 학업적, 직업적 기능에 임상적으로 심각한 장애를 일으킨다.

다. 18세 이상일 경우 반사회성 성격장애의 진단 기준에 맞지 않아야 한다.

- 발병 연령에 따른 유형의 세분화
  - 소아기 발병형: 10세 이전에 품행장애 특유의 진단 기준 가운데 적어도 한 가지 이상 발생한 경우
  - 청소년기 발병형: 10세 이전에는 품행장애의 어떠한 진단 기준도 충족시키지 않는다.

(2) 주의력결핍 과잉행동장애

행동이 많고 부산하며 주의집중 시간이 매우 짧은 충동적인 특징을 보이는 행동장애로 소아, 특히 남아에게서 가장 흔한 행동장애며 이런 아동은 흔히 학습장애, 언어 지연 등이 동반되어 학습 성취도가 낮고 결국은 청소년기 비행으로 이행되는 경우가 많다. 이 질환은 아동기의 행동장애가 청소년기의 폭력과 연관되는 대표적 질환으로 유병률이 일반 아동의 3~5%나 되며, 이를

치료 대상으로 인식하지 못하고 있다는 점이 심각하다. 부모는 물론 교사의 올바른 인식이 치료를 시작하게 할 수 있고 적절한 시기에 시행된 치료로 좋은 효과를 얻을 수 있다. 이에 따라 폭력을 비롯한 청소년의 행동, 정서적 문제를 예방할 수 있다는 점은 아무리 강조해도 지나치지 않는다. 많은 부모와 교사에 의해 이런 아동이 단순히 '장난꾸러기', '공부 못하는 아이'로 방치되지 않도록 해야 한다.

(3) 청소년의 우울증

청소년 시기의 우울증은 성인과는 달라서 전형적인 증상 이외에 폭력, 가출, 짜증 증가, 약물 남용, 자살 시도 등의 비행행동을 보이는 경우가 많아, 이를 우울이 겉으로 들어나지 않는다 하여 가면성 우울이라는 용어를 사용하기도 한다. 이런 경우에 어른들이 막연히 '사춘기라서 그럴 것이다'라고 방치하거나 '몸이 약하거나 정신력이 해이해서 그렇다'고 생각하여 청소년을 몰아부치면 당사자는 더욱 고립되고 폭력 등의 행동 문제는 심화될 것이다. 청소년기의 우울증은 외적인 스트레스나 걱정거리 없이도 올 수 있다는 점에 주의해야 한다. 또한 우울증과 비행장애는 동반되는 경우가 많아 최근에는 우울행동장애라는 진단명이 받아들여지고 있다. 또한 청소년 우울증 환자는 예민한 내용에 대해 부모와 대화를 할 때 자신을 자극하는 부분을 선택적으로 인지하는 성향이 있고 청소년의 난폭하고 불량한 행동에 부모가 피하게 되면 갈등 해결 방법의 폭은 줄어든다.

(4) 약물 및 알코올

주지하는 바와 같이 마약성 약물이나 알코올은 현실과 환상의 구분을 모호하게 하고 도덕적 판단이 흐려지고 동통의 역치를 높이며 비현실적으로 자신감을 증가시키는 등 폭력에 취약한 조건을 조성하게 된다. 또한 최근에는 쉽게 약국에서 구입 할 수 있는 진해제를 사용하여 경련과 함께 의식하지 못하는 상태에서 타인을 가해하고 응급실로 실려 오는 경우가 종종 있다.

(5) 염색체의 이상 및 발달장애

인간의 정상적인 성염색체는 XX 혹은 XY인 데 반해 XXY, XYY 같은 이상 성염색체를 갖는 경우의 폭력성이 오래전부터 알려져 왔다. 또한 소위 말하는 정신지체(IQ 70 이하의 지능을 말하지만 이는 학교에서 흔히 사용하는 집단 지능검사 결과와는 약간의 차이가 있다), 자폐증, 간질, 외상에 의한 뇌 손상, 기타 뇌의 기질적 장애가 있는 청소년의 경우에 좌절의 역치가 낮고 사회규범의 획득 장애, 문제 해결 기술의 부족, 이차적인 정서 문제 등으로 폭력적 행동을 보이는 경우가 많다. 이런 경우에는 원인이 되는 질환을 치료하는 것이 원칙이지만 현실적으로 어려운 경우가 많아 특수 재활교육 서비스와 함께 항 공격성 약물을 적절히 사용하는 것이 효과적이다.

(6) 기타 청소년 폭력과 관계된 정신장애

청소년기는 자아 정체감이 형성되고 지속적인 성격 구조가 다져지는 시기로 성격장애 진단이 가능한 시기다. 따라서 반사회적 성격장애, 경계선 성격장애, 자기애적 성격장애 등 흔히 적대감을 보이는 성격장애가 있을 수 있다. 불안장애를 비롯한 신경증은 청소년을 쉽게 흥분하게 하고 객관적 판단을 흐리게 한다. 흔하지는 않지만 내적 긴장이 증가되어 순간적으로 심한 흥분 상태에서 폭력을 행사한 후 긴장이 해소되면 뒤늦게 자책하고 후회하는 충동조절장애도 반복되는 폭력에서 감별 진단해야 할 질환이다. 이 외에 성범죄, 자살, 반복되는 자해행동도 다양한 심리적 이상에서 발생될 수 있다.

3) 폭력의 예방과 치료

청소년 폭력은 가해학생이나 피해학생을 막론하고 자신과 가족, 친구, 학교생활 등이 연관되어 나타나는 많은 정서적 · 행동적 문제의 집합체라고 할 수 있다. 그래서 겉으로 나타난 문제에만 국한하여 근시안적으로 접근하다 보면 문제가 악순환되기 쉽다. 근본적인 원인을 찾아 집중적으로 문제를 해결하고 치료가 필요한 경우에는 서둘러야 한다.

소아 · 청소년 정신과 치료 현장에서 자주 이용되는 방법을 보면 개인정신 치료, 집단정신 치료, 인지 치료, 행동 치료, 가족 치료, 치료극 등의 예술 치료요법 등 다양한 방법을 사용하는데, 이는 폭력의 원인이 무엇인가에 따라 한 가지만 사용하거나 동시에 몇 가지 치료 방법을 시행한다. 정서적 · 행동적 접근을 통해 갈등 표현과 감정을 해결하면서 행동적인 호전을 가져오도록 치료하고, 또한 가족 등 주변의 지지가 반드시 필요하므로 함께 상담하고 환경적인 변화를 꾀하기도 한다. 이러한 방법으로 만족할 만한 결과를 얻지 못하는 경우에는 약물을 사용하기도 하는데 환자의 근본적 · 정신적 장애를 치료하는 것이 우선이다. 예를 들면 항우울제, 주의력 결핍 과잉행동장애에서 사용되는 약물, 항정신병 약물 등이 그것이다. 이 외에 최근에는 폭력을 목표 증상으로 하는 약물이 개발되어 사용되고 있는데 리티움, 항경련제, 베타 차단제, 항안드로겐 약물 등이 사용된다. 이 약물들은 일반적으로 생각하는 것보다 매우 안전하고 의사의 지시와 적절한 약물 감시가 이루어진 상태에서 사용하면 습관성이나 내성이 적다. 또한 필요한 기간에만 사용하면 되는 부작용을 감소시킬 약물이 다양하게 개발되어 사용되고 있다.

참고문헌

이영식, 진태원(2001). 우리 아이 왜 이럴까? 서울: 시서례.

진태원(2004). 엄마가 내 맘을 알아? 서울: 느낌이 있는 책.

진태원. 청소년의 공격성과 표출양식.

American Psychiatric Association. (1994). *Diagnostic and statistical manual of mental disorders* (4th ed.). Washington, DC: APA.

13장 학교폭력에 대한 법적인 고찰

– 장현우(청지법률사무소 변호사)

최근 사회 문제로 대두되고 있는 학교폭력 문제는 학생이나 학교만의 문제가 아니며 우리 모두의 문제다.

학교폭력 문제가 학교에서 자율적이고 조화롭게 해결되지 않아 '법'에 사건 해결을 호소하는 경우가 지속적으로 늘어나고 있으며, 이에 더하여 학교폭력이 발생하면 자율적인 해결 없이 바로 법에 호소하는 경우도 늘어나고 있는 실정이다.

학교폭력 피해자 가족이 법에 고통을 호소하는 경우 예상하지 못한 장애물로 민형사 진행을 하면서 장기간 많은 비용을 들이다 또 다른 제2, 3의 고통을 받는 경우도 허다하다.

이에 학교폭력과 관련된 민형사 등 법적인 절차 진행과 과정에 대하여 간단히 알아보고자 한다.

1. 학교폭력 사건에 대하여

최근 심각한 사회 문제로 대두되고 있는 학교폭력 문제는 학교나 사건 당사자들만의 문제가 아닌 사회 전체의 문제라는 인식이 널리 퍼져 있으며, 최근 사회 각계에서 문제를 해결하기 위하여 많은 노력을 하고 있다.

그러나 학교폭력 문제는 당사자들이 청소년, 미성년, 학생의 신분이므로 법적인 접근을 함에 있어서 일반 성인들의 폭력사건과는 다른 특수성을 감안하여 접근하여야 하지만, 이를 망각하는 경우가 종종 있어 어려움이 많았다.

더군다나 학교폭력 사건이 학교라는 자체적인 해결의 울타리를 넘어 법에 호소하는 단계에까지 이른 경우에는 법적 해결에도 많은 어려움이 있으며, 설사 해결된다 하더라도 사건의 당사자들은 이미 많은 물질적, 정신적 피해를 입은 경우가 허다한 것이 현실이다.

학교폭력 사건의 법적 접근에 앞서, 우선 당사자들이 모두 우리의 청소년이라는 사실과 학교폭력 사건으로 더 이상의 2, 3차 피해가 없도록 고려해야 한다.

그동안 학교폭력 사건에 대한 변호를 하다 느끼게 된 것은 학교폭력 사건에서 당사자들에게 추가적인 피해가 없도록 하기 위하여 고려하여야 할 중요한 요소 중의 하나가 '사건의 진실'을 발견하는 것이다. 당시 누구에게 어떠한 일이 발생하였는지에 대하여 진실을 밝히는 것이 학교폭력 사건의 가해자뿐만 아니라 특히 학교폭력의 피해자에게 가장 좋은 치료법이라는 것이다.

2. 학교폭력예방및대책에관한법률 및 동법 시행령 소개

우선 학교폭력 사건이 무엇인지 정의하기 전에 관련법이 있음을 알아야 한다. 동법은 학교폭력 사건에 효과적으로 대처하기 위한 전담기구의 설치, 정기적인 학교폭력 예방교육의 실시, 학교폭력 피해자의 보호와 가해자에 대한 선도 · 교육 등 학교폭력의 예방 및 대책을 위한 제도적 틀을 마련하려는 취지로 제정된 법률이다.

1) 목 적

이 법(법 제1조)은 학교폭력 예방과 대책에 관하여 필요한 사항을 규정함으로써 피해학생의 보호, 가해학생의 선도 · 교육 및 피해학생과 가해학생 간의 분쟁조정을 통하여 학생의 인권을 보호하고 학생을 건전한 사회구성원으로 육성함을 목적으로 하고 있다.

2) 특 징

이 법령의 적용은 오로지 학교 내외에서 발생하는 학생 간의 폭력에 국한된다. 즉, 학생이라 함은 초등학교나 중학교 또는 고등학교에서 학생의 신분을 갖고 있는 자를 말하며 대학생, 자퇴생, 퇴학생, 취학의무 유예자, 취학의무 면제자, 정원 외 학적관리 대상자 등은 학생에서 제외된다. 이는 법의 적용 범위를 설정한 것일 뿐 다른 의미가 있는 것은 아니다.

특별법이 아닌 일반법이기 때문에 다른 법령에 폭력과 관련된 규정이 있을 경우 그 법을 준용하여야 한다. 학교폭력 사건에 대하여 보충적인 적용의 의미를 지닌다고 보면 된다.

학교폭력으로 인해 발생한 분쟁에 대한 조정의 결과는 화해의 효력이 없다. 이는 학교폭력 사건으로 인하여 학생 간에 발생한 분쟁을 사법기관에 고소 · 고발 또는 민사소송을 제기하기 전에 교육공동체가 자체적으로 먼저 교육적으로 해결해 보자는 데 그 근본 취지가 있기 때문이다. 그러므로 뒤에 기술하는 민형사상 법적인 절차의 진행은 사법기관에 그 해결책을 호소하는 것이므로 그 적용의 차이를 인지하여야 한다.

학교폭력 신고 의무 규정이 있다. 즉, 누구든지 학교폭력 현장을 보거나 그 사실을 알게 된 자는 학교 등 관계기관에 즉시 신고하여야 하며, 신고를 받은 기관은 이를 가해학생 및 피해학생의 보호자 또는 소속 학교의 장에게 통보하여야 한다. 이러한 의무 규정을 두게 된 배경은 학교폭력 사건이 학교라는 울타리 안에서 발생하는 경우가 허다한데, 대부분 해결을 위하여 노력하는 것이 아니라 사건을 인지한 학교 주체들이 사건의 당사자들을 압박하여 진실을 은폐하고 이를 묻어 버리려는 경향이 강하였다는 데에서 출발하는 것이다. 학교폭력 사건의 진실이 밝혀지지 않은 경우, 피해학생들은 상당 기간 고통을 받고 심한 경우에는 정신적 충격으로 심각한 후유증이 발생하여 성인이 되어서도 완전히 회복되기 힘들다.

3) 법률의 구체적인 내용

동법에서 고려하여야 할 내용은 다음과 같다.

- 교육인적자원부장관은 학교폭력 예방 및 대책에 관한 정책목표 및 방향을 설정하고, 5년마다 기본계획을 수립 · 시행(법 제6조)
- 학교폭력 예방 · 대책에 관한 기본계획과 행정기관 · 자치단체 · 교육청 · 전문단체 등의 요청사항 심의 등을 위해 교육인적자원부장관을 위원장으로 하는 학교폭력대책기획위원회의 설치(법 제7조, 8조)
- 시 · 도교육청에 학교폭력 예방 및 대책 담당 전담부서 설치(법 제9조)
- 학교별로 학교폭력 예방 프로그램구성 · 실시, 피해학생 보호 및 가해학생 조치, 피해 · 가해 학생 간 분쟁조정 등의 심의를 위해 학교장을 위원장으로 하는 학교폭력대책자치위원회 설치(법 제10조, 11조, 14조, 15조)
- 특히 법률의 내용 중 유의하여야 할 내용이 동법 제14조의 피해학생과 법 제15조의 가해학생에 대한 조치 부분이다.
  - 법 제14조 피해학생의 보호 조치: 제1호 심리상담 및 조언, 제2호 일시

보호, 제3호 치료요양, 제4조 학급교체, 제5조 전학권고, 제6조 그 밖에 피해학생의 보호를 위하여 필요한 조치 등이 있다. 이 경우 피해학생을 위한 조치는 위 학교폭력자치위원회가 학교의 장에게 요청하는 경우 피해학생 보호자의 동의를 얻어서 당해 조치를 할 수 있다.

– 법 제15조 가해학생에 대한 조치: 제1호 피해학생에 대한 서면사과, 제2호 피해학생에 대한 접촉 · 협박금지, 제3호 학급교체, 제4호 전학, 제5호 학교에서의 봉사, 제6호 사회봉사, 제7호 학내외 전문가에 의한 특별교육이수 또는 심리치료, 제8호 출석정지, 제9호 퇴학처분(의무교육과정 학생은 제외)이 있다. 이 경우 자치위원회가 학교의 장에게 당해 조치를 요청할 때는 가해학생과 보호자의 의견진술 기회 등의 절차를 거쳐야 하며, 위원회의 요청이 있는 경우 학교의 장은 당해 조치를 취하여야 한다. 위 피해학생에 대한 조치와 달리 보호자의 동의를 구하지 않는다는 점에서 차이가 있다. 다만 법은 조치를 취한 경우 이를 가해학생과 보호자에게 통지하도록 하고 있다.

• 학교에 상담실 설치, 전문상담교사 배치, 학교폭력 책임교사 선임(법 제12조)

4) 학교폭력예방및대책에관한법률 시행령 내용

동법의 시해령에서 고려해야 할 몇 가지 내용을 정리하면 다음과 같다.

• 학교폭력의 정의(제2조): 학교폭력을 학교 내외에서 학생 간에 발생하는 상해 · 폭행, 감금, 협박, 약취 · 유인, 추행, 명예훼손 · 모욕, 공갈, 재물손괴, 집단 따돌림, 그 밖에 피해자의 의사에 반하는 행위를 가하거나 하게 한 행위를 말한다. 법에 규정된 것만 학교폭력 사건의 전부라고 할 수는 없지만 관련법이 어떤 규정을 하고 있는지는 참조할 만하다.

• 학교에 두어야 하는 학교폭력 상담실은 인터넷 이용시설, 전화 등 상담

에 필요한 시설 · 장비와 피상담자의 사생활 노출 방지를 위한 칸막이 및 방음시설 등을 갖추도록 하여야 한다. 그러나 이러한 시설이 되어 있지 않은 경우가 대부분이므로 이에 대한 관련인들의 노력이 있어야 하겠다.

- 학교가 실시하여야 하는 학교폭력 예방교육은 학기별로 정기적으로 실시하도록 하고 강의, 토론, 역할연기 등의 다양한 방법에 의한 교육이 이루어지도록 하고 있다. 학교폭력 사건에서 가장 중요한 것은 예방이기 때문이다.

3. 학교폭력과 관련된 구체적인 민형사상의 법적 절차 진행

일반적으로 학교 내에서의 폭력과 관련된 법적인 조치로는 크게 민사상 보전처분(가압류, 가처분), 불법행위에 대한 손해배상 소송을 제기하는 것과 형사상 조치인 폭행, 상해, 체포감금, 폭력행위등처벌에관한법률위반, 직무유기 등의 혐의로 형사고소하는 방법이 있다.

1) 민 사

우선 민사상 원고가 되어 불법행위에 대한 손해배상 청구를 할 수 있다(민법 제750조).

(1) 불법행위 성립요건

① 민법 제750조(불법행위의 내용)

고의 또는 과실로 인한 위법행위로 타인에게 손해를 가한 자는 그 손해를 배상할 책임이 있다.

- 가해자의 고의 또는 과실이 있어야 한다.

- 책임능력이 있어야 한다. 학교폭력 사건의 관련자 대부분이 학교에 다니는 미성년자이므로 책임능력 부분에 대한 문제가 발생한다.
- 위법성이 있어야 한다. 자신이나 제3자에 대한 불법적인 공격을 막기 위한 정당방위라면 위법성이 없을 수 있다.
- 가해행위에 의한 손해발생. 불법행위와 피해 사이에 상당한 인과관계가 존재하느냐에 대한 문제다. 이는 학교폭력 사건에서 자주 문제가 되고 있는 쟁점 중 하나다.

예를 들어, 학교에서 이른바 '왕따' 문제로 자살한 사건에서 학교폭력과 왕따 문제 중 어느 것이 피해학생의 진짜 자살 원인인가에 대한 규명이 필요하다. 피해학생의 자살이라는 극단적인 결과를 가해학생들이나 교사 및 학교에서 예측 가능하였느냐(예측 가능성)가 하나의 기준으로 판례나 법원에서 제시되고 있다.

다만 이러한 경우 일반 손해배상 사건에서 적용되는 인과관계라는 법적인 형식기준을 미성년자들이 대부분인 학교폭력 사건에 그대로 적용하는 것은 다소 무리라는 지적이 있다. 왜냐하면 청소년기의 아이들은 대부분 사춘기라는 질풍노도의 과정을 겪는 중으로 성인의 관점에서는 이해하지 못하는 부분이 많기 때문이다. 피해학생은 소위 '쪽 팔린다'는 이유 하나만으로도 성인들이 이해하지 못하는 죽음을 선택할 정도의 민감한 감정을 가지고 있는 경우가 많기 때문이다.

② 민법 제755조(책임무능력자의 감독자의 책임), 제756조(사용자의 배상책임)

학교폭력 사건에서 피해, 가해 학생들에 대한 안전, 보호의무가 학교 교사에게 있고, 위 교사에 대한 지휘, 감독의무가 학교에 있고, 위 학교에 대하여 최종적인 지휘·감독의 사용자로서의 의무가 교육감인 경우에 법적인 책임을 누가 어디까지 부담하느냐의 문제가 있다.

그리고 손해에는 적극적인 손해(치료비, 개호비 등), 소극적인 손해(일실수익), 정신적인 손해(위자료) 3부분이 있다.

(2) 위 불법행위 성립요건과 관련된 구체적인 쟁점 부분에 대한 설명

① 정신적인 피해인 '위자료' 산정 문제

학교폭력 사건에서 피해학생과 부모가 느끼는 정신적인 피해와 현실적으로 법원에서 인정되는 정신적인 피해금액과의 차이가 큰 경우가 많다.

피해자가 사망한 경우 법원에서 인정되는 위자료는 여러 가지 동기와 상황 등을 고려하여 결정되지만 일응 약 4000~5000만 원이 평균적인 인용액이다(다만 절대적인 기준은 아님.).

예를 들면, 학교에서 발생한 폭행사건이 은밀하고 집단적이고, 특히 2~3년간 장기간에 걸쳐 발생한 경우, 폭력사건의 피해학생이 가해학생들의 가해행위에서 받은 정신적 피해를 호소하는 경우가 많다. 이러한 경우 피해학생은 우울증이나 외상후 스트레스장애, 조울증, 대인기피증세 등이 발생할 수 있고, 심한 경우 정상적인 사회생활을 하기 어려울 정도의 심각한 후유증이 발생한다.

또한 피해학생의 경우 더 이상 다니던 학교를 계속하여 다니기 어려운 경우가 많으며, 한창 공부하고 친구들을 사귀어야 할 시기에 자신만의 폐쇄된 공간에서 스스로를 자학하며 지내는 안타까운 경우가 있다.

피해학생이 가해학생을 피하여 전학을 간 다른 학교까지 가해학생이 사건과 관련하여 좋지 않은 소문을 퍼뜨려 새로운 환경에 적응하기 어렵게 하며 정신적인 충격과 함께 더 이상의 정상적인 학교생활을 하기 어렵게 만드는 경우가 있다. 이러한 경우 피해학생은 심한 정신적 충격을 받아 더 이상 주위 사람을 신뢰하지 않고 기피하며 심한 우울증에 시달리게 된다. 따라서 새로운 환경에서 다시 시작하는 피해학생을 위한 학교 내부 공동체의 배려가 있어야 한다.

이와 관련하여서는 최근 사회 문제가 되고 있는 '일진회'가 일정한 지역을 장악하고 있어서 근처학교로 전학하는 경우 일진회 자신들만의 네트워킹인 인터넷 연락망(싸이월드, 미니 홈페이지)을 통하여 피해학생에 대하여 정보를 공유하고 계속해서 육체적, 정신적으로 괴롭히는 경우도 있다.

또한 가해 학생들과 부모들은 피해학생이 육체적으로, 즉 겉으로 보아 멀쩡하면 손해가 없고 괜찮은 것으로 생각하고 있으며, 정신적인 피해에 대해서는 거의 고려하지 않는 경향이 있다. 그리고 가해행위가 단지 장난이었다, 피해학생이 돈을 바라고 정신적으로 피해를 받았다고 꾀병을 피운다는 등의 소문까지 퍼뜨려 상황이 악화되는 경우가 많다.

이처럼 학교 내에서 자율적인 합의가 진행되다가도 피해학생 측에서 자신의 정신적인 피해에 대하여 전혀 고려하지 않는 상황에 발끈하여 변호사 사무실을 찾아와 민사소송으로 가는 경우가 많기에 최초에 학교나 상담원 등에서 폭력사건을 상담하는 경우, 이에 대한 특별한 배려와 주의가 요구된다.

② 신체감정 문제

가해학생에 대한 손해배상 청구와 관련하여 발생한 손해 중 소극적 손해인 일실수익과 관련하여 그 장애 정도를 산정하기 위하여 육체적, 정신적인 신체감정절차를 거쳐야 하는 경우가 있다.

즉, 학교폭력으로 인한 손해를 법원에서 배상받기 위하여서는 피해당한 정도를 나타내는 구체적인 증거가 필요한데, 이것이 신체감정이라는 절차다. 감정절차가 주로 종합병원에서 진행되기 때문에 장기간에 걸쳐 고비용이 소요되는 경우가 있으며, 특히 정신적 피해를 호소하는 경우에는 병원마다 감정결과에 상당한 차이를 보인다. 따라서 간혹 정신 감정 결과에 승복하지 않고 2, 3차 재감정을 하는 경우도 종종 있다. 이런 경우 소송진행이 쉽게 2~3년간 장기간 진행된다.

또한 피해학생이 자신의 정신적인 손해를 입증하기 위하여 진행하는 정신과 감정과정에 있어서 감정비용이 평균 400~500만 원씩 소요되며, 정신과 감정방식이라는 것이 정신과 폐쇄병동에서 1~2주간 입원하여 관찰하면서 진행되는 것이기에 이를 안타까워하는 피해학생 부모들이 있어 감정과정에 많은 어려움 있다.

또한 정신과 감정 이후 발생하는 예상하지 못한 후유증(폐쇄병동 입원 후 정신과적인 증세가 더 심해지는 경우)이 발생하는 경우가 간혹 있어서 피해학생 및 그 부모가 피해자에 대한 배려가 없는 민사 소송절차 및 감정 진행과정에서의 어려움에 대하여 호소하는 경우가 많다.

③ **증거확보 문제**

학교에서 왕따 및 폭력 문제가 발생하는 경우, 학교에서는 이를 외부에 알리지 않고 될 수 있으면 학교 내에서 자체적으로 처리하려는 경향이 강하다. 우선 학교라는 울타리 안에서 학교구성원 간의 자율적인 해결이 가장 좋은 방법으로 권장되어야 한다. 학교 외부에서는 학교 내부에서 발생한 왕따나 폭력사건의 정확한 실상에 대하여 파악하기가 어려우며, 또한 가해학생이나 피해학생 등 관련 학생 대부분이 학교에 다니는 미성년의 학생들이므로 이들의 정확한 진술을 확보하는 것이 쉽지 않기 때문이다.

심지어 어떤 학교에서는 교내 폭행 사건이 일어난 후, 가해학생이 목격을 한 학생들을 상대로 하여 집단적인 힘을 과시하며 압박하는 경우가 종종 있다. 이러한 경우 교내 폭력 사건에 대한 피해 실상에 대한 진술이 획일적으로 동일하고 목격자들이 처음의 진술을 번복하는 등 진실을 파악하기가 힘든 경우가 발생한다. 이에 사건이 발생한 경우, 처음부터 적극적인 자세로 관련 학생들뿐만 아니라 이를 목격한 학생이나 관련 학생에 대한 설문조사 등을 통하여 정확한 실상을 파악해 둘 필요가 있다(예, 폭력장면을 보았다고 진술한 학생이 가해학생의 압박을 받은 이후에는 보지 못하였다고 자신의 진술을 번복하는 경우가 있다).

더욱이 학교에서는 사건의 해결을 위하여 수사를 진행 중인 경찰, 검찰 등의 수사기관에 대하여서도 비협조적인 경우가 허다하다. 심지어는 진실을 밝히려고 노력하는 수사기관에 대하여 실적을 올리기 위하여 수사한다며 반발하기도 한다. 이에 증거확보가 난이하므로 사건이 발생한 초기에 당사자나 주위 참고인 및 관련인이 증거나 진술을 확보하기 위하여 노력하여야 좀 더 용이하게 사건의 진실을 밝힐 수 있다.

학교폭력 사건에 관련한 정확한 진실이 밝혀지고 잘잘못이 정확하게 가려지는 경우, 피해학생이나 부모들도 이에 만족하며 대승적인 차원에서 쉽게 분쟁이 해결되는 경우가 많다. 그러나 사건에 대하여 진실이 은폐되는 경우 장기간의 소송를 각오해야 하고, 이렇게 되면 학교도 피고로 서게 되므로 초기에 진실을 밝히기 위한 노력이 처음부터 선행되어야 한다. 그리고 진실을 밝히는 것이 가해학생이나 피해학생들을 위하여서도 가장 좋은 치료법이고 다른 학교폭력 사건을 막는 가장 좋은 예방책이다.

④ 제764조(명예훼손 경우의 특칙)

학교폭력 사건과 관련하여 타인의 명예를 훼손한 자에 대하여는 법원은 피해자의 청구에 의하여 손해배상에 가름하거나 손해배상과 함께 명예회복에 적당한 처분을 명할 수 있다.

예를 들면, 가해학생이나 교사의 피해학생 폭행 사실에 대한 학교게시판에의 게시 요구가 가능하며, 실제 게시한 사례가 있다. 최근 들어 개인의 정보나 명예가 더욱 중요시되고 인터넷을 통하여 개인의 명예가 순식간에 심하게 훼손되는 경우를 볼 수 있는데, 청소년 시기에는 그 피해가 일반 성인보다 더욱 심각하다. 자신이 학교에서 다른 학생들에게 폭행당하는 모습이 인터넷에 올려져 주위의 놀림감이 된다면, 피해학생은 쉽게 자신의 삶을 포기하고 자살을 떠올리게 되며 심각한 정신적 충격에 빠져 앞으로 정상적인 사회생활을 하기 힘들게 된다. 이러한 경우를 대비하여 피해학생의 명예를 회복할 수 있는 대책이 있어야 한다.

⑤ 제766조(손해배상청구권의 소멸시효)

손해배상 청구권은, 피해자나 그 법정대리인이 그 손해 및 가해자를 안 날로부터 3년간, 불법행위를 한 날로부터 10년을 경과한 때 소멸한다. 본 민사상 손해배상 청구를 하더라도 위 기간에 유의하여야 한다.

학교폭력의 피해학생들은 자신의 피해 사실을 숨기고 이를 주위에 알리거나 말하지 않는 경향이 있다. 가해학생들의 보복이나 주위에 알리는 경우 지속되는 왕따에 대한 두려움 때문이다.

실제로 학교폭력 사건이 발생한 지 3년이 경과되어 이를 문의하러 찾아온 경우가 있었다. 다만 피해학생의 법정대리인인 부모가 폭력 사실에 대하여 나중에 알게 된 경우에는 부모가 불법행위 발생 사실 및 가해자를 알게 된 그때부터 시효가 별도로 3년간 진행되므로 피해학생 자신의 손해배상 청구권의 소멸시효가 완성되었다고 하더라도 민사상 청구가 가능하며, 다만 불법행위를 한 날로부터 10년간은 나중에 따로 진행하는 것이 아니라 불법행위를 한 날로부터 진행한다.

⑥ 과실상계

학교폭력 사건에서 많은 논란이 발생하는 쟁점 중 하나가 과실상계 부분이다. 쉽게 말하면 피해자 자신이 폭력에 대하여 잘못한 것이 있으면 손해배상액 산정에 있어서 그 잘못만큼 금액에서 공제되는 것을 의미한다. 교통사고에서 가해자와 피해자의 과실비율을 따지는 것과 마찬가지다.

실제로 다소 소심하고 내성적인 성격을 가진 피해학생에 대한 가해학생들의 집단 따돌림 사건에서, 법원은 "학교는 다른 어느 조직보다 약자에 대한 보호와 배려가 절실히 요구되는 곳이기에 피해자가 소심하고 내성적인 성격과 다소 대인기피적인 증세가 있다고 하더라도 손해배상액 산정에 참작하여 책임을 제한할 수는 없다."라고 한 판례가 있다(대전고등법원 2002나 5345, 2002나 5352 손해배상(기)).

그러나 대부분의 민사 소송에서는 폭력 사건의 경우 법원은 발생하게 된 동기나 원인, 상황을 피해학생이 제공하였다고 하여 과실을 대부분 참작하여 이를 공제하는 경우가 많다.

이는 일반적인 불법행위가 발생한 경우 손해배상액을 산정할 때 극히 예외적인 부분을 제외하고는 대부분 피해자의 과실을 어느 정도 참작하는 기준, 관행을 따른 것인데, 이는 학교폭력 사건에 대한 인식 부족에서 나온 것이다.

학교폭력 사건의 경우 가해자와 피해자가 중복되는 경우가 있기도 하지만, 가해학생들의 말을 들어 보면 '그냥 심심해서', '보기 싫어서' 와 같이 이유 없이 폭력을 행사하는 경우가 의외로 많다. 그러나 법원에서 진행되는 민사소송에서는 어떤 식으로든지 가해학생 측에서 피해학생의 잘못을 주장하면 기계적으로 이를 소송결과에 반영하는 경우가 있어서 분쟁 해결을 더욱 어렵게 하며 이에 승복하지 못하는 피해학생 측의 이의제기로 민사소송이 장기화되는 경우가 많다.

⑦ 토지관할

어느 법원에 불법행위에 의한 손해배상 민사청구를 할 것인지에 대한 문제며 불법행위가 발생한 학교소재지나 가해자나 피해자 주소지 소속 법원이 이에 해당하게 된다.

⑧ 법정대리인

학교폭력에 대한 민사소송 제기에 있어서 가해자, 피해자가 대부분 미성년자이므로, 원고와 피고 양 당사자에게 법정대리인인 부모가 있어야 하는 것이 원칙이다. 그러므로 법정대리인을 모르는 경우 미성년자는 민법상 무능력자이므로 소송제기를 하거나 응소할 수 없는 것이 원칙이다. 특히 이혼한 가정의 경우 친권을 누가 행사하기로 하였는지, 친권을 포기한 경우는 아닌지 이에 대한 검토가 반드시 필요하다.

⑨ 보전처분(가압류, 가처분)

금전채권에 대한 보전처분은 가압류를 통하여 진행하게 된다. 이는 소송에서 승소하더라도 집행할 재산이 없으면 아무런 소용이 없기에 소송에 앞서서 또는 소 제기와 동시에 가해학생들의 부모의 재산에 가압류하는 경우가 있다.

(3) 학교폭력에 대한 참조 판례

대법원 99다23895 판결

교사의 학생에 대한 보호 · 감독의무는 학교 내에서의 학생의 모든 생활관계에 미치는 것이 아니고 학교에서의 교육활동 및 이와 밀접불가분의 관계에 있는 생활관계에 한하며, 그 의무범위 내의 생활관계라 하더라도 교육활동의 때, 장소, 가해자의 분별능력, 가해자의 성행, 가해자와 피해자의 관계 등 기타 여러 사정을 고려하여 사고가 학교생활에서 통상 발생할 수 있다고 하는 것이 예측되거나 예측 가능성이 있는 경우에 한하여(사고발생의 구체적 위험성) 교사가 보호 · 감독의무 위반에 대한 책임을 진다.

위 대법원 사례는 '고적답사를 겸한 졸업여행 중 휴식시간에 숙소 내에서 발생한 학생들 사이의 폭력사고로 한쪽 눈을 실명한 사안에서, 학교 측의 안전교육이나 사전지시에 따르지 않고 돌발적으로 벌어진 사고로서 예측 가능성이 없었으므로 교사에게 보호, 감독의무 위반의 책임을 물을 수 없다고 한 경우' 며, 위 판례를 참조하면 교사에게 학생에 대한 보호, 감독의무 위반에 대한 책임을 묻기 위하여서는 교사가 학교 내에서 발생하는 학생의 모든 생활관계에 미치는 것이 아니라, 학교에서의 교육활동 및 이와 밀접불가분의 관계에 있는 생활관계에 한정하는 것이 원칙이라는 의미다. 즉, 학교폭력 등의 사건에서 당해 사고가 학교생활에서 통상 발생할 수 있다고 하는 것이 예측되거나 예측 가능성이 있는 경우에 한하여 교사의 손해배상 책임이 발생된다는 의미다. 그러나 위 단계는 학교와 관련된 안전사고에 대한 것이므로 학교폭력 사건과는 구별되어야 하나 법원 내에서는 그대로 인용하고 있다.

2) 형 사

우선 학교폭력 사건은 대부분 폭력과 관련되어 있어서 폭행, 상해 등의 혐의로 수사기관에 형사고소하는 경우가 많다. 그리고 학교 내에서 발생한 폭력이라는 특징 및 관련된 대부분의 가해자, 피해자 학생들이 20세 미만의 미성년자이고, 같은 급우들을 상대로 하는 것이기에 형사절차 진행에 대한 대략적인 정보는 알고 있어야 한다.

(1) 형사미성년자에 대한 소년보호 사건

가해학생들이 미성년자인 경우가 대부분이므로 일반 형사사건으로 처벌하는 것이 교화 · 교육상 적절하지 못하다고 판단하는 경우, 일반적인 형사절차에 의한 형사처벌이 아니라 소년보호 사건으로 진행될 수 있음을 미리 인지하고 관련 법 규정을 숙지해 두어야 한다.

또한 형사 사건의 경우 형법 제9조에서 형사미성년자, 즉 14세가 되지 아니한 자의 행위는 벌하지 아니한다고 규정하고 있다. 최근 학교폭력 사건의 경우 초등학생들이나 중학교 저학년도 심각한 경우가 있는데, 이러한 경우 형사적인 처벌이 어렵다는 것을 알고 있는 학부모가 의외로 적다. 우리 아이를 폭행하고 덩치도 어른보다 큰데 왜 형사처벌을 하지 않느냐고 항의하는 경우가 많다.

(2) 형사고소 진행과정

일반적으로 형사고소를 하게 되면, 우선 경찰 수사를 거쳐 검찰 수사를 받게 되고, 혐의가 인정되면 공소제기가 되어 법원에서 판결을 받게 된다.

만약 혐의가 없다고 판단되는 경우에는 검찰에서 '혐의 없음' 이라는 판단을 하게 되고, 이에 대하여 불복하는 경우 관할 고등검찰청에 항고와 대검찰청에 재항고를 하여 '혐의 없음' 판단에 대하여 이의를 제기할 수 있다.

위 과정을 다 거친 다음에도 '혐의 없음' 처분이 유지되는 경우, 검찰의 공소권 불행사가 고소인의 행복추구권이나 피해자 재판진술권, 평등권을 침해한 것이라는 이유로 헌법재판소에 헌법소원 제기도 가능하다.

(3) 소년보호 처분

가해학생에 대하여 일반 형사 사건으로 진행하여 처벌하는 것이 소년에 대한 교화 · 교육상 적절하지 못하다고 판단하는 경우에는 경찰이나 검찰 및 법원에서 모든 단계에서 가정법원 소년부로 사건이 넘어가 진행될 수 있다.

일반 형사절차와 가장 큰 원칙적인 차이는 벌금, 징역 등 일반 형벌이 선고되는 것이 아니라, 소년법상의 보호처분이 내려진다는 것이다. 보호처분의 종류는 소년법 제32조에 규정되어 있다. 그 내용은 다음과 같다.

- 제1호: 보호자 또는 보호자를 대신하여 소년을 보호할 수 있는 자에게 감호를 위탁하는 것, 6월, 1차 연장 가능
- 제2호: 보호관찰관의 단기보호관찰을 받게 하는 것, 6월
- 제3호: 보호관찰관의 보호관찰을 받게 하는 것, 2년, 1년 연장 가능
- 제4호: 아동복지법상의 아동복지시설, 기타 소년보호시설에 감호를 위탁하는 것, 6월, 1차 연장 가능
- 제5호: 병원, 요양소에 위탁하는 것, 6월, 1차 연장 가능
- 제6호: 단기로 소년원에 송치하는 것, 6월을 초과 못 함
- 제7호: 소년원에 송치하는 것

(4) 일반형사절차로의 복귀

학교폭력 가해자가 미성년자이지만 교화 · 교육상 소년법으로 처벌하는 것이 적절하지 못하고, 일반형사 처벌의 필요가 있을 경우에는 다시 일반형사절차에 따라 일반 형벌로 처벌된다.

(5) 민사소송과 형사고소의 동시 진행

일반적으로 민사소송을 제기하기에 앞서서 아니면 동시에 형사 고소하는 경우가 있다. 일반 민사소송에서의 학교폭력에 대한 진실 발견과 증거 수집이 어려우므로 구체적인 증거 수집을 위하여 형사고소를 하는 경우가 있다.

4. 종 합

이상에서 학교폭력 사건과 관련된 법적인 부분에 대하여 간단히 살펴보았다. 앞에서 언급하였듯이 학교폭력 사건의 경우 '사건의 진실' 을 발견하는 것이 중요하다. 장기적인 관점에서 보면, 학교폭력 사건의 가해자에게 폭력사건을 다시 범하지 않는 재범예방책이 되며 학교폭력의 피해자에게 가장 좋은 치료법이고, 당사자 간에 원만하게 분쟁을 해결할 수 있는 가장 빠른 지름길이다. 학교폭력 사건으로 단란한 가정이 파괴되거나 한 아이의 미래가 망가지는 일은 더 이상 없어야 한다.

참고문헌

곽윤직(2003). 채권총론(제6판). 서울: 박영사.

곽윤직(2004). 채권각론(제6판). 서울: 박영사.

곽윤직(2005). 민법총칙(제7판). 서울: 박영사.

최재천(1998). 형사정책. 서울: 유스티니아누스.

3부 학교폭력 예방 및 치료 프로그램

14장 미국 학교폭력 예방 및 처치 프로그램 개관

- 박종효(서울대학교 교육연구소 객원연구원)

본 연구는 미국에서 널리 알려져 있는 학교폭력 예방 및 처치 프로그램을 살펴보고 효과성 차원에서 프로그램을 평가하는 데 그 목적이 있다. 예방 프로그램으로서 RCCP, PATHS와 Second Step을 살펴보았으며 처치 프로그램으로서 Brain Power, Anger Coping, FAST Track, Forgiveness 프로그램을 포함하였다. 예방 프로그램의 주요한 특성은 공격행동이나 반사회행동을 억제할 수 있는 다양한 정서발달과 친사회적 행동기술을 학습시키는 데 있다. 반면에 처치 프로그램의 주요특성은 분노나 공격행동을 유발하는 인지 및 정서를 직접적이고 구체적으로 변형시키는 데 있다.

여러 차례의 실험과 다양한 측정방법으로 프로그램들의 효과성이 평가되었다. 또한 평가를 위하여 학생, 학부모, 교사 혹은 관찰자 등이 참여하였으며 장 · 단기의 추후평가를 통해 프로그램에서 얻은 효과가 어느 정도 지속되는지를 측정하였다. 이러한 결과를 바탕으로 우리나라 학교폭력 프로그램의 개발과 실시 그리고 평가연구를 위한 시사점과 제언을 논의하였다.

최근 미국 자료에 따르면, 유치원 혹은 초등학교 저학년 연령 아동 중 반복적으로 놀림 및 위협을 받거나 공격당하는 아동은 10~20% 정도에 이른다(National Center for Injury Prevention and Control & Center for Disease Control and Prevention, 2002). 상당수의 학생들이 이러한 행동의 가해자나 피해자가 될 뿐만 아니라 공격행동이나 피해행동은 또래관계 문제, 정서적 어려움, 학습장애와 밀접하게 관련된다. 아동기에 경험하는 공격행동은 청소년기나 성인기 공격행동과 밀접히 관련 있으며 신체폭력, 범죄행동, 배우자 학대와 같은 반사회 행동을 유의하게 예언한다(Olweus, 1994). 특히 반사회 특성을 보이는 청소년 중에는 이미 유치원 연령부터 공격행동이 나타나기 시작해서 점차 경미한 수준에서 심각한 수준으로, 더 나아가 극단적인 수준의 문제행동으로 악화된다(Rappaport & Thomas, 2004). 따라서 초등학교 시기, 예방과 초기 개입이 있어야 심각한 수준의 행동으로 악화되는 것을 막을 수 있다.

미국에서 널리 활용하는 프로그램은 예방 프로그램과 처치 프로그램으로 나눌 수 있다(Leff, Power, Manz, Costigan, & Nabors, 2001). 예방 프로그램은 학교에 있는 모든 학생들을 대상으로 학교폭력이 발생하지 않도록 예방차원에서 서비스를 제공하는 것으로 정의된다. 따라서 이러한 프로그램은 보편적인 성격을 띠며 일차적 개입이라고도 불린다. 반면에 처치 프로그램은 학교폭력의 가해 혹은 피해 경험이 있는 학생에게 서비스를 제공하는 것으로 이미 가해 및 피해행동을 경험한 경우나 경험할 가능성이 높은 학생을 선별하여 이들에게 적절한 처치를 제공한다. 따라서 이러한 프로그램은 특정 대상 집단을 선별하는 과정과 이들의 특성과 행동을 고려한 처방적 서비스의 제공이라는 두 가지 측면이 포함된다. 때때로 처치 프로그램은 심각한 수준의 문제행동을 보이지는 않지만 위험요소나 취약성을 보유한 학생들과 이미 심각한 수준의 문제행동을 발현하고 있는 학생들을 구분하여 이차적 처치와 삼차적 처치라고 구분하기도 한다.

학교 폭력행동은 심각한 사회 문제이지만 방법상의 어려움으로 공격행동에 관한 통계 수치, 연구, 예방 및 처방에 관한 노력을 평가하기 어렵다. 대부분의 예방 및 처치 프로그램은 경험적이고 과학적인 연구설계 없이 효과성 평가 연구가 이루어진다. 또한 대다수의 프로그램은 다차원적인 평가방법이나 프로그램 실시의 충실도(integrity)나 수용성을 평가하지 않고 있다. 활용 측면에서는 프로그램이 구조화되어 있거나 사용자가 쉽게 사용할 수 있도록 매뉴얼이나 자료집을 사용하고 있는 프로그램이 부족하다. 프로그램의 문서화나 구조화는 실시의 충실도나 일반화 가능성에 영향을 미치게 된다. 본 연구에서 개관하는 예방 및 처치 프로그램들은 상당 부분 이러한 제한점을 극복하고 이론적 모형에 근거하여 프로그램을 개발하고 실시할 뿐만 아니라 비교적 과학적으로 엄격한 평가 연구를 시행함으로써 효과성이 어느정도 검증된 프로그램들이다.

1. 학교폭력 예방 프로그램

미국에서 널리 활용되면서 평가 연구를 통해 검증된 예방 프로그램 중 대표적인 것은 RCCP, PATHS와 Second Step이다. 이 프로그램은 학생뿐만 아니라 학부모를 대상으로 일련의 보편적인 처치를 제공하게 되는데, 이를 통해 건강하고 비폭력적인 학교 환경을 만들 수 있도록 돕는다. 최근에는 학급 교사가 학생들의 사회적 및 정서적 능력을 발달시키는 교육과정을 이수하고 학교로 돌아와 이를 학생들에게 제공하는 방식이 각광받는다.

1) RCCP 프로그램

RCCP(Resolving Conflict Creatively Program)는 초등학교 교사와 학생들이 비폭력적인 방법으로 갈등을 해결하고 폭력적인 상황이 발생하지 않도록 예방하며 다른 문화에 대한 이해를 촉진하기 위하여 고안된 프로그램이다.

(1) RCCP 프로그램의 개요

보편적인 학교폭력 예방 프로그램으로서 RCCP는 ESR Metro(Educators for Social Responsibility Metropolitan Area)와 뉴욕 시 교육위원회가 공동 개발하였다. 이 단체가 1985년에 설립된 이후로 수백 개의 뉴욕 시 공립학교 6000명의 교사와 20만 명 학생들을 대상으로 프로그램을 진행해 오고 있다. 최근에는 뉴욕 시 외에도 RCCP National Center를 중심으로 앵커리지, 알래스카, 애틀랜타, 조지아까지 전미에 걸쳐 12개의 다른 학교에서 프로그램을 실시하고 있다.

RCCP의 주요 목표는 아동에게 건설적인 방식으로 갈등을 해결하도록 가르치고 긍정적인 집단관계를 향상시킴으로써 아동의 공격행동이나 폭력행동을 야기하는 정신적 과정과 대인관계 행동 전략을 변화시키는 데 있다. 구체적으로 살펴보면, 이 프로그램은 갈등을 해결하기 위해서 수동성이나 공격성 이외의 다른 반응을 선택할 수 있음을 알려 주고 이러한 선택이 일상생활 속에서 자주 나타날 수 있도록 돕는다. 또한 학생이 자신과 다른 사람의 문화를 똑같이 존중할 수 있도록 돕고 학생의 편견을 확인하여 이에 직면할 수 있도록 가르치며 어떻게 평화로운 세상을 만들 수 있는지 생각해 보도록 한다.

이 프로그램은 다음과 같이 진행된다. 첫 번째는 교사훈련 및 코칭으로서, 교사가 갈등해소와 집단 간 이해에 관한 교육과정을 연수받는다. 두 번째는 훈련받은 교사가 학급아동들을 대상으로 학급수업 시간에 이 프로그램을 교육과정에 통합하여 실시한다. 이외에도 RCCP는 또래 중재, 교장 교육 그리고 학부모 교육 등이 포함된다. 프로그램의 레슨은 능동적으로 경청하기, 자기주장 훈련, 정서 경험, 관점채택, 협동, 협상, 문제해결, 갈등분석 그리고 편견 억제하기 등이 포함된다. RCCP 프로그램은 51주 레슨으로 구성되어 있고 각 레슨은 30~60분 정도 지속된다. 교사는 역할놀이나 인터뷰, 소집단 토론과 브레인스토밍을 활용한다(Aber, Brown, Chaudry, Jones, & Samples, 1996).

(2) RCCP 프로그램 효과성 평가

지난 10여 년 동안 뉴욕 시 교육청과 연계하여 대부분의 공립학교가 참여함으로써 근래에 보기 드문 광범위한 대규모 평가연구를 수행하였다. 이 프로그램은 학교폭력을 예방하는 데 기여하는 다양한 심리적 특성들을 발견하고, 이를 바탕으로 종합적이고 체계적인 프로그램을 개발했을 뿐만 아니라 교사연수를 통해 활발하게 프로그램을 전파하고 있다. 또한 준실험집 연구설계 방법과 여러 가지 평가방법을 동원함으로써 과학적인 평가연구를 수행하고 있다.

초기의 RCCP에 관한 평가연구에 의하면 그 효과성은 그다지 확실하게 드러나지 않았다. 오히려 학년이 올라갈수록 학생들의 공격행동에 관한 긍정적 신념이나 사고과정이 증가하였다. 하지만 RCCP 레슨을 실시한 교사의 학급은 그렇지 않은 학급보다 증가속도가 느렸다. 특히 레슨회기(횟수)가 적은 경우에는 평균보다 증가 속도가 빨라진다. 가르친 레슨의 수 외에도 아동의 생활환경도 프로그램 효과에 영향을 미친다. 참가자가 공격행동이 많은 학급이나 이웃에 사는 경우, RCCP 프로그램 효과는 약화되는 경향이 있다(Aber, Jones, Brown, Chaudry, & Samples, 1998).

최근 RCCP에 관한 평가 연구가 뉴욕 시 공립학교에 다니는 초등학교 1~6학년 아동 1만 1000명을 대상으로 2년 동안 이루어졌다. 이 연구결과에 의하면, 교사가 RCCP 프로그램을 많이 실시할수록 적대적 귀인양식이나 공격적인 갈등해결 전략, 비행과 우울증에 관한 자기보고, 공격성에 대한 환상, 교사가 보고한 공격행동 등에서 둔감한 성장을 보였으며 교사 보고의 친사회 행동은 빠르게 성장하였다. 이러한 효과는 여러 가지 인구학적 특성(예, 성별, 인종별)에 따라 다르지 않게 나타났다(Aber, Brown, & Jones, 2003).

다양한 차원의 긍정적 결과에도 불구하고 이 연구는 몇 가지 점에서 한계를 가지고 있다. 우선 프로그램 참여 여부가 교사의 자발적 동의로 결정되며 프로그램을 몇 시간 다룰지도 교사의 판단에 의해 정해진다. 따라서 측정된 효과성 결과가 순수한 프로그램 효과로 보기는 어렵다. 프로그램 자체의 효과

외에도 참여 교사의 특성과 프로그램 실시의 횟수나 충실도가 효과성에 영향을 미쳤을 것으로 추론해 볼 수 있다. 따라서 정확한 효과성 측정을 위해서는 무작위 할당에 의한 프로그램 참여 및 통제집단 구성과 프로그램 실시의 엄격성이 담보되어야 할 것이다.

2) PATHS 프로그램

PATHS(Promoting Alternative Thinking Strategies)는 유치원부터 초등학교 5학년까지의 아동을 대상으로 정서인식, 긍정적 교우관계, 문제 해결능력 등 친사회적 행동기술을 가르치기 위하여 고안된 프로그램이다.

(1) PATHS 프로그램의 개요

PATHS 프로그램의 목적은 문제 해결능력, 자기통제, 정서 조절을 발달시키는 데 있다. PATHS 프로그램은 학급단위 프로그램으로서 학급 교사에 의해 시행된다(Kusche & Greenberg, 1995). 교사는 이 프로그램과 정규 교육과정을 통합하여 교실 안팎에서 실시한다. 이 프로그램은 일주일에 2~3회 실시되며 매회 20~30분 정도 진행된다. 총 57개의 회기로 구성되어 있으며 토론, 수업, 모델링, 비디오 시청 등의 활동으로 이루어진다. 부모는 학교에서 배운 내용을 일반화하기 위하여 관련 자료를 받아서 집에서 사용한다. 예를 들면, 학부모 편지나 숙제를 이용해서 학교에서 학습한 내용을 가정에서 연습해 본다.

(2) PATHS 프로그램의 효과성 평가

효과성 평가를 위해서, 무작위 할당으로 198개 실험참여 학급과 180개의 통제집단 학급을 선정하고 총 6500명의 학생이 연구에 참여하였다. 효과성 평가는 교사보고, 또래평가, 학급관찰에 의해 이루어졌다. 또한 프로그램 매뉴얼을 제공하며 프로그램 실시횟수와 프로그램 실시의 충실도 등이 보고되었다. 1학년을 대상으로 한 평가연구에 의하면, 이 프로그램에 참여했던 아동은 프로그램 참여 후 공격행동과 폭력행동의 수준이 유의하게 감소되었다(Cohen d = −.22, Conduct Problems Prevention Research Group, 1999a, 이하 CPPRG). 학교의 위치, 인구 · 사회학적 특성, 인종 구성 등에 따라 처치 효과가 달라지지 않았다. 하지만 교사가 보고한 바에 의하면 실험집단과 통제집단 학생들은 동일한 수준의 문제행동과 공격행동을 보였다. 하지만 교사가 프로그램을 충실하게 실시한 경우, 외부 관찰자는 프로그램 참여 학생의 공격행동이 감소하였으며 학급 분위기도 긍정적으로 변화되었다고 평가하였다.

PATHS 프로그램의 강점은 경험적이고 과학적인 연구 설계(예, 무작위 할당 방법)를 사용했다는 것이다. 개인이나 학교가 아니라 학급 단위로 분석을 실시했기 때문에 연구자들은 프로그램의 실시횟수(dosage)와 충실도(integrity)에 따라 효과성이 달라지는지 평가할 수 있다. 두 번째, 최근 평가연구는 대규모의 연구대상자를 포함함으로써 도시와 농촌, 다양한 인종이나 사회인구학적 지위의 아동이 참여하였다. 마지막으로 PATHS 프로그램과 선택적이고 처방적인 프로그램을 성공적으로 결합함으로써 포괄적인 학교단위, 가족단위의 공격성 예방 처치가 될 수 있다.

PATHS의 한계점은 프로그램이 남여 모두에게 공통적으로 효과적인지 알 수 없다는 것이다. 또한 프로그램의 효과성을 재는 변수로서 많은 연구에서 제안하는 학교상황, 예컨대 운동장이나 식당, 복도 등에서 학생의 행동을 관찰하지 못했다는 것이다. 세 번째, 광범위하고 타당화된 평가도구가 효과성 검증을 위해 사용되었지만 이들 중 많은 도구는 실험 이후에만 측정되었다. 예를 들면, 학년 초 또래 평가자료나 행동관찰치가 결여되었다. 네 번째, 상대적으로 경미한 수준의 효과가 발견되었다. 그나마 연구자가 프로그램 실시횟수가 적거나 충실도가 저조한 경우와 프로그램 진행을 중도에 포기한 경우를 제외하지 않았다면, 효과성 크기는 더욱 작아졌을 것으로 기대된다. 마지막으로 PATHS 프로그램이 선택적이고, 처방적인 프로그램과 함께 수행되었기 때문에 긍정적인 효과가 PATHS 프로그램 때문인지는 분명하지 않다. 따라서 PATHS 프로그램만을 이용한 반복연구가 필요하다.

3) Second Step 프로그램

Second Step은 학령전기부터 중학교 연령의 아동을 대상으로 교사가 폭력에 관한 태도나 행동을 변화시키는 학급단위 교육과정이다(Grossman et al., 1997).

(1) Second Step 프로그램 개요

Second Step 프로그램은 공격적인 행동이 사회적 기술의 결여에서 기인되었다는 연구결과에 기초한다. 이에 프로그램의 목적은 관점 채택, 대인관계 문제해결, 충동통제, 분노조절의 발달을 통해 아동의 사회능력을 향상시키기는 데 있다. 결국 이 프로그램을 통해 학생들은 충동적, 공격적인 행동을 줄이고 대인관계 능력은 향상되며 긍정적, 사회적 기술을 학습한다.

Second Step 프로그램은 모델링, 리허설, 역할극, 그리고 언어중재과정(Verbal Mediation)의 활동기법을 사용하며 이러한 기법들은 관점채택(공감)이나 충동통제, 분노조절과 같은 능력을 발달시키는 데 기여한다. Second Step은 학령전기/유치원용, 초등학교 1~3학년용, 그리고 초등학교 4~5학년용으로 나누어지며 주요 학습내용은 그림 카드를 통해 설명된다. 담임교사가 프로그램을 실시하며 일주일에 2회 약 30분 동안 진행한다. 교사는 학급 전체에 그림 카드를 보여 주고 카드 뒷면에 제시된 프로그램 내용을 실시한다. 교수방법으로 토론, 교사 모델링, 역할극이 포함된다. 학급토론, 역할극, 모델링, 교정적 피드백, 긍정적 강화가 프로그램의 핵심 요소로 강조되어 사용된다. 프로그램은 30개 정도의 학급레슨으로 구성되며 각 레슨은 35~45분 정도 소요된다. 프로그램은 전형적으로 일주일에 1~2회 정도 실시되지만 1~3일 캠프 형식으로 활용될 수도 있다. 학령전기부터 5학년까지의 아동을 대상으로 스페인 어 매뉴얼도 개발되었으며 Second Step 참여아동의 부모를 위한 가족 지침서도 제공된다(Frey, Hirschstein, & Guzzo, 2000).

2) Second Step 프로그램의 효과성 평가

Second Step 프로그램의 효과성을 평가하기 위해서, 연구자들은 무작위 할당을 통해서 Second Step 프로그램 참여집단과 통제집단을 나누고 사전-사후 평가를 실시하였다. 이 평가연구를 위해 790명의 2~3학년 아동이 연구대상이 되었다(Grossman et al., 1997). 효과성 측정도구는 교사와 부모 평가와 학급, 식당 운동장에서의 행동관찰이 포함되어 있다. 친사회적/중립적 행동에 대한 평정자 간 일치도는 높지만 신체적이고 부정적인 행동이나 언어에 대한 신뢰도는 그리 높지 않았다. 프로그램은 매뉴얼로 구성되어 있고 프로그램 실시의 충실도가 평가되었다.

Second Step 처치는 중간 정도의 긍정적 효과를 보였다(Grossman et al., 1997). 통제집단에 비해 Second Step에 참여한 학생들은 식당이나 운동장에서 관찰한 신체적 공격행동의 빈도가 낮았으며 친사회적이거나 중립적인 행동의 빈도는 높았다. 또한 프로그램 종료 6개월 후에 측정한 추후 평가에서도 이러한 효과는 그대로 유지되었다. 반면에 교사나 부모가 평가한 측정치에서는 이러한 집단차를 발견할 수 없었다.

근래에 시행된 Second Step 평가연구(Taub, 2001)는 3~6학년 아동을 대상으로 1년 동안 실시하였다. 프로그램에 참여하지 않은 학생과 비교해 볼 때, 참여 학생들은 교사가 평가한 사회적 능력에서 유의한 향상을 보였으며 반사회 행동은 유의하게 감소하였다. 또한 독립적인 관찰 평가에서도 학생의 또래관계가 긍정적으로 변하였지만 반사회 행동의 감소는 관찰되지 않았다.

Second Step 프로그램의 강점은 엄격한 경험과학적 연구설계를 사용했다는 점이다. 2~3학년을 대상으로 한 평가연구에서, 프로그램 실시의 충실도 평가되었고 프로그램 진행자가 체계적으로 훈련받았으며 프로그램 매뉴얼을 사용하여 프로그램을 진행하였다. 특히 사후평가와 6개월 추후평가를 위해 관찰자가 식당이나 운동장에서 아동의 공격성 행동을 측정하였다. 그 결과 관찰자들은 이러한 행동이 감소했다고 보고하였다. 더욱이 프로그램은 학교 교사에 의해 진행될 수 있으며, 이 프로그램은 도시나 농촌 어디에서나 적용 가능하다고 판단된다. 행동관찰 방법에 의해서는 공격행동이 감소한 것으로 나타났지만 교사나 부모의 평가에서는 그렇지 못했다. 아직까지 학령전기부터 1학년 그리고 4학년 이상의 초등학생이나 중학생을 대상으로 한 평가연구가 없었기 때문에 이들을 대상으로 한 반복연구가 필요하다.

2. 학교폭력 처치 프로그램

이 장에서는 학교폭력 처치 프로그램으로 널리 알려진 Brain Power, Anger Coping, FAST Track과 새로운 접근의 Forgiveness 프로그램을 소개하고자 한다. 이 프로그램은 대체로 학교폭력의 피해학생과 가해학생의 위험요인과 보호요인에 관한 연구에 기반한다. 이 프로그램은 대부분 공격행동을 유발하는 다양한 심리 · 사회적 요인의 변화에 초점을 두고 있으며 가정과 학교의 긴밀한 협조를 구조적으로 마련해 두었다는 특징이 있다.

1) Brain Power

(1) Brain Power 프로그램 개요

Brain Power 프로그램은 아프리카와 라틴 학생들의 공격행동을 감소시키기 위하여 고안된 귀인양식 수정 프로그램이다. 이 프로그램은 학교폭력이나 문제행동을 보였거나 보일 가능성이 높은 아동이나 청소년을 돕기 위하여 만들어졌다. Brain Power의 목적은 공격적인 남아들이 흔히 보이는 적대적 귀인양식이나 반응적 공격성(reactive aggression)의 경향성을 줄이는 데 있다(Hudley & Graham, 1993). 이 프로그램은 6주 동안 매주 2회씩 총 12회기로 구성되었고 각 회기는 60분 동안 진행된다. 6명의 남아로 한 집단을 구성하며 6명 중에는 교사나 또래 평가에 의해 공격적이거나 친구들에게 따돌림을 받는 아동 4명과 긍정적인 모델이 될 수 있는 2명의 아동이 포함된다. 학생들은 애매한 사회적 상호작용에 대해 부정적으로 귀인하는 경향성을 줄이도록 훈련받는다. 이 프로그램은 비디오로 녹화된 프로그램 요소, 역할극, 토론을 통해서 가상적인 갈등상황이나 실험실 모의 갈등상황에서 학생들이 정확하게 귀인할 수 있도록 돕는 데 있다.

2) Brain Power 프로그램의 효과성 평가

최근에 이루어진 한 평가연구(Hudley et al., 1998)는 3~6학년까지 학생들을 대상으로 Brain Power 프로그램을 실시하고 1년 후 학생들의 행동과 태도를 측정하였다. 사전-사후 통제집단 연구설계를 이용하여 공격적인 그리고 비공격적인 아동을 세 조건에 무작위로 할당하였다. 첫 번째 집단은 귀인처치집단이고 두 번째는 주의집중 훈련 집단이고 세 번째는 무처치 통제집단이다. 종속변인으로 아동의 귀인양식 과제, 교사 평가의 행동, 사회기술, 학교 체벌 기록 등이 사용되었다. 모든 평가도구는 적절한 심리통계적 속성을 보유하고 있었다. 평가는 사전, 사후, 6개월 추후 조사를 통해 얻었다. 프로그램 실시의 충실도를 위해 프로그램 실시과정을 직접적으로 관찰하였으며 매주 프로그램 팀의 모임을 통해 평가되었다.

연구 결과, 프로그램에 참여한 소년들은 자기통제감이 향상되었고 적대적 귀인에 대한 평가도 줄어들었다. 이러한 결과는 시간이 지남에 따라 약화되었지만, 공격행동의 감소가 학생의 귀인양식의 변화와 관련되어 있음을 알 수 있었다. 반면에 학교에서 받은 처벌이나 가상적 상황에서 참여자가 보고한 분노 수준에서는 두 집단 사이에 차이가 없었다. 추후 평가자료에 의하면 대부분의 유의한 결과는 12개월 이후에 줄어들었다(Hudley et al., 1998).

Brain Power의 강점은 프로그램이 상당히 구조화되어 있고, 방법론적으로 엄격한 실험설계를 사용하여 효과성을 측정했다는 데 있다. 특히 이 프로그램은 소수인종을 대상으로 하고 있으며 연구자가 아니라 학교 상담가나 학교 심리학자에 의해 수행된다는 점은 주요한 강점이 될 수 있다. 반면에 Brain Power 프로그램은 다른 인종이나 사회 · 경제적 계층에는 적용된 적이 없으며 여아에게도 사용된 바 없다. 또한 대부분의 긍정적 처치 효과가 1년 후 추후평가에서는 사라졌다. 초기 연구에서는 효과성 크기에 대한 보고가 없었으며, 운동장, 식당, 복도에서의 행동 등이 측정되지 않았다. 그럼에도 불구하고 적대적 귀인 양식과 교사 평가의 공격행동에서 긍정적 변화를 발견하였다.

2) Anger Coping 프로그램

Anger Coping은 공격적인 학생의 사회 · 인지적 기술을 향상하기 위하여 고안된 프로그램으로서 분노를 적절하게 통제하고 적대적 귀인을 줄이며 대인관계 문제 해결능력을 향상시키는 데 중점을 둔다.

(1) Anger Coping 프로그램 개요

Anger Coping은 공격적인 학생들의 관점 채택기술을 발달시키고 분노의 생리적 단서에 대한 이해를 높이며 사회적 문제 해결기술을 향상시킬 뿐만 아니라 문제 상황에 대한 해결방법을 다양화하는 하는 데 그 목적이 있다(Lochman, Dunn, & Klimes-Dougan, 1993).

이 프로그램은 부분적으로는 다지(Dodge)의 사회정보처리 모형(Crick & Dodge, 1994)에 근거하고 있다. 즉, 공격적인 아동은 사회정보 처리과정에 어려움을 경험한다고 규정한다. 이들은 사회적 단서를 적절하게 부호화하지 못하고 사회적 사건을 정확하게 해석하지 못하며, 문제 상황을 해결하는 다양한 방법을 만들어 내지 못한다. 또한 각각의 해결방법이 끌어낼 수 있는 결과를 충분히 예상하지 못하기 때문에 최선의 방법을 결정하지 못한다. 때로는 선택된 해결방법을 능수능란하게 수행하는 데 어려움을 겪기도 한다. 특히 공격적인 아동은 적은 수의 단서나 혹은 적대적인 단서에만 주의를 기울이며 애매한 상황에서조차 적대적으로 귀인하는 경향이 강하다.

Anger Coping 프로그램은 총 18회기로 구성되어 있으며 교사나 또래들이 지목한 공격적 학생 4~6명을 대상으로 매주 1회 60분 동안 실시한다. 소집단 처치 프로그램으로서 Anger Coping 프로그램은 정신건강 전문가와 학교 상담가가 함께 실시하며 각 집단은 행동에 대한 보상체제를 마련한다. 예를 들어, 점수제를 통해 회기 동안 협동과 같이 긍정적인 행동을 보이면 점수를 얻고 산만하고 공격적인 행동에 대해서는 실점한다. 점수에 따라 과자, 아이스크림과 같은 개인적 혹은 집단적 보상을 얻을 수 있다.

Anger Coping 프로그램은 주로 아동기 후기나 청소년 초기(8~14세) 남아들을 대상으로 운영되었지만 최근 들어 어린 남아들(5~7세)이나 나이 든 남자 청소년을 대상으로 실시하고 있다. 이 프로그램은 매뉴얼로 제공되며 비디오테이프가 마련되어 있다. 각 주제별로 목표 설정, 관점 채택, 사회적 문제 해결, 생리적 각성에 대한 인식, 자기학습 기법, 갈등상황에 대한 대안 마련하기 등이 포함되어 있다. 이 프로그램의 특징은 집단상황에서 사회기술과 분노통제를 연습해 보는 것이다. 수많은 활동은 정서 각성을 유발하며 정서 통제전략을 적절하게 사용하도록 마련된다. 최근 들어 참여 아동의 부모를 위한 프로그램 요소가 포함되었다.

Anger Coping 프로그램은 Coping Power와 CMST(Coping with the Middle School Transitions)로 확장 · 발전되었다(Lochman & Wells, 2003). Coping Power 프로그램은 중학교로의 전이 시기 동안 공격적인 학생의 인지-행동적 요소뿐만 아니라 부모행동 훈련을 포함한다. Coping Power 프로그램은 참가자들의 사회정보 처리과정(귀인양식, 사회적 목표, 결과에 대한 기대, 다른 사람에 대한 지각), 통제의 소재, 기질(두려움, 자극에 대한 추구성향) 그리고 부모의 양육방식의 변화를 목적으로 한다. Coping Power의 학급단위 처치 프로그램인 CMST는 부모모임과 교사 연수모임을 포함한다. 교사 모임에서는 부모들이 학교에 긍정적으로 참여하고 연계하는 방법, 아동의 자기통제, 부모와 교사 사이의 의사소통, 학생의 학교에 대한 애착과 소속감을 향상시키는 방법, 학생의 사회적 문제 해결전략을 발달시키는 교사의 전략에 대한 소개, 또래 사이의 갈등 해결전략이나 교사의 친사회적이고 긍정적인 학급 운영전략 등을 소개한다. 부모 프로그램은 자녀의 학교생활이 성공적일 수 있도록 돕는 다양한 내용을 포함한다. 예를 들어, 학교생활에 긍정적으로 관여하는 방법, 성공적으로 또래관계를 유지하도록 돕거나 또래와 어려움을 겪는 자녀에게 필요한 사회적 문제해결 기술을 발달시키는 방법에 대해 알려 주고, 청소년기에 접어들면서 생길 수 있는 다양한 문제(또래압력, 부모 모니터의 필요, 위험행동)나 중학교로의 전이과정에서 예상되는 우려 등을 다루게 된다.

(2) Anger Coping 프로그램의 효과성 평가

다른 프로그램과 유사하게, 공격적인 아동을 프로그램 집단이나 무처치 집단에 무작위로 할당하고 이들의 사전-사후 변화를 측정한 평가 연구가(Lochman, Curry, Dane, & Ellis, 2001) 수행되었다. 이 연구에서는 효과성 평가를 위해 학급행동의 관찰, 자기 보고에 의한 사회적 문제 해결기술, 자존감, 사회적 능력, 부모와 교사의 행동평가 등이 포함된다. 프로그램 실시의 충실도는 집단 리더가 프로그램을 어느 정도 정확하게 실시했는지 보고하거나 프로젝트 스태프가 주기적으로 프로그램 회기를 모니터함으로써 평가되었다. 구조화된 매뉴얼과 비디오 테이프는 프로그램을 일관성 있고 체계적으로 실시하는 데 기여한다.

학급 관찰자 평가에 따르면, Anger Coping 프로그램은 아동의 공격적이고 폭력적인 행동을 감소시켰다. 프로그램에 참여한 학부모도 학생의 공격행동이 감소되었다고 보고하였으며 참여 학생 역시 자존감이 증가하였다고 보고하였다. 3년 후에 진행된 추후 평가연구(Lochman & Well, 2003)에 따르면, 프로그램 참여자들은 통제집단에 비해 낮은 빈도의 약물 사용, 높은 빈도의 사회적 문제 해결기술과 자신감을 보였다. 비행에서는 두 집단 사이에 유의한 차이가 없었다. 반면에 교사나 또래 평가에서는 공격행동의 감소를 확인할 수 없었다.

Anger Coping 프로그램의 장점은 엄격한 연구설계 방법과 구체적으로 기술된 매뉴얼과 비디오 테이프의 사용 등이다. 매뉴얼과 비디오 테이프의 활용은 프로그램의 반복 연구와 확산을 돕는다. 이 프로그램의 고유한 특징은 가상적인 사회적 갈등상황에서 분노 통제기술을 연습할 수 있는 기회를 제공하는 것이다. Anger Coping 프로그램의 주요 한계점은 공격적인 남아만을 대상으로 연구가 이루어다는 것과 식당이나 운동장에서의 공격행동은 측정되지 않았다는 것이다. 또한 프로그램 실시의 충실도에 관한 정보가 보고되지 않아서 효과성과 실시의 충실도 사이의 상호작용 효과를 확인할 수 없다.

3) FAST Track 프로그램

FAST(Families and School Together) Track 프로그램은 학교폭력을 감소시킬 수 있는 다양한 전략들을 통합한 전형적인 예시 프로그램이다.

(1) FAST Track 프로그램의 개요

FAST Track 프로그램은 초등학생을 대상으로 사회-인지적 변화 프로그램으로서 부모 훈련과 가정 방문을 통해 공격적이고 폭력적인 행동을 감소시키고, 대인관계를 향상시키며 학업성취를 높이는 데 그 목적이 있다. 이 프로그램은 저소득층이며 범죄 가능성이 높은 지역의 아동들을 대상으로 한다. 이 프로그램은 앞에서 다룬 보편적인 예방 프로그램인 PATHS과 함께 학교폭력에 취약한 아동들을 대상으로 사회기술 훈련을 학습시키고 또래 짝(Peer Pairing)을 만들어 주어서 우정을 발달시킬 뿐만 아니라 읽기 학습을 통해 학교 적응을 향상시킨다. 또한 그들의 학부모를 대상으로 가정-학교의 긍정적 관계를 맺고 비공격적인 양육방식(긍정적 강화, 타임아웃, 자기통제)을 가르친다. 마지막으로, 가정방문을 통해 부모가 갖고 있는 문제들을 함께 해결해 주고 부모가 자기 효능감을 갖고 대처기술을 향상시키도록 돕는다. FAST Track 프로그램은 조기발현(Early Starter) 모형에 기초하여 공격행동의 근접변인을 변화시키기 위하여 고안되었다. 조기발현 모형은 적절한 부모양육, 학교에서의 성공, 적응적인 사회인지 등이 학교나 가정에서 문제행동을 감소시키는 외재적 요소라고 가정한다(CPPRG, 2002a). 이 프로그램은 공격적 행동의 인과적 연계를 검증하는 방법이 될 수 있다. 예를 들어, 부모양육 방식의 긍정적 변화가 아동의 적대적이고 공격적 행동을 감소시키는지, 적응적인 사회인지가 증가하면 또래관계가 긍정적으로 변화하는지를 검증할 수 있다.

연구팀은 유치원생 중 조기 발현 집단을 선발하기 위하여 부모와 교사 평가를 활용하였다. 이들은 Fast Track 프로그램 집단이나 무처치 통제 집단에 할당되었다. 공격행동이 발현될 가능성이 높은 아동 중 실험집단에 포함된 아동과 학부모는 가정방문을 통한 부모교육, 학습지도, 사회적 기술훈련의 프로그램을 처방받게 된다. 풍부화 프로그램(Enrichment Program)이 아동과 부모에게 매주 2시간씩 제공된다. 교육 코디네이터(Educational Coordinators, ECs)와 공동 진행자와 함께 5~6명의 아동이 모여서 토론, 이야기나 영화 주인공 모방하기, 역할극 등을 통해 대인관계 능력이나 기술을 발달시킨다. 수업내용은 정서적 이해와 의사소통, 우정 만들기, 자아 통제, 사회적 문제해결 등을 살펴보고 연습하는 데 중점을 둔다(CPPRG, 1999a, 1999b).

동시에 가족 코디네이터(Family Coordinators, FCs)와 공동 진행자는 대상 가족을 집단으로 만나서 학교 적응을 도울 수 있고 행동을 긍정적으로 변화시킬 수 있는 부모 양육전략을 토론하게 된다. 부모를 위한 교육과정의 기본적인 내용은 긍정적인 가정-학교 관계를 형성하고 학교에 잘 적응할 수 있도록 돕는 방법, 부모의 자기통제 기술, 아동 및 청소년 행동에 대한 발달적 이해, 그리고 부모-자녀 상호작용을 향상시키고 자녀의 문제행동을 감소시키는 양육방법 연습하기 등으로 구성된다. 이를 위해 수업, 모델링, 토론하기, 역할극 등의 훈련기법이 사용된다.

이와 더불어 부모와 자녀가 함께 부모-자녀 시간 공유하기(Parent-Child Sharing Time)를 통해 긍정적인 협동 활동과 부모 양육기술을 연습하게 된다. 구체적인 활동은 게임, 공작, 부모와 함께 책읽기, 부모모임에서 배운 양육기술을 훈련할 수 있는 다양한 활동이 포함된다. 집단모임 외에도 가족 코디네이터는 격주로 가정 방문을 하며 매주 전화 연락을 취하게 된다. 가정방문을 통해 Fast Track 스태프는 가족들과 신뢰할 수 있는 관계를 유지하며 새로 획득한 양육기술을 가정에서 적용해 보도록 돕는다. 또한 이들은 아동의 적응을 돕기 위하여 부모의 문제 해결기술이나 대처능력 그리고 가족들이 경험할 수 있는 많은 사건들(예, 부부갈등, 약물사용, 사회적 고립이나 주택 문제)에 적절하게 대처하도록 돕는다. 이러한 문제 해결과정을 통해 부모는 삶에 대한 힘을 얻게 되고 자기 효능감을 향상시킨다.

(2) FAST Track 프로그램의 효과성 평가

초등학교 1학년 고위험(at-risk) 아동들을 선정하여 5학년까지 6년 동안 프로그램을 실시하였다. 1학년을 마쳤을 때 아동들의 사회적, 정서적, 학문적 기술은 중간 수준 정도로 향상되었고 또래 상호작용이나 사회적 지위도 긍정적으로 변화되었으며 난폭한 행동도 유의하게 감소되었다. 부모 역시 아동에게 신체적 처벌을 덜 사용하게 되었으며 자신의 양육에 대해 만족감을 느끼게 되었다. 또한 부모들은 학교에 적극적이고 긍정적으로 관여하게 되었다고 보고하였다. 비록 학급에서의 변화는 프로그램을 어느 정도로 충실하게 수행했는가에 따라 달라지지만, 관찰자 평가에 따르면 참여한 학급의 분위기가 긍정적으로 변화되었다고 평가하였다(CPPRG, 1999a, 1999b).

아동이 초등학교 3학년이 되었을 때 실시한 효과성 분석 연구(CPPRG, 2002a, 2002b)에 따르면, 통제집단에 비해 처치의 근접변인인 부모의 신체적 처벌 사용이나 양육행동의 변화, 특수학급에의 배치, 적대적 귀인양식과 사회적 문제 해결기술에 있어서 프로그램 참여집단은 우호적인 방향으로 변화되었을 뿐만 아니라 집이나 학교에서의 공격행동이나 반사회 행동 역시 감소되었다. 더욱이 이러한 처치효과는 다양한 인구학적 변수와 상관없이 일관성 있게 나타났다. 대상 아동이 초등학교를 마치고 중학교에 입학할 시기에 수행된 평가연구(CPPRG, 2004)에서도 이러한 효과는 지속되었다. 이러한 평가연구들을 종합하면서 연구자들은 FAST Track 프로그램이 초등학교 연령 전반에 걸쳐 또래관계, 학교적응, 가정에서의 부모-자녀 관계를 향상함으로써 청소년기의 반사회적 행동의 발달을 억제하는 데 기여한다고 주장하였다.

FAST Track 프로그램의 장점은 프로그램 대상자의 조기 발견과 프로그램 수혜 대상을 아동뿐만 아니라 학부모까지 포함함으로써 가정과 학교에서의 적응을 동시에 돕는 포괄적이고 종합적 접근이라는 점에 있다. 또한 아동의 공격행동과 비행 및 반사회 행동 발달에 관한 이론과 연구결과를 가설적 모형으로 발달시키고 프로그램 처치를 통해 검증하는 예방 및 처치 과학(prevention and intervention science; Coie et al., 1993)의 모형으로 평가된다. 다만 이 프로그램은 폭력적이고 물리적 공격행동에 초점을 두고 있고 상대적으로 어린 아동을 대상으로 하기 때문에 여자 어린이나 청소년의 문제를 해결하는 데는 제한적이다(CPPRG, 2004).

4) Forgiveness 프로그램

용서 프로그램은 대인관계에서 심리적 · 정신적 상처를 경험한 사람들이 위해를 가한 사람에 대하여 분노나 원한을 감소시키고 긍정적인 사고나 정서를 가질 수 있도록 고안된 교육 프로그램이다(박종효, 2003; Enright, 2001).

(1) Forgiveness 프로그램의 개요

지난 20여 년 동안 용서 프로그램은 다양한 성인집단(예, 성폭력피해자나 약물중독환자)을 대상으로 그 효과성을 인정받고 있다. 최근 들어서는 적용의 폭을 넓혀서, 용서 프로그램은 학교폭력과 또래갈등을 해결하는 대안으로 제시되고 있다. 기존의 프로그램이 가해자의 공격행동을 억제하는 데 초점을 두는 것과 달리, 용서 프로그램은 또래 갈등으로 상처를 입은 아동과 청소년이 다른 학생의 가해자가 되는 과정을 근절시키는 데 효과적이다. 즉, 심리적 치유과정으로서 용서를 경험한 학생들은 가해학생을 용서하고 스스로 자신이 괴롭혔던 다른 피해학생에게 용서를 비는 과정을 경험함으로써 학교폭력의 악순환을 끊을 수 있는 획기적 접근으로 평가된다.

용서 프로그램은 이야기를 활용하여 용서와 관련 있는 다양한 심리 · 사회적 특성(관점 채택이나 공감)을 발달시키고 용서의 개념과 인간애를 이해하는 활동으로 구성된다. 최근 북아일랜드 아동을 대상으로 수행된 용서 프로그램은 미국의 유명한 동화작가 수에스(Suess) 박사의 책을 개정하여 구성하였다. 예를 들어, 수에스 박사의 『The Butter Battle』은 두 마을에 사는 사람들의 갈등이 점차 심해져 결국 핵전쟁으로까지 확산되는 내용으로 구성된다. 내용으로 책 전체를 통해 아동은 끝없는 보복으로 인해 생기는 불가피한 파괴를 보게 되고 후에는 반대개념으로서 용서를 탐색하게 된다. 연구팀은 수에스 박사 책의 주인공인 호튼(Horton)의 입을 빌어 아동에게 영국 사람이든 아일랜드 사람이든 상관없이 모든 사람은 중요하다는 메시지를 전달하고 있다. 이러한 교훈은 어린 아동에게 인간존엄성의 중요성을 보여 주기 위한 것이다. 이 프로그램의 실시를 위해 교사교육을 실시하며 훈련받은 교사는 자신의 학급에 돌아가 아동에게 주 1회 1시간씩 용서 교육과정을 진행 한다. 용서 교육과정은 다른 교과와 병행하여 운영되고 읽기, 토론하기, 저널쓰기 활동이 포함된다.

(2) Forgiveness 프로그램의 효과성 평가

감바로(Gambaro, 2002)는 분노감정을 많이 느끼는 중학생을 대상으로 용서 프로그램의 효과성을 검증하였다. 표준화된 분노심리 검사를 사용하여 임상적 수준으로 분노 감정을 느끼는 학생들을 선발하고 이들을 실험집단과 통제집단에 무작위로 할당하였다. 연구결과 자존감, 불안과 우울에서는 두 집단 사이에 유의한 차이는 없었지만, 용서집단이 통제집단보다 용서점수, 학교나 교사에 대한 태도, 학부모나 또래와의 관계, 학교성적 등에서 유의하게 긍정적인 변화를 보였다. 파크(Park, 2003)는 우리나라 공격적 피해자를 대상으로 용서 프로그램을 실시하고 그 효과성을 분석하였다. 연구결과에 의하면 용서 프로그램에 참여한 학생들은 대안 프로그램과 무처치 집단에 속한 학생들에 비해 적대적 귀인과 분노가 낮아졌으며 공감과 용서 점수가 향상되었다. 또한 용서 참여자들은 자신의 문제행동이 감소되었다고 보고하였고 학업성적도 유의하게 나아졌다.

최근 북아일랜드에 진행되고 있는 용서 프로그램 평가 연구(Enrigt, Gassin, & Knutson, 2003)는 이전 연구에 비해 여러 차원에서 진일보되었다. 총 10개 학교 120명의 학생이 용서상담 프로그램에 참가함으로써 이전 연구에 비해 훨씬 대상자 집단이 많아졌다. 실험집단에 할당된 5개교 50명에게 용서의 기본 개념을 포함한 용서 프로그램을 실시했으며 나머지 통제집단의 5개교 70명에게는 어떠한 처치도 제공하지 않았다. 첫해의 연구결과를 바탕으로 볼 때, 용서집단에 참가한 아동들은 통제집단에 비해 유의하게 분노점수가 낮아졌으며, 특히 프로그램 초기에 가장 분노 점수가 높았던 아동들이 프로그램을 통해 가장 많이 긍정적으로 변화되었다. 용서집단에 참가한 아동들은 프로그램이 끝날 때쯤 학급친구들과 함께 우호적으로 상호작용을 하는 반면에 통제집단에서는 이러한 변화를 발견할 수 없었다. 오히려 통제집단 아동의 경우에는 정서적인 측면에서 더 악화되어 가장 분노를 많이 느꼈던 아동들은 임상적으로도 유의한 수준의 우울을 경험했다. 반면에 분노감정을 많이 느꼈었던 용서 실험집단의 아동은 더 이상 우울을 경험하지 않았다.

다른 연구에 비해 용서 프로그램에 관한 평가연구는 역사가 짧은 만큼 다양하게 수행되지 못했다. 그럼에도 불구하고 엄격한 과학적 연구 설계를 포함하고 있다. 예를 들어, 무작위 할당이나 사전, 사후, 추후검사를 포함하며 자기보고 이외에도 교사보고나 관찰방법을 동원하고 있다. 또한 프로그램 효과성 검증을 위해 문제행동이나 폭력행동 이외에 다양한 친사회적 태도와 학교 적응, 더 나아가 정신적 및 신체적 건강지표가 활용되었다. 다만 프로그램을 통해 획득된 용서 경험이 어떻게 이러한 변화를 초래했는가 관한 이론적 모형 정립이 부족하며 모형 자체가 아직 가설적인 수준에 머물러 있다. 따라서 추후 연구는 용서 경험이 매개하는 심리 과정을 탐색하고 효과성에 있어서 다양한 조절효과(성이나 연령)를 확인할 필요가 있을 것이다.

3. 프로그램에 대한 평가와 시사점

이제까지 미국에서 활발하게 수행되고 있는 학교폭력 예방 및 처치에 관한 프로그램을 살펴보았다. 이 프로그램은 최소한 10여 년 이상의 역사를 가지고 있으며 수많은 평가연구를 통해 효과성을 밝히는 데 노력하고 있다. 이러한 노력들은 개별 학생을 넘어서서 가정과 학교, 지역사회 등으로 대상 영역을 확장해 가고 있다. 더욱 중요한 점은 이러한 프로그램들이 가설화된 모형들을 경험적으로 입증하는 예방 및 처치 과학으로 발전되고 있다는 점이다.

1) 프로그램에 대한 평가

이러한 획기적인 발전과 비약에도 불구하고 이 프로그램의 평가연구는 공통적으로 혹은 대다수가 다음과 같은 제한점을 공유하고 있다.

첫째, 최근까지 학교폭력을 신체적이고 물리적 방식의 공격행동에 초점을 두고 있기 때문에 남자 아동이나 청소년에 국한되어 연구가 진행되어 왔다. 아직까지 대인관계 공격행동이 이후의 심각한 폭력행동으로 연결되는지 확실하지는 않지만, 이러한 공격행동도 문제나 내재화된 문제행동, 그리고 사회 인지 과정에 영향을 미친다(Crick et al., 1999). 더불어 대인관계 공격행동과 외현적 공격행동 사이에는 높은 상관관계가 존재하기 때문에 신체적이고 물리적 공격행동이 유발하는 다양한 문제행동과 부적응은 대인관계 공격행동과도 밀접한 관련이 있다(Park, et al., 2005). 따라서 학교폭력의 예방 및 처치 프로그램은 광범위하게 공격행동을 정의해야 할 뿐만 아니라 다양한 유형의 공격행동이 포함되어야 한다. 미래의 선택적이고 처방적인 프로그램은 고위험 여자 아동이나 청소년들에게도 도움이 될 수 있도록 해야 한다.

두 번째, 프로그램 효과성에 있어서 실시의 충실도가 제대로 평가되지 못한 실정이다. 대부분의 학교폭력 예방 및 처치 프로그램에 대한 평가연구는 방법

론상의 제한점을 가지고 있다. 학교를 중심으로 처치 프로그램을 실시하는 경우 프로그램 실시의 충실도를 모니터할 수 있는 체계적인 절차가 필요하다. 대부분의 프로그램은 부분적으로 이런 과정을 포함하고 있지만 정확하게 몇 회기가 관찰되었는지, 어떤 사람들이 관찰하였는지(프로그램 개발자나 독립적인 관찰자), 실시의 정확성을 재기 위하여 체크리스트를 사용했는지, 이러한 체크리스트가 프로그램 매뉴얼과 함께 배포되었는지, 얼마나 프로그램 진행자를 감독했는지에 대한 정보가 추가되어야 할 것이다.

세 번째, 프로그램 효과성 평가에서 자기보고나 교사평정이 가장 보편적이며 관찰이나 객관적인 자료 수집은 제한되어 있다. 특히 프로그램의 결과를 측정하기 위하여 제3자의 행동관찰, 교사와 부모 보고, 공격성에 관한 객관적 자료(간호사 보고나 학교처벌 기록) 등이 동시에 포함된 연구는 거의 전무하다. 또한 운동장이나 화장실, 복도와 같이 교사나 성인의 감독이 용이하지 않은 장소에 CCTV를 설치하고 이로써 아동의 행동을 관찰하는 것은 제한적이다. 몇몇 프로그램은 평가연구를 수차례 시도하였지만 여전히 프로그램 개발자에 의해 실시되고 있는 것 역시 문제점으로 지적될 수 있다. 대부분의 프로그램 평가연구가 단기적인 효과만을 측정하는 것과 달리 소수의 프로그램, 예를 들어 Brain Power나 FAST Track 프로그램은 수년 동안 프로그램을 실시하고 그 효과를 수년에 걸쳐 추적 조사하는 등 효과성 평가의 탁월성을 보여주었다.

2) 시사점

미국의 학교폭력 예방 및 처치 프로그램에 개관과 평가연구를 바탕으로 우리나라 프로그램 개발과 실시 및 정책 수립에 기여할 수 있는 시사점을 살펴보면 다음과 같다.

첫 번째, 학교폭력은 예방과 초기 처치에 초점을 맞추어야 한다. 이미 미국을 중심으로 선진국에서는 학령전기 및 유치원 연령부터 학교폭력에 취약한 아동을 선별하고 이들에게 적절한 조치를 한다. 중 · 고등학교부터 학교폭력 문제를 본격적으로 고민하는 우리의 현실에 비추어 볼 때, 조기 진단과 처치 개념은 중요한 시사점이 될 것이다. 초기에 경미한 형태의 공격행동은 이후의 심각한 폭력과 밀접하게 관련이 있기 때문에, 학령전기 아동과 초등학교 학생을 대상으로 예방 및 초기 개입 프로그램의 개발과 실시가 특히 중요하다. 결국 학교폭력이 심각해지기 이전에 학교폭력의 악순환에서 벗어나는 방법은 학령전기 아동이나 초등학교 연령 아동들에게 친사회 행동, 분노 통제기술, 다른 학생이나 어른에 대한 존경심을 가르치는 데 있다. 더 나아가 예방과 처치가 통합적으로 운영될 때 그 효과성은 극대화된다. 최근 연구에 의하면 프로그램의 효과성을 극대화하기 위하여 학교폭력에 취약한 학생뿐만 아니라 일반 학생을 대상으로 한 프로그램을 병행적으로 실시할 것을 권하고 있다.

두 번째, 공격이나 피해행동을 유발하는 다양한 심리학적 이론과 발달 모형에 근거하여 프로그램이 제안되고, 이를 바탕으로 평가연구가 진행되어야 한다(Espelage & Swearer, 2003; Tolan & Gorman-Smith, 2002). 우리나라 학교폭력 예방 및 처치 프로그램도 가해학생, 피해학생의 심리적 · 사회적 특성을 고려하여 이를 보완하거나 수정할 수 있는 방법이 포함되고 있다. 이러한 시도는 충분히 고무적인 현상임에도 불구하고 아직까지 이론과 실천의 괴리는 크다. 또한 학교폭력의 관련 학생들의 특성뿐만 아니라 가해-피해 학생의 가정과 지역사회의 요소, 이들 사이의 역동을 변화시킬 수 있는 프로그램이 필요할 것이다. 효과적인 프로그램은 학교뿐만 아니라 가정의 부모교육을 병행해서 학교폭력의 유발 요건을 가정과 학교에서 함께 줄여 가도록 노력해야 한다. 또한 지역사회의 특성과 요구, 문화에 대한 분석을 근거로 하여 프로그램을 설계하고 실시할 수 있으며, 이는 학교, 가정, 지역사회의 연계가 절대적으로 필요하다.

세 번째, 물리적 · 신체적 폭력 이외에 왕따나 대인관계 공격행동에 대한 주의와 관심이 필요하다. 이는 공격행동에 대한 광범위한 정의와 다양한 형태의 공격행동의 중요성을 보여 준다. 학교폭력은 학생들의 나이가 들어갈수록 더 심각하고 난폭해지는 경향이 강하기 때문에 어린 아동들을 대상으로 학교에서 발생하는 따돌림이나 경미한 수준의 공격행동 혹은 피해행동을 잘 이해하고 통제하며 이를 감소시킬 수 있는 교육적 처치의 필요성이 강해지고 있다. 남아는 여아와 전형적으로 다른 방식으로 자신의 분노를 표출하게 되는데, 예를 들어 남아는 외현적이고 신체적인 방식으로 표현하는 반면에 여아는 관계 지향적이고 사회적인 방식으로 나타낸다(Crick & Grotpeter, 1995; Crick et al., 1999). 공격성 표현방식에 있어서 성차가 있을 수 있음을 인식하는 것이 중요하며 이를 바탕으로 고위험 여자 청소년들을 위한 좀 더 예민하고 효과적인 처치를 개발할 수 있을 것이다(Van Schoiack-Edstrom, Frey, & Beland, 2002).

네 번째, 학교상담가나 학교폭력 책임교사는 학교폭력 예방 및 처치 프로그램을 선택하고 실시하며 평가하는 데 중심적인 역할을 담당해야 할 것이다(Leff et al., 2001). 미국에서 진행되는 학교폭력 프로그램은 점차 연구팀이나 외부 전문가보다는 학교 인사에게 중심적인 역할을 담당하도록 교사 교육훈련이 강화되고 있다. 학교폭력 책임교사나 상담교사는 몇 가지 기준을 가지고 프로그램을 결정하고 이를 학교에 시행할 수 있도록 적극적으로 관여해야 한다. 예를 들어, 공격행동이 광범위하게 정의되었는지, 처치과정이 충분히 문서화되어 있는지, 효과성을 평가하는 과정이나 자료를 모으는 방법이 적절한지를 기준으로 선정할 수 있을 것이다. 또한 이들은 선택한 프로그램이 학교에서 적절하게 시행되고 있는지 점검해야 한다. 이를 위해 프로그램 실시의 충실도 체크리스트를 사용할 수 있고 외부 모니터 절차를 이용할 수 있는 데 직접적인 관찰이나 비디오 녹화를 활용할 수 있다. 학교상담가나 책임교사는 학교폭력 프로그램의 효과성을 위해 식당이나 운동장 관찰에도 특별히 관심을 가질 필요가 있다. 식당이나 운동장에서 학생을 감독할 수 있는 교사나 학부모를 상시화하고 운동장에서 구조화된 활동을 할 수 있도록 다양한 놀이문화를 만들어 주는 것도 중요한 요건이다.

참고문헌

박종효(2003). 용서와 건강의 관련성 탐색. 한국심리학회지: 건강, 8(2), 301−321.

Aber, J. L., Brown, J. L., & Jones, S. M. (2003). Developmental trajectories toward violence in middle childhood: Cause, Demographic differences, and response to school−based intervention. *Developmental Psychology, 39,* 324−348.

Aber, J. L., Jones, S. M., Brown, J. L., Chaudry, N., & Samples, F. (1998). Resolving conflict creatively: Evaluating the developmental effects of a school−based violence prevention program in neighborhood and classroom context. *Development and Psychopathology, 10,* 187−213.

Aber, J. L., Jones, S. M., Brown, J. L., Samples, F., & Chaudry, N. (1996). The Evaluation of the resolving conflict creatively program: An overview. *American Journal of Preventive Medicine, 12*(Suppl. 2), 82−90.

August, G. J., Realmuto, G. M., Hektner, J. M., & Bloomquist, M. L. (2001). An integrated components preventive intervention for aggressive elementary school children: The early risers program. *Journal of Consulting and Clinical Psychology, 69,* 614−626.

Coie, J. D. et al. (1993). The science of prevention: A conceptual framework and some directions for a national research program. *American Psychologist, 48*(10), 1013−1022.

Conduct Problems Prevention Research Group. (2004). The effects of the fast track program on serious problem outcomes at the end of elementary school. *Journal of Clinical Child and Adolescent Psychology, 33,* 650−661.

Conduct Problems Prevention Research Group. (2002a). Using the fast track randomized prevention trial to test the early−starter model of the development of serious conduct problems. *Development and Psychopathology, 14,* 925−943.

Conduct Problems Prevention Research Group. (2002b). Evaluation of the first

3 years of the fast track prevention trial with children at high risk for adolescent conduct problems. *Journal of Abnormal Child Psychology, 30,* 19–35.

Conduct Problems Prevention Research Group. (1999a). Initial impact of the fast track prevention trial for conduct problems: I. The high–risk sample. *Journal of Consulting and Clinical Psychology, 67,* 631–647.

Conduct Problems Prevention Research Group. (1999b). Initial impact of the fast track prevention rrial for conduct problems: II. Classroom effects. *Journal of Consulting and Clinical Psychology, 67,* 648–657.

Crick, N. R. (1995). Relational aggression: The role of intent attribution, feelings of distress and provocative type. *Development and Psychopathology, 7,* 313–322.

Crick, N. R., & Dodge, K. A. (1994). A review and reformulation of social information–processing mechanism in children' s social adjustment. *Psychological Bulletin, 115,* 74–101.

Crick, N. R., Werner, N. E., Casas, J. F., O' Brien, K. M., Nelson, D. A., Grotpeter, J. K. et al., (1999). Childhood aggression and gender: A new look at an old problem. In R. A. Dienstbier (Series Ed.) & D. Bernstein (Vol. Ed.), *Nebraska symposium on motivation: Vol. 45. Gender and motivation* (pp. 75–141). Lincoln, NE: University of Nebraska Press.

Enright, R. D. (2001). *Forgiveness is a choice.* Washington, DC: American Psychological Association.

Enright, R. D., Gassin, E. A., & Knutson, J. (2003). Waging peace through forgiveness education in Belfast, Northern Ireland: A review and proposal for mental health improvement on children. *Journal of Research in Education, 13,* 51–61.

Espelage, D. L., & Swearer, S. M. (2003). Research on school bullying and victimization: What have we learned and where do we go from here? *School Psychology Review, 32,* 365–383.

Frey, K. S., Hirschstein, M. K., & Guzzo, B. A. (2000). Second Step: Preventing aggression by promoting social competence. *Journal of Emotional and*

Behavioral Disorders, 8, 102–112.

Gambaro, M. (2002). School–based forgiveness education in the management of trait anger in early adolescents. Doctoral dissertation, University of Wisconsin–Madison.

Grossman, D. C., Neckerman, H. J., Koepsell, T. D., Liu, P. Y., Asher, K. N., Beland, K. et al. (1997). Effectiveness of a violence prevention program among children in elementary school: A randomized controlled trial. *Journal of American Medical Association, 277,* 1605–1611.

Hudley, C., & Graham, S. (1993). An attributional intervention to reduce peer–directed aggression among African American boys. *Child Development, 64,* 124–138.

Hudley, C., Britsch, B., Wakefield, W. D., Smith, T., Demorat, M., & Cho, S–J. (1998). An attribution retraining program to reduce aggression in elementary school students. *Psychology in the Schools, 35,* 271–282.

Kusche, C. A., & Greenberg, M. T. (1995). *The PATHS curriculum.* Seattle: Developmental Research and Programs.

Leff, S. S., Power, T. J., Manz, P. H., Costigan, T. E., & Nabors, L. A. (2001). School–based aggression prevention programs for young children: Current status and implications for violence prevention. *School Psychology Review, 30,* 344–362.

Lochman, J. E., & Wells, K. C. (2003). Effectiveness of the Coping Power Program and of classroom intervention with aggressive children: Outcomes at a 1–year follow–up. *Behavior Therapy, 34,* 493–515.

Lochman, J. E., Curry, J. F., Dane, H., & Ellis, M. (2001). The Anger Coping Program: An empirically–supported treatment for aggressive children. *Residential Treatment for Children and Youth, 18,* 63–73.

National Center for Injury Prevention and Control & Centers for Disease Control and Prevention (2002). *Best practices of youth violence prevention: A source book for Community Action.* National Center for Injury Prevention and Control & Centers for Disease Control and Prevention.

Olweus, D. (1994). Bullying at school: Long–term outcomes for the victims and an effective school-based intervention program. In L. R. Huesmann (Ed.), *Aggressive behavior: Current perspectives* (pp. 97-130). New York: Plenum.

Park, J. H. (2003). Validating the effectiveness of forgiveness intervention program for female adolescent aggressive victims in Korea. Doctoral dissertation, University of Wisconsin-Madison.

Park, J., Essex, M., J., Zahn-Waxler, C., Armstrong, J. M., Klein, M. H. et al. (2005). Relational and overt aggression in middle childhood: Early child and family risk factors. *Early Education and Development, 16,* 233-257.

Rappaport, N., & Thomas, C. (2004). Recent research findings on aggressive and violent behavior in youth: Implications for clinical assessment and intervention. *Journal of Adolescent Health, 35,* 260-277.

Taub, J. (2001). Evaluation of the Second Step violence prevention program at a rural elementary school. *School Psychology Review, 31,* 186-200.

Tolan, P. H., & Gorman-Smith, D. (2002). What violence prevention research can tell us about developmental psychopathology. *Development and Psychopathology, 14,* 713-729.

Van Schoiack-Edstrom, L., Frey, K. S., & Beland, K. (2002). Changing adolescents' attitudes about relational and physical aggression: An early evaluation of a school-based intervention. *School Psychology Review, 31,* 201-216.

Walker, H. M., Stiller, B., Severson, H. H., Feil, E. G., & Golly, A. (1998). First step to success: Intervening at the point of school entry to prevent antisocial behavior patterns. *Psychology in the Schools, 35,* 259-269.

15장
학급 내 학교폭력 조기 감지 및 상담방법

– 장맹배(서초구립방배유스센터 사업부장)

이 장에서는 학급에서 발생하는 학교폭력의 조기 감지를 통해 학급 차원의 학교폭력 예방 방법을 알아본다. 학급은 다양한 학급 구성원, 교사의 관계에서 이루어지는 사회조직이다. 학급 생활의 목표는 학습목표 달성과 또래아이들이 공동체 생활을 하면서 사회성을 발달시키는 것이다.

학급에서 합리적인 사회조직 운영을 위해서는 구성원에 대한 상호이해, 효과적인 의사소통, 민주적 의사결정, 갈등조정이 있어야 한다. 학급 사회조직의 역동을 학급분위기, 학급풍토, 학급응집력이라 한다. 이러한 학급 사회조직 이해를 토대로 학교 폭력을 조기에 감지하고 상담하는 방안을 알아본다. 학교폭력 사건이 발생하면 피해 · 가해 당사자 학부모, 학생, 교사, 학교, 모두에게 깊은 상처를 남긴다. 따라서 사건이 발생하지 않도록 조기에 감지하고 사전에 예방하는 것이 중요하다.

1. 학급생활과 학교폭력

청소년들은 많은 시간을 학교에서 보내게 됨에 따라 학교는 청소년의 성장과 발달에 중요한 영향을 미친다. 청소년기에 중요한 당면과제는 건전한 친구관계의 형성이며 친구관계에 문제가 있으면 건강한 정신적 발달과 적응에 심각한 영향을 받게 된다. 원만하지 못한 또래관계는 인성 발달의 어려움과 연관되어 있으며, 아동기와 청소년기 동안에 또래관계에서 갖게 되는 경험은 성인기의 적응에까지 영향을 미친다.

학교생활은 학급을 중심으로 이루어지고 있다. 학급생활은 친구와 교사의 상호작용 속에서 학습의 기본 목표를 달성하며, 집단규범과 사회성 및 인성을 발달시키는 중요한 공간이다. 학급생활이 교육적으로 중요한 의미를 갖는 것은 청소년기가 성장 과정에서 감수성이 예민한 시기이며, 동료집단이 강조하는 가치체계는 학급풍토를 구성하여 그 성원들에게 큰 영향을 준다는 사실이다. 안귀덕(1986)은 학생과 교사가 만들고 있는 학급의 사회 심리적 풍토 요인은 학생의 지적, 정서적 특성과 상호 작용하여 학생들의 행동 변화에 중요한 영향을 준다고 하였다.

하지만 많은 청소년들이 학급생활 실패로 인해 학교적응에 어려움을 보이고 있다. 학급생활의 실패로 인해 발생하는 가장 심각한 문제는 학교폭력이다. 지금까지 학교폭력 실태조사에 따르면 학교 내에서 발생한 폭력사고 빈도가 학교 밖에서보다 높게 나타났다. 청소년보호위원회(2003) 실태조사에 따르면 폭력장소는 교내 건물 뒤 28.4%, 교실 27.0%, 화장실 18.3%로 동료 학생들에 대한 폭력이 학교 안에서 그것도 교실에서 자주 발생하는 것으로 조사되었다. 지금까지 학교폭력은 가해 · 피해 학생의 개인 문제(개인적 차원)로 보고, 학교폭력이 발생하는 역동적인 교실상황은 배제되었다. 즉, 학교폭력은 학교라는 다수의 학생들이 함께 생활하는 공간 속에서 이루어지며, 학급 집단의 영향력이 가해학생들의 의식의 저변에 깔려 있음을 간과해서는 안 된다.

지금까지 학교폭력 발생의 요인으로 교사의 지도력, 학급집단의 특성, 학급풍토, 학급분위기, 학급응집력이 영향을 미치는 것으로 나타났다. 따라서 교사의 지도력을 향상시키고, 학급분위기와 학급풍토를 개선하여 학급집단응집력을 향상시킨다면 학급에서 발생하는 학교폭력의 예방효과를 기대할 수 있을 것이다.

2. 학급의 의의 및 담임교사 역할의 중요성

1) 학급의 개념 및 특징

교육목적을 달성하려는 제도상의 조직체라고 할 수 있는 학교는 그 목적활동의 대부분을 학급을 통하여 수행하고 있다. 학급지도나 생활지도 등 교육활동의 대부분이 학급에서 이루어지므로 학급은 교육의 풍부한 기능을 실질적으로 다하고 있다고 볼 수 있다. 학급은 학교에서 교사가 주로 활동하는 장소이며 학생을 접촉하게 되는 곳이다. 다시 말하면, 학생들은 학교에서 가장 많은 시간을 학급에서 보내게 되고 교사는 교육 목표의 달성을 위해 여러 가지 학급활동을 전개한다.

국어대사전은 학급이란 "학교교육이 실제로 행하여지는 아동 및 학생집단으로 교과지도 및 생활지도의 교육활동이 집중적으로 실시되는 학교교육 행정의 단위"라고 정의하였다.

김봉수(1983)는 "학급이란 교사와 아동이나 학생이 공동의 목표를 달성하기 위하여 과업을 분담하고 상호관계를 유지해 나아가는 소집단으로서 학교교육 중 핵심적 과제인 교수 학습이 직접 이루어지는 사회조직의 한 단위다. 또한 학급 교수작용과 학습작용이라는 의식적인 공동 목표하에 생활하고 활동이 전개되는 곳이며, 학급의 구성원들은 학급의 조직과정에서 대부분이 자의보다는 타의에 의해서 편성되면서도 조직된 학급 내 활동은 비교적 서로가 친밀해지고 정서적이며 인격적인 인간관계가 형성되는 곳이다."라고 하였다.

유봉호(1978)는 학급이란 주로 담임교사에 의해서 지도되며 아울러 학생상호 간에 또는 교사와 학생 간에 교섭이 제일 많이 이루어지는 장소다. 그러므로 학급은 교육활동을 하는 기본단위며 학교생활의 기본집단이라고 규정하였다.

이와 같이 학급은 학급활동을 통해 교사의 주도적인 역할과 구성원의 참여와 학급조직을 중심으로 한 교육의 목표, 생활지도의 목표를 달성시킨다. 교사와 학급구성원의 다양한 상호작용이 일어나는 사회조직의 하나다.

하지만 지금까지는 학급을 학습조직 위주의 관점으로 보아 왔다. 따라서 학급조직을 사회조직 차원에서 관계성 향상, 응집력 향상, 다양하고 규칙적인 집단규범을 적용한 사회조직으로 바라보는 시각이 부족했던 것이 사실이다. 학급을 단위로 이러한 생활지도 프로그램을 기본적으로 적용한다면 학급에 여러 가지 긍정적인 효과를 기대할 수 있다.

2) 교사 역할의 중요성

청소년은 하루의 대부분과 성장과정의 많은 시간을 학급에서 보내면서 교사와 청소년 그리고 학급환경 속에서 배우고 경험하며, 느끼고 생각하면서 성장, 발달한다. 그러므로 담임교사는 학교교육과 생활 경험을 계획, 조직하고 지도함은 물론 청소년의 성장과 발달에 가장 큰 영향을 미친다고 해도 과언은 아니다. 주삼환(2003)은 교사는 아동들에게 물리적 환경이 되고 사회적 환경도 된다고 하여 교육환경의 중요성을 교사의 책무성에서 강조하였다.

효율적인 학급 운영을 위해서는 교사의 지도력이 매우 중요하다. 지도력은 지도자가 조직의 목표를 효율적으로 달성하기 위해 구성원에게 어떤 형태로든 끼치는 영향력으로 학급에서 교사의 지도력은 교사 개인의 교육관과 가치관에 따라 다르다. 사회과정을 중시하는 교사는 자유로운 토론을 통한 문제해결을 중시하며 학생들의 자치활동을 강조한다. 권위적인 교사는 매사에 근엄함을 강조하며 학생을 위압하여 통제하려 한다. 평가를 중시하는 교사는 공정하고 절대적인 평가를 강조하며 매사에 객관적인 평가를 실시한다.

이처럼 교사에 의해 학생들의 지적, 정서적 발전을 촉진하는 여러 가지 환경 여건이 좌우되는 만큼 교사의 중요성이 점차 강조되면서 학급을 이끌어 나가는 교사의 지도성 행위는 학급장면에서 학생의 행동에 영향을 미치는 요인으로 인식하게 되었다. 초등교육과정의 경우 담임교사 한 사람이 학습지도 · 생활지도 등 전 영역을 담당하고 있어 아동에게 미치는 담임교사의 영향을 절대적이라 할 수 있다. 교사의 지도력이 학생의 학업성취, 인생의 진로는 물론 인성형성에까지 영향을 미친다는 사실은 지금까지의 여러 연구결과에서 찾아볼 수 있다.

그럼에도 불구하고 교육부 조사에 의하면 교사와 학생 간의 개인적 접촉과 대화 부족의 원인으로 청소년들은 고민을 교사와 상의하는 경우는 매우 드물고 오히려 교사를 친구 다음으로 가장 많은 좌절감을 느끼는 대상으로 인식한다고 나타났다.

기본적인 신뢰관계를 바탕으로 다양한 인간관계를 경험해야 하는 학급에서 교사는 학급구성원의 개인성향을 파악하여 구성원 간 활발한 상호작용을 촉진하도록 해야 한다. 때로는 갈등적 상황에 직면했을 때 민주적인 의사결정으로 결과를 도출하도록 도와야 한다. 이러한 가운데 학습목표와 생활지도의 목표, 궁극적으로는 사회구성원으로 성장하게 하는 데 학급생활이 기본적인 훈련의 장이 되어야 한다.

3. 학급의 사회 · 심리적 환경요인과 학교폭력

학급 내에서 발생한 학교폭력은 단순 우발적인 경우도 있지만, 대부분 학급구성원의 사회적 관계 속에서 발생하므로 지속적으로 유지되는 경우가 많다. 예방 및 해결을 위한 방법 역시 학급의 사회적 관계 속에서 찾아야 한다.

앞서 언급했듯이 학급은 사회적 조직이라는 인식이 필요하다. 학급 성원인 학생 개인을 둘러싼 복잡한 환경 이해도 필요하다. 작게는 가정, 교우(학교친구, 동네친구), 학교, 지역사회며 크게는 매체환경, 사회적, 경제적, 문화적 환경의 영향을 받는 존재다. 학교폭력 역시 가해자-피해자 양자 간의 단순한 문제가 아니며, 학급 내에 사회적 관계 실패로 나타나는 학급 사회조직의 문제인 것이다. 학교의 물리적 환경은 30명 이상이 하루를 생활하기에 편한 공간이 되지 못하고 있다. 또한 학급 친구 역시 학업성취의 경쟁자적 구도에 있어 심리적으로 편안한 존재가 되지 못한 것도 사실이다. 학교폭력에서 안전한 학급을 만들기 위해서는 교사와 학급구성원 전체가 함께 노력해야 함을 알아야 한다.

학급은 가족과 같은 집단적 성격을 갖는다. 학교폭력 역시 학급의 다양한 상호작용에서 발생하는 아래의 요인들과 높은 상관관계를 나타낸다. 즉, 학급 분위기, 학급응집력, 학급풍토, 담임교사의 지도성, 학교생활만족도가 학교폭력 발생과 밀접한 관련성이 있다는 사실이 여러 선행 연구결과에서 나타났다. 따라서 아래의 요인들을 개선하여 향상시키는 것이 학교폭력 예방을 위한 근본적인 방법일 것이다.

- 학급분위기: 학급분위기란 급우관계, 교사와의 관계, 학급 내에서의 생활 등 다양한 학급 생활장면에서의 집단구성원 간 상호 매력을 느끼는 정도를 말한다.
- 학급응집력: 학급응집력이란 집단 구성원 간에 상호 매력을 느끼는 정도와 집단에 소속되고자 하는 욕구 정도를 의미한다. 학급의 응집력이 높다는 것은 학급원들의 학급생활에 대한 적극성, 협동심, 책임감 등이 강하고 학급의 분위기도 긍정적이며 교우관계도 친밀하다는 것을 의미한다.
- 학급풍토: 학급풍토란 담임교사, 구성원의 성격, 환경 등 학생의 생활에 밀접한 관련을 갖고 있는 학급 조직 내의 물리적, 심리적 환경과 긴밀한 상호작용을 하는 동안 학급에 형성되는 다른 학급과 구별되는 독특한 특

성으로 학생에게 지각된 학급 분위기 전체를 말하며, 구체적으로 학급풍토 검사에서 측정하고 있는 내용으로 정의한다. 하위요인으로 참여, 친애, 교사 지지, 질서 · 조직, 규율, 교사통제의 6가지 요인이 있다.

- 교사의 지도성: 지도성이란 조직의 목적을 효율적으로 달성하기 위하여 조직구성원의 협동적 노력을 유도하고 촉진하는 기술 또는 영향력으로, 교사의 지도성은 학급조직을 유지하기 위해 대내적 행동 통일과 대외적 적응을 위한 교사의 행위라고 정의한다.
- 학교생활 만족도: 학교라는 환경적 공간에서 학생들이 교사, 또래집단과 인간관계를 맺으며 교육활동을 하는 데 충분히 만족하는가의 정도를 의미한다.

4. 학교폭력 조기 감지의 중요성

학교폭력은 피해자나 가해자뿐만 아니라 가족, 교사, 학교(재학생) 모두에게 신체적 정신적으로 심각한 상처를 남긴다. 그만큼 사전 예방이 중요하다. 교사는 개인상담으로 학생 개인이 겪고 있는 학급생활의 어려움과 적응 상태를 알아야 하고, 학급 분위기를 파악하여 학생 개인이 학급의 생태체계적인 환경에서 어떠한 위치에서 생활하고 있는지 알고 있어야 한다. 이덕준(2005)은 폭력행동의 과학적 예측의 필요성을 언급하면서 "문제행동을 사전에 예방하기 위해서는 '누가 문제행동을 일으킬 가능성이 있는가?'를 예측하는 것이 중요하다."라고 사전예측의 중요성을 강조하였다.

학교폭력 예측요인을 연구한 김명자(2004)는 가정환경 요인(부모와 의사소통, 부모와 친밀도, 부모감독), 학교환경 요인(교사에 대한 애착, 학교에 대한 애착, 공부에 대한 열의), 지역사회환경 요인(폭력매체노출도)이 외생변수고 분노, 친구영향, 분노조절전략, 피해경험, 가해경험이 내생변수로 총 12가지의 변수를 제시하였다. 필자는 3장에서 언급한 학급에 나타나는 상호작용의 요인들과

〈표 15-1〉 학급단위 중심 학교폭력 조기 감지 질문지

성명 : 학년/반 : 성별 :

영역	내용	문항수	질문내용	조금→매우	개인	학급평균	학년평균	개인/평균
폭력적인 학교환경	신체폭력	1	• 우리 반에 친구를 때리는 아이가 있다.	⓪①②③④				/
	따돌림	1	• 우리 반에 왕따가 있다.	⓪①②③④				
	언어폭력	2	• 나는 우리 반 친구에게 심한 욕이나 기분 나쁜 말을 한 적이 있다.	⓪①②③④				
			• 우리 반 친구가 듣기 싫어하는 별명을 부르거나 놀린 적이 있다.	⓪①②③④				
위험행동징후	불량서클 가입 친구	4	• 친한 친구 중에 노는 아이가 있다.	⓪①②③④				/
			• 다른 친구에게 돈을 뺏거나 괴롭히라고 시키는 친구가 있다.	⓪①②③④				
			• 약물(본드, 가스) 또는 담배나 술을 하는 친구가 있다.	⓪①②③④				
			• 무단 결석하는 친구가 있다.	⓪①②③④				
	가해-피해 경험	4	• 나는 친구를 때린 적이 있다.	⓪①②③④				
			• 나는 친구에게 맞은 적이 있다.	⓪①②③④				
			• 나는 다른 아이를 따돌린 적이 있다.	⓪①②③④				
			• 나는 다른 아이에게서 따돌림을 받은 적이 있다.	⓪①②③④				
	인터넷 과다사용	4	• 인터넷 때문에 숙제를 못 한 적이 있다.	⓪①②③④				
			• 인터넷을 많이 해서 부모님에게 혼난 적이 있다.	⓪①②③④				
			• 인터넷을 많이 해서 손, 목, 어깨, 허리가 아프다.	⓪①②③④				
			• 인터넷 사용 때문에 친구와 약속을 어긴 적이 있다.	⓪①②③④				
	폭력매체(영화 · 게임)	2	• 야한 영화, 동영상, 사진을 본 적이 있다.	⓪①②③④				
			• 내용이 좋은 영화보다 싸우고 부수고 스피드한 영화가 재미있다.	⓪①②③④				
성격문제	공격성 충동성 성향	4	• 나는 흥분을 잘 한다.	⓪①②③④				/
			• 나는 고칠 점을 지적받으면 짜증이 난다.	⓪①②③④				
			• 내가 잘한 일에 대해 평가가 나쁘면 노발대발 한다.	⓪①②③④				
			• 나는 몹시 속상할 때면 누군가를 때리고 싶어진다.	⓪①②③④				

〈계속〉

	스트레스	4	• 선생님에게 인정을 받지 못해서 스트레스를 받는다.	⓪①②③④				/
			• 공부한 만큼 성적이 나오지 않아서 스트레스를 받는다.	⓪①②③④				
			• 학교에 있으면 스트레스를 받는다.	⓪①②③④				
			• 친구들의 인정을 받지 못해서 스트레스를 받는다.	⓪①②③④				
	합계점수							
자아	자아 존중감	4	• 나는 나 자신을 사랑한다.	⓪①②③④				/
			• 나는 모든 일에 자신이 있는 편이다.	⓪①②③④				
			• 나는 내가 할 수 있는 일에 최선을 다한다.	⓪①②③④				
			• 나는 친구들에게 인기가 있다.	⓪①②③④				
교사 관계	교사의 지지도 및 교사 선호도	4	• 담임선생님이 나를 인정하고 신뢰한다고 느낀다.	⓪①②③④				/
			• 나는 어려운 일을 당하면 선생님에게 말하겠다.	⓪①②③④				
			• 나는 담임선생님을 존경한다.	⓪①②③④				
			• 담임선생님은 우리 반 아이들을 차별 없이 공평하게 대해 주신다.	⓪①②③④				
가정	부모와의 관계	4	• 부모님은 나의 걱정이나 두려움을 함께 나누어 준다.	⓪①②③④				/
			• 나는 부모님과 사소한 일이라도 이야기를 자주 한다.	⓪①②③④				
			• 부모님은 자신의 생각이나 느낌을 나에게 이야기 하신다.	⓪①②③④				
			• 나는 부모님을 존중한다.	⓪①②③④				
교우 관계	사회적 기술	4	• 내가 먼저 말을 꺼내서 나는 친구를 쉽게 사귄다.	⓪①②③④				
			• 나는 어려운 일이 있을 때 친구나 선생님에게 도움을 청한다.	⓪①②③④				
			• 책상을 깨끗하고 단정하게 유지한다.	⓪①②③④				
			• 학급회의에 적극적으로 참여하다.	⓪①②③④				
	학급 선호도	2	• 즐겁게 느낀다.	⓪①②③④				/
			• 우리 반에 소속된 것을 만족하게 생각한다.	⓪①②③④				
			• 우리 반 친구들은 내 이야기를 잘 들어준다.	⓪①②③④				
			• 우리 반 친구들은 어려운 친구를 잘 도와준다.	⓪①②③④				
	친한 친구 수	2	• 과학시간에 3명씩 조를 편성한다면 함께 조가 되고 싶은 친구 3명 이름을 쓰시오.	______명				
			• 내가 힘든 일을 당했을 때 말하고 싶은 친구는 몇 명인가?					
	합계점수							/

학교폭력 예측요인을 기초로 작성한 학교폭력 조기 감지 질문지를 이용하여 학교폭력 발생 가능성을 조기에 감지할 수 있도록 시도해 보았다(〈표 15-1〉 참조).

질문지는 학교폭력 발생의 직접적인 요인으로 폭력적인 학교환경, 위험 행동징후, 성격 문제로 분류하고, 간접적인 요인으로 자아존중감, 교사와의 관계, 가정생활, 교우관계로 나누었다. 교사는 질문지에 학생 개인이 답변한 내용을 가지고 직간접적인 요인을 나누어서 개인 점수와 평균 점수(학급, 학년)를 비교하여 학생 개인적 상황과 학급분위기를 파악할 수 있다. 질문지에 학교폭력 발생에 직접적인 요인인 폭력적인 학교환경, 위험행동징후, 성격 문제 합계 점수를 구한다. 나머지 간접적인 요인인 자아, 교사관계, 가정, 교우관계 합계점수를 구한다. 직접적인 요인 점수가 높을수록 위험 가능성이 높다고 볼 수 있다. 간접적인 요인은 전체 합산 점수와 세부 질문 점수를 활용하여 학생 상담자료로 활용한다. 교사 자신도 학생들이 인식하고 있는 교사와의 관계를 점검 확인할 수 있다. 교사는 질문지 자료를 기초로 학생 개인상담, 학급분위기 파악, 교사 본인의 지도력을 평가하여 학급운영에 기초자료로 활용한다.

교사는 학교폭력이 가해-피해 학생 간의 단순한 문제가 아니라 학생 개인을 중심으로 복잡한 환경적인 요인이 작용한다는 사실을 알아야 한다. 질문지 사용에 유의할 점은 '비밀보장이 철저하게 된 상태에서 작성' 되어야 하며, 학생의 생활은 늘 변화 가능성을 가지고 있으므로 '답변 내용이 학생 개인에게 낙인' 이 되어서도 안 된다.

5. 상담방법

학교폭력에 대한 학급단위 대처는 예방활동과 발생 후 치료 상담활동으로 구분할 수 있다. 그러나 무엇보다 예방이 중요하다. 학급생활의 목표는 학습

목표 달성과 타인과 함께 생활할 수 있는 사회성을 기르는 것이다. 지금까지 학교는 학생들의 학급생활에서 학급분위기를 향상시키고 학생 개인 간의 상호 이해를 바탕으로 한 건강한 학급운영에 대한 연구나 여건 개선 노력이 부족하였다. 학생들은 학급생활을 통해 다른 사람과 인간관계, 의사소통, 민주적인 공동체 경험을 하고, 이러한 것이 성인이 되어 사회생활에 큰 영향을 미친다. 따라서 민주적이고 합리적인 학급 운영에 많은 노력이 필요하다.

모든 학생들에게 공통적인 학교폭력 예방 프로그램을 실시하고, 교사는 질문지를 이용하여 학생 개인과 학급분위기를 사전에 파악하여 적절한 프로그램을 기획한다. 학교폭력 발생과 직접적인 연관이 있는 학급분위기, 교우관계, 교사와의 관계를 촉진할 수 있는 프로그램을 주기적으로 실시한다. 그리고 학생 개인면담을 병행한다. 학생 개인의 성격적인 문제, 가정적인 문제는 때로는 외부 전문가(상담사, 사회복지사)의 도움을 청해야 한다.

학교폭력이 발생했을 때는 혼자 해결하려 하거나 은폐하려고 해서는 결코 안 된다. 학급에 문제요인이 있다면 언젠가는 터지기 마련이다. 사태의 심각성을 학교 측에 먼저 알리고 도움을 청해야 한다. 학교 역시 학교 독자적인 해결보다는 부모, 외부전문가와 함께 문제를 해결해야 한다. 학교폭력이 발생한 이후 조치는 매우 복잡하고 어렵다. 사건 당사자인 피해 · 가해 학생, 부모, 학교, 교사의 갈등과 심리적, 경제적 피해뿐만 아니라, 사건 현장에 있었던 동료 학생들의 정신적 충격, 사건에 개입된 학생들이 많을 경우 이 후 또 다른 사건이 확대 연계될 가능성에 대한 대비도 이루어져야 하는 등 복잡한 처리과정이 뒤따라야 한다.

결론적으로 학급 내에서 발생한 학교폭력 사건은 단순한 개인 문제가 아니라는 사실과 어느 학급에서나 적응이 어려운 학생은 반드시 존재하므로 이에 대한 조기 감지와 대처가 필요하다. 지금까지 학교는 학급 집단차원의 개입이나 소수 피해 · 가해 학생에 대해 직접적인 개입의 노력이 부족했다. 학생들에게는 성공적인 학급사회 경험이 건강한 성인으로의 성장에 중요한 밑바탕이 된다는 사실의 인식이 필요하다.

사례 15-1 학교폭력 예방교육 및 조기 감지 중요성

한 편의 VTR이 구한 생명

선생님과 학생들에게 폭력의 심각성과 인격을 침해하는 범죄라는 것을 인식시키기 위해서는 선생님의 훈화보다는 영상을 보여 주는 것이 학생들의 생각에 더 많은 변화를 일으킴을 알 수 있었다. ○○년 4월 20일 학부모 선도교실 2차 워크숍에서는 급우들의 괴롭힘을 견디다 못해 자살한다는 내용이 담긴 VTR을 시청[제3교실, KBS 뉴스 편집]하였다. 이를 본 부모님들은 충격이 심하자 학부모들에게 저런 모습은 우리 학교와는 상관없는 일이며 조금은 과장된 내용이라고 말하였다.

모임을 마치고 하루가 지났을까? VTR을 같이 시청한 부모님이 자녀가 학교 가기를 싫어하고 전학을 가고 싶다고 하여, 피해자를 조사한 결과 작년 12월부터 4월 초까지 4개월 동안 8명의 학생들로부터 지속적인 괴롭힘(타이거 킥, 헤드락, 심부름시키기 등)을 당했다고 말하였다. 꾸며 낸 말이 아닐까 의심하면서 관련자를 대상으로 조사하면서 VTR의 내용과 너무나 흡사하여 우리 학교에서 일어난 일이라고 믿어지지 않았다.

같이 잘 노는 또래집단 친구들이 한 학생을 집중적으로 괴롭힌 사례로, 놀이를 빙자하여 똥침이나 타이거 킥과 같은 폭력으로 한 명만 집중적으로 괴롭혔다. 이들은 피해자, 가해자 집을 번갈아 가면서 괴롭혀 부모도, 선생님도 심지어는 같은 반 친구들도 같이 잘 다니는 친구로만 알았지 피해를 당하고 있다고는 아무도 눈치 채지 못했다. 그저 같은 친구니까 몰려다니겠지 생각했다.

이들은 평소에 상담을 받아 오던 학생들로, 이 학생들이 다른 학생들에 대한 괴롭힘에 대해서만 관심을 가졌지, 같은 친구끼리 괴롭히리라고는 상상하지 못했다. 주위에 있던 담임, 학생부, 심지어는 부모도 사전에 알지 못했다. 그 많은 사람 중에 한 명이라도 알 수 있었다면 고통이 길지는 않았을 것이다. 어떻게 보면 지금이라도 발견된 것이 참으로 다행이라 생각하였다.

괴롭힌 이유는 다른 학교 학생들의 '꼬봉(심부름)' 노릇을 하는 소심한 행동이 너무나 재수가 없고 마음에 들지 않았다고 하였다. 피해자는 표현력이 낮으며 소심한 학생이었다. 괴롭힘의 형태는 놀이를 빙자한 똥침, 타이거 킥을 비롯하여, 3개월 동안 물 떠오기, 식사, 과자 사오기, 담배 심부름 등을 시켰다.

아찔한 순간이었다. 이대로 두세 달만 진행되었더라면 예측하기 어려운 일이 일어났으리라 생각하였다. 학부모 모임에서 학교 폭력 VTR 시청이 없었더라면 어떻게 되었을까? 감당하기 어려운 엄청난 일이 벌어지고 말았을 것이다.

이들에 대한 조치는 괴롭힘의 정도가 심한 학생에 대해서는 상담소(병원)에 의뢰하여 상담 치료를 받게 하였고, 정도가 약한 학생은 부모님과 함께 봉사 기관에 가서 봉사 교육을 받도록 하였다. 괴롭힘의 정도가 심한 3명의 학생에 대해서는 매일 반성문을 작성하게 하여 자기 참회의 기회를 갖도록 하였으며, 정서적으로 자신을 사랑하고 다른 친구를 존중하는 6개월간의 집단상담을 매일 15~20분씩 실시하였다. 두 달이 지나자 외형적으로 반성하는 모습을 많이 보였다. 매일 아침 남보다 30분 먼저 등교하게 하여 선생님과 친구의 칭찬받는 일을 하기로 약속하였다. 한꺼번에 많은 변화를 기대하기보다는 조금씩 오랫동안 변화를 계획하고 실천하였다.

* 출처: 이덕준(2005). 예방중심의 지도가 훨씬 편하다. 교육개발 153호.

참고문헌

구립방배유스센터(2004a). 학교폭력예방을 위한 학급집단 지도전략.

구립방배유스센터(2004b). 지역사회 네트워크 구축을 통한 학교폭력 치료예방 결과보고서.

김명수(2005). 초등학교 아동이 지각한 담임교사의 지도성 유형이 학급의 사회적 환경에 미치는 영향. 건국대학교 교육대학원 석사학위논문.

김명자(2002). 청소년의 학교폭력행위 예측모형 구축. 전남대학교 간호대학원 박사학위논문.

백경자(2004). 초등학교 학급풍토가 학생의 학구적 자아개념 및 학습태도에 미치는 영향. 영남대학교 교육대학원 석사학위논문.

이남희(2005). 또래상담자 활동이 교우관계 및 학급분위기에 미치는 효과. 서경대학교 대학원 석사학위논문.

이덕준(2005). 예방중심의 지도가 훨씬 편하다. 교육개발 153호. 교육개발원.

이상균(1998). 학교에서의 또래폭력에 영향을 미치는 요인. 서울대학교 사회복지대학원 박사학위논문.

임덕남(2005). 중학교 담임의 지도성과 학급풍토 및 집단따돌림 성향간의 관계분석. 군산대학교 교육대학원 석사학위논문.

장맹배(2005). 학교폭력 조기 감지의 중요성. 새교육 7월호. 한국교육신문사.

최영수(2004). 초등학생이 지각한 학급담임교사의 의사소통 유형과 학급집단응집성과의 관계. 건국대학교 교육대학원 석사학위논문.

한인영, 홍순혜, 김혜란(2004). 학교와 사회복실천. 파주: 나남출판.

한정혜(2004). 또래상담훈련이 초등학생의 학급응집력 및 학교생활 만족도에 미치는 영향. 강원대학교 교육대학원 석사학위논문.

16장
학교폭력 피해자 치료 프로그램 -'무지개' '친구야 놀자'

- 강주현(서울시립청소년정보문화센터 상담팀장)

청소년폭력예방재단에서는 학교폭력 피해자를 위해 개발된 대표 프로그램으로 '청소년 무지개 프로그램'과 '친구야 놀자 프로그램'이 있다.

'청소년 무지개 프로그램'은 2002년 청소년위원회 지원으로 만들어졌으며, 학교장면 및 청소년 기관에서 널리 활용할 수 있도록 다양한 매뉴얼 등을 소개하고 있다. 내용으로는 마음의 힘 키우기, 관심과 사랑 나누기, 친구상담연습, 학교갈등 통찰과 선배체험 나누기, 희망 가꾸기 요소로 구성되어 있고 각 영역별로 책 읽기, 비디오 보기, 활동 등의 세 가지 영역으로 나뉘어 있다.

'친구야 놀자' 프로그램은 2004년 한국청소년상담원 우수상담프로그램으로 청소년상담원장상을 수여받은 바 있다. 이 프로그램은 2000년부터 5회기 프로그램으로 시작하여 프로그램의 연구를 통하여 2003년도에 캠프로 전환하였으며, 2004년도부터 사후모임 등을 포함시키는 등 지속적인 변화와 발전을 꾀하고 있다. 현재 프로그램 주요일정으로는 2박 3일 동안의 캠프와, 5개월 동안 월 1회의 사후모임 등으로 진행되어 장기적으로 사후치료를 하고 있다. 또한 청소년들의 주 관심사인 미디어 제작활동 등의 다양한 방법 등을 심리치료와 접목시켰다는 데 그 의의가 있다.

1. 무지개 프로그램

1) 프로그램 진행개요

(1) 프로그램명: 피해학생 치료 재활 프로그램 '청소년 무지개 프로그램'

(2) 진행

- 시설용: 2박 3일 주말 캠프식
- 학교용: 10주 집단상담 1회 2시간

(3) 참여자

- 시설용: 학생 20~30명/ 교사 3명
- 학교용: 학생 8~10명/ 교사 1명

2) 프로그램 목표

- 학교폭력 피해학생들이 자신의 심리적 상처를 긍정적으로 극복할 수 있도록 돕는다.
- 피해학생이 더 이상 학교폭력의 희생자가 되지 않도록 학교 안팎에서 일어나는 폭력행동을 감소시킨다.
- 피해학생이 미래 삶에 대한 희망과 계획을 마련하고 이를 충실하게 실행할 수 있도록 돕는다.

3) 프로그램 주요 특성

- 학교폭력에서 미래지향적 삶으로 청소년의 관심과 에너지의 방향 재조

정한다

- 다중지능, 정서지능, 문제 해결능력 발달을 통한 교육적이고 근본적인 피해 치유를 유도한다
- 컴퓨터 하기, 읽기, 비디오 보기, 체험 등 경험 중심 교육과정을 통한 프로그램 참여 동기를 높인다
- 진단–처치–평가의 과학적 교육과정 설계를 통해 프로그램 효과성을 증대시킨다
- 기본 프로그램과 응용 프로그램 분리를 통해 프로그램 구성과 실시의 다양성, 융통성, 용이성이 증가된다.

4) 프로그램 구성요소

(1) 학교폭력 진단 체크리스트

학교폭력 피해 및 가해 수준을 진단하는 체크리스트로서 학생, 교사, 학부모, 상담가/교장, 지역NGO의 다중보고자가 그 상황에 맞게 진단할 수 있도록 되어 있다.

(2) 지능 진단검사

잠재능력의 프로파일을 진단함으로써 강점 및 약점, 능력에 대한 처방과 교육으로 학생들의 진로 및 직업세계로의 연계 및 확장시킬 수 있도록 하였다.

(3) 청소년 무지개 프로그램

청소년 무지개 프로그램은 총 7단계로 나누어지며 그 내용은 다음과 같다.

- 마음의 힘 깨우기: 호연지기와 기개를 일깨움
- 관심과 사랑 나누기: 가족애, 우정, 인류애 경험
- 친구상담 연습하기: 학교폭력 관련 학생을 위한 조언

- 학교갈등 통찰하기: 학교폭력 현상에 대한 이해
- 선배체험 나누기: 학교폭력 유경험자 삶의 대리경험
- 희망가꾸기: 직업세계, 가치관, 삶의 모델 등의 통합

(4) 프로그램 평가지

맨 마지막에 실시된 프로그램에 대해서는 총 3단계로 평가된다.

- 프로그램 내용과 구성에 대한 평가
- 프로그램 운영과 실시에 대한 평가
- 프로그램 참여 학생, 도우미 교사, 전문가의 조언

(5) 청소년 무지개 프로그램 하위영역

	책 읽기	비디오 보기	활동
마음의 힘 깨우기	호연지기 고난극복 긍정적 사고 희생 · 봉사	호연지기 고난극복 긍정적 사고 희생 · 봉사	구족화 그리기 컴퓨터 노래방 함께 달려 보기 자랑스러운 우리나라 어려운 사람에게 용기를
관심과 사랑 나누기	우정 · 사랑 가족애 인류애 공감(감정 느끼기)	우정 · 사랑 가족애 인류애	마음의 문 열기 믿음의 원 칭찬보따리 수호천사 가족 손 꾸미기 효도 상품권 만들기
친구상담 연습하기			채팅상담 게시판 리플 달기 만화 완성하기 친사회성 게임
학교갈등 통찰하기	학교갈등	학교갈등	벽 뚫기 나만의 스트레스 해결법 화 날리기 고통받는 친구들

〈계속〉

선배체험 나누기		체험 듣기 고백쪽지 쓰기
희망 가꾸기		희망나무 가꾸기 명함 만들기 추모사 쓰기 내가 존경하는 인물 MI 활동계획서 상장 만들기 우린 최고야 참여 활동 비디오 보기
기타		활동지 작성

(6) 청소년 무지개 프로그램 활동내용('친구상담연습하기' 중학생용 일부만 수록. 자세한 내용은 CD 첨부자료 참고)

활동내용

1 나누는 마당

한 주의 집단상담을 마치고 난 뒤 1주일간 생활을 하면서 자신에게 일어났던 일들에 대해 집단 참여자들과 함께 나누는 시간을 갖는다. 그리고 집단에 참여하고 있는 현재 자신의 기분이나 생각, 현재 상태에 대해 이야기 나눈다.

2 친구상담 연습하기(SPC) 실시

친구상담 연습하기는 설정된 모의상황을 통해 또래의 문제를 다루어 봄으로써 다른 사람의 관점, 입장, 행동에 대한 이해의 폭을 넓히고, 구체적인 의사소통 능력을 길러서 대인 관계를 원만하게 풀어 나가는 방법을 습득하도록 돕는 교육과정이다.

비슷한 연령의 생활경험 및 가치관 등을 지닌 청소년이 또래상담에 대한 훈련을 받은 후 자신의 경험을 바탕으로 하여 주변에 있는 다른 또래가 가지고 있는 대인관계 문제를 해결하는 데 도움을 준다. 청소년은 컴퓨터 가상 상황을 통해 스스로 혹은 여러 친구와 함께 이 문제 상황을 해결해 볼 수 있는 기회를 갖게 된다.

컴퓨터를 이용한 또래 상담의 특징을 가진 친구상담 연습하기에 참여한 청소년은 또래상담자의 입장에서 자신과 타인에 대한 문제를 이해하는 공감의 이야기를 나누게 된다. 이 과정에서 자신의 감정과 의견을 또래에게 솔직하고 정직하게 드러낼 수 있는 능력이 향상될 것이다. 더 나아서 다른 사람을 돕는 경험을 통해 청소년은 자존감이나 긍정적 자아상 등이 증가되리라 기대된다. 그리고 또래의 문제를 해결해 주는 과정에서 자신의 문제 해결 능력도 향상되리라 기대할 수 있다. 친구상담 연습하기의 구체적인 내용은 다음과 같다.

첫째, 채팅상담은 전문가 1명과 5명 이내의 청소년으로 이루어진 집단이 주어진 사례를 읽고 채팅창을 통하여 사례의 또래에 맞추어 상담장면을 가상하여 상담해 준다.

〈친구상담 연습하기 참여하는 방법〉

- 로그인 한다.
- 자신의 대화명을 입력한다.
- 채팅방에 들어와 현재 보이는 이야기를 읽는다. 다 읽고 난 뒤 자신이 글쓴이라면 어떤 입장을 취할 것인지 선택한다. 자신의 입장을 선택하고 나면 선택 항목에 따라 글자색이 지정된다.
  (입장 1-빨간색/입장 2-파란색/입장 3-분홍색/만일 선택할 항목이 없다면 자신의 의견에 써도 상관없다. 그때는 검은색이 지정된다.)
- 서로의 의견을 교환하면서 글쓴이에게 도움이 될 최선의 방법을 찾아본다.

둘째, 게시판 리플달기는 게시판에 제시된 사례를 읽고 리플을 달아 보는 것이다. 예를 들어, "후배가 제 친구에게 대들었어요. 그래서 하지 말라는 경고를 했는데 이제는 저한테까지 까붑니다. 내일 학교 끝나고 손 좀 봐 줄까 하는데 폭력을 쓰면 어떻게 되나요?"라는 게시판 내용을 읽고 청소년들은 문제해결에 도움이 되는 조언을 하게 된다.

〈게시판 리플 달기 참여하는 방법〉

- 로그인 한다.
- 게시판을 살펴본다. 게시판 목록에 나와 있는 제목에 마우스를 가져가 이야기요약 을 읽어 본다. 여러분이 관심 가는 제목을 클릭하여 자세한 이야기 내용을 읽어 본다.
- 이야기를 읽고 잠시 생각해 본 후 리플을 달아 본다. 자신이 도와줄 수 있는 해결방법이나 용기를 줄 수 있는 말을 써 본다. 자신의 직접적인 체험담이나 간접적인 경험을 글로 남겨 본다. 글을 쓴 상대방이 고민하고 있는 일이 여러분 자신의 일이라면 어떻게 했을지 써 본다.
- 상담자의 도움의 글을 읽어 본다. 글을 쓴 상대방의 고민거리에 대한 리플을 올리고 나면 전문 상담가의 조언을 살펴볼 수 있다. 우리가 미처 생각하지 못했던 혹은 소홀하게 여겼던 부분이 있었는지 되돌아보고 글을 쓴 상대방의 고민거리에 대해 다시 한 번 생각해 볼 수 있는 시간을 가져 본다.

셋째, 만화 완성하기는 미완성된 만화 장면을 완성해 보는 과정을 통해 다른 사람의 문제를 해결해 보는 과정을 경험할 기회를 준다. 즉, 만화를 한 면에 여섯 컷이 들어갈 수 있도록 하고, 네 컷은 갈등상황에 대한 사례를 미리 그림으로 주고 나머지 두 컷은 카드메일을 고르는 것처럼 예상 장면 중에서 선택하여 주어진 장면에 글을 삽입시킴으로써 스스로 결론을 만들어 본다.

〈만화 완성하기 참여하는 방법〉

- 폭력사례에 관한 만화를 따라 읽어 내려간다.

- 마지막의 선택의 영역에서 일어날 수 있는 가능성에 따른 여러 가지 대처 방법 등을 생각해 본다.
- 주인공이 어떻게 생각하고 말할지를 글로 구성하여 만화를 완성한다.
- 여러 가지 방법에 따른 결과를 전체그림에서 비교하여 본다.

넷째, 친사회성 게임은 컴퓨터 게임과 친사회 행동 학습을 접목시킨 형태다. 다만 보통의 게임이 무기를 들고 적과 싸우는 게임인 데 반해 새롭게 개발될 게임은 인터넷에 접속한 사람들과 인사를 나누거나 다른 사람의 도움이 필요한 사람에게 도와주는 행동 등 친사회적 행동을 했을 때에 보상을 주는 새로운 의미의 게임이고, 친사회 행동을 통해 주어지는 보상은 각자 키우는 애완용 동물을 위해 사용될 수 있다. 이를 통해 친사회 행동을 가상세계에서 연습해 볼 수 있는 기회를 마련해 준다.

〈친사회성 게임 참여하는 방법〉
- 주인공이 처해 있는 어려운 상황과 그 상황을 벗어나야 할 방법 등에 대해 파악해야 한다.
- 각 단계별로 어려움에 처해 있는 다른 사람을 도움으로써 주인공도 자신의 문제 해결을 가능하게 해 줄 여러 가지 목표, 예를 들면 물건이나 조건 등을 달성하게 한다.
- 문제 해결에 필요한 모든 물건을 갖게 되거나 조건을 달성하는 순간 주인공은 자신의 어려운 상황을 벗어날 수 있게 된다. 동시에 주인공이 원하는 삶이 펼쳐지게 된다.

3 숙제에 대해 설명해 주기

4 정리하기

학교폭력 피해학생으로 구성된 집단상담에 참여하여 활동하면서 좋았던 점, 싫었던 점을 나누는 시간을 갖는다.

수업활동 예

친구상담 연습하기: SPC-채팅상담

<table>
<tr><td>제목</td><td colspan="5">제대로 학교 다니려면 싸움을 잘해야 한다니…….</td></tr>
<tr><td>문제
영역</td><td>학교폭력 피해
(괴롭힘)</td><td>글쓴이</td><td>이수영</td><td>날짜</td><td>2002. 6. 24</td></tr>
<tr><td colspan="6">안녕하세요. 요즘에 학교 가기가 정말 싫습니다. 우리 반에서 싸움 제일 잘하는 선영이라는 애가 있는데 매일 우리 반 애들을 때립니다. 저도 선영이에게 많이 맞아 봤어요. 선영이는 그냥 애들끼리 놀고 있는데 와서 때립니다. 그리고 소풍이나 뭐 돈 있는 날에는 돈을 빼앗고, 숙제도 자기가 안하고 저나 힘이 약한 애들에게 시킵니다. 저에게는 매일 영어 빽빽이를 10장이나 시킵니다. 체육시간이었는데 저에게 와서 체육복을 빌려달라고 하고서는 아니 거의 빼앗아 갔다고 말해야 할 것 같군요. 돌려주지도 않고 교복도 빌려가고 난 후도 돌려주지 않습니다.
그리고 중요한 것은 싸우기 싫은데 억지로 싸움을 시키는 거예요. 어떤 애하고 안 싸우면 선영이는 저를 팬다고 하면서 협박을 합니다. 그래서 오늘도 맞았어요. 그리고 자기가 때리고선 "짜증 나냐? 그럼 떠! 언제라도 떠 줄게." 이렇게 말하는 거예요. 저는 매우 무서웠습니다. 그래서 그냥 "아니야, 짜증 안 나." 하고 그냥 맞았습니다.
정말 학교 가고 싶지가 않습니다. 요즘에는 자퇴를 하면 어떨까 하고 생각하게 됩니다. 어떻게 해야 하나요?</td></tr>
</table>

친구상담 연습하기: SPC-채팅상담

앞의 내용을 잘 읽어 보셨나요!

여러분이 힘세고 싸움 잘하는 친구한테 시달림을 당하는 상황에 처해 있다면 어떤 입장을 취할 것인지 선택해 보세요. 그리고 서로의 생각을 나누어 보면서 수영이에게 도움을 줄 수 있는 최선을 방법을 찾아봅시다.

다음 중 여러분 의견에 가장 가까운 것을 골라 클릭하세요.

① 선생님이나 부모님께 사실을 알리고 도움을 구한다.
② 자신을 괴롭히는 선영이에게 '싫어, 안 할래' 등의 거절의 의사 표시를 확실히 한다.
③ 힘이 없는 나로서는 학년이 바뀌길 바라며 그냥 참는다.
④ 다른 의견이 있다.

친구상담 연습하기: SPC-게시판 리플 달기

종민이는 영찬이라는 친구에게 욕설과 신체적 폭력으로 괴롭힘을 당하고 있다. 종민이는 영찬이가 자기를 안 때릴 수 있는 방법을 찾고 있다.

1	저를 너무 괴롭히는 애가 있습니다.	학교폭력피해(언어와 신체폭력)

제목	저를 너무 괴롭히는 애가 있습니다.				
문제 영역	학교폭력피해 (언어와 신체폭력)	글쓴이	김종민	날짜	2002. 8. 1(목)

저는 경남중학교에 다니는 김종민입니다. 저를 괴롭히고, 무시하고, 미워하는 친구들이 많이 있기는 한데요. 그런데 이 중에서 심한 친구가 있습니다. 이름은 영찬이인데 저를 어떻게 괴롭히느냐 하면 더러운 손으로 저의 눈에 갖다 대고 눈을 꼬집고 그럽니다.

그리고 도덕시간, 국어시간에 한 번씩 주먹을 날려 얼굴도 맞기도 하고, 입술도 맞습니다. 처음 제가 3학년에 올라올 때는 절 괴롭히지는 않았지만, 3학년에 올라와 공부하면서 괴롭히기 시작했습니다. 3월 달을 지나 4, 5, 6, 7월 그리고 방학식에도 저를 괴롭혔습니다.

7월 30일 방학식 날 친구들과 교실 청소를 하고 있었을 때 영찬이가 저한테 욕설을 했습니다. 어떤 욕설이었느냐 하면 "이 개새끼야. 너는 왜 민기보고 ××라고 했는데" 이렇게 욕설을 했습니다. 저는 그런 말을 한 적이 없는데 말이죠. 영찬이는 저만 보면 괴롭히고, 미워합니다. 어떻게 하면 영찬이가 저를 안 때릴 수가 있을까요? 좀 도와주세요.

친구상담 연습하기: SPC-게시판 리플 달기

리플 달기

햇님: 저기요. 그 사람이 왜 괴롭히는지 친구에게 물어보세요. '도대체 무슨 불만이 있길래 때리냐' 고요. 직접 말할 용기가 나시지 않거든 그 친구한테 전화를 하거나 메일 같은 걸 보내세요. 한번 용기를 내 보세요. 네??

하늘: 괴롭겠어요. 용기가 쉽게 나지 않겠지만……. 그 친구한테 나한테 왜 그러냐고 한 번만 말을 걸어 보세요. 그래서 이유를 알게 되면 고칠 수 있도록 노력해 보세요.

♣ 글 올리기　　♣ 수정하기　　♣ 내용 다시 보기

상담자의 조언 보기

종민 군을 괴롭히고 무시하는 친구 때문에 많이 힘들어하는 것 같군요. 얼굴이나 입술을 맞기도 하고……. 처음 3학년 초기에는 괴롭힘을 당하지 않아서 즐거웠지만 시간이 지날수록 친구의 괴롭힘이나 폭력 그리고 욕설 때문에 힘든 하루를 보내는 것 같아 마음이 아프네요.

종민 군이 영찬이라는 친구에게 괴롭힘을 당할 만한 이유가 있나요? 한 번 자신에 대해 생각을 해 보세요. 그렇지 않다면 종민 군을 괴롭히는 친구에게 자신의 의사를 표현해 보도록 하세요. 싫다거나 하지 말라고 적극적으로 자신의 입장을 표현해 보면 어떨까요.

이렇게 할 용기가 없다면 선생님이나 부모님과 상의해 보세요. 선생님께 말씀드리면 종민 군에게 혹시나 피해가 오지 않을까 걱정되기도 하겠지만 어른들에게 종민 군이 힘든 점이 무엇인지 정확하게 표현하고 도움을 요청하는 게 좋을 것 같아요. 그럼 많은 도움을 받을 수 있을 겁니다. 힘내세요.

친구상담 연습하기: SPC-만화 완성하기 1

일진회에서 벗어나고 싶어요!

(승준과 민우가 은밀하게 소곤거리고 있는 모습)
승준: 너가 친한 친구니까 하는 말인데, 나 일진회에서 나가고 싶어.
민우: 너도 그런 생각했니? 사실 나도 그래.

(선배 준상이 민우를 무참하게 때리고 있는 모습)
준상: 너 나간다고 했다며. 네 맘대로 여기서 나갈 수 있을 것 같아?
민우: 살려줘요. 제발 그냥 나가게 해 줘요.
승준: 나도 잘못하면 저렇게 되겠는 걸. 어떻게 하지?

(몇몇 후배들을 바라보며 소리 지르는 준상의 모습)
준상: 너희들 잘 봐둬. 나갈 생각하면 어떻게 되는지.

(쓰러져 있는 민우를 물끄러미 바라보는 승준의 모습)
승준: 여기에서 나가려다가 심하게 맞을지도 모르는데 그렇다고 여기 계속 남아 있기는 싫고, 어떻게 하지?

(부모님이나 선생님에게 이야기하는 모습)	(마지못한 얼굴을 하면서 준상과 어울려 있는 승준)	(준상에게 자신의 생각을 적극적으로 표현하는 승준)	(생각하고 있는 승준의 모습)

친구상담 연습하기: SPC－친사회성 게임 1

밀림 탈출하기
당신은 친구들과 함께 아마존 정글로 여행을 떠나기로 했다. 가는 길에 그만 비행기 사고로 추락하는 비행기에서 당신 혼자 유일하게 탈출에 성공했다. 눈을 떠 보니 아무도 없는 외딴 바닷가에 당신 혼자만 있다. 당신은 바닷가 주변을 탐색해 보기로 했다. 섬을 둘러싸고 있는 산을 올라가서 탈출할 수 있는지 알아보려고 했지만, 산의 뒤쪽은 모두 절벽이라 그쪽으로는 갈 수가 없다. 유일하게 탈출할 수 있는 방법은 배를 만들어서 바닷가로 타고 나가는 것이다. 그러나 파도가 너무 세서 작은 바다로는 나갈 수 없다. 그리고 곧 우기가 온다. 비가 오기 시작하면 다음에 탈출할 수 있을 때까지는 6개월 이상 기다려야 한다. 배를 가장 빨리 만드는 방법은 원주민 친구를 사귀어서 함께 배를 만들 수 있는 재료를 구하는 것이다.

〈게임 목표〉

친구에게서 배를 만들 수 있는 재료 6가지를 얻어서 밀림을 탈출한다. 친구에게서 얻어야 할 재료 6가지는 통나무, 도끼, 튼튼한 나무(밧줄의 원료), 칼, 천(돛의 재료), 램프(배의 조명)다.

〈게임 규칙〉

- 각각의 단계에서 게임을 시작하기 전에 이번 단계에서 얻어야 할 것이 화면에 나온다.
- 화면에 나오는 대로 필요한 부분을 클릭해서 어려움에 빠진 친구들을 도와준다.
- 친구들을 도와주면 탈출에 필요한 준비물들을 하나씩 얻을 수 있다.

2. 친구야 놀자 프로그램

1) 프로그램 진행 개요

(1) 집단명: 친구야 놀자

이 프로그램은 학교폭력 피해자 치료 및 대인관계 증진 프로그램으로 구체적 내용은 다음과 같다.

(2) 진행: 6개월 과정(1단계/2단계)

- 1단계: 2박 3일 기본과정 캠프
- 2단계: 월 1회씩 5회의 사후 집단상담

(3) 참여자

- 1단계(2박 3일 캠프): 학교폭력으로 인해 친구 사귀기를 어려워하는 초등학교 5학년~중학교 3학년까지 총 30~40명/(1모둠당 학생 수 5~7명, 학년별로 모둠 구성)
- 2단계(월 1회씩 5회의 사후 집단상담): 캠프 참여한 학생 중 참여희망 학생 15~20명

(4) 프로그램 진행자

- 2박 3일 캠프
  - 스태프: 프로그램 전체 진행 책임 및 진행자 관리
  - 상담교사: 상담 진행(1모둠에 상담교사 1명씩)
  - 영상교사: 영상물 제작 진행 및 체험활동 진행(1모둠에 영상교사 1명씩)
  - 영상물 스케치 담당교사: 프로그램 전체 일정 촬영 및 편집
  - 진행보조교사: 프로그램 보조 진행

- 사후 집단상담
  - 상담교사: 상담 진행(1모둠에 상담교사 1명씩)
  - 보조교사: 상담 진행 보조(1모둠에 보조교사 1명씩)
  - 체험교사: 게임 및 체험활동 진행

2) 프로그램 목표

학교폭력이라는 무겁고 개방하기 어려운 주제를 청소년들에게 익숙한 '미디어' 라는 매체를 활용하고 '심리극' 을 통해 표현할 수 있도록 함으로써 다음을 목적으로 한다.

- 학교폭력 피해학생들이 자신의 경험을 개방하도록 한다.
- 학교폭력 피해상황과 그 상황에서의 자신의 사고, 행동양식을 재연하면서 느꼈던 감정을 표현하도록 한다.
- 학교폭력 피해 원인을 이해한다.
- 새로운 해결 방안을 적극적으로 모색하고 구체적인 행동을 습득한다.
- 프로그램 중 친구 사귀는 경험을 통해 대인관계 능력을 증진시킨다.

3) 프로그램 주요 특성

학교폭력 피해자를 위한 상담캠프 프로그램인 '친구야 놀자' 의 주요 특성은 다음과 같다.

(1) 지속적인 치료 프로그램

2박 3일의 캠프를 통하여 집중적인 상담 개입이 가능하며, 한 달에 1회씩 총 5회의 후속 상담을 통하여 구체적인 대인관계기술과 사회기술을 반복적으로 학습하여 실제 학교생활에서 겪는 친구관계 문제를 다룰 수 있는 기회가 있다.

(2) 감정, 인지, 행동 접근적인 치료 프로그램

체험을 통한 신체활동, 영화치료, 심리극, 집단상담, 영상 제작 활동 등 상담 프로그램과 체험 활동을 접목하여 감정, 인지, 행동의 변화를 목표로 한다. 또한 다양한 활동을 통하여 학생들의 참여 동기를 높여 자발성과 적극성을 극대화시킨다.

(3) 학교폭력의 원인 이해, 과정 탐색 및 대안방안 모색

심리극과 집단상담을 통하여 나의 친구관계 패턴과 갈등의 원인을 이해하고 새로운 대안방법을 모색할 수 있다. 학교폭력 피해자, 가해자, 방관자 역할을 직접 연기하고 연기한 후의 느낌을 집단상담에서 나눔으로써 서로의 입장에서 생각해 보고, 그 느낌을 공유하여 올바른 판단과 행동을 습득하도록 돕는다.

(4) 성취감 향상

캠프에 참석한 학생들 간의 실제 친구를 만나 사귀는 경험과 상담사의 적극적인 지지는 자아존중감을 높여 주며, 친구들과 함께 영화를 제작하는 과정을 통하여 즐거움과 성취감을 동시에 경험할 수 있다.

4) 프로그램 세부 진행 개요

(1) 2박 3일 캠프 일정표

요일	시 간	프로그램명(소요시간)	활동 구분 및 내용
첫째 날 24일 (월)	11:00~11:30	개회식 및 오리엔테이션(30분)	체험교사 발표 및 모둠이름과 구호 만들기
	11:30~13:00	체험을 통한 관계형성 프로그램 I (90분)	오리엔티어링(실외활동) / 시상식
	13:00~14:00	점심식사-모둠별 // 선택 게임	
	14:00~15:30	놀이를 통한 자기소개/ 마니또 정하기(90분)	모둠별 집단 상담
	15:30~17:30	콜라주로 만들어 보는 나의 친구들 (120분)	모둠별 집단 상담
	17:30~18:30	체험을 통한 관계형성 프로그램 II (60분)	게임(실내활동) / 시상식
	18:30~19:30	저녁식사-모둠별	
	19:30~22:00	영화와 함께해 보는 심리극(150분)	영화치료(전체활동), 모둠별 집단상담, 심리극(전체활동)
	22:00~22:30	간식-모둠별	
	22:30~23:00	소등	세면 및 취침 준비
		교사회의	
둘째 날 25일 (화)	8:00~8:30	기상 및 아침체조	
	8:30~9:30	아침식사 및 세면	
	9:30~12:00	나의 학교폭력 피해 경험에 대한 집단상담 및 촬영 콘티 작성 (150분)	모둠별 집단상담 / 기획회의 / 시나리오 콘티 짜기
	12:00~13:00	점심식사 // 선택 게임	
	13:00~15:00	영상 작품 만들기 I(120분)	촬영
	15:00~16:00	체험을 통한 관계형성 프로그램 III (60분)	게임 / 간식
	16:00~18:00	영상 작품 만들기 II(120분)	촬영

〈계속〉

	18:00~19:00	저녁식사 // 선택 게임	
	19:00~20:00	촬영경험 및 쪽지 나누기(60분)	모둠별 집단상담
	20:00~21:00	가편집 활동(60분)	모둠별 편집활동
	21:00~22:00	체험을 통한 관계형성 프로그램 IV (60분)	전체활동
	22:00~23:00	체험을 통한 관계형성 프로그램 IV (60분)	모둠별 불꽃놀이 / 간식
	23:00~23:30	소등	세면 및 취침준비
	23:30~	교사회의	

셋째 날 26일 (수)	8:00~8:30	기상 및 아침체조	
	8:30~9:30	아침식사 및 세면	
	9:30~10:30	영상 피드백 활동(60분)	모둠별 집단상담
	10:30~12:00	마니또 발표 및 롤링페이퍼 활동 (90분)	모둠별 집단상담
	12:00~13:00	점심식사 // 선택 게임	
	13:00~14:30	이동(90분)	서울시립청소년정보문화센터로 이동
	14:30~15:30	발표회 및 수료식(60분)	관장님 말씀 / 발표회 및 수료식(전체활동)
	15:30~16:00	학생: 사후 질문지 작성 학부모: 면담(30분)	상담교사 및 학부모님 면담 / 사후질문지

(2) 월 1회 사후집단상담 일정표

	사후 집단 1	사후 집단 2	사후 집단 3	사후 집단 4	사후 집단 5
프로그램 내용	(1) 관계형성 (2) 집단상담 (별명 부르기) (3) 역할극을 통한 상황 대처 연습 (4) 부모면담	(1) 관계형성 (2) 집단상담 (놀림) (3) 역할극을 통한 상황 대처 연습 (4) 부모면담	(1) 관계형성 (2) 집단상담 (따돌림) (3) 역할극을 통한 상황 대처 연습 (4) 부모면담	(1) 관계형성 (2) 집단상담 (악의적 소문) (3) 역할극을 통한 상황 대처 연습 (4) 부모면담	(1) 관계형성 (2) 집단상담 (심리극) (3) 부모면담

5) 프로그램 회기별 활동 내용

(1) 2박 3일 캠프 회기별 활동 내용(주요 회기만 제시)

<table>
<tr><th colspan="3">1회기(캠프)</th></tr>
<tr><td colspan="2">제목</td><td>개회식 및 오리엔테이션 / 모둠 소개</td></tr>
<tr><td colspan="2">목표</td><td>(1) 자신이 캠프에서 기대하는 목적을 서로에게 알리고, 공동의 캠프 목적을 이해하고 규칙을 정하고 지킬 것을 약속한다.</td></tr>
<tr><td>활동</td><td>시간</td><td>진행내용</td></tr>
<tr><td>전체 활동</td><td>30분</td><td>(1) 마음의 문을 여는 게임하기(안마하기, 노래 부르기 등)
(2) 개회식 및 오리엔테이션(프로그램 소개: 필요성, 성격 등)
(3) 모둠별 모임: 프로그램 참가 동기, 기대하는 바 등을 얘기</td></tr>
<tr><td></td><td></td><td>유의사항</td></tr>
<tr><td></td><td></td><td>(1) 캠프에 대한 목적을 분명히 알리는 것이 중요
(상담캠프명, 친구관계를 잘하기 위해 온 목적 제시)
(2) 규칙의 필요성 및 중요성 강조
(규칙은 캠프 기간동안 서로 욕하지 않는다/때리지 않는다/ '하지마' 라고 했을때 상대방이 싫다는 것으로 알고 멈춘다/말하지 않고 돌아다니지 않는다 등등과 서로가 원하는 규칙들을 함께 세운다.)
(3) 규칙이 지켜지지 않았을 경우 이름표에 벌점 스티커를 부여한다는 것을 알려 준다. 또 프로그램이 끝날 때마다 가장 기여한 사람에게 상 스티커를 부여한다(기여도는 집단원이 함께 선정한다).</td></tr>
</table>

3회기(캠프)		
제목		놀이를 통한 자기소개 / 마니또 정하기(집단상담)
목표		(1) 자기이해를 돕는다. (2) 집단원들에게 자신을 소개하도록 한다. (참고: 자신을 상징화시켜서 표현하는 첫 경험이 미디어 제작 활동에 기초가 될 수 있다) (3) 마니또 경험을 통하여 실제 친사회적 관계행동들을 배울 수 있도록 한다.
준비물		종이, 봉투, 펜, 스티커(상담교사 지참)
활동	시간	진행사항
모둠별 집단상담	90분	(1) 놀이를 통한 자기소개하기(60분) ① 나를 가장 잘 표현하는 물건을 생각해 보기 ② 그 물건을 직접 가지고 와 보기 ③ 가지고 와서 물건을 소개하면서 나를 소개하고 그 이유를 말하기 (2) 마니또 정하기(30분) ① 마니또의 의미 나누기 ② 마니또 활동 규칙 정하기 ③ 나의 마니또를 추첨을 통하여 결정하기 =〉 모둠별로 마니또 봉투 부착
		유의사항
		(1) 나를 가장 잘 표현하는 물건을 가져왔을 때 그 이유에 대하여 깊이 탐색하여 서로 간의 이해를 돕도록 한다. 또한 별칭 부르기, 놀림 등의 상황이 벌어지지 않도록 진행자가 유념하기 (2) 마니또는 2박 3일 캠프 동안 비공개적으로 진행된다는 것을 약속. 마니또를 통해 친구들과 친해지기 위한 행동이 무엇인지 스스로 생각하고 실천할 수 있도록 격려한다.(집단원에 따라 좀 더 구체적인 지시를 내릴 수 있다. 마니또가 가장 아끼는 물건이 무엇인지 알아 오기 / 마니또에게 캠프기간 동안 도움행동 한 가지 하기-- 구체적일 때 실천가능하다.)
〈행동관찰〉 나를 소개하기 시간에 '복사지'를 가지고 와서 자신은 남의 행동을 늘 따라만 하기 때문에 복사용지 같다고 발표를 하는 등 자신을 더욱 솔직하게 표현하는 데 도움을 주었다.		

<table>
<tr><th colspan="3">6회기(캠프)</th></tr>
<tr><td colspan="2">제목</td><td>영화와 함께해 보는 자기이해(집단상담)</td></tr>
<tr><td colspan="2">목표</td><td>(1) 학교폭력 관련 영화를 보고 영화내용에 나타난 행동 속으로 감정이입하고 자신의 정서 반응을 표현하도록 한다.
(2) 자신의 학교폭력 피해 경험과 대인관계 어려운 경험을 개방한다.</td></tr>
<tr><td colspan="2">준비물</td><td>영상물, 빔 프로젝트, 시나리오 시트지, 심리극을 위한 소품
(천, 방망이)</td></tr>
<tr><td>활동</td><td>시간</td><td>진행내용</td></tr>
<tr><td>전체
활동
+
모둠
별
집단
상담</td><td>180
분</td><td>(1) (전체활동) 학교폭력을 주제로 한 영화 5편을 편집한 15분 분량의 영상물을 감상한다.
[영상물 내용]
① 〈스파이더맨〉에서 다리 걸려 넘어지는 장면
② 〈여고괴담〉 몸에 끼는 체육복 입은 뚱뚱한 학생 놀리는 장면
③ 〈키드〉 주인공이 아끼는 개 묶어 놓고 죽인다고 협박
④ 〈인형의 집으로 오세요〉 밥 혼자 먹는 장면
⑤ 〈인형의 집으로 오세요〉 수업 중 종이쪽지 날리고 과자 부스러기 뿌리는 장면
⑥ 〈인형의 집으로 오세요〉 화장실에서 놀리는 장면
(2) (모둠활동) 모둠별로 나누어 영화를 본 후 느낀점과 떠오르는 생각을 이야기한다.
① 영화 본 후 느낀 점
② 영화 주인공과 비슷한 경험 나누기
③ 서로 얘기 듣고 피드백 하기</td></tr>
<tr><td></td><td></td><td>유의사항</td></tr>
<tr><td></td><td></td><td>(1) 중요한 사건과 감정들을 많이 이야기하게 되는 시간이므로 진지하게 진행될 수 있도록 한다.
(2) 감정이 깊이 몰입된 학생을 먼저 다루고 그 뒤에 원하는 친구들의 이야기를 듣는다.
(3) 서로 하기 힘든 이야기를 나눈 점에 대해 지지한다.</td></tr>
</table>

<table>
<tr><th colspan="3">7회기(캠프)</th></tr>
<tr><td colspan="2">제목</td><td>심리극</td></tr>
<tr><td colspan="2">목 표</td><td>(1) 학교폭력 피해자, 가해자, 방관자 역할을 직접 연기한 후의 각자의 입장을 조망하고 느낌을 표현한다.
(2) 나의 친구관계 패턴과 갈등의 원인을 이해하고 새로운 대안 방법을 모색한다.</td></tr>
<tr><td colspan="2">준비물</td><td>영상물, 빔 프로젝트, 시나리오 시트지, 심리극을 위한 소품 (천, 방망이)</td></tr>
<tr><td>활동</td><td>시간</td><td>진행내용</td></tr>
<tr><td>전체 활동</td><td>180분</td><td>(1) 초등학생 반과 중학생 반으로 나누어 심리극을 각각 진행한다.
(2) 심리극 진행자가 빈 의자를 놓고, 집단에서 자신이 얘기를 나눈 것이 있는데 여기서 어떤 친구에게 하고 싶은 말이 있는 사람이 나올 수 있도록 한다.
(3) 친구에게 하고 싶은 말을 하면서 관련된 상황을 재연하며, 피해자/가해자/방관자/교사 등을 직접 집단원 중에 선택하여 극을 진행한다. 대인관계의 어려움 유형, 이유, 해결방법에 초점을 맞추어 심리극을 진행하여, 실제 참여하는 학생은 체험학습, 관찰자로 참여하는 학생은 모방학습의 효과가 있다.
(4) 극이 끝나고 나면 전체적으로 어떠했는지 나누는 시간을 갖는다.
(5) 모둠별로 모여서 간단한 간식을 먹으며 하루 일정을 정리한다.</td></tr>
<tr><td></td><td></td><td>유의사항</td></tr>
<tr><td></td><td></td><td>(1) 자기 개방을 힘들어하는 아이들은 좀 더 시간을 주고 천천히 개방할 수 있도록 유노한다.
(2) 초등학생들은 한 명이 오래 주인공을 하기보다 간단히 하면서 골고루 경험을 해 볼 수 있도록 한다.(초등학생은 주의집중력이 짧으므로)
(3) 극이 끝나면 모둠별로 모여서 심리극 주인공의 이야기를 보며 어떠했는지와 오늘 하루 일정에 대해 충분히 솔직하게 나눌 수 있도록 한다.</td></tr>
<tr><td colspan="3">〈행동관찰〉
중학생의 경우 깊이 있는 시간이 많이 되었으며, 초등학생은 저녁시간대로 갈수록 주의집중이 짧아지는 것을 볼 수 있었다. 심리극의 경우 분반이 훨씬 효과적이다.</td></tr>
</table>

<table>
<tr><th colspan="3">8회기(캠프)</th></tr>
<tr><td colspan="2">제목</td><td>나의 학교폭력 피해 경험에 대한 집단상담 및 촬영 콘티 작성
(기획회의)</td></tr>
<tr><td colspan="2">목표</td><td>(1) 영화장면 회상을 통해 자신의 경험을 개방한다.
(2) 영상작품을 만들기 위한 시나리오 구성, 역할 배정 과정을 통하여 드러나는 대인관계 양상을 이해하고 문제점을 해결한다.
(3) 모둠 집단원 간의 협동 능력을 기른다.</td></tr>
<tr><td colspan="2">준비물</td><td>시나리오 시트지, 펜</td></tr>
<tr><td>활동</td><td>시간</td><td>진행내용</td></tr>
<tr><td>모둠별 집단상담 및 기회회의</td><td>150분</td><td>(1) 영화 장면 다시 떠올리기 + 나의 학교폭력 피해경험 혹은 친구관계 어려움 경험에 대하여 이야기 나눈다
(2) 영상작품을 만들기 위하여 어떤 영화 뒷 장면(혹은 집단원의 실제 경험)으로 할 것인지 결정한다
(3) 결정한 영화(혹은 실제경험)의 뒷 이야기를 한 명씩 발표(부정적인 미래 vs 긍정적인 미래)
(4) 시나리오를 구성한다(영상물 제작을 위한 각 장면을 학생들이 그림과 글로 시나리오 시트지에 표현)
→ 다큐멘터리, 영화, 뮤직 비디오, 인터뷰 등의 장르 중 자신들의 얘기들을 잘 표현할 수 있는 장르가 어떤 것인지 정하기
(5) 영상작품을 만들기 위한 역할 설명 및 역할 분배한다(1인 2~3역)
→ 총감독, 촬영감독, 시나리오, 소품, 의상, 분장담당, 장소섭외, 편집담당, 음악 선정, 배우 선정
(6) 느낌 나누기 및 정리를 한다.</td></tr>
<tr><td></td><td></td><td>유의사항</td></tr>
<tr><td></td><td></td><td>(1) 영상은 영상일뿐!
(2) 피해자, 가해자 역할을 맡은 학생에게 주연배우로서 대우. 대단한 용기에 박수를!
(3) 역할 선정 시 여기–지금에서 일어나는 역동 잘 다루기
(예, 여고괴담 뒷 이야기를 영상작품으로 만들 때, 뚱뚱하기 때문에 주인공하라고 놀림.)
Q) 상담교사가 어떻게 개입해야 하는가?
A) 모든 활동을 잠시 중단한다.
→ 놀림을 받은 학생의 기분이 어떤지 서로 얘기한다. 이때 분위기가 산만하다면 눈을 감고 놀림을 받은 학생의 기분에 대해 이야기하도록 한다.</td></tr>
</table>

〈계속〉

<table>
<tr><td></td><td></td><td>유의사항</td></tr>
<tr><td></td><td></td><td>→ 비슷한 경험이 있는 집단원이 있다면 구체적으로 그 상황에 대해 얘기해 보고 그 당시 어떻게 반응(대처)했는지 질문한다.
→ 놀린 아이에게 어떤 이유로 놀렸는지 말해 보도록 하고, 미안한 마음이 든다면 사과할 수 있도록 상담교사가 적극 도와준다. 이때 놀린 아이가 무조건 잘못했다는 혼내기 식의 분위기로 얘기하지 않고, 놀린 아이가 놀림당한 아이의 감정을 공감할 수 있도록 돕는다.
활동 자체가 중요한 것이 아니라 활동을 통해 교정적 관계를 재경험하는 것이 중요하다는 것을 잊지 말도록 한다.</td></tr>
<tr><td colspan="3">〈행동관찰〉
(1) 자신의 피해 경험을 피해자, 가해자, 방관자 각각의 입장에서의 감정과 생각과 행동이 담긴 그림으로 된 시나리오로 제작하고, 스태프를 정하기 위하여 역할 분담하는 전 과정에 호기심을 가지고 적극적으로 참여함. 특히 영상물의 결말 부분을 결정하는 작업에서 모두 흥미를 보였으며, 피해 학생이 '학교폭력 극복하여 자기의 꿈을 이루는 결말 부분' 은 학생들의 소망이 담긴 내용으로 희망 고취함.
(2) 아이 입장에서 다양한 시나리오가 나왔으며, 시나리오를 정해 가는 과정 속에서 아이가 학교폭력의 상황에서 어떻게 대처하는지 등을 알 수 있는 장면이 많이 나왔다.</td></tr>
</table>

<table>
<tr><th colspan="3">9회기(캠프)</th></tr>
<tr><td colspan="2">제목</td><td>영상 작품 만들기 I</td></tr>
<tr><td colspan="2">목표</td><td>(1) 영상 작품을 만들기 위한 필요한 지식과 기술을 학습한다.
(2) 영상 작품을 만들면서 드러나는 대인관계 양상을 이해하고 문제점을 해결한다.
(3) 영상 작품을 만들면서 즐거움과 성취감을 경험한다.</td></tr>
<tr><td colspan="2">준비물</td><td>비디오 카메라, 촬영 소품, 구성한 시나리오 시트지</td></tr>
<tr><td>활동</td><td>시간</td><td>진행내용</td></tr>
<tr><td>모둠별 체험 활동</td><td>120분</td><td>(1) 카메라 조작기술 익히기: 카메라 조작기술과 영상언어 (예, 앵글, 샷 등)에 대해 학습한다. (영상교사의 지도)
(2) 기획회의를 통해 나온 시나리오를 토대로 촬영장소를 정하여 실제 촬영을 한다.
– 영상 작품을 1부, 2부로 나누어 2시간씩 총 4시간 진행</td></tr>
<tr><td></td><td></td><td>유의사항</td></tr>
<tr><td></td><td></td><td>(1) 촬영을 하면서 생기는 소소한 대인관계 문제들이 많이 발생하는데, 그럴 때마다 상담교사가 개입하여 문제가 되는 당사자들과 함께 이야기하고, '지금' 어떤 느낌인지를 묻고, 무엇 때문에 이런 일이 일어났는지, 어떻게 하면 좋을지 등을 함께 이야기하여 해결한다.
(매 순간이 모두 상담의 '지금–여기에'를 다룰 수 있는 상황이며, 이를 다루어서 참여학생들이 친구관계에서 실제로 유사한 상황이 일어났을 때 동일하게 상대편의 느낌을 이해하고 문제를 풀 수 있도록 돕는 것이 이 캠프의 중요한 목적이다!)
(2) 비중 있는 역할을 맡지 않은 학생들의 사기를 북돋워 재미있게 참여하도록 돕고, 인지적인 능력이 떨어지는 학생들에게도 작은 역할을 소화하도록 해야 한다.</td></tr>
<tr><td colspan="3">〈행동관찰〉
모둠별로 카메라 촬영기법을 익혀 실제 촬영하는 과정에서 홍미를 매우 많이 보였으며, 피해자 역할을 맡은 학생이 자신의 경험을 재연할 때 감정적으로 힘들어 하는 상황이 있었으나 상담개입을 통하여 그 장면에 대하여 모둠 전체가 공감하는 생각과 감정을 전달하며 촬영을 진행하였다. 카메라에 자신의 모습이 찍히는 것을 좋아하는 학생들도 있었으나 쑥스러움을 타서 수차례의 NG 끝에 친구들의 도움을 받아 촬영을 한 학생들도 있었다. 전체적으로 진지한 태도로 자신들의 얘기를 카메라에 담아냈다.</td></tr>
</table>

<table>
<tr><th colspan="3">14회기(캠프)</th></tr>
<tr><td colspan="2">제목</td><td>영상 피드백 활동(집단상담)</td></tr>
<tr><td colspan="2">목표</td><td>(1) 영상 작품을 만드는 과정에서 경험한 긍정적, 부정적 감정과 생각을 표현한다.
(2) 친구관계에 대한 자신의 감정과 생각의 변화를 표현한다.</td></tr>
<tr><td colspan="2">준비물</td><td>편집용 컴퓨터</td></tr>
<tr><td>활동</td><td>시간</td><td>진행내용</td></tr>
<tr><td>모둠별 집단상담</td><td>60분</td><td>(1) 편집실에서 모둠별로 만든 영상물 감상한다.
(2) 모둠별로 영상물을 감상한 후 영상작품을 만들면서 느꼈던 감정, 생각을 이야기한다.
(3) 영상작품에 대하여 피드백 한다.
- 주인공이 친구관계가 어려운 이유, 친구관계가 어려워서 겪는 고통, 어려움을 극복하는 과정 등
(4) 집단원들이 협동하여 한 작품을 만들면서 경험했던 힘든 점, 아쉬운 점 등을 나눈다.
(5) 영상작품을 만드는 과정에서 내 안에 생긴 변화(친구관계에 대한 생각 등)에 대해 이야기한다.</td></tr>
<tr><td></td><td></td><td>유의사항</td></tr>
<tr><td></td><td></td><td>(1) 모든 집단원이 느낀점을 발표하도록 돕는다.
(2) 매우 중요한 시간이므로 깊이 있게 나누는 친구에게 리더가 잘 집중해서 이야기를 공감하는 것이 중요하다.</td></tr>
</table>

<table>
<tr><th colspan="3">16회기(캠프)</th></tr>
<tr><td colspan="2">제목</td><td>발표회 및 수료식 // 학부모 면담</td></tr>
<tr><td colspan="2">목표</td><td>(1) 영상 작품 발표회를 통하여 자신감, 성취감을 갖는다.
(2) 캠프 기간 동안 친구관계 개선을 위해 스스로 노력하여 변화된 모습을 강화한다.
(3) 학부모에게 면담을 통해서 자녀가 친구관계의 어려움을 겪는 이유, 고통의 정도, 해결방법 등에 대하여 정보를 제공한다.</td></tr>
<tr><td colspan="2">준비물</td><td>모둠별 영상 작품, 2박 3일 영상스케치(영상물), 빔 프로젝트, 마이크</td></tr>
<tr><td>활동</td><td>시간</td><td>진행내용</td></tr>
<tr><td>전체 활동</td><td>60분 + 30분</td><td>(1) 모둠별로 최종 영상 작품을 감상한 후 각 모둠 조장이 작품에 대하여 간략히 소개한다.
(발표회 및 수료식은 부모님을 초청하여 진행된다.
발표회 사회자: 교사 1명, 학생 1명)
(2) 수료식 및 상장 전달식을 진행한다.
(3) 발표회 및 수료식이 끝난 후, 모둠별로 상담교사가 학부모에게 캠프에서 본 학생에 대한 종합적인 소견을 나눈다. 학생의 대인관계에서 겪는 어려움, 이유, 구체적인 해결방법 차원에서 상담을 진행한다.
(4) 학부모 상담 중 학생들은 사후 설문지를 작성한다.</td></tr>
<tr><td></td><td></td><td>유의사항</td></tr>
<tr><td></td><td></td><td>(1) 자칫 산만할 수 있는 분위기를 상담교사가 적절히 잘 조절한다.
(2) 상장은 모두에게 수여하는 것으로 각각 상의 이름은 개인의 장점을 살려 만들도록 한다.(예, 촬영감독상/ 여우주연상/ 베스트 프랜드상 등)
(상담교사가 각 집단원이 캠프 동안 보여 준 장점들을 위주로 상을 만들어서 수여하여, 장점피드백과 강화가 될 수 있도록 한다.)
(3) 상담교사가 학부모 면담 시 영상교사는 아이들을 잘 통제하여 설문지를 잘 작성하도록 지도한다.</td></tr>
<tr><td colspan="3">〈행동관찰〉
(1) 학생들은 2박 3일 동안 즐겁고 신나게 놀면서 새로운 친구를 사귀고 함께 영상작품을 만든 점에 성취감을 가졌으며, 학부모들은 자녀의 밝은 모습에 놀라면서 영상작품을 아이들이 만들었다는 사실에 감탄하였다.
(2) 상을 처음받은 학생들이 많이 있었고, 상의 제목이나 상을 받는다는 것에 대해 자랑스러워하였다.</td></tr>
</table>

6) 프로그램 평가

(1) 학생 평가서 작성(2박 3일 캠프)

① 프로그램 유익 정도

'이번 프로그램이 여러분에게 얼마나 유익했습니까?' 라는 질문으로 프로그램의 도움 정도를 알아보았다. 그 결과로는 매우 유익함이 전체 41%, 유익함이 38%, 보통이 16%, 유익하지 않음이 3%, 전혀 유익하지 않음이 3%를 나타내었다.

② 프로그램 재미 정도

'이번 프로그램이 여러분에게 얼마나 재미있었습니까?' 라는 질문으로 프로그램의 재미 정도를 알아보았다. 결과로는 매우 재미있음이 50%, 재미있음이 31%, 보통이 13%, 재미없음이 6%를 나타내었다.

③ 도움이 된 세부 프로그램

'프로그램 중 도움이 된 프로그램은 무엇입니까?' 라는 질문으로 자신에게 도움이 된 프로그램 내용을 알아보았으며 아래 표로 제시하였다.

순위 차수	1위	2위	3위	4위	5위
캠프	영상 작품 만들기	영화 보고 심리극	마니또 경험	콜라주로 만들어 보는 나의 친구들	오리엔티 어링

④ 친구관계에서의 변화

'이번 프로그램을 통하여 변화된 것이 있다면 무엇입니까?' 라는 질문으로 자신이 프로그램을 받기 전과 받은 후 변화에 대한 내용을 알아보았다.

- 친구관계에서의 긍정적 경험을 통한 자신감 회복과 자기 효능감 향상

[자신감 향상]

- 캠프에서 친구들과 실제 사귄 경험
- 같은 모둠 친구들과 서로 이해하고 존중한 경험
- 내 마음을 '다' 털어놓을 수 있었던 경험
- 나와 비슷한 친구들이 많고, 그 친구들과 의사소통의 경험
- 친구들에게 내 존재를 설명하는 경험
- 마니또를 하면서 친구를 도와준 경험

[자기 효능감 향상]

- 친구 사귀는 일이 어렵게 느껴졌는데, 이곳에서 친구 사귀는 게 쉬워짐
- 예전에는 친구 관계가 어려웠는데 이제는 어렵지 않음
- 친구랑 갈등이 생길 때 어떻게 대처할지 알게 됨
- 친구랑 싸울 때 사과하는 방법 배움
- 내가 자신감만 잃어버리지 않는다면 친구관계를 잘 할 수 있음

- 인지적 변화

- 내가 지금보다 더욱더 적극적이라면 더 많은 친구를 사귈 수 있겠다.
- 친구들과 싸울 때 친구의 입장에서도 생각해 보고 이해해 주어야겠다.
- 친구에게 못해 준 것이 생각나서 미안했다.
- 내가 친구들에게 너무 자만해서 친해질 수 없었다.
- 내가 친구들에게서 멀리 떨어져 혼자 다녔다.
- 앞으로 세상을 살아갈 때 '친구는 꼭 필요하다' 는 생각을 하게 되었다.

- 새로운 목표 설정 계기 마련

- 앞으로 친구를 많이 사귀어야겠다고 결심함
- 친구가 많아지도록 노력해야겠다고 결심함

(2) 학부모 면담을 통한 평가

- 프로그램 참석 학생의 비율과 상담자 및 지도교사의 비율이 비슷하여 보다 심도 있게 아이들의 심리적인 문제를 다루어 주었던 부분이 아이들의 변화에 영향을 미쳤던 것 같다. 아이들이 충분한 관심과 사랑을 받으며 즐겁게 프로그램에 참여한 것이 발표회 시간에서 느껴졌다.
- 영상작품 발표회에서 아이들이 만든 작품에 자신의 피해 경험을 솔직하게 담은 내용에 놀랐고 피해경험을 극복하여 성공하는 결말 부분에서 희망을 느낄 수 있었다. 질적으로 훌륭한 작품을 만든 아이들이 기특하다.
- 왕따를 당하는 아이를 캠프에 보내는 것이 계속 불안하였으나, 첫째 날 '편안히 잠을 잤고 캠프가 재미있고 신나고 친구들도 사귀게 되었다' 는 전화에 너무 반가웠다. 앞으로 이런 캠프에 계속 참여시킬 계획이며 아이가 안전하게 친구들과 놀 수 있는 장으로 계속 거듭나기를 원한다.
- 친구를 사귀는 경험을 위해 후속 집단상담에 계속 참여시킬 계획이다.

참고문헌

문용린, 홍성훈, 박종효(2002). 학교폭력 피해학생 치료 · 재활 프로그램 개발 매뉴얼. 청소년보호위원회.

17장
가해학생 대상 특별교육 프로그램

– 이유미(서초구립방배유스센터 상담팀장)

현재 날로 급증하는 학교폭력은 가해학생을 대상으로 전문적 개입을 요구하고 행동수정을 촉구하는 특별교육 프로그램을 필요로 한다.

가해학생의 다수는 예전에 학교폭력 피해를 낭한 경험이 있고 자신의 인성과 가정, 학교 시회의 영향 등으로 자신의 가해행동을 강화받아 온 이들이다. 자신의 피해 경험이나 생활에서 주어진 분노나 욕구가 분출되지 못하고 억제와 억압이라는 메커니즘으로 살아갈 때 이들의 선택은 폭력적 행위였다. 안타까운 선택이 계속되지 않도록 자신과 처해진 생활환경 속에서 일어나는 여러 상황을 올바르게 인지하고 수용하는 자세와 자신의 그릇된 행위에 대한 책임은 타인이 아니라 자신에게 있음을 알아야 할 것이다.

물론 학교폭력 전체의 책임이 가해학생에게 있다는 것이 아니다. 가족, 학교, 지역사회, 국가의 책임성과 개인의 책임적 범위의 한계를 올바르게 아는 것이 필요하다는 것이다. 무엇보다도 가해학생이라는 프로그램의 대상은 단순히 학교부적응 학생을 대상으로 하는 프로그램과는 현저한 차이가 나고 전문적이고 재활을 목표로 하는 프로그램이어야 한다는 점을 명시하여야 한다. 폭력적 행위는 인권침해며 범죄이기 때문이다.

1. 학교폭력 가해행동의 정의

1) 폭력의 정의

짐바르도(Zimbardo, 1995)는 "폭력은 극단적이며 사회적으로 수용받지 못할 형태의 공격성(Aggression)이다."라고 정의 내리고 있는데 폭력은 공격성과는 구분되는 행동(Behavior)의 형태임을 알 수 있다. 반두라(Bandura, 1979)는 "공격은 타인에게 피해를 주며 파괴적인 성격을 띠며 이러한 행동은 사회 내에서 공격적이라고 정의 내린다."라고 했으며 질만(Zillmann)은 다른 사람에게 신체적인 손상과 물리적인 고통을 주는 행동을 할 때 이러한 공격성은 "공격적 행동의 활동(activity)이며 그와 동시에 피해자는 그러한 행동을 피하고자 한다."라고 하였다. 이미 서두에 설명하였듯이 인간의 가해행동은 공격성이 강화되고 극단화된 행동의 형태다.

2) 학교폭력 가해행동의 정의

학교폭력 가해행동을 좀 더 명확히 이해하기 위해서는 극단화된 공격성의 행동적 형태가 학교 내외라는 특정한 장소에서 학생 간에 발생하는 문제가 갈등을 해결하고자 폭력이라는 수단으로 심리 · 정서적 및 신체적 피해를 가져오는 것이라 할 수 있다. 무엇보다도 교육적 현장에서 발생하는 문제라 더욱 더 심각하다.

또한 학교폭력은 학교폭력예방및대책에관한법에서 다음과 같이 정의 내리고 있다. 학교폭력이란 "학교 내외에서 학생 간에 발생한 폭행 · 협박 · 따돌림 등에 의하여 신체 · 정신 또는 재산상의 피해를 수반하는 행위로서 대통령령이 정하는 행위"로 규정하고, 그 시행령에 대통령령이 정하는 행위로 "상해 · 폭행, 감금, 협박, 약취 · 유인, 추행, 명예훼손 · 모욕, 공갈, 재물손괴 및 집단 따돌림 그 밖에 피해자의 의사에 반하는 행위를 가하거나 하게 한 행위"로 규정하고 있다(학교폭력예방및대책에관한법 제2조 제1호).

학교폭력 가해행동은 폭행, 협박, 따돌림 등에 의해서 신체, 정신 또는 재산상의 피해를 수반하는 행위로 신체적 폭력인 신체폭행, 정신적 폭력인 따돌림, 괴롭힘, 위협 및 협박, 재산상의 피해로는 금품갈취 등을 들 수 있는데, 이러한 모든 학교폭력 가해행동은 단일적으로 발생하는 것이 아니라 여러 형태의 폭력이 복합적으로 얽혀 학생 간에 일어난다. 또한 신체, 정신, 재산상의 피해뿐 아니라 직접적 · 간접적 폭력 또는 언어적 · 비언어적, 수동적 · 능동적 참여에 따라서도 학교폭력 유형을 구분하여 나눌 수 있겠다.

2. 학교폭력 가해학생

학교폭력 가해학생의 경우 자신이 가해자라는 점에 대해서 죄책감을 느끼기가 힘들고 자신의 행동이 바르지 못하다는 것을 쉽게 받아들이지 못한다. 따라서 자신의 비합리적 행동을 합리화하려 하고 자기 자신의 문제점을 폭력이라는 수단을 통하여 해결하고자 한다. 이러한 행동의 결과는 긍정적 강화를 학습하게 되고 자기 내부적으로 가지는 여러 위협 요소가 순간적으로 소멸되는 부정적 강화를 가져와 자신의 가해행동, 즉 폭력행동을 더욱더 강화한다.

1) 학교폭력의 원인이 가해행동에 미치는 영향

(1) 개인심리적 요인

충동적이고 폭력적인 행동상황에 관한 어떤 구체적인 설명이 있는지에 대한 문제를 알아보아야 한다. 예를 들면 관계에 대한 실망, 채워지지 않는 기대, 혼자만의 고민, 교우관계 문제 등이 있다. 이 외에도 폭력을 행사하는 다른 원인이 있는가를 규명하여야 할 것이다. 두려움, 자신감 저하, 고립, 불안감, 이루어지기 힘든 희망과 그에 대한 욕구 등 개인심리적 요인으로 인한 학교폭력 가해행동의 우려가 높은 학생인 경우에는 공격적인 성향의 행동을 다른 활동이나 관심거리로 전이할 수 있는 방법이 있는가를 알아보는 것도 좋은 해결방법이다. 대표적으로 예술 및 신체 활동 등을 들 수 있고 자신이 잘할 수 있는 취미나 특기를 개발해 보도록 한다.

(2) 가족적 요인

가정 내 부모의 이혼이나 별거 또는 불화, 가정폭력, 경제적 빈곤 등이 요인으로 작용할 수 있으며, 부모의 비일관적이고 혼란을 주는 양육태도는 청소년기 인성발달에 좋지 않은 영향을 미친다. 가정 내 폭력이 잦으면 그 현상과 함께 학습하는 아동기를 거쳤을 경우 청소년기에 일어나는 학교폭력에 대한 부모의 조언을 제대로 받아들이지 않는 경우가 많다.

학교폭력 가해학생 중에는 가정폭력 경험과 동시에 부모 간의 가정폭력 목격 경험을 가지고 있는 것으로 나타났다. 자신이 경험한 가정폭력 정도가 심각할수록 부모 간 가정폭력 목격 경험도 심각한 것으로 분석되었다. 성별로는 남학생이 여학생보다 심각한 신체적 구타를 경험한 것으로 나타났다.

학교폭력 가해학생은 가정폭력 경험 후유증으로 폭력을 행사하는 것 이외에 학교적응장애, 행동장애, 정신장애를 가지는 것으로 나타나 가정폭력 경험은 청소년의 인성 형성에 많은 영향을 미치는 것으로 분석된다.

(3) 또래관계적 요인

사춘기에 접어들면서 또래관계 문제는 여러 측면에서 중요한 의미를 가지는데 성장발달기를 거치는 동안 또래에게서 받는 영향은 부모에게서 받는 영향보다도 더 크다. 또래와의 관계 밀착도가 높아질수록 영향은 더 강화되며 또래와 함께 나누는 사고, 감정, 여가 시간은 이제 부모의 간섭을 크게 받지 않을 때다. 또래의 강화를 받지 않는 문제행동은 드문데 행동이나 언어 사용은 또래에게서 인정받는 형태로 변하게 된다. 집단이 지속적으로 동조하여 조직적 폭력을 가하는 경우에는 서로가 비행행동을 부추기게 되며 문제행동의 한 패턴으로 정착하는 데 기여한다.

가족적 요인과 상관해서는 가족에 대한 소속감 결여와 가족에게서 받는 인정과 지지가 부족하다고 생각될 때 또래관계에 의지하는 경향이 더 커진다. 또래집단에 소속하고자 하는 심리가 상대적으로 높아져 유사 문제를 가진 청소년들이 함께할 때는 비행 성향과 자신의 문제행동으로 야기되는 잘못된 점을 비판하기보다는 또래 집단관계에서 소외되지 않기 위해 부정적인 노력을 거듭한다. 즉, 계속해서 학교폭력의 가해자나 동조자로 남게 된다.

(4) 학교환경적 요인

학생들이 하루 대부분의 시간을 학교에서 보낼 뿐만 아니라 인성과 개성을 키우기 위하여 거쳐야 하는 곳이 학교임을 볼 때 학교가 지니는 환경적 요인은 학교폭력 문제를 이해하고 나아가 학교폭력 가해행동을 탐색하는 중요한 요인이다. 이에 학교폭력 문제를 해결하기 위해서는 학교 당국의 적극적이고 체계적이며 이해와 사랑을 바탕으로 한 교육적 개입 전략이 필요하다. 다음은 학교가 환경적으로 학생들에게 제공하는 문제점으로 학교폭력 예방 및 개입을 위한 학교 속의 문제를 해결하고자 하는 의지와 자세를 알 수 있다.

- 과밀한 학교와 학급 구성
- 학교폭력에 대한 관심 및 이해 부족
- 학교 당국의 비개방적 문제 해결 태도
- 지나치게 경쟁적인 학교 문화
- 수업시간 이외의 학생생활 지도 부족
- 폭력행동에 대한 지나친 감정적 대응
- 학교폭력 발생에 대한 소극적 대응

- 학교폭력 예방 및 치료에 대한 대처방법 및 프로그램 부족
- 학교폭력 문제를 전담할 수 있는 학교폭력 책임교사의 역할 명시 미비
- 학교폭력 문제를 해결하기 위한 소극적 지역사회 및 공공기관과의 네트워크 형성
- 학교폭력 가해학생에 대한 교육적 선도를 원칙적으로 하지 않는 처벌적 조치 강화

(5) 사회환경적 요인

사회환경적 요인이 열악할수록 가해행동을 야기하는 확률은 높아지게 되는데 사회적 지지체계의 견고함은 청소년의 정서적 안정을 지원하고 자신의 문제행동을 강화하기보다는 환경에 대한 신뢰감을 형성시켜 가해행동을 감소시킬 것이다. 특히 지역사회의 청소년에 대한 관심은 폭력의 위험을 줄이는 중요한 요인이 된다. 학교폭력가해행동의 사회환경적 요인을 살펴보면 다음과 같다.

- 자연환경을 제공하는 놀이공간의 감소
- 갈등 해결 수단으로 폭력을 허용하는 분위기
- 청소년 비친화적 도시계획
- 유해환경적 주거환경
- 향락산업의 증가로 청소년 놀이 문화의 성인화
- 사회적 외톨이 계층을 위한 미흡한 사회복지적 서비스
- 청소년 문제에 대한 지역사회의 미온적 개입
- 학교 이탈 학생을 위한 대안학교적 장치 부족
- 지역사회의 폭력적 환경
- 폭력적 매스미디어로 인한 공격적 행동 강화

2) 학교폭력 가해행동의 특성

(1) 전형적인 학교폭력 가해학생의 징후

- 신체적으로 다른 학생들보다 우세하다.
- 다른 학생들에게 자신의 영향력을 발휘, 억압하려 하며 힘과 협박을 통하여 자신을 증명하고 원하는 것을 얻으려 한다.
- 쉽게 잘 흥분하고 규칙을 지키려 하지 않으며 저항과 분노를 품고 있다.
- 자신이 처한 어려운 상황과 관련하여 또래뿐 아니라 성인에게도 자신의 분노를 표현하고 의심이 많으며 공격적이다.
- 고집이 세고 집요하며 전혀 동정심을 보이지 않는다.
- 자아상이 지나치게 긍정적이다.
- 사회적으로 도둑질, 물건 파손 등의 위반된 행동을 할 수 있다.
- 매사에 민감하고 학교에 대한 불평불만이 많다.

(2) 잠재적인 학교폭력 가해학생의 징후

- 잠재적인 학교폭력 가해학생은 어떤 특정한 집단에 소속되어 있을 수 있다.
- 폭력적으로 자신의 문제를 해결하고자 하는 경향을 띠고 있다.
- 눈에 띄게 잘 흥분하고 활발한 행동성을 가지고 있다.
- 기타 문제행동과 관련되어 있을 가능성이 높다(음주, 흡연, 약물 등).
- 주위 사람들이 자신을 부당하게 취급하고 있다고 생각한다.
- 자신의 행동반경이나 규칙들이 자신을 억압하고 있다고 느낀다.
- 비판에 관해 매우 민감하다.
- 지적 결함이나 손상이 있는 경우가 많다.
- 반사회적, 비사회적, 정신병리적 문제가 있는 경우가 있다.

(3) 학교폭력 가해행동으로 인한 결과

- 왜곡된 가치관 형성
- 대인관계의 단절
- 반사회적인 규범의 학습
- 법을 위반하는 행동의 강화
- 다른 비행행동을 수반
- 반사회적 행동의 지속
- 성장 후 성인 범죄자가 될 가능성 높음
- 가족 간의 갈등 유발
- 학교에서의 부정적인 평가
- 자아실현 기회의 상실
- 학업 능력의 저하와 사회적응 실패

3. 학교폭력 가해집단 프로그램

집단 프로그램은 사회적 관계에 대한 욕구를 충족시켜 줄 수 있다. 집단 프로그램에 참여함으로써 진정한 소속감을 가질 수 있고 자기 자신의 외로움을 극복할 수 있게 하며 자신감을 경험하게 될 것이다. 또한 타인에게 이해받고 존중받고 있다는 감정을 알게 될 것이며 진정한 자신감을 회복하고 극복하는데 많은 도움을 줄 수 있다.

학교폭력 가해집단 프로그램은 참가하는 이유가 타인에게 신체적 · 정신적 · 물리적 피해를 주는 행위로 인한 결과이고 기존 집단 프로그램에서 집중적으로 다루지 않는 '폭력' 인 만큼 행동수정과 가해행동의 재발방지가 중요하다.

1) 집단상담의 목표

집단상담에 있어서 목표 설정은 개방적, 폐쇄적, 선택적, 비선택적인 목표(Stahl & Eberhard, 2002)로 나눌 수 있는데 학교폭력 가해학생을 위한 집단 프로그램은 최초부터 개방적인 목표 설정으로 모든 참가자들이 알 수 있도록 함이 중요하다. 또한 이러한 목표 설정은 참가자들의 의사와는 상관없이 일정한 정도 내에서는 비선택적인 특징을 띤다.

구체적 목표설정은 다음과 같다.

- 집단구성원들이 행동적 · 정서적 문제의 근원을 이해하고 이 이해를 통하여 그들의 개인 간, 개인 내적 문제에 있어서 훨씬 더 기능을 잘할 수 있도록 활용하고 현재의 증상들을 극복하고 치료할 수 있도록 돕는다.
- 다른 구성원들의 어려움 또한 이해하고 치료적 도움을 주기도 한다.
- 자신이나 다른 구성원들의 장애를 최소화하여 그들의 부적절한 정서와 행동 형태를 수정할 수 있도록 자신의 정서적 에너지를 알게 한다.
- 자기 자신을 수용하는 법을 배우도록 돕는다. 자존감이 낮거나 주위에서 칭찬과 지지를 적절하게 받지 못하는 경우에는 집단 내에서 지지와 칭찬을 강화해서 다른 사람들에게서 느낄 수 있도록 한다.
- 자기 자신의 정서적 문제나 행동적 대처에 대한 방법 선택은 자신의 책임이 따름을 인식하게 한다.

2) 집단 프로그램 진행과정

(1) 학교폭력 가해학생 집단 프로그램 의뢰과정

학교폭력 가해학생을 위한 집단 프로그램 의뢰과정은 다음과 같다.

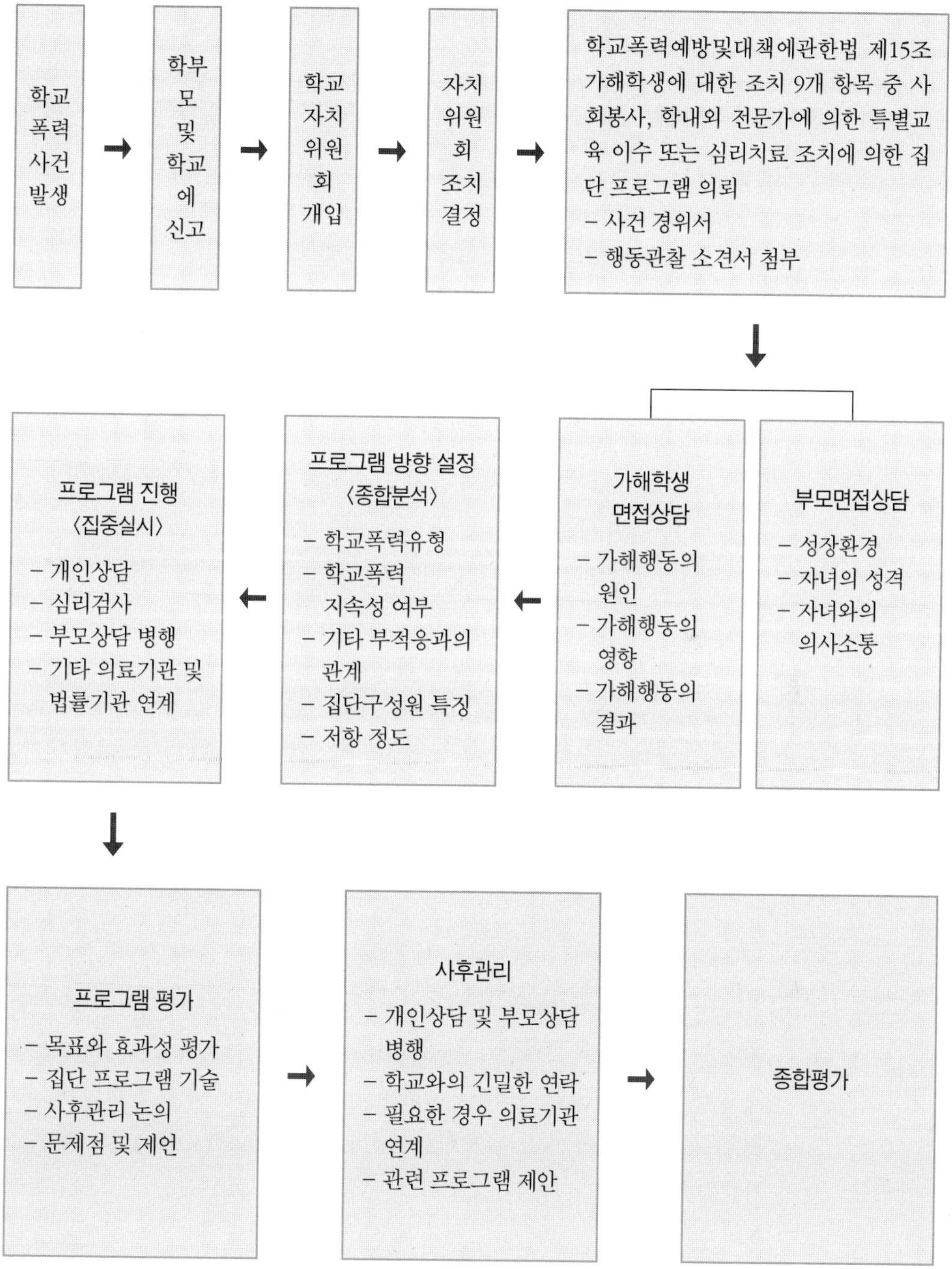
학교 폭력 사건 발생
학부모 및 학교에 신고
학교 자치 위원회 개입
자치 위원회 조치 결정
학교폭력예방및대책에관한법 제15조 가해학생에 대한 조치 9개 항목 중 사회봉사, 학내외 전문가에 의한 특별교육 이수 또는 심리치료 조치에 의한 집단 프로그램 의뢰
– 사건 경위서
– 행동관찰 소견서 첨부
가해학생 면접상담
– 가해행동의 원인
– 가해행동의 영향
– 가해행동의 결과
부모면접상담
– 성장환경
– 자녀의 성격
– 자녀와의 의사소통
프로그램 방향 설정 〈종합분석〉
– 학교폭력유형
– 학교폭력 지속성 여부
– 기타 부적응과의 관계
– 집단구성원 특징
– 저항 정도
프로그램 진행 〈집중실시〉
– 개인상담
– 심리검사
– 부모상담 병행
– 기타 의료기관 및 법률기관 연계
프로그램 평가
– 목표와 효과성 평가
– 집단 프로그램 기술
– 사후관리 논의
– 문제점 및 제언
사후관리
– 개인상담 및 부모상담 병행
– 학교와의 긴밀한 연락
– 필요한 경우 의료기관 연계
– 관련 프로그램 제안
종합평가

(2) 대상 및 기타부적응 문제 연계한 프로그램

학교폭력 가해행동뿐 아니라 기타 학교 부적응 문제를 동시에 가지고 있을 때는 폭력행위 외에도 흡연, 성, 약물, 학교교칙 위반 등의 문제에 따른 가해행동 유발과의 관계성을 알아보고 적절한 개입전략이 필요하다.

(3) 학교폭력 발생 유형에 따른 프로그램 방향 설정

학교폭력 유형의 특징에 따라 다음과 같은 방향을 설정한다.

- 신체적 학교폭력: 신체사용의 긍정적 변화 촉구, 행동변화 유도, 피해자의 감정, 자기범주 및 한계점 알기
- 심리적 학교폭력: 피해자의 감정 및 자신의 왜곡된 인식 알기, 자신의 욕구불만 측면 이해하기
- 물리적 학교폭력: 금품갈취, 기물파손에 따른 사회적 범죄인식과 책임감 함양
- 혼합형 학교폭력: 금품갈취의 경우 모든 학교폭력의 유형적 특징을 다 포함하고 있고 범죄로 발전할 가능성이 높음. 학교 및 사회부적응 요인 제거하기

3) 집단 대상 및 구성

학교폭력 가해학생 집단상담 구성원들은 대부분 동일한 학교폭력 사건으로 의뢰되지만 각 구성원들이 가지는 심리적 문제는 각기 다르다. 폭력 관련 문제로 집단상담을 할 경우에는 장기적이고 지속적일 필요가 있다. 음주 및 약물 문제가 동시에 있을 시에는 학교폭력 가해행동만을 주 문제로 상담하는 것은 적절하지 않으며, 각 문제에 따라서 약물, 음주 관련한 전문 상담실과 의료기관을 연계해야 한다. 지나치게 적대적, 공격적이고 집단활동에 적응하지 못하며, 정해진 규칙을 위반하고 조직적 집단 프로그램을 방해하는 경우에는 개

인상담을 실시하거나 가해학생이 자신의 행위로 인해 주어지는 결과를 미리 예상하도록 하여 처벌에 대한 저항을 감소한다(예, 규칙위반 시 다음 회기에 관찰지 작성하기).

이들은 긍정적인 신체접촉을 받아들일 수용적인 자세가 안 된 경우가 많다(Portmann, 2002). 가해학생들의 경우 폭력을 합리적이고 사회적으로 수용될 수 있는 반응으로 간주할 가능성이 높다. 폭력을 유발시킨 피해학생의 책임이 크다고 생각하며 억울함을 호소한다. 자신이 저지른 폭력행위에 따른 결과적 책임감이 결여되어 있고 집단 프로그램에 의뢰된 초기에는 참여에 소극적이며 폐쇄적이다. 또한 이들은 집단 내 또래관계 형성에도 언어폭력의 공격성을 다시 재연하고 있으며 자기 자신의 신체에 대해 매우 부정적이다.

학교폭력 유형과 상황에 따라서 집단은 다음과 같이 구성될 수 있다.

(1) 우발적 학교폭력사건 집단구성

우발적이고 충동적으로 발생한 가해행동일 경우에는 즉각적인 가정, 학교, 집단 프로그램의 개입으로 가해행동에 대한 반성과 행동수정의 효과성을 가질 수 있다. 그 예는 다음과 같다.

- 일대일 단일 사건
  - 동료
  - 선후배
  - 학교 외에서 발생하는 학교 간 집단싸움
- 소수집단에 의한 폭력 상황

(2) 지속적 학교폭력사건 집단구성

학교폭력이 지속적일 경우에는 피해학생의 정서적, 신체적, 물리적 피해 정도가 심각한데, 이러한 피해를 초래한 가해행동이 매우 습관화되어 있어 피해학생도 당할 이유가 있다고 여긴다. 따라서 상담이 장기적이고 지속적으로 진행될 수 있도록 가정, 학교의 관심과 애정이 절실하다. 그 예는 다음과 같다.

- 집단 따돌림 및 신체폭력
- 학교폭력 피해학생이 가해학생으로 된 경우
- 금품갈취와 신체폭력
- 장애교우를 지속적으로 놀리는 경우

(3) 조직적 학교폭력 사건의 집단구성

집단 프로그램만으로는 근본적인 문제 해결을 시도하는 데 많은 문제점이 있다. 폭력서클의 일원으로 가해자이기는 하나 집단 내나 사회 내에서는 또 다른 폭력의 피해자일 경우가 많기 때문에 각 개인을 가해자로 낙인 찍기보다는 폭력서클에서 탈퇴할 수 있도록 도와주는 것이 바람직하다. 그 예는 다음과 같다.

- 불량 서클 선후배 간 폭행
- 학교 내 불량서클에 의한 폭력 유형

(4) 사이버 학교폭력사건 집단구성

사이버 폭력의 문제점은 상대방을 대면하지 않은 채 사이버상에서 언어적 폭력을 사용하고 간접적 폭력의 형태를 띠나 피해학생에게는 직접적인 피해를 준다. 폭력에 익숙해질 가능성이 높고 폭력이 상대방에게 주는 고통과 피해 정도를 잘 인식하지 못하여 감수성이 무뎌진다. 그 예는 다음과 같다.

- 인터넷을 통한 유언비어
- 휴대폰을 이용한 언어폭력
- 타인의 아이디 도용

4) 집단구성원 인원

경험적으로 4~6명의 집단구성원을 대상으로 프로그램을 실시할 때 관찰, 기록, 평가, 사후관리 면에서 효율적이다. 자칫 인원이 많아지면 집단의 특징상 산만하기가 쉽고 프로그램의 의도와는 달리 '노는 분위기'가 될 수 있다. 학교폭력 사건 발생으로 의뢰된 집단은 타 사건 구성원들과 혼합하는 것은 바람직하지 않으며 일반적인 가해학생 통합 프로그램일 경우에는 구조적 집단상담 프로그램을 계획하여 많은 구성원들이 참여할 수 있게 하는 것이 적절하다.

5) 집단 프로그램 횟수 및 시간

분류	형태	횟수	회기별 소요시간	진행 기간	총 소요시간	비고
단기집중형	사회봉사명령 (1일 7시간)= 사후관리	5~7회	회기별 7시간	10일 이내	30~50시간	- 즉각적 개입 가능 - 사후관리 필요성 높음
중기집중형	집단상담+ 사후관리	6~8회	회기별 2시산	1개월	12~16시간	- 진행 중 또는 종료 후에 개인상담 병행
장기집중형	집단상담+ 개인상담+ 사후상담	10회 이상	회기별 2시간	수개월	20시간 이상	- 장기적, 지속적 장점 - 중도이탈 우려

6) 집단 프로그램의 발달단계 이해

집단 프로그램 진행 시 단계별 주된 내용들은 다음과 같다.

도입단계

- 개인별, 집단별 탐색단계
- 집단프로그램의 목표 및 참가사유 명확
- 집단 역동의 장 · 단점 탐색 및 파악
- 학교폭력 사건개요 정리

↓

진행단계

- 학교폭력 가해행동 문제 인식
- 자신의 행위에 대한 원인과 책임
- 피해학생의 감정 이해
- 집단 내 변화의 동기화

↓

해결단계

- 가해행동에 대한 대안 모색
- 변화를 촉구할 수 있는 행동 강화
- 진정한 친구란?
- 의사소통기술 시연

↓

종결단계

- 긍정적 자아와 나의 미래는?
- 변화의 의지 강화
- 사후 지도방안 및 상담계획
- 학교, 가정, 전문기관의 연계방안 모색

7) 집단 프로그램의 효과성 확장

(1) 개인상담

집단 프로그램과 병행하여 개인상담을 실시하면 학교폭력 가해행동에 대한 자신의 대처방안과 자신의 충동성을 조절할 수 있는 기회를 좀 더 가질 수 있다. 행위에 대한 대처방안을 고민하는 동안 정기적인 상담을 통하여 왜 자신이 생각하는 대처방안이 효율적인지 반대로 비효율적인지를 경험으로 알 수 있으며 동시에 연습할 수 있다. 중요한 목표는 다음과 같다.

- 자신 및 타인 행위 관찰과 행동수정 연습
- 자신만의 긴장 완화와 충동성 감소 방법 알기
- 가해행동과 그 결과의 직접적 연관성 알기

위의 목표를 이루는 데는 어려움이 따르는데, 가해학생 스스로가 자신의 폭력행위에 대해 직면해야 한다는 점이다. 강요받지 않는 분위기에서 자신의 행위에 직면해야 할 것이다. 또한 가해학생은 상황과 타인을 제대로 인식하기 위해서는 각각의 특징에 맞게 차별화된 인식이 필요함을 배우게 되고 타인의 입장에 서서 공감하게 된다. 자신만의 긍정적인 갈등 해결은 결국 타인에게 적절한 자기주장과 적절한 의견대립이 필요함을 알게 되고 자신이 원하는 해결은 종종 자신에 의해서 무시되었음을 알게 된다. 개인상담을 하는 동안 변화의 가능성은 가정, 학교, 사회와의 연결고리를 이어 자신의 갈등 해결기술을 실현해 나갈 수 있도록 지속해서 자신의 내부에 정착시켜야 한다.

(2) 부모상담

학교폭력 가해학생을 프로그램에 의뢰할 경우 접수면접과 동시에 부모를 면담하게 되는데, 가해행동을 이해하는 데 많은 도움이 된다. 부모를 통한 가해학생에 대한 정보는 충동적이고 일시적으로 가해행동을 하였는지, 아니면 오랫동안 잠재된 억압과 분노가 분출되는 과정으로 폭력을 사용하고 있는지를 이해할 수 있게 하며 가해학생의 행동을 수정하고 변화하도록 돕는 가해학생 자신의 잠재력과 주위의 요건을 파악하게 한다.

프로그램 진행과정 중에도 수시로 부모상담을 실시하여 프로그램을 진행하는 동안 학생이 어떻게 반응하고 환경 속에서 어떤 영향을 받는지를 알 수 있으며 부모가 가정 내에서 자녀를 잘 지도하고 갈등 상황에 적절하게 대응할 수 있도록 상담해 주는 것 또한 중요한 핵심이다. 가해학생의 행동이 일시적이지 않을 경우 부모는 오랫동안 지속되어 온 문제행동과 자녀의 양육 방법을 제대로 모르는 가운데 대처방안도 일관되지 못하여 어려움을 겪고 가해학생의 행동이 지속되고 악화된 것에 대해서 부모 자신이 해결하지 못하고 있다는 죄책감을 느낀다. 부모면담에서는 무엇보다도 자녀에게 사랑과 지지, 관심을 쏟으면 변화할 수 있다는 의지와 희망을 가지도록 하고 문제에 관한 감정적인 대응은 도움이 되지 않을뿐더러 자칫 문제행동을 악화할 수 있음을 명심하게 한다. 또한 자녀의 공격적 가해행동의 원인과 발달 요인을 찾게 하여 부모의 문제점과 더불어 가족 내에서 가해행동에 기인하는 원인을 찾도록 한다. 다음 주제와 같은 면담으로 자녀의 가해행동을 이해시킬 수 있다.

- 어떤 상황에서 자녀의 문제행동이 더 강화되는지를 관찰한다.
- 가해행동에 관해 가족적 요인이 사회환경적 요인과 어떤 상호작용이 있는지 알아본다.
- 가족 내 갈등이나 문제에 대해 얼마나 개방적으로 이야기하고 있으며 가족 구성원은 어떻게 생각하고 있는지를 공감한다(Essau & Conradt, 2004).

(3) 교사의 역할

담임교사나 책임교사는 집단 프로그램의 시작과 마지막 단계에 참석하여 가해학생 스스로 교사의 관심을 받고 있다고 느끼게 하는 것도 중요하다. 또한 교사는 어떤 내용으로 집단 프로그램이 진행되는지 사전에 숙지하고 평소 가해학생의 학교생활 관찰 및 행동기록을 집단 프로그램 지도자에게 주어 가해학생 지도에 도움이 되도록 하는 중요한 역할을 해야 한다. 프로그램 후 사후 지도 방안에 관해서도 교사 및 학부모, 사후 관리자가 서로 가해학생에 대한 관심과 지도 방안을 유지할 수 있도록 연계하는 역할도 해야 한다. 교사로서의 책임과 역할을 떠나 학생들이 교사의 관심과 지지에 영향을 받고 행동 변화 가능성을 키울 수 있음을 확신해야 할 것이다.

(4) 지역사회 연계

집단 프로그램을 진행하는 주최 측에서는 학교 또는 지역사회 내 경찰서, 청소년 유관기관과의 긴밀한 연계로 프로그램의 효과성을 확장할 수 있고 지역의 청소년을 보호하며 사후관리를 철저하게 할 수 있는 지역사회 내 장치가 필요하다. 사회봉사, 학교적응 훈련, 교육상담, 부모상담 등을 지역사회 기관들이 실시하고 개별기관의 사례가 아닌 지역사회의 공동적 책임을 요구하는 대상으로 가해학생 문제를 이해하고 대책을 마련해야 한다.

8) 집단 프로그램 진행 유의점

(1) 가해학생 프로그램 지도 시 유의사항

대부분의 학교폭력 가해학생들은 자신의 눈에 띄는 행동으로 인해 일상생활에서 긍정적인 피드백보다는 부정적인 피드백을 접할 기회가 많은데 이 때문에 자기 자신을 수용해 주지 않는 환경에 대해 불신을 가진다. 교육 현장에서 학교폭력 가해학생에게 필요한 것은 이들의 행동에 대한 강화된 질책이 아니라 이들의 실수나 약점, 자기 인성에서 눈에 띄는 행동이 있더라도 진정으로 이들을 수용하고 허락하는 것이다(Guender, 2000).

① 학교폭력 인식

가해학생에게 신체폭력이든 언어폭력이든 간에 다른 학생을 괴롭히는 모든 행동 형태는 학교폭력임을 인식시키도록 한다. 많은 학교폭력 가해학생들은 사회적 인식력과 문제 해결능력 발달 부분이 적절하게 형성되지 못한 경우가 있고, 사회적 정보 처리과정의 결여로 상황을 잘못 인식하거나 지나치게 민감하게 반응 또는 해석하여 자신이 저지른 가해행동을 당연시하며 합리화, 정당화시킨다.

② 처벌이 아니라 교육

가해학생을 위한 프로그램은 선도나 처벌이라는 입장에서 실시될 때가 많은데 이들을 위한 프로그램은 처벌이 아니라 교육적인 목표 설정과 진행으로 이루어져야 한다.

③ 신뢰관계 형성

가해학생 구성원들은 가정이나 학교, 나아가 사회 속에서 자신이 경험한 신뢰관계 중 손상된 부분을 참된 집단 만남 속에서 재생시켜야 한다. 신뢰관계를 형성할 수 있는 만남은 집단 내에서 진실함과 서로를 위한 배려를 바탕으로 형성되어야 한다. 가해학생들이 경험하는 사회를 집단 내에서 솔직하고 진실되게 가식 없이 표현하는 시간이 주어져야 한다.

④ 수용

수용적 태도는 학생들에 대한 선입견을 없애고 지도자 자신의 자세와 가치관의 바람직한 면을 전제로 한다. 지도자의 언어 사용, 자신만의 애정 표현, 유머러스한 감정 표현, 학생들의 저항을 다루고 직면하는 기술 등을 통해 자신들이 얼마나 수용되고 있는 존재인지를 알고 이러한 수용은 타인을 존중하는 가운데 형성되는 것임을 느낀다.

⑤ 저항 다루기

학교폭력 가해학생을 위한 집단상담 프로그램의 목표는 학생들 자신의 문제행동에 대한 해결 및 그에 따른 행동 대처방안을 모색해야 한다는 점에서 이는 본질적으로 현 상태에서의 변화를 요구한다.

저항의 근원은 가해학생들의 변화하고자 하는 감정과 현재 자신의 행동을 합리화하는 양가감정이다. 프로그램의 참가 협조에 반대하는 거부의 의미가 아니라 자신의 변화에 대한 그리고 변화해야 한다는 강제성에 대한 양가감정을 표명하는 것이다. 자신들이 가지는 양면감정을 자연스럽게 인식하게 지지하고 그러한 감정이 일어나는 것이 이상한 것이 아님을 알게 하여 그들이 자기감정을 탐색하여 변화에 대한 장단점을 평가할 수 있도록 도와준다.

또한 저항은 두려움이다. 다른 행동과 가치관에 대한 요구는 가해학생들을 두렵게 만든다. 염려와 두려움을 극복하기 위해 자신만의 어려운 점을 탐색하게 하고 역할극이나 행동연습을 통하여 행동변화를 준비하도록 한다.

⑥ 자아 노출

과다한 자아 노출은 프로그램에 도움이 되기보다는 개인적 호기심을 유발시키고 진행의 흐름을 방해할 수 있다. 적절한 자아 노출은 가해학생들이 긍정적으로 수용됨을 인식하게 하고, 감정표현의 명확함은 내부 역동의 애매모호함을 방지한다.

⑦ 참여 유도

참여 동기가 미약하거나 전혀 없는 경우가 많기 때문에 프로그램 진행 시 참여도에 따라서 각 구성원의 집단참여도가 높다, 낮다라고 평가하는 것은 금물이다. 적극적 참여자, 소극적 참여자, 수용적 참여자, 비수용적 참여자로 나누어 볼 때는 프로그램 진행에 원활하냐 아니냐인데 사실은 행동상으로는 비적극적으로 참여하지만 자신의 내부에서 일어나는 변화의 조짐이 클 때도 있다. 내부적 변화의 의지와 행동적 변화의 노력이 일치할 수 있도록 참여를 유도한다.

⑧ 역할 분담

주진행자와 보조진행자의 역할을 정하는 것이 좋다. 주진행자는 프로그램 진행에 많은 에너지를 집중하기 때문에 보조진행자는 집단기록을 위한 관찰을 한다든지 하여 상호 역할을 분담하는 것이 용이하다. 진행 후 의견은 교환하고 내용진행의 핵심은 주진행자와 보조진행자의 상호 보완이다.

⑨ 장소 선정

학교에서 집단 프로그램을 할 때는 사전에 학교와의 긴밀한 관계 구축으로 사전 정보나 상담 장소에서 반드시 필요한 문구나 물품을 준비하도록 한다.

⑩ **주제 다루기**

기타 학교부적응 프로그램과 비교할 때 자신의 부적응 행동이 타인에게 피해를 주고 학교폭력 가해행동이 피해자나 피해자 가족에게 치명적인 심리적, 정서적 상처를 입힘을 명확히 인식하여 대상 입장에서 감정 이입이 되도록 한다.

특정한 상황에서 행동변화를 위해 한 가지 정서에만 초점을 둔다. 인지와 더불어 연관되는 분노, 불안, 여러 가지 문제를 한꺼번에 다루기보다는 한 번에 하나씩 정서 문제를 다루는 것이 최선의 방법이다.

⑪ **부모의 적극적인 개입 유도**

자녀의 문제행동 속에는 가족관의 갈등을 내포하는 경우가 많은데 학부모의 적극적인 개입을 유도하여 자신들이 알지 못하는 동안 자녀의 문제행동이 부정적으로 발달되고 부모의 관심과 애정이 없이는 가해학생들의 행동은 변화되지 않음을 인식시켜야 한다. 이를 위해 자녀와의 원만한 의사소통이나 청소년 발달기의 문제 이해하기 등을 주제로 한 조언 및 상담이 필요하다.

(2) 주제 다루기

가해학생을 대상으로 한 집단 프로그램에서 주제를 다룰 때는 각 회기의 내용을 진행하는 데 급급하기보다는 전체적인 맥락에서 다음과 같은 사항을 주의해야 한다.

- '나' 이기보다는 '우리' 이길, 하지만 '진정한 우리' 이길 소망한다.
- 집단 구성원들은 가해행동에 대해 변화 욕구 촉진하는 역동을 이끈다.
- 서로가 경계하기보다는 동질감을 가지도록 한다.
- 자신의 문제행동을 합리화하는 것을 경계시킨다.
- 자율적 책임성과 집단 내 협동심을 고조한다.
- 자기 감성을 바탕으로 타인의 감성을 이해하도록 한다.

(3) 변화의 기술

- 인식변화 촉구기술: 토론, 학교폭력비디오 상영, 상황만화 그리기
- 행동변화 촉구기술: 역할극, 자신들이 출연한 영상물 시청하기, 자기 의견 표현
- 욕구분출 촉구기술: 신체 및 예술활동, 언어적 및 비언어적 의사소통기술
- 갈등해결 촉구기술: 진심, 타인의 감정 수용하기, 책임감 강화, 자신 및 타인의 가치관 수용, 비폭력적 언어소통 등으로 자기 언어 속에 내재된 불합리한 신념을 알게 한다.

4. 가해학생 집단 프로그램 사례 I

가해학생을 대상으로 실시하는 프로그램들은 다양한 접근 방식으로 시도되어야 한다. 인지, 정서, 행동 분야에서 이들의 행동의 변화를 촉구해야 하며 일상생활에 숨겨져 있는 언어적, 비언어적 폭력을 알고 갈등 해결기술을 프로그램 진행하는 동안 계속적으로 연습하게 한다. 나아가 청소년 범죄로 발전하지 않도록 자신의 성장 단계를 이해하고 상황에 대한 폭력적 대응은 자신의 행동에 얼마나 많은 제약을 가져다주는지 알게 한다.

1) 프로그램 목적

- 공격성향이나 갈등으로 야기되는 상황을 인식하도록 한다.
- 개인적이거나 일상생활에서 외부로 표출되는 공격성을 재시각화한다.
- 언어적 의사표현을 통한 갈등 해결 문화를 개발하도록 한다.
- 적절한 갈등 해결 기술을 연습한다.
- 문제 성향적인 사회행동 감소를 통한 정서적, 심리적 안정 도모한다.

2) 프로그램 개요

- 대상: 초 · 중 · 고생(예방 및 치료)
- 기간: 총 10회(총 20시간)
- 내용
  - 언어적 및 비언어적 공격성
  - 표현적 및 비표현적 공격성
  - 자신 및 타인 또는 사물에 대한 목적적인 공격성

반공격성 훈련(Anti-Aggression-Training) 예는 다음과 같다.

단계	회기	목적	내용
도입	1회기	참가자 관계형성/ 인지력 트레이닝	파트너 인터뷰, 나의 커다란 세계
전개	2회기	비폭력적 신체접촉/ 자기 자신과의 대결	의자로 향하여/ 우리 서로를 알아볼까?
	3회기	참가자들의 신뢰감 형성/ 인식의 재구성	믿자 트레이닝/ 폭력이미지 분석
	4~5회기	오감을 통한 공격성 표현/ 자기 문제 직면/공간적 제약 느끼기	시청각자료/점토 표현/뜨거운 자리
	6~7회기	갈등 해결기술 강화	나 나갈래/역할극
	8회기	학교폭력 피-가해자 체험	종이동상 만들기/화난 공놀이
정리	9~10회기	분노 증오감 해소	분노의 쪽지 태우기/마음의 선물하기

3) 프로그램 내용의 구성 요소

본 프로그램에서 목적으로 하는 사항들을 도달히기 위하여 내용은 다음과 같은 구성 요소로 이루어진다.

- 욕구불만적 공격성 이론에 근거한 신체 언어 및 감정 지각력을 탐색하고

자신이 경험하는 세계 속에서 욕구를 충족시킬 수 있는 것을 발견하고 그것들을 경험해 보며 자신의 화남과 분노 등을 표현할 수 있는 대처방안을 알아본다(Robertz & Robertz, 2001).

- 인지-정서 상호 교류 작용이 적절하면 자신이 처해 있는 입장을 바르게 이해할 수 있으며 여러 다양한 정서적 감정들은 자신과 타인과의 만남을 통하여 어떠한 상황 속에서 신체적 언어 또는 자신의 감정 표현이 적합한지를 알 수 있게 된다.
- 매스미디어를 통한 폭력이미지 분석은 폭력에 대한 이미지 재구성과 타인의 시각을 알게 하고 일상생활 속에서 폭력과 잔혹성, 분노를 촉발하는 매스미디어 속에서 살아가고 있는 우리를 보여 준다. 또한 폭력이라는 이미지는 오늘날 상품의 가치를 만들어 내는 요소임을 인식할 수 있도록 돕고, 이러한 의도는 폭력이라는 자체가 긍정적 의미를 담고 있지 않아도 우리들 생활 가까이에 존재함을 알게 한다.

4) 프로그램의 방법적 기술

각 회기별 프로그램 목적에 따라 세부적으로 실행되는 활동들은 각 회기별 목표에 부합하도록 선정하고 기본적으로 프로그램 진행의 방법적 기술은 다음과 같다.

- 직면: 자신의 문제행동 직면, 정당화할 수 있는 가해행동
- 브레인스토밍: 자신 및 타인 탐색
- 경청: 사회성 기술
- 문제 설명: 자신의 감정과 문제행동을 언어로 표현
- 역설적 지도: 자신의 반응 촉구
- 재조명 또는 재구조: 변화를 요구하는 인식의 재구조
- 역할극: 문제행동 인식과 대처방안적 행동 모색, 갈등 해결기술

- 인터뷰: 자신 및 타인 탐색, 언어적 표현
- 콜라주: 신체적 언어 및 감정 표현
- 신체활동 : 긍정적 신체적 언어의 표현, 긴장완화, 폭력행동의 대처
- 시청각자료: 시각자료를 통한 피해학생에 대한 공감과 현실감 재연
- 점토 만들기: 자신만의 표현력, 자신감, 창조성, 집단소속감
- 그림 그리기: 인지력 트레이닝
- 편지 쓰기: 피해학생에 대한 공감과 자신의 행동 후회, 피해학생과의 거리감 좁히기
- 종이공놀이: 피해학생 입장에서 상황 겪기

5. 가해학생 집단 프로그램 사례 II

다수의 학교폭력 가해학생들은 사회적 인식력과 문제 해결능력 발달 부분에서 적절하게 형성되지 못한 경우가 있고 사회적 정보 처리과정의 결여로 상황을 잘못 인식하거나 상황을 지나치게 민감하게 반응 또는 해석하여 자신이 직면하는 상황을 폭력으로 해결하고자 한다. 이러한 왜곡된 사회정보처리(Social-cognitive) 과정은 프로그램을 통하여 사회 적응적인 반응 행동양태를 결정할 수 있는 인식과 더불어 적절한 행동대처 방안으로 발전하여야 한다. 예를 들면, 항상 공격적으로 반응하는 학교폭력 가해학생일 경우, 자신의 해석에 따라 또래들이 자신을 위협하거나 시비를 건다고 받아들이고 곧바로 공격적인 행동으로 대응하게 되는 것이다.

무엇보다도 가해학생의 폭력 재발을 방지하고 청소년기의 건전한 자아상 성장에 도움이 되고자 하는 것이 이 프로그램의 목적이다.

1) 프로그램 목적

- 개인의 폭력적 행위를 인식하도록 한다.
- 자신의 가해행동에 대해 책임감을 가지도록 한다.
- 학교폭력 피해학생의 입장을 알고 공감력을 향상시킨다.
- 학교폭력 가해행동이 초래하는 결과에 직면하도록 한다.
- 학교폭력 가해행동에 대한 대처방안, 즉 의사소통력 향상과 갈등을 해결하고자 하는 의지, 충동성 조절, 자기 자신에 대한 적절한 표현력을 향상시키도록 한다.
- 현실과 이상 사이의 자신의 모습을 좀 더 긍정적으로 수용하고 사랑하며 미래에 대한 구체적인 계획 수립으로 변화의 힘을 가지도록 한다.
- 학교폭력 행동은 사회적 범죄며 타인에 대한 인권침해임을 알게 하고 폭력행위가 재발하지 않도록 한다.

2) 프로그램 개요

- 대상: 중 · 고등 학교폭력 가해학생
- 인원: 8~10명
- 기간: 총 10회(총 20시간)
- 내용: 학교폭력 가해행동의 원인과 그 결과, 즉 주위에서 반응하는 여러 부정적인 시각과 자신의 행동으로 인한 책임감 결여는 자신의 이미지를 실추시키거나 반대로 또래관계에서 강화를 받기도 한다. 간혹 공격적 행위를 하는 학생이 또래관계에서 허용되는 것을 가해하는 학생은 자칫 자신의 행동이 잘못되지 않기 때문에 또래들에게 인정받는다고 착각하며 정당화하고 합리화한다. 자신의 타인에 대한 가해행동은 상황과 문제의 종결이라고 잘못 인식하고 있으며 주위의 그릇된 반응으로 자신감까지 강화받는 경우도 있다. 이렇듯 가해행동의 결과는 또래나 학교 내 또는

사회적 분위기의 지지로 가해학생들은 가해행위의 지속으로 교우들 위에 군림하려 하며 자신의 힘을 재확인하려 할 것이다. 그리고 이들은 자신의 목적은 폭력과 타인을 위협하고 괴롭힘으로써 획득할 수 있다고 자신하게 된다. 학교폭력 가해행동을 하는 집단 내에서도 이러한 상황은 재연되며 자신의 공격성향과 그에 따른 행동으로 자신의 힘을 재확인하고, 자신 또한 집단 내 피해자로서 폭력이라는 수단으로 처벌받게 된다. 가해학생들 사이의 가해적 상호 교류는 서로 가해행동을 상승시킨다.

- 학교폭력 가해행동을 이해하기 위하여 자신의 감정을 탐색하고 그 감정으로 인해 일어나는 자신의 신체적 언어, 즉 행동을 이해하기
- 자신과 집단상담에 참가한 이들의 학교폭력 가해행동을 일으키게 된 원인을 자가 진단해 보고 행동의 결과는 무엇인지 알아보기
- 타인을 괴롭히거나 신체적으로 폭력을 가하는 행위는 그 누구도 정당화될 수 없는 행동임을 인식하고 피해를 입은 학생은 어떠한 심정이며 또한 자신이 같은 입장에 놓여 있다면 어떤 감정일지 생각해 보게 하여 피해학생에 대한 동질감과 자신의 행동에 대한 책임감을 알게 하기

• 특징
  - 학교폭력 가해행동을 유발하는 요인 탐색
  - 가해행동으로 인한 장단점
  - 현실과 이상 사이의 자아상
  - 사회적 중립적 기술
  - 피해학생에 대한 공감

나, 너, 아름다운 우리학교(Now Never Again) 프로그램의 예시는 다음과 같다.

회기	목적	내용
1	감정 알기, 신체적 언어 알기	• 나 알기
2	학교폭력 가해행동 요인 알기	• 개별적 요인 찾기 • 나에게 주는 영향 찾기
3	학교폭력 피해자의 입장	• 피해학생의 감정 이해 • 피해학생에 대한 동질감, 수치
4	학교폭력 가해행동의 결과	• 폭력행동으로 얻은 점 • 폭력행동으로 잃은 점
5	분노나 정서적인 공격성 조절하기	• 나의 폭력행동을 유발하는 요인 찾기 • 나의 조절법 찾기
6~7	폭력행동 대처방안	• 대처행동 • 중립기술 • 역할극
8~9	자아 및 타인 자각	• 현실과 이상의 고립감 • 피해학생에게 사과의 편지
10	종결	• 미래 설계

참고문헌

박경애(2002). 인지 정서 행동치료. 서울: 학지사.

천성문 외(2005). 중고등학생을 위한 집단상담 프로그램. 서울: 학지사.

Essau, C. A., & Conrdt, J. (2004). *Aggression bei Kindern und Jugendlichen.*

Guender, R. (2000). *Praxis und Methoden der Heimerziehung: Entwicklungen, Veraenderungen und Perspektiven der stationaeren Erziehungshilfe.*

Petermann, F., & Petermann, U. (2000). *Training mit aggressiven Kindern.*

Portmann, R. (2002). *Spiele zum umgang mit Aggressionen.*

Robertz, D., & Robertz, F. (2001). *Konflikt-Training mit Kindern und Jugendlichen*

Stahl, E. (2002). *Dynamik in Gruppen: Handbuch der Gruppenleitung.*

Toprak, Ahmet (2001). *Ich bin eigentlich nicht aggressiv:* Theorie und Praxis eines Anti-Aggressions-Kurses mit tuerkischstaemmigen Jugendlichen.

Zimbardo, P. (1995). *Pyschologie*, 6., neu bearbeitete und erweiterte Auflage.

18장
학교폭력 예방교육 프로그램

– 이주연(청소년폭력예방재단 학교폭력예방교육센터 과장)

학교폭력 예방을 위해서는 학생 개인을 포함하여 학급, 학교, 가정, 지역사회의 통합적 노력이 절실하게 요구된다. 이들 각 주체들의 노력이 장기적인 관점에서 적절하고 조화롭게 추진될 때, 이 땅에서 '학교폭력'이라는 단어는 줄어들 것이다. 최근 들어 예방활동을 위한 다양한 노력이 시도되고 있으며, 학교 현장에서 이루어지는 학교폭력 예방교육도 그중 하나다.

이 장에서는 학교폭력 예방교육을 이해하기 위한 몇 가지 논의와 예방교육의 법적인 근거조항을 제시하고 실제로 학교 현장에서 적용할 수 있는 학교폭력 예방교육 프로그램을 소개하였다.

1. 학교폭력 예방교육의 이해

예방은 사전에 미리 막는 것이고, 예방교육은 문제가 발생하기 전에 교육한다는 사전적 의미를 가지고 있다. 만약 학교폭력이 발생한 이후에 교육을 실시한다면 그것은 사전적으로 엄밀하게 예방교육이 아닐 수도 있다. 그러나 학교폭력 예방교육을 사전적 의미로만 간단하게 해석하는 데는 한계가 있다. 학교폭력이 발생하기 전에 실시하는 교육으로 이해할 수도 있지만, 심각한 상태로 진행 중인 학교폭력을 중간에 차단하고 억제하는 교육으로 이해할 수도 있기 때문이다. 학교폭력 예방교육을 좀 더 종합적으로 이해하기 위해서는 몇 가지 논의해야 할 것이 있다.

첫째, 학교폭력을 어떻게 바라볼 것인가다. 학교폭력은 연속적이고 복합적인 개념으로 이해되어야 할 필요성이 있다. 갑자기 생기거나 사라지지 않고, 다양한 위험요인에 의해 조금씩 성장하여 표출되는 '연속적이고 복합적인 원인을 가지고 있는 사건들의 집합' 인 것이다. 결국 학교폭력 예방교육은 연속적이고 복합적인 원인을 가지고 있는 학교폭력을 막아내기 위한 '개입' 으로 이해할 수 있다.

둘째, 일반적인 교육대상의 특징이다. 학교폭력 가해-피해 경험이 있는 학생과 경험이 없는 학생이 혼재되어 있는 학급단위, 학년단위, 전교생단위로 실시되는 특징이 있다. 이러한 대상의 다양함과 복잡함은 학급단위로 또는 학년단위로 시간을 낼 수밖에 없는 현실적인 학교 현장의 상황 때문이다. 이러한 교육 대상자의 혼재는 프로그램 자체의 효과성 검증을 어렵게 하는 요인으로 작용하기도 한다.

셋째, 교육의 내용과 형식의 다양성이다. 학교폭력 예방교육은 강사가 중심이 되어 전체 학생을 대상으로 방송강의를 하는 형태, 학급단위로 학생들이 직접 참여하는 1회기, 2회기, 여러 회기로 설계된 프로그램 형태, 학교폭력의 그릇된 태도에 변화를 줄 수 있는 한편의 영상물, 인형극 등 다양한 형태로 운영될 수 있다. 결국 학생들의 흥미와 욕구를 토대로 다양한 예방교육 프로그램이 개발될 수 있는 것이다. 연구하고 개발하며 그것을 현장에 적용할 수 있는 '학교폭력 전문가'의 역할이 강조되는 이유다.

2. 학교폭력 예방교육의 필요성

정책의 변화는 일반적으로 법률적 변화를 바탕으로 한다. 그동안 소극적으로 대응했던 학교폭력 예방교육은 학교폭력예방및대책에관한법률의 제정을 통해 적극적인 실천의 과제로 인식되고 있다.

1) 학생교육에서의 필요성

최근 들어 자살을 포함한 흉기를 이용한 폭력사건은 학교가 해결할 수 있는 범위를 넘어서고 있다. 사건 해결과정에서 법정을 통해 민·형사상 소송으로 이어지는 경우가 종종 발생한다. 그동안의 사건판례를 볼 때 학교도 책임을 피할 수 없는 상황이 자주 발생하며, 이러한 판결의 근거는 사건 발생에 대한 '예측 가능성'과 그에 따른 '적극적인 조치'가 판결의 중요한 요소가 된다. 이러한 법원의 판결은 예방교육의 중요성을 새롭게 인식할 수 있는 근거가 된다. 바로 학교폭력 예방교육이 사건 발생 전에 학교에서 취할 수 있는 적극적인 조치 중에 하나이기 때문이다. 다시 말해 학교폭력 예방교육은 학교 내외에서 학교폭력이 발생하여 중재에 실패하고 법정사건으로 확대되었을 때, 학교를 보호할 수 있는 나름대로의 '보험'이 될 수도 있는 것이다.

이러한 학교입장에서의 미래 가치보다 우선하는 것은 현실적인 절실함이다. 아이들 사이에서 문화처럼 확산되어 있는 폭력을 막아내기 위해서는 사전에 예방하는 것이 가장 효과적인 방법이며, 그 예방의 중심에 학교폭력 예방교육이 있다.

학생을 대상으로 실시하는 예방교육의 필요성은 궁극적으로 학교폭력에 대한 청소년들의 그릇된 인식과 태도를 변화시키는 것이다. 가해학생 또는 가해의 위험징후가 있는 학생들에게 '학교폭력은 범죄' 라는 인식을 심어 주고 바람직한 태도 변화를 유도하거나, 언제 당할지 모를 학교폭력에 대해 효과적으로 대처할 수 있도록 교육하는 것이다.

한 번의 예방교육으로 인식과 태도 변화까지 이끌어 낼 수 있다면 좋겠지만 현실적으로 어려움이 있다. 학교폭력 예방교육은 상당한 시간투자와 반복교육이 필요하므로 성급하게 학교폭력 근절을 기대하는 사람들에게는 때론 답답하게 보일 수도 있다. 그러나 생각해 볼수록 예방교육 이외의 다른 대안을 찾기가 어렵다. 느린 거북이가 빠른 토끼를 이겼던 것처럼 한 발 한 발 쉬지 않고 예방교육을 실시해야 할 필요성이 여기에 있는 것이다.

2) 교사와 부모 교육의 필요성

학급 내 학교폭력 징후와 이에 따른 신속한 대처능력을 교사 스스로가 갖추고 있다면 학교폭력은 분명 줄어들 것이다. 학교폭력이 가장 빈번하게 일어나는 곳이 학교며 , 대부분의 학교폭력이 아이들 스스로 해결할 수 없는 상황이기에 교사의 대처능력은 더욱 중요하다. 학교폭력이 발생하기 전에 한발 앞서 사전에 예방하는 다양한 기술을 교육을 통해 학습되어야 한다.

학교폭력 사건 기저에는 근본적으로 가정의 문제가 있을 수 있다는 사실에서 부모교육이 요구된다. 교육을 통해 그동안 폭력성을 간접적으로 조장했던 훈육방식에 대한 자기반성이 이루어지고, 학교폭력 징후에 대한 이해를 통해 가정에서도 아이의 행동을 좀 더 주의 깊게 관찰한다면 학교폭력을 줄여 나갈 수 있기 때문이다.

학교폭력 문제는 해결될 수 있다는 확신이 중요하다. 이 확신을 뒷받침하는 것이 학교폭력 예방교육인 것이다.

3. 학교폭력 예방교육의 법적 근거

학교폭력예방및대책에관한법률은 학교폭력에 관한 많은 내용을 담고 있지만, 이 절에서는 학교폭력 예방교육에 관하여 알아보고자 한다. 아래 내용은 학교폭격 예방교육 관련한 법률과 시형령, 그에 따른 해설 내용이다. 법령에서의 중요한 내용은 정기적인 학교폭력 예방교육이 실시되어야 한다는 점과 전문단체를 통해 예방교육을 위탁할 수 있다는 것이다. 시행령에서는 법률에서 정한 정기적인 활동을 자세하게 설명하고 있으며 학급별 예방교육을 권장하고 있다.

〈학교폭력예방및대책에관한법률〉

제13조(학교폭력 예방교육) ①학교의 장은 학생의 육체적 · 정신적 보호와 학교폭력의 예방을 위한 교육을 정기적으로 실시하여야 한다.

② 학교의 장은 제1항의 규정에 의한 학교폭력 예방교육 프로그램의 구성 및 그 운용 등을 전문단체 또는 전문가에 위탁할 수 있다.

③ 그 밖의 학교폭력 예방교육의 실시와 관련한 사항은 대통령령령으로 정한다.

〈학교폭력예방및대책에관한법률시행령〉

제11조(학교폭력 예방교육의 실시 등) 법 제13조의 규정에 의한 학교폭력 예방교육은 다음 각호의 기준에 따라 실시한다.

① 학기별로 정기적으로 실시하되, 교육횟수 · 시간 및 강사 등은 학교실정에 따라 학교의 장이 정한다.

② 학급단위로 실시함을 원칙으로 하되, 학교실정에 따라 전체 학생을 대상으로 한 장소에서 동시에 실시할 수 있다.

③ 강의, 토론, 역할연기 등의 방법에 의하되, 다양한 자료나 프로그램 등을 활용하여야 한다.

▶ 해설
- 예방교육을 학기별로 반드시 1회 이상 실시하여야 하는데 1회당 시간, 강사 선정, 강사료, 강의방식 등은 학교 실정에 따라 결정할 사항임
- 시 · 도교육감은 법 제9조 제5항에 의거하여 각급 학교의 학교폭력 예방교육 계획 및 실시 여부에 대해 확인, 점검해야 함
- 법 제4조 제1항에 의거 교육인적자원부 및 시 · 도 교육감은 효율적인 학교폭력 예방교육이 이루어지도록 지원해야 함

4. 학교폭력 예방교육 프로그램

본 학교폭력 예방교육 프로그램은 청소년폭력예방재단에서 실시하는 '내가 바로 지킴이' 라는 초 · 중등용 학급별 프로그램이다. 향후 예방교육을 실시하는 다양한 주체들의 노력을 통해 좋은 프로그램들이 많이 개발되길 희망한다(프로그램에 대한 자세한 정보는 청소년폭력예방재단 www.jikim.net, 청예단 원격연수원 www.ejikim.com을 참조).

내가 바로 지킴이
– 초등학교 저학년용 –

<프로그램 구성>

진행 단계 (80분)	프로그램 명	프로그램 내용	목표	비고
열기 (10분)	이게 뭐야	• 청예단 및 강사 소개 • 프로그램 내용 및 목표 소개	소개 및 관계 형성	

〈계속〉

주요 활동 I (30분)	학교폭력 O, X 퀴즈	• 학교폭력에 대한 기본개념을 O, X 퀴즈를 통하여 익힘	학교폭력의 개념 정리	모둠 활동
	또는			
	학교폭력 베스트 7	• 학교폭력에 대한 기본개념을 '학교폭력 베스트 7' 게임을 통해 익힘	학교폭력의 개념 정리	모둠 활동
주요 활동 II (30분)	이럴땐 이렇게 베스트 5	• '이럴 땐 이렇게 베스트 5' 게임을 통하여 학교폭력 대처방안 모색	예방법과 대처 방법 제시	모둠 활동
	또는			
	예방나무 만들기	• 상황별 학교폭력에 대한 대처방안을 이해한다.	예방법과 대처방법 제시	모둠 활동
닫기 (10분)	으랏차차	• 여럿이 함께 손과 발을 맞대고 바닥에서 일어나는 활동	예방을 위한 협동심과 책임감 배양	전체 활동

이게 뭐야?		
목 표		• '내가 바로 지킴이' 프로그램에 대해 알린다. • 청예단과 강사 소개를 통해 학교폭력에 도움을 받을 수 있는 기관을 알린다.
준비물		• 간식(사탕 정도)
진행 단계	소요 시간	진행내용 및 절차
열기	10분	**들어가기** ① 몇 명의 학생에게 자유롭게 생각을 말하도록 하고, 답변을 정리하면서 당일 프로그램 전반에 대한 오리엔테이션을 실시한다. 〈예〉 "오늘 우리가 함께할 프로그램이 무엇인지 알고 있나요?" "뭘 기대하고 왔어요?" "우리가 오늘 2시간 동안 뭘 하면 좋겠어요?"

〈계속〉

열기	10분	"아~ 그렇군요. 여러 친구들의 기대들이 참 다양하네요. 그럼, 오늘 어떤 것들을 할지 선생님이 소개할게요." **인사(강사 및 재단 소개)** ① 선생님 개인에 대한 소개나 재단에 대한 소개를 간단히 한다. ② 재단 소개 때 학교폭력 발생 시 도움을 받을 수 있는 청소년폭력예방재단 연락처 안내(전화, 홈페이지, 이메일, 사이버 상담실 등) **프로그램 소개** ① 프로그램의 일정을 순서대로 칠판에 쓴다. ② 프로그램에 대한 간단한 소개를 통해 활동에 대한 기대감을 심어준다. ③ 스티커판을 보여 주면서 활동마다 잘하는 모둠이 스티커를 받게 될 것을 이야기해 준다. 〈예〉 "활동은 모둠별로 진행될 거예요." "모든 프로그램은 누가 잘하고 못하고가 있거나 정답이 정해져 있는 게 아니에요. 그러니까 솔직하고 편안하게 자기 생각을 그대로 표현하고 열심히 참여하는 게 가장 중요해요."

학교폭력 O, X 퀴즈		
목 표		• 학교폭력에 대한 개념을 정리한다.
준비물		• 유형별 학교폭력 상황 그림 5장, 스티커, 스티커판, 상품(사탕 정도)
진행 단계	소요 시간	진행내용 및 절차
주요 활동 I	30분	**모둠 나누기** ① 전체 인원을 적정 수의 모둠으로 나눈다.(적정 모둠 수: 6모둠 정도) 〈tip〉 1. 사전에 학교교사의 도움을 받아 모둠을 나누어 놓습니다.

〈계속〉

주요 활동 I	30분	2. 즉석에서 간단한 게임을 통해 전체 학생의 자리를 섞으면서 모둠을 만들어도 좋습니다. * 활용게임(예, 과일사세요, 이웃을 사랑하십니까?) **학교폭력 O, X 퀴즈** ① 학교폭력 상황그림을 준비한다. ② 그림판을 한 장 보여 주면서 이것이 무슨 상황인지에 대해 묻고 아이들이 모둠별로 자연스럽게 자신의 경험을 이야기할 수 있도록 유도한다. ③ 질문당 모둠별로 의논하여 학교폭력이면 손위로 O를, 학교폭력이 아니면 손 위로 X를 만들도록 한다. ④ 모둠별로 의논할 시간을 20~30초 정도 준다. ⑤ 진행자가 '정답' 하고 외치면 모둠별로 O, X를 표시하게 한다. ⑥ 맞춘 모둠에게는 스티커판에 스티커를 부착해 준다. ⑦ 준비한 질문이 끝났을 때 학교폭력 O, X 퀴즈를 통해 새롭게 알게 된 것이 있는지 질문한다. ⑧ 학교폭력의 개념에 대해 자연스럽게 총정리하면서 스티커가 가장 많은 우승 모둠에게 상품을 준다. 〈tip〉 1. 그림판이 없을 경우 O, X 문제를 참고합니다. 저학년은 5~6문제 정도가 적당합니다. 문제는 쉬운 문제와 어려운 문제를 약간 섞으면 아이들이 더 재미있어 합니다. 그러나 학교폭력에 대한 질문은 'O'가 정답이 되면 아이들 머리에 더 각인이 잘 되기 때문에 가능하면 정답이 'O'가 될 수 있도록 문제를 구성해 주세요. O, X 문제 참고 ☞ www.ejikim.com(청예단 원격연수원) 학교폭력 상황 그림 참고 ☞ www.ejikim.com(청예단 원격연수원) 2. 초등학교 저학년의 경우 읽는 문제보다 그림을 보여 주는 것이 훨씬 효과적입니다. 3. 그림판의 경우 학교폭력 종류별 다양한 그림으로 5~6가지 정도 준비합니다.

이럴땐 이렇게 베스트 5

구분		내용
목 표		• 학교폭력의 예방법, 대처방안에 대해 올바르게 이해한다.
준비물		• '이럴 땐 이렇게 베스트 5' 판. 손인형, 예방나무 그림 전지, 사과그림, 풀
진행단계	소요시간	진행내용 및 절차
주요활동 II	30분	**이럴 땐 이렇게 베스트 5** 〈tip〉 1. '이럴 땐 이렇게 베스트 5' 판이란? 4절지 크기에 판을 준비하여 1위부터 5위까지 정리하여 붙여 놓은 판을 말합니다. 붙였다 떼었다 할 수 있도록 뒤에 종이판을 덧씌워서 아이들이 정답을 볼 수 없도록 하고 맞추는 경우에 정답을 떼어 볼 수 있도록 합니다. 만드는 방법은 '학교폭력이란 베스트 7과 동일합니다.' 2. '이럴 땐 이렇게 베스트 5' 순위 예시 1위 도움 요청하기, 2위 피하기, 3위 내 잘못은 없나 생각해 보기 4위 '싫어' 라고 말하기, 5위 좋은 친구 되어 주기 3. 베스트 5의 답을 미리 사과에 적어 둔다. ① 모둠별로 사과와 A4 용지를 나누어 주고 칠판에 예방나무 전지를 붙이고 '이럴 땐 이렇게 베스트 5' 판을 준비한다. ② 손인형을 한 손에 끼우고 인형은 피해자, 강사는 가해자의 역할을 한다. ③ 학교폭력에 대한 상황을 설정하여 가해자가 피해자에게 학교폭력을 행하는 사례를 연출한다. ④ 이런 경우에 어떻게 하면 좋을지 대처방안에 대해서 모둠별로 의논하여 나누어 준 A4 용지에 5개씩 적게 한다. ⑤ 모둠별로 돌아가며 의논한 대처방안 중 하나씩 발표하도록 하고 순위 안에 있는지 확인한다. (같은 내용을 적은 모둠이 있으면 같이 맞춘 것으로 인정해 준다) ⑥ 순위 안에 있는 것으로 발표하면 그 답이 적힌 사과를 예방나무에 붙인다. ('베스트 5' 안에는 없지만 올바른 답을 발표한 모둠의 경우 준비한 빈 사과를 주고 답을 적어 예방나무에 붙이게 한다.)

〈계속〉

		⑦ 모둠별로 돌아가면서 '베스트 5' 항목 모두를 맞추도록 유도한다. ⑧ 예방나무가 완성되면 아이들에게 소감을 묻고 피드백해 준다. ⑨ 학교폭력예방법에 대해 총정리한다. ⑩ 예방나무를 교실 뒤에 붙이고 스티커가 가장 많은 모둠에게 상품을 준다. 〈tip〉 1. 한 사례를 연출하고 5개 답 모두가 나오기 힘듭니다. 특히 '내 잘못은 없나 생각해 보기' 등의 문항은 신체폭력 사례에서는 나오기 어려운 답입니다. 그럴 경우에는 '따돌림' 의 사례를 보여 주면서 맞추게 할 수 있습니다. 2. 베스트 5 안에는 들지 않지만 올바른 답이 나올 경우에도 아이들에게 빈 사과를 주고 답을 적어 예방나무에 붙이게 해도 됩니다. 3. 학교폭력예방법에 대한 정리나 학교폭력에 대한 정의를 정리하는 데 있어서 PPT 자료를 활용하셔도 좋습니다. 말로 설명하는 것보다 아이들을 집중 시키는 데 더 효과적이며 잘 정리가 되어 있기 때문에 개념 정리를 확실하게 하는 데 도움이 되실 것입니다.

예방나무 만들기		
목 표		• 학교폭력의 예방법, 대처방안에 대해 올바르게 이해한다.
준비물		• 예방나무 그림(전지), 사과, 손인형, 풀, 간단한 선물(사탕 등)
진행단계	소요시간	진행내용 및 절차
주요활동 II	30분	**예방나무 만들기** 〈tip〉 1. 예방나무 그림 참고 ☞ www.ejikim.com(청예단 원격연수원) 부록을 참고하여 전지 크기로 확대복사를 하거나 전지 크기에 직접 나무를 그리시면 됩니다. 2. 사과 그림 참고 ☞ www.ejikim.com(청예단 원격연수원) 사과 그림을 준비하여 오리고 사과에 미리 학교폭력 예방법을 써 두어도 되고 정답을 발표하는 학생이 직접 사과에 답을 쓰게 해도 됩니다.

〈계속〉

주요 활동 II	30분	① 예방나무 전지를 칠판에 붙이고 사과를 준비한다. ② 손인형을 한 손에 끼우고 인형은 피해자, 강사는 가해자가 된다. ③ 학교폭력에 대한 상황을 설정하여 가해자가 피해자에게 학교폭력을 행하는 사례를 연출한다. ④ 사례를 연출한 후 이러한 경우에 어떻게 대처하면 좋을지에 대해서 발표하도록 한다. ⑤ 발표를 한 학생 중에 준비한 사과에 있는 대답을 한 학생은 앞으로 나와 예방나무에 사과를 직접 붙이게 한다. (준비한 사과 외의 답이 나올 경우 발표한 학생이 사과에 직접 답을 쓰게 하고 앞으로 나와 예방나무에 사과를 붙이게 한다. 이 경우에는 많은 답을 유도하여 많은 사과를 붙일 수 있다.) ⑥ 맞춘 학생에게는 간단한 선물을 주고 그 학생이 속한 모둠의 스티커판에 스티커를 부착한다. ⑦ 준비한 사과를 다 붙일 수 있도록 유도하여 예방나무를 완성한다. ⑧ 예방나무를 완성한 후 아이들에게 소감을 묻고 피드백해 준다. ⑨ 학생들이 발표한 내용들을 종합하여 폭력 대처방안에 대한 내용을 총정리해 준다. ⑩ 예방나무 전지를 교실 뒤에 붙이도록 하고 스티커가 가장 많은 모둠에게는 상품을 준다. 〈예〉 "여러분이 만든 예방나무가 이렇게 사과를 많이 맺었어요. 이 나무가 계속해서 잘 자라나려면 여러분들이 사과를 아끼고 계속 나무를 가꿔 줘야 해요. 모두 사과에 쓰여 있는 대처방안을 명심하고 잘 지켜 나가기로 해요." 〈tip〉 1. 손인형을 사용하여 사례를 보여 주면 아이들의 집중력이 높아집니다. 학교폭력 상황(예, 때리기, 금품갈취, 괴롭힘 등)에 대한 이야기를 만들어서 아이들의 눈높이에 맞게 상황을 연출하시면 됩니다.

<table>
<tr><th colspan="3">으랏차차!!</th></tr>
<tr><td colspan="2">목 표</td><td>• 학교폭력 예방은 혼자하는 것이 아니라 함께해야 함을 알게 한다.
• 교육내용에 대해 정리해 보는 시간을 갖는다.</td></tr>
<tr><td colspan="2">준비물</td><td>• 편안한 복장, 넓은 공간, 평가서</td></tr>
<tr><td>진행 단계</td><td>소요 시간</td><td>진행내용 및 절차</td></tr>
<tr><td>닫기</td><td>10분</td><td>으랏차차!!
① 닫는 놀이에 대해 설명해 주고 시범을 보여 준다.
* 놀이: 먼저 두 명씩 짝을 지어 마주보고 바닥에 앉는다
→ 서로의 발끝을 대고 두 손을 잡고 동시에 일어난다
→ 성공하면 세 명이 짝이 되어 반복하고 점점 더 많은 인원이 동시에 손을 잡고 일어나기를 시도한다.
② 느낌을 나누는 시간을 갖는다.
'이 놀이를 왜 했을까?' 에 대해 질문하고 대답을 들어 본다.
③ 의미에 대해 부연 설명해 준다.

〈예〉
"학교폭력을 예방하는 일은 혼자서 할 수 없어요. 여럿이 함께해 나가는 것은 분명 어려운 일이지만, 우리가 이 게임에서 동시에 힘을 주어 서로를 끌어당기며 일어나야 하듯 힘을 모아야만 할 수 있는 일이에요."

〈tip〉
1. 상황에 따라 강사가 수를 조정할 수 있습니다. 그러나 첫 번째 시도에서는 반드시 성공할 수 있는 기회를 주어야 합니다.

〈예〉
"오늘 이것으로써 모든 프로그램이 끝났어요. 여러분들과 짧은 시간을 보냈지만 열심히 참여해 줘서 참 고마웠어요. 오늘 배웠던 것이 무엇이었지요? 네. 그러면 이제 배운 것을 열심히 실천해야 되겠지요. 오늘 나누었던 이야기들 꼭 기억하세요."</td></tr>
</table>

내가 바로 지킴이
- 초등학교 고학년용 -

<프로그램 구성>

진행 단계 (80분)	프로그램 명	프로그램 내용	목표	비고
열기 (10분)	이게 뭐야	• 청예단 및 강사소개 • 프로그램 내용 및 목표 소개	소개 및 관계 형성	
주요 활동 I (30분)	수사대 출동	• 수사대가 되어 스스로 학교폭력의 개념을 고찰한다.	학교폭력의 올바른 이해 및 위험성 제고	모둠 활동
주요 활동 II (30분)	빙고게임	• 빙고게임을 통하여 학교폭력 예방법 및 대처방법에 대해 익힘	예방법과 대처방법 제시	모둠 활동
	예방나무 만들기	• 학교폭력 예방법과 대처방안에 대해 이해한다.	예방법과 대처방법 제시	모둠 활동
닫기 (10분)	으랏차차	• 여럿이 함께 손과 발을 맞대고 바닥으로부터 일어나는 활동	예방을 위한 협동심과 책임감 배양	전체 활동

이게 뭐야?	
목 표	• '내가 바로 지킴이' 프로그램에 대해 알린다. • 청예단과 강사 소개를 통해 학교폭력에 도움을 받을 수 있는 기관을 알린다.
준비물	• 간식(사탕 정도)

〈계속〉

진행단계	소요시간	진행내용 및 절차
열기	10분	**들어가기** ① 몇 명의 학생에게 자유롭게 생각을 말하도록 하고, 답변을 정리하면서 당일 프로그램 전반에 대한 오리엔테이션을 실시한다. 〈예〉 "오늘 우리가 함께할 프로그램이 무엇인지 알고 있나요?" "뭘 기대하고 왔어요?" "우리가 오늘 2시간 동안 뭘 하면 좋겠어요?" "아~ 그렇군요. 여러 친구들의 기대가 참 다양하네요. 그럼, 오늘 어떤 것을 할지 선생님이 소개할게요." **인사(강사 및 재단 소개)** ① 선생님 개인에 대한 소개나 재단에 대한 소개를 간단히 한다. ② 재단소개 때 학교폭력 발생 시 도움을 받을 수 있는 청소년폭력예방재단 연락처 안내(전화, 홈페이지, 이메일, 사이버 상담실 등) **프로그램 소개** ① 프로그램의 일정을 순서대로 칠판에 쓴다. ② 프로그램에 대한 간단한 소개를 통해 활동에 대한 기대감을 심어준다. ③ 스티커판을 보여 주면서 활동마다 잘하는 모둠이 스티커를 받게 될 것을 이야기해 준다. 〈예〉 "활동은 모둠별로 진행될 거예요." "모든 프로그램은 누가 잘하고 못하고가 있거나 정답이 정해져 있는 게 아니에요. 그러니까 솔직하고 편안하게 자기 생각을 그대로 표현하고, 열심히 참여하는 게 가장 중요해요."

<table>
<tr><th colspan="3">수사대 출동</th></tr>
<tr><td colspan="2">목 표</td><td>• 학교폭력이 무엇인지를 정확히 이해한다.</td></tr>
<tr><td colspan="2">준비물</td><td>• 필기도구(크레파스, 색연필, 펜 등), 4절지(모둠 수대로)</td></tr>
<tr><td>진행 단계</td><td>소요 시간</td><td>진행내용 및 절차</td></tr>
<tr><td>주요 활동 I</td><td>30분</td><td>모둠 나누기

① 전체인원을 적정 수의 모둠으로 나눈다.(적정 모둠수: 6모둠 정도)

〈tip〉
1. 사전에 학교교사의 도움을 받아 모둠을 나누어 놓습니다.
2. 즉석에서 간단한 게임을 통해 전체 학생의 자리를 섞으면서 모둠을 만들어도 좋습니다.
* 활용게임(예, 과일사세요, 이웃을 사랑하십니까?)

수사대출동

① 아이들에게 '수사대' 가 무엇을 하는 것이냐고 질문한다.
② 아이들의 대답에 피드백한 뒤 지금 우리가 수사대, 경찰이 되어서 학교폭력이 일어나는 현장을 찾아보고 수사할 것이라고 이야기한다.
③ 모둠별로 4절지 혹은 A3 용지를 나눠 준다.
④ 아이들이 경험하거나 생각하는 학교폭력에 대해 모둠별로 토의하고 그림이나 글로 4절지에 표현하도록 한다. (적정시간 15분)
⑤ 한 모둠씩 나와서 발표하도록 하고 수사대활동 용지는 칠판에 부착한다.
⑥ 마무리 시 진행자가 자연스럽게 학교폭력에 대한 개념을 총정리해 준다.
* PPT. 사용 가능

〈tip〉
1. 토의자료 : 내가 보거나 경험한 학교폭력 상황을 구체적으로 찾도록 한다.
예: "나는 ~ 를 학교폭력이라고 생각한다."
"나는 ~ 한 학교폭력을 어디서, 어떻게 본 적(당한 적, 한 적)이 있다."
2. 수사대 활동을 통하여 아이들이 스스로 학교폭력에 대한 개념을 이끌어 내는 것이 중요합니다. 수사대 활동을 마무리하면서 개념 정리를 꼭 해 주세요.</td></tr>
</table>

<table>
<tr><th colspan="3">으랏차차!!</th></tr>
<tr><td colspan="2">목 표</td><td>• 학교폭력 예방은 혼자하는 것이 아니라 함께해야 함을 알게 한다.
• 교육내용에 대해 정리해 보는 시간을 갖는다.</td></tr>
<tr><td colspan="2">준비물</td><td>• 편안한 복장, 넓은 공간, 평가서</td></tr>
<tr><td>진행 단계</td><td>소요 시간</td><td>진행내용 및 절차</td></tr>
<tr><td>닫기</td><td>10분</td><td>으랏차차!!

① 닫는 놀이에 대해 설명해 주고 시범을 보여 준다.
* 놀이: 먼저 두 명씩 짝을 지어 마주보고 바닥에 앉는다.
→ 서로의 발끝을 대고 두 손을 잡고 동시에 일어난다.
→ 성공하면 세 명이 짝이 되어 반복하고 점점 더 많은 인원이 동시에 손을 잡고 일어나기를 시도한다.
② 느낌을 나누는 시간을 갖는다.
'이 놀이를 왜 했을까?' 에 대해 질문하고 대답을 들어본다.
③ 의미에 대해 부연 설명해 준다.

〈예〉
"학교폭력을 예방하는 일은 혼자서 할 수 없어요. 여럿이 함께해 나가는 것은 분명 어려운 일이지만, 우리가 이 게임에서 동시에 힘을 주어 서로를 끌어당기며 일어나야 하듯, 힘을 모아야만 할 수 있는 일이에요."

〈tip〉
1. 상황에 따라 강사가 수를 조정할 수 있습니다. 그러나 첫 번째 시도에서는 반드시 성공할 수 있는 기회를 주어야 합니다.</td></tr>
</table>

<table>
<tr><th colspan="3">예방나무 만들기</th></tr>
<tr><td colspan="2">목 표</td><td>• 학교폭력의 예방법, 대처법 등에 대한 올바른 정보를 나눈다.</td></tr>
<tr><td colspan="2">준비물</td><td>• 필기도구(크레파스, 색연필, 펜 등), 빙고용지(모둠 수만큼), 예방나무 전지, 사과그림(모둠별 2~3개씩)</td></tr>
<tr><td>진행
단계</td><td>소요
시간</td><td>진행내용 및 절차</td></tr>
<tr><td>주요
활동
II</td><td>30분</td><td>빙고게임
① 빙고게임 용지를 모둠별로 한 장씩 나누어 준다.
② 학교폭력이 일어나지 않도록 어떻게 예방할지 그리고 일어났을 때는 어떻게 대처할지를 모둠별로 토의하게 한다.
③ 빙고용지에 있는 9칸에 토의한 예방법과 대처법을 모두 채우라고 한다.
④ 적정시간은 10분
⑤ 10분이 흐르면 모둠별로 돌아가면서 대처방안을 하나씩 발표하게 한다.(이때 적당한 대처방법이 아닐 경우는 다른 모둠으로 넘어가게 한다.)
⑥ 한 모둠에서 발표한 대처방안을 다른 모둠에서도 적었으면 그 내용을 적은 칸을 지워 나가게 한다.
⑦ 가장 먼저 9칸을 지운 모둠에게 준비한 상품을 준다.

〈tip〉
1. 빙고용지는 정사각형 9개를 그려놓은 용지입니다. A4 용지 크기면 적당합니다.
2. 빙고게임을 통해 게임의 재미를 느끼면서 학교폭력 예방법에 대해 곰곰이 생각해 보도록 하는 것이 목적입니다.
3. 시간이 너무 많이 지체될 경우 9칸을 모두 지우는 팀이 나오기까지 기다리지 말고 일정 시간 안에 가장 많은 칸을 없앤 모둠에게 상품을 주셔도 됩니다.
4. 모둠별로 9칸 모두 채우는 것을 어려워할 경우에는 6~7칸으로 빙고게임을 하도록 하실 수 있지만 될 수 있으면 9칸을 모두 채울 수 있도록 도와주세요.
5. 아이들이 발표하는 대처방안에 대해 지지해 주시고 피드백을 해 주시는 것이 좋습니다.</td></tr>
</table>

〈계속〉

		예방나무 만들기 〈tip〉 1. 예방나무 그림 참고 ☞ www.ejikim.com(청예단 원격연수원) 부록을 참고하여 전지 크기로 확대복사를 하거나 전지 크기에 직접 나무를 그리시면 됩니다. 2. 사과그림 참고 ☞ www.ejikim.com(청예단 원격연수원) 부록에 있는 사과그림을 복사하여 한 모둠당 2~3개씩 나눠 줄 수 있도록 미리 사과를 잘라 둡니다. ① 예방나무 그림 전지를 칠판에 붙이고 사과를 준비한다. ② 모둠별로 2~3개의 사과를 나눠 준다. ③ 빙고게임 결과 나온 9가지의 대처법과 예방법 중 각 모둠이 발표한 것을 사과에 적도록 한다. ④ 적은 사과를 가지고 나와 예방나무에 직접 붙이도록 한다. ⑤ 각 모둠의 다양한 의견을 토대로 폭력 대처방안에 대한 내용을 총정리해 준다. ⑥ 예방나무 전지를 교실 뒤에 붙이도록 한다. 〈예〉 "여러분이 만든 예방나무가 이렇게 사과를 많이 맺었어요. 이 나무가 계속해서 잘 자라나려면 여러분들이 사과를 아끼고 계속 나무를 가꿔 줘야 해요. 모두 사과에 쓰여 있는 대처방안을 명심하고 잘 지켜 나가기로 해요" 〈tip〉 1. 사과에 대처법을 쓰기 전에 간단한 학교폭력 사례를 이야기 해 줌으로써 아이들이 학교폭력의 심각성에 대해 다시 한 번 생각하면서 <u>대처방안에 더 집중할 수 있습니다</u>.

내가 바로 지킴이
– 중 · 고등학교용 –

<프로그램 구성>

<table>
<tr><th>진행
단계
(80분)</th><th>프로그램 명</th><th>프로그램 내용</th><th>목표</th><th>비고</th></tr>
<tr><td>열기
(10분)</td><td>이게 뭐야</td><td>• 청예단 및 강사 소개
• 프로그램 내용 및 목표 소개</td><td>소개 및
관계 형성</td><td></td></tr>
<tr><td rowspan="5">주요
활동
I
(30분)</td><td>무비오케</td><td>• 영상물을 본 뒤 모둠별 모션활동 또는 역할극</td><td>학교폭력 상황의
간접경험과
대안행동 모색</td><td rowspan="5">모둠
활동</td></tr>
<tr><td colspan="3">또는</td></tr>
<tr><td>이럴 땐
이렇게
(역할극)</td><td>• 역할극을 통해 피해자 · 가해자
• 방관자의 입장이 되어 본다.</td><td>학교폭력 상황의 간접경험과
대안행동 모색</td></tr>
<tr><td colspan="3">또는</td></tr>
<tr><td>학교폭력
예방 가요제</td><td>• 가요제활동을 통해 학교폭력 예방방안에 대해 모색한다.</td><td>학교폭력
예방법과
대처방안 모색</td></tr>
<tr><td>주요
활동
II
(30분)</td><td>예방교육
강의(PPT)</td><td>• 학교폭력의 정확한 정의, 위험성, 법적 처벌, 대처 방법 등에 대한 정리
• 사례 이야기 또는 동영상 보기</td><td>학교폭력의
올바른 이해 및
위험성 제고</td><td>전체
강의</td></tr>
<tr><td>닫기
(10분)</td><td>으랏차차</td><td>• 여럿이 함께 손과 발을 맞대고 바닥에서 일어나는 활동</td><td>예방을 위한
협동심과
책임감 배양</td><td>전체
활동</td></tr>
</table>

<table>
<tr><th colspan="3">이게 뭐야?</th></tr>
<tr><td colspan="2">목 표</td><td>• '내가 바로 지킴이' 프로그램에 대해 알린다.
• 청예단과 강사 소개를 통해 학교폭력에 도움을 받을 수 있는 기관을 알린다.</td></tr>
<tr><td colspan="2">준비물</td><td>• 간식(사탕 정도)</td></tr>
<tr><td>진행 단계</td><td>소요 시간</td><td>진행내용 및 절차</td></tr>
<tr><td>열기</td><td>10분</td><td>들어가기
① 몇 명의 학생에게 자유롭게 생각을 말하도록 하고, 답변을 정리하면서 당일 프로그램 전반에 대한 오리엔테이션을 실시한다.

〈예〉
"오늘 우리가 함께할 프로그램이 무엇인지 알고 있나요?" "뭘 기대하고 왔어요?"<br>"우리가 오늘 2시간 동안 뭘 하면 좋겠어요?"<br>"아~ 그렇군요. 여러 친구들의 기대들이 참 다양하네요. 그럼, 오늘 어떤 것들을 할지 선생님이 소개할게요."

인사(강사 및 재단 소개)
① 선생님 개인에 대한 소개나 재단에 대한 소개를 간단히 한다.
② 재단소개 때 학교폭력 발생 시 도움을 받을 수 있는 청소년폭력예방재단 연락처(전화, 홈페이지, 이메일, 사이버 상담실 안내 등)

프로그램 소개
① 프로그램의 일정을 순서대로 칠판에 쓴다.
② 프로그램에 대한 간단한 소개를 통해 활동에 대한 기대감을 심어준다.
③ 스티커판을 보여 주면서 활동마다 잘하는 모둠이 스티커를 받게 될 것을 이야기해 준다.

〈예〉
"활동은 모둠별로 진행될 거예요."
"모든 프로그램은 <u>누가 잘하고 못하고가 있거나 정답이 정해져 있는 게 아니에요. 그러니까 솔직하고 편안하게 자기 생각을 그대로 표현하고, 열심히 참여하는 게 가장 중요해요.</u>"</td></tr>
</table>

<table>
<tr><th colspan="3">무비오케</th></tr>
<tr><td colspan="2">목 표</td><td>• 학교폭력이 무엇인지에 대해 이해한다.</td></tr>
<tr><td colspan="2">준비물</td><td>• 학교폭력 관련 영상물(영화, 드라마, 만화), 컴퓨터 및 대형모니터, A4 용지</td></tr>
<tr><td>진행
단계</td><td>소요
시간</td><td>진행내용 및 절차</td></tr>
<tr><td>주요
활동</td><td>60분</td><td>모둠 나누기
① 전체 인원을 적정 수의 모둠으로 나눈다.(적정 모둠수: 6모둠 정도)

〈tip〉
1. 사전에 학교교사의 도움을 받아 모둠을 나누어 놓습니다.
2. 즉석에서 간단한 게임을 통해 전체 학생의 자리를 섞으면서 모둠을 만들어도 좋습니다.
* 활용게임(예, 과일 사세요, 이웃을 사랑하십니까?)

무비오케
① 영상물을 볼 수 있도록 준비한다.
② 학생들을 TV화면에 집중하도록 하고 영상물을 보여 준다.
③ 영상물을 감상한 뒤 모둠별로 느낀 점을 나눈다.(학교폭력 장면 찾아보기, 피해자, 가해자, 방관자가 왜 그런 행동을 했을지, 기분이 어떨지, 어떻게 했으면 좋았을지 등)
④ 모둠별로 나눈 것을 몸으로 표현하며, 모둠 전체가 하나의 어우러진 상황이 되게 만든다.(피해자/가해자/ 방관자의 마음이나 기분, 행동 등을 몸으로 표현)
⑥ 모둠별로 나와서 발표하도록 한다.
⑦ 발표 후 현재의 느낌, 기분, 감정 등에 대해서 진행자가 인터뷰를 한다.
⑧ 모둠 발표가 끝나면 진행자가 자연스럽게 학교폭력에 대한 개념 정리 및 예방법, 대처법을 정리한다.
* 몸으로 표현하며 나누는 것이 힘들 경우
⑨ A4 용지를 모둠별로 나누어 준다.
⑩ 모둠별로 가해자 · 피해자 · 방관자의 감정을 정리해 보라고 한다.
⑪ 정리한 것을 모둠별로 발표한다.

〈tip〉
1. 아이들이 피해자/가해자/방관자의 입장을 이해할 수 있도록 해 보는 것이 중요합니다.</td></tr>
</table>

<table>
<tr><th colspan="3">이럴 땐 이렇게 1(역할극)</th></tr>
<tr><td colspan="2">목 표</td><td>• 활동을 통해 일상의 긴장에서 풀리도록 하고 역할극에 들어갈 준비하기</td></tr>
<tr><td colspan="2">준비물</td><td>• 간단한 도화지와 펜</td></tr>
<tr><td>진행
단계</td><td>소요
시간</td><td>진행내용 및 절차</td></tr>
<tr><td>주요
활동
I</td><td>60분</td><td>준비하기
① 주무르기
• 학생들을 동그랗게 만들어 앉히거나 혹은 한쪽 방향으로 앉아서 자기 앞사람의 어깨를 주무르게 한다.
• 등을 주무르는 데 단계를 넣어서 주무른다. 10부터 100까지 있는데 숫자가 커질수록 강도가 커진다. 10..20..70..100의 식으로 숫자를 불러 준다. 방향을 바꾸어 앉게 한 다음 다시 실시한다.
(주의: 너무 아프지 않게 하도록 한다)
② 신체적 접촉
• 손을 부딪치고 싶은 사람과 짝지어 보라고 하고 엄지손가락 싸움을 하도록 한다.
• 다른 짝으로 바꾸어 손바닥을 부딪치고 싶은 사람을 짝지어 보게 하고 손바닥 싸움을 하도록 한다.
• 눈을 마주치고 싶은 사람과 짝지어 앉게 하고 눈싸움을 하도록 한다
③ 당신은 이웃을 사랑하십니까?
④ 손풀기
• 책상을 한쪽으로 밀고 빈 공간을 마련한다
• 8명 이상 모이게 해서 오른팔이 왼팔 위로 가게 하여 양옆 사람의 손을 잡도록 한다.
• 원모양이 만들어지면 손을 놓지 않고 몸을 움직여 얽혀 있는 손을 풀게 한다

〈tip〉
1. 아이들이 재미있게 게임을 즐기면서 편안한 마음이 되도록 도와주세요. 몸을 움직이면서 긴장도 풀릴 것입니다.</td></tr>
</table>

<table>
<tr><th colspan="3">이럴 땐 이렇게 2(역할극)</th></tr>
<tr><td colspan="2">목 표</td><td>• 학교폭력이 무엇인지에 대해 이해한다.
• 역할극을 통해 상대방의 입장을 이해하고 학교폭력 예방의 대안을 모색한다.</td></tr>
<tr><td colspan="2">준비물</td><td>• 간단한 도화지와 펜</td></tr>
<tr><td>진행
단계</td><td>소요
시간</td><td>진행내용 및 절차</td></tr>
<tr><td>주요
활동
I</td><td>60분</td><td>역할극 하기

① 모둠별로 앉기
② 아이들에게 왕따, 괴롭힘 등 학교 내에서 일어날 수 있는 학교폭력의 종류들을 불러보라고 한다. 모두 불러보라고 한 뒤 비슷한 것끼리 유형화한다.
(주로 따돌림/괴롭힘/금품갈취/놀리기 등으로 나누어 본다.)
③ 각 모둠별로 상의해서 위에 4가지 중 한 주제를 정하되 모둠별로 다른 주제를 정하도록 한다.
④ 정한 주제로 모둠원들이 약 5분 길이의 학교폭력 상황을 만들어 보라고 한다.

〈예〉
미재라는 아이가 있는데 그 아이를 2~3명의 아이들이 '일제냐? 미제냐? 너 웃기다.' 하면서 매일 놀리고, 의자를 빼고, 장난을 치며 미재의 당황한 모습을 보고 즐기는 상황을 만들어 본다.

⑤ 10분 정도의 시간을 준다.
⑥ 모든 모둠원이 정한 상황에서 필요한 역할들을 맡고 나와서 모둠별로 연기해 보도록 한다.
(예, 피해자, 가해자, 방관자, 교사 등)
⑦ 발표할 때 진행자가 자발성을 살려서 맡은 역할의 감정을 극대화하여 느낄 수 있도록 돕는다.
⑧ 한 모둠이 발표하면 연출자가 간단한 인터뷰를 한다.

〈예〉
"네 안녕하세요. ○○ 씨죠? 지금 기분이 어떠세요?'<br>"가해한 친구에게 하고 싶은 말이 있나요? 그 말을 크게 외쳐 볼까요?"
(혼자 할 수 없으면 도와줄 친구를 나오게 하고 옆에 세워 함께 외치도록 한다.)
"나 자신에게 하고 싶은 말은 어떤 거죠."</td></tr>
</table>

〈계속〉

		⑨ 마무리가 되면 4가지 이야기 중 가장 함께 얘기해 보고 싶은 주제를 고르게 한다. ⑩ 고른 주제 하나를 놓고 실제로 아이들이 나와서 피해학생의 대안행동을 해 볼 수 있도록 한다. ⑪ 실제 나온 사례 중 나와야 할 것이 있는데 없으면 진행자가 조금 더 보충해 준다. ⑫ 역할에서 벗어난다. 〈tip〉 1. 역할극은 아이들의 자발성이 중요합니다. 아이들이 역할을 입고 연기를 하는 것이 어색하게 느낄 수도 있지만 아이들이 학교폭력이라는 상황을 간접적으로 접해 보고 한 번이라도 그 역할을 느끼는 것은 학교폭력에 대한 인지적 측면뿐 아니라 정서적 측면에서도 도움이 됩니다. 2. 아이들이 집중할 수 있도록 진행자가 때때로 앉아 있는 아이들을 참여시키고(피해자가 외치고 싶은 말을 같이 외치게 하는 방법, 가해자의 속마음이 되어 보는 방법 등이 있습니다), 다 같이 역할극을 느낄 수 있도록 도와주세요.

이럴 땐 이렇게 3(역할극)		
목 표		• 학교폭력을 예방하기 위해서는 혼자하는 것이 아니라 함께해야 함을 알게 한다. • 교육내용에 대해 정리해 보는 시간을 갖도록 한다. • 참가학생들의 평가서를 토대로 교육내용을 보완, 수정할 수 있게 한다.
준비물		• 모둠별로 활동할 수 있는 공간
진행 단계	소요 시간	진행내용 및 절차
주요 활동 I	60분	**느낌 나누기** ① 역할극을 하고 난 뒤 기분과 생각이 어떤지 나눠 보도록 한다. 〈tip〉 1 충고보다 '내 경우는 어땠었다'와 '나는 그것을 어떻게 극복했다' 등 주로 나의 경험을 나눠 볼 수 있도록 한다. 2. 역할극은 진행자의 역할이 매우 중요합니다. 아이들이 쑥쓰러워하지 않고 충분히 다른 사람의 입장이 되어 그 사람의 감정을 느낄 수 있도록 도와주세요.

〈계속〉

<table>
<tr><td></td><td></td><td>마무리
① 모두 일어나 모둠별로 둥글게 서서 손을 잡도록 한다.
② 내 왼손을 잡은 사람을 기억하고 내 오른손 잡은 사람도 기억하라고 한다.
③ 그다음 모두 양손을 놓는다.
④ 진행자가 시작하고 그만할 때까지 모두가 섞여 달라고 한다. 마치 우리 모두가 세탁기에 세탁물이 된 것처럼 엉켜 달라고 한다.(음악이 있으면 신나는 음악을 틀어 준다.)
⑤ 충분히 섞였으면 그만한다.
⑥ 그 자리에서 아까 잡았던 사람과 왼손과 오른손을 다시 잡도록 한다.
⑧ 그리고 엉킨 그 상태에서 우리 함께 풀어 나가 보자며 의미를 설명하고 마무리한다.
〈예〉
"이렇게 왕따, 학교폭력 등은 우리가 함께 풀어 나가는 것이에요. 우리 같이 노력해야 되겠죠."</td></tr>
</table>

<table>
<tr><th colspan="3">학교폭력 예방 가요제</th></tr>
<tr><td colspan="2">목 표</td><td>• 학교폭력이 무엇인지에 대해 이해한다.
• 학교폭력의 예방과 대처방안에 대해 인지한나.</td></tr>
<tr><td colspan="2">준비물</td><td>• 상품</td></tr>
<tr><td>진행
단계</td><td>소요
시간</td><td>진행내용 및 절차</td></tr>
<tr><td>주요
활동
I</td><td>60분</td><td>학교폭력예방가요제
① 모둠별로 좋아하는 노래를 선정한다.
② 모둠별로 선정한 노래를 개사한다.
③ 개사하는 가사에는 '학교폭력 예방과 대처방안'에 대한 내용이 들어가는 것이 규칙이다.
④ 적정시간은 20분
⑤ 콘테스트를 하기 전에 시상 기준을 무엇으로 하면 좋을지 자연스럽게 토의하도록하고 시상 기준을 정한다</td></tr>
</table>

〈계속〉

		⑥ 모둠별로 컨테스트를 연다. (의상, 악기, 그 외의 것을 동원해서 할 수 있다). ⑩ 시상 기준에 의해 선발된 모둠에게 상품을 준다. ⑪ 소감을 물으면서 중요한 개념에 대해 정리해 준다.

이것이 학교폭력이다		
목 표		• 학교폭력의 올바른 이해 및 위험성 인식시켜 주기, 대처방안 알려 주고 약속하기
준비물		• 파워포인트(PPT.) 자료 / 컴퓨터 및 대형모니터
진행 단계	소요 시간	진행내용 및 절차
주요 활동 I	60분	예방교육 강의 ① 집중시키기: 컴퓨터 대형화면으로 아이들을 집중시킨다. ② 내용 설명하며 정리해 주기: 학교폭력의 정확한 정의, 위험성, 법적 처벌, 대처 방법 등에 대해 하나하나 짚어 주며 정리해 준다. ③ 약속하고 마무리하기: 대처방안을 강조해서 알려 주며 꼭 지킬 것을 함께 약속하고 마친다. 〈tip〉 1. 주의하기: PPT의 내용을 읽어 주는 것은 효과가 없다. 한 부분이라도 실제 사례를 간략하게 이야기해 주거나 동영상 사례를 보여 주면서 진행한다.

<table>
<tr><th colspan="3">으랏차차!!</th></tr>
<tr><td colspan="2">목 표</td><td>• 학교폭력 예방은 혼자하는 것이 아니라 함께해야 함을 알게 한다.
• 교육내용에 대해 정리해 보는 시간을 갖는다.</td></tr>
<tr><td colspan="2">준비물</td><td>• 편안한 복장, 넓은 공간, 평가서</td></tr>
<tr><td>진행
단계</td><td>소요
시간</td><td>진행내용 및 절차</td></tr>
<tr><td>닫기</td><td>10분</td><td>으랏차차!!
① 닫는 놀이에 대해 설명해 주고 시범을 보여 준다.
* 놀이: 먼저 두 명씩 짝을 지어 마주보고 바닥에 앉는다.
→ 서로의 발끝을 대고 두 손을 잡고 동시에 일어난다.
→ 성공하면 세 명이 짝이 되어 반복하고 점점 더 많은 인원이 동시에 손을 잡고 일어나기를 시도한다.
② 느낌을 나누는 시간을 갖는다.
'이 놀이를 왜 했을까?' 에 대해 질문하고 대답을 들어본다.
③ 의미에 대해 부연 설명해 준다.
〈예〉
"학교폭력을 예방하는 일은 혼자서 할 수 없어요. 여럿이 함께해 나가는 것은 분명 어려운 일이지만, 우리가 이 게임에서 동시에 힘을 주어 서로를 끌어당기며 일어나야 하듯 힘을 모아야만 할 수 있는 일이에요."
〈tip〉
1. 상황에 따라 강사가 수를 조정할 수 있습니다. 그러나 첫 번째 시도에서는 반드시 성공할 수 있는 기회를 주어야 합니다.</td></tr>
</table>

19장 학교폭력 예방을 위한 실제적 지침서

– 박명진(서울시립노원청소년수련관 상담팀장)

청소년 사이의 폭력이 매우 오래된 현상임에는 의심할 여지가 없다. 최근 급속한 산업화와 경제 발전으로 우리 생활은 물질적 풍요를 누리고 있다. 하지만 물질적인 풍요로움에 반해 물질만능주의와 비인간화로 정신적인 생활은 점점 더 삭막해져만 가고 있는 것 같다. 이로 인하여 청소년 문제의 양상이 점차 악화되어 가고 있으며, 이에 대한 일반인들은 물론 가정에서의 학부모, 학교에서의 교사들의 관심이나 우려의 목소리가 높아져 가고 있다. 하지만 이런 우려의 목소리는 그에 따르는 적절한 대안이나 지침이 미비하기 때문이며 따라서 이러한 상황에서 대안과 지침은 더욱 절실히 요청된다.

예방을 위해서는 무엇보다 문제 발생 시에 적절한 개입과 중재로 다시 재범이 일어나지 않도록 하는 것이 우선이다. 학교폭력 예방 전문가라고 하더라도 문제를 해결하는 모든 방안을 다 갖추고 있지는 못하므로 많은 연구와 평가들이 수행되어야 할 것이다.

이 장은 현장의 실무를 바탕으로 학교폭력을 예방하고자 하는 개인적인 노력과 학교폭력 관계자의 경험을 바탕으로 서술되었다. 상황이 발생했을 시에 즉각적으로 어떻게 대처해야 하는지를 학교폭력이 발생하기 전 예방과 학교폭력 발생 후의 개입 중심으로 서술했으며, 대상은 학부모, 교사, 학생으로 분류했다.

학교폭력은 단일 요인에 의하여 발생하는 문제가 아닌 어린 시절의 공격적 성향과 개인적 행동 특성, 부모의 학대 및 부모 역할 부재와 같은 가족 특성 요인과 비행친구와 같은 또래 영향 및 흉기에 접근하기 쉬운 환경적 요소를 포함하는 많은 위험 요소와 관련된 복합적인 요인에 의하여 일어나는 문제다. 학교폭력의 복잡성은 학교폭력을 예방하기 위해 노력하는 사람들에게 많은 어려움을 안겨 준다(Dahlberg, 1998).

여기에서는 학교폭력을 예방하기 위한 실제적 실행지침을 제공하고자 한다.

1. 부모-가족 중심의 지침

가정은 한 인간이 출생하여 갖게 되는 최초의 사회집단으로 학생들의 인격 형성에 결정적인 영향을 미친다는 점에서 가장 중요하다고 볼 수 있다. 가정은 가장 기본적인 사회집단으로서 가족 구성원의 애정과 존경과 신뢰를 토대로 서로가 협조해 가면서 살아가는 혈연 공동체며, 사회생활의 적응력을 배양한 장소다. 그러므로 가정에서의 부모 역할은 곧 청소년의 전인적 인격 형성에 전반적인 영향을 미친다고 볼 수 있다.

많은 부모들이 내 자녀가 학교폭력을 당했을 때 어떻게 해야 할지를 난감해 하며 전화상담을 요청하는 모습을 많이 보아 왔다. 이에 자신의 아이가 학교폭력을 당하고 있다는 사실을 알았을 때, 당황하지 않고 어떻게 접근해야 할지를 알아보고자 한다.

1) 부모가 발견할 수 있는 징후

부모의 과도한 자녀 보호와 함께 지나친 방임과 무관심 그리고 가족 구성원 간의 불화는 자녀를 폭력으로 노출시킬 수 있는 소지를 높여 준다. 부모-가족 중심의 개입에 대한 필요성은 증가하는 반면에 현실적인 대처가 힘든 실정이다. 자녀가 폭력 위험에 빠질 가능성이 높은 요소를 살펴보면, 폭력 다발 지역에 사는 것, 폭력을 목격하는 것, 자녀학대의 희생이 되는 것, '거칠거나' 반사회적인 행동을 하는 또래와 어울리는 것 등을 들 수 있다. 무엇보다 행동상의 갑작스런 변화는 폭력의 시초를 알리는 신호가 될 수 있다.

학교폭력의 피해를 당할 가능성이 높은 자녀는 다음과 같은 행동 징후를 두드러지게 보인다.

(1) 피해학생의 징후

- 다른 아이들의 괴롭힘 대상이 되는 경우
- 갑자기 학교에 가기 싫어하고 학교를 그만두거나 전학가고 싶어 하는 경우
- 집에 돌아오면 피곤한 듯 주저앉는 경우
- 부모와 눈을 잘 마주치지 않고 피하는 경우
- 자기 방에 틀어박혀 있는 시간이 많은 경우
- 전보다 용돈을 자주 달라고 요구하며, 때론 훔치기도 하는 경우
- 잘 때 식은땀을 흘리면서 잠꼬대나 앓는 소리를 하는 경우
- 몸에 상처나 멍이 들어 있는 경우
- 옷이 더럽혀 있거나 찢겨 있는 경우
- 전화를 받고 갑자기 외출하는 경우
- 같이 어울리는 친구가 거의 없는 경우
- 자주 물건을 잃어버리는 경우

(2) 가해학생의 징후

- 14세 전에 구속된 경험이 있는 경우
- 비행 전력이 있거나 또래 폭력 집단에 속한 경우
- 알코올 또는 약물 남용을 하는 경우
- 방화와 동물 학대처럼 반사회적 행동에 가담한 경우

- 공격적인 행동을 보이거나 반복적으로 공격성을 나타내는 경우
- 부모에게 이유 없이 반항하는 경우
- 참을성이 없고 화를 잘 내는 경우
- 밤늦도록 잠을 자지 않는 경우
- 돈 씀씀이가 커지는 경우
- 비밀이 많고 부모와 대화를 하지 않는 경우
- 외출이 잦고 친구들의 전화에 신경을 많이 쓰는 경우
- 귀가 시간이 늦어지고 불규칙한 경우
- 부모를 무시하고 공격적인 태도를 취하는 경우
- 사주지 않은 물건을 소지하고 있는 경우

▶ 체크한 항목이
- 1~4개: 아이와 대화로 확인해 본다.
- 5~7개: 사실을 확인해 학교폭력일 경우 선생님께 도움을 청한다.
- 8~14개: 학교 측과 해결방안을 논의하거나 전문기관과 상담한다.

2) 학교폭력 발생 후 개입적인 측면

행동에 심각한 문제가 있는 자녀를 둔 많은 부모들은 비효과적인 양육방법을 사용한다. 예컨대, 폭력을 일삼는 자녀를 둔 부모는 자녀의 일과를 제대로 통제하지 못하고, 일관성 있게 규율을 적용하지 못하며, 자녀의 학습에는 관심이 없는 경향이 있다(Dishion, Patterson, & Kavanagh, 1992). 자녀가 반사회적 행동을 하거나 폭력에 빠지는 경우 부모는 스트레스를 받고 고립된 환경에서 지내게 된다. 이러한 부모는 경제적 혹은 심리적 지원을 별로 받지 못하기 때문에 경제적으로 힘들거나 사회적으로 격리될 수 있다. 부모 중심의 개입은 일찍 시작될수록 자녀에게 그만큼 더 효과적일 수 있다.

(1) 피해학생 부모의 지침

- 아이의 감정을 충분히 존중해 준다.
- 정서적 지지와 격려를 해 준다.
- 피해상황에 대한 정확한 사실을 확인한다.
- 증거자료 확보(진단서, 증인 및 물증)를 해 둔다.
- 학교에 알린다.(담임교사 상담/자녀의 신변안전 보장 · 학생부장 · 교감 · 교장)
- 학교자치위원회 소집을 요구할 수 있다.
- 경찰서에 고소장을 제출할 수 있다.
- 형사재판 종료 후 민사재판을 실시할 수 있다.
- 폭력피해 후유증 예방을 위하여 심리상담을 받는다.

피해자 부모가 가해자를 아는 경우에는 우선 가해자의 신분을 확인하고 우발적이고 피해가 경미한 경우에는 원인을 찾아 가해자를 직접 만나 잘못을 깨닫게 하고 화해를 유도할수 있다. 하지만 고의적인 폭행일 경우에는 학교에 알리고 학교 측 교사가 함께한 자리에서 사과를 받고 재발방지를 위한 각서를 받도록 하는 것이 좋다. 피해자 부모가 가해자를 모르는 경우에는 피해를 당한 장소를 학교와 경찰에 신고하고 가능한 한 피해 장소를 피해서 다니도록 주의를 준다. 그리고 피해자가 불안해할 경우에는 등하교 시 친한 친구들과 함께 다니게 하거나 부모님이 함께 동행해 주는 것이 좋다.

(2) 가해학생 부모의 지침

- 가해행동을 한 이유를 알아본다.
- 폭력 가해학생의 심리적 특성을 알아 둔다. 폭력행동을 하는 아이들의 특성은 질투심과 적개심이 많고, 공격적이며 미성숙하고, 타인을 괴롭히는 데 별다른 의식 없이 덩달아 재미로 혹은 군중심리에 이끌려 따라하는 경우가 대부분이다.
- 폭력 가해학생 또한 언젠가는 피해자가 될 수 있다는 것을 이해시켜 준다.

- 폭력행동이 습관적인 악순환이 되지 않도록 원인을 파악하여 차단한다.
- 폭력행동에 따르는 법적, 사회적 책임감을 알려 준다.
- 무조건적인 부정적인 편견을 버리고 가해 자녀에 대해 포기하지 않는다.

자녀의 행동을 변화시키기 위해서는, 바람직하지 않은 행동을 교정할 긍정적인 강화 활동이 뒤따라야 한다. 이는 적절하고 지속적인 지도 방법에서 이루어져야 할 것이며(Taylor & Biglan, 1998), 가해학생에 대한 무조건적인 부정적인 편견을 버리고 가능성을 발견해 지도해 나가는 것이 필요하다.

2. 학교에서의 지침

학교에서의 교사는 학생들과 장시간 생활함으로써 학생들 간에 발생하는 폭력 문제에 대한 파악이 용이하고 학생들에 대한 지속적인 관찰을 할 수 있다. 특히 교사들이 학생들의 폭력행위에 대해 적절한 제재조치가 부족하거나 무관심, 방조 등의 대응방식으로 대처하였을 경우 학생들은 폭력이 암묵적으로 승인된 것으로 간주하고 폭력에 대해 동조하고 방관적 태도를 가지게 되어 폭력을 확산시키는 결과를 초래한다.

이처럼 학교나 교사들의 학교폭력 예방과 조기개입을 위해서는 교사들이 학교폭력에 대해 어떻게 인식하고 있고, 발생 시 어떠한 방법으로 접근하는지가 중요하다. 여기서는 학교 현장에서 담임교사와 책임교사 그리고 교장의 직위에 따라 각각의 역할이 어떻게 다른지를 살펴보고자 한다.

1) 교사가 발견할 수 있는 징후

(1) 피해학생의 징후

- 수업시간에 특정 학생에게 야유나 험담이 많이 나돈다.

- 잘못했을 때 놀리거나 비웃거나 한다.
- 체육시간이나 점심시간, 야외활동 시간에 집단에서 떨어져 따로 행동하는 학생이 있다.
- 옷이 지저분하거나 단추가 떨어지고 구겨 있다.
- 안색이 안 좋고 평소보다 기운이 없다.
- 친구가 시키는 대로 그대로 따른다.
- 항상 완력 겨루기의 상대가 된다.
- 친구의 심부름을 잘 한다.
- 혼자서만 하는 행동이 두드러진다.
- 주변 학생들한테 험담을 들어도 반발하지 않는다.
- 성적이 갑자기 떨어진다.
- 청소당번을 돌아가면서 하지 않고 항상 동일 학생이 한다.
- 특정 학생을 향해 다수가 눈치를 보는 것 같은 낌새가 있다.
- 자주 지각을 하거나 몸이 아프다는 이유로 결석하는 학생이 있다.
- 평소보다 어두운 얼굴표정으로 수심이 있고 수업에 열중하지 못한다.
- 상담실을 서성거리거나 양호실을 찾아오는 횟수가 잦아진다.

(2) 가해학생의 징후

- 교실에서 큰 소리를 많이 치고 반 분위기를 주도한다.
- 교사와 눈길을 자주 마주치며 수업분위기를 독점하려 한다.
- 교사가 질문할 때 다른 학생의 이름을 대며 그 학생이 대답하게끔 유도한다.
- 교사의 권위에 도전하는 행동을 종종 나타낸다.
- 육체적 활동, 체육 등을 좋아하며 힘이 세다.
- 화를 잘 내고 이유와 핑계가 많다.
- 친구에게 받았다고 하면서 비싼 물건을 가지고 다닌다.
- 성미가 급하고 화를 잘 낸다.

- 자기 자신에 대한 자존심이 강하다.
- 작은 칼 등 흉기를 소지하고 다닌다.
- 등하교 시 책가방을 들어 주는 친구나 후배가 있다.
- 손이나 팔 등에 종종 붕대를 감고 다니거나 문신 등이 있다.

2) 담임교사의 역할

(1) 예방적인 측면

학교폭력이 발생하기 전 담임교사로서의 역할은 먼저 학급 내에 학교폭력이 발생하는지를 예방적인 면에서 먼저 점검할 수 있도록 한다. 학교폭력은 우선적으로 감지가 중요하며 가해학생 또는 피해학생에게 적절한 도움을 신속히 주는 데 의미가 크다.

▶ 담임이 점검해 볼 수 있는 체크리스트

다음 중 학급 내에서 발생하는 문제에 체크해 주세요.

( ) 수업시간을 학생들이 엄수하지 않는다.
( ) 학생들 간에 언어폭력이나 신체폭력이 일어나고 있다.
( ) 학교규칙 위반을 하는 학생이 있다.
( ) 결석을 자주 하는 학생이 있다.
( ) 학교 물건을 파손하는 학생이 있다.
( ) 물건을 도둑맞는 경우가 종종 있다.
( ) 학생들 간에 힘 싸움이 있다.
( ) 옷이 자주 망가지는 학생이 있다.
( ) 안색이 안 좋고 평소보다 기운이 없어 보이는 학생이 자주 있다.
( ) 친구가 시키는 대로 그대로 따르는 학생이 있다.
( ) 주변의 학생이 험담을 해도 반발하지 않는 학생이 있다.
( ) 성적이 갑자기 떨어지는 학생이 있다.

( ) 비싼 옷이나 운동화 등을 자주 잃어버리는 학생이 있다.

( ) 몸에 다친 상처나 멍자국이 발견되고 물어보면 그냥 넘어졌다거나 운동하다 다쳤다고 말하는 경우가 있다.

( ) 교과서나 일기장에 '죽어라' 또는 '죽고 싶다'와 같은 폭언이나 자포자기하는 표현이 있다.

※ 7개 이하 체크-저위험 집단, 7개 이상 체크-고위험 집단

학급별 학교폭력 감지 체크리스트를 통하여 파악이 되는 학생들을 선정하여 학급 내 피해학생 및 가해학생이 있는지를 알아본다. 그리고 학급 내에 학교폭력이 발생한다는 것을 체크리스트를 통해 확인했을 때, 폭력의 유형별로 대응할 필요가 있다. 이를테면, 언어폭력 또는 신체폭력 등의 유형에 따라 대응방안을 마련한다.

고위험집단은 교사가 할 수 있는 예방 프로그램으로 연계를 하며, 일반학생들에게는 학교폭력 예방교육을 학기별 또는 월별로 실시하도록 한다. 학급별 가능활동으로 학급규칙에 따른 상과 벌 또는 정기적인 학급회의를 통해서 학교폭력을 예방할 수 있으며, 쉬는 시간에 관찰자 활용을 하여 학급의 파수꾼을 세울 수 있다.

- 정기적 학급회의
- 학급 내 포돌이 경찰 임명
- 역할극 및 모의재판
- 학급별 학교폭력 예방교육
  예) 학급별 학교폭력 예방 프로그램-초 · 중 · 고등용(2004, 청예단)
- 또래상담자 활성화
- 학급 내 토론문화 활성화

(2) 학교폭력 발생 후 개입적인 측면

학교폭력 발생 후 교사의 역할은 무엇보다도 학생의 폭력피해 정도를 파악해서 응급조치하고 피해학생을 보호하는 것이 우선이다. 신체적, 심리적으로 심각성이나 위험도를 체크하여 양호실이나 병원에 연계하고 가해학생 또한 안전과 보호로써 재범이 발생되지 않도록 조치해야 한다.

- 일반적 조사하기: 학교폭력의 피해 정도 파악(심리적, 신체적 피해 확인-응급조치)
- 책임교사 즉시 보고
- 학부모 연락
- 피해-가해 학생 보호 및 선도

3) 책임/상담교사의 역할

(1) 예방적인 측면

예방차원에서의 책임/상담교사의 역할로서는 학교 전체 수준에서 학생과 학부모 그리고 교사대상으로 학교폭력 예방교육을 실시하여 학교폭력에 대한 이해도를 높여 사전에 예방하는 것에 의미가 있다.

- 학교 전교생을 대상으로 한 학교폭력 의식 및 실태조사
  예) 학교폭력 실태조사 설문지-서울특별시립 노원청소년수련관 상담실(2003)

▶ 다음 각 문항의 내용이 자신의 생각과 일치하면 '예', 그렇지 않으면 '아니요'에 체크하세요.

문 항	예	아니요
(1) 사소한 행동이나 장난으로 친구를 놀리거나 괴롭히는 것까지 폭력이라고 보는 것은 지나친 생각이다.		
(2) 친구들 간에 몇 대 때리거나 괴롭힌 것을 심각한 범죄로 생각하지 않는다.		
(3) 영화에서도 많이 나오지만 정의로운 폭력은 용감하거나 영웅적이다.		
(4) 주위를 보면 진짜 맞을 만한 행동을 하는 친구들이 있다.		
(5) 힘으로 다른 사람을 내 뜻에 굴복시키는 것은 비겁한 일이다.		
(6) 부모님이나 어른이 아셨다는 것을 때린 친구가 알게 되면 또다시 더 괴롭힘을 당하게 될 것이다.		
(7) 내 생각이 옳다면 나와 생각이 다른 친구들을 때려서라도 설득해야 한다.		
(8) 자주 맞는다면 분명 맞는 친구에게 문제가 있거나 무능해서일 것이다.		
(9) 친구들이 괴롭힐 때 조금만 참으면 언젠가 사이가 좋아질 때가 올 것이다.		
(10) 때리거나 괴롭힐 때 '싫어.'라고 얘기하는 것은 반사적인 반응일 뿐이다. 속으로는 즐기기도 한다.		
(11) 재미로 던진 돌에 개구리는 맞아 죽는다. 아무리 연약하고 하찮게 보여도 재미로 괴롭히거나 때리는 행위는 정말 비열한 것이다.		
(12) 괜히 참견하다가 덤으로 맞거나 같이 왕따당하기보다는 못 본 척 넘어가는 것이 현명한 행동이다.		
(13) 여자를 때리는 것은 비겁한 일이지만 남자들끼리는 괜찮다.		
(14) 때론 한마디의 말보다 한 차례의 주먹이 훨씬 효과적이다.		
(15) 친구들과 친해지려면 하기 싫어도 다른 사람을 괴롭혀야 할 때가 있다.		
(16) 힘이 세다는 것을 꼭 남에게 드러내 보일 필요는 없다.		
(17) 화가 날 때 폭력을 사용하면 오히려 더 화가 나게 된다.		
(18) 폭력에는 폭력으로 맞설 수밖에 없다.		

▶ 다음의 각 문항을 잘 읽은 후 여러분의 이웃을 가장 잘 나타내 주는 번호 중 하나에 v 를 표해 주시기 바랍니다.

문 항	전혀 그렇지 않다	그렇지 않다	보통이다	그렇다	매우 그렇다
(19) 우리 동네 어른들은 내 또래의 청소년들에게 관심이 있다.	①	②	③	④	⑤
(20) 우리 동네에는 나한테 관심을 갖고 있는 어른들이 있다.	①	②	③	④	⑤
(21) 내가 나쁜 행동을 한 것을 알면 이웃 사람들이 우리 부모님께 말해 줄 것이다.	①	②	③	④	⑤
(22) 동네 사람들이 나를 안다.	①	②	③	④	⑤
(23) 이웃에 사는 사람들은 우리 집을 자주 도와준다.	①	②	③	④	⑤
(24) 어려운 일이 있으면 이웃에서 우리를 도와준다.	①	②	③	④	⑤
(25) 우리는 동네 사람들과 친하게 지낸다.	①	②	③	④	⑤
(26) 부모님 외에 나에게 잘해 주고 내가 잘 따르는 어른이 있다.	①	②	③	④	⑤

▶ 각 문항에 해당하는 사람이 얼마나 되는지 일치하는 번호 중 하나에 v 를 표해 주시기 바랍니다.

문 항	전혀 없음	1~2명	3~4명	5~9명	10명 이상
(27) 내가 어울리는 친구들 중에서 일주일에 한 번 이상 술을 마시는 친구	①	②	③	④	⑤
(28) 가출한 친구	①	②	③	④	⑤
(29) 경찰이나 파출소에 잡혀 간 친구	①	②	③	④	⑤
(30) 폭력서클에 소속되어 있는 친구	①	②	③	④	⑤
(31) 학교를 그만둔 친구	①	②	③	④	⑤

▶ 다음 각 문항에서 자신의 경험에 대해 답해 주세요.

문 항	없음	1~2번	일주일에 여러 번	장기적 (한 달 이상)
(32) 위협하거나 때려서 돈이나 물건을 빼앗은 적이 있다.	①	②	③	④
(33) 고의적으로 따돌림을 주도한 적이 있다.	①	②	③	④
(34) 학교 성적, 집안형편, 신체적 특징을 가지고 심하게 놀린 적이 있다.	①	②	③	④
(35) 주먹이나 발 혹은 흉기로 때린 적이 있다.	①	②	③	④
(36) 인터넷에서 폭언이나 협박을 한 적이 있다.	①	②	③	④
(37) 휴대폰 문자로 욕설을 보낸 적이 있다.	①	②	③	④
(38) 누군가 나를 위협하거나 때려 돈이나 물건을 빼앗긴 적이 있다.	①	②	③	④
(39) 나는 친구들에게서 따돌림을 당한 적이 있다.	①	②	③	④
(40) 학교성적, 집안형편, 신체적 특징을 가지고 심하게 놀림을 당한 적이 있다.	①	②	③	④
(41) 주먹이나 발 혹은 흉기로 맞은 적이 있다.	①	②	③	④
(42) 인터넷에서 폭언이나 협박을 당한 적이 있다.	①	②	③	④
(43) 휴대폰 문자로 욕설이나 협박을 당한 적이 있다.	①	②	③	④

주: 채점 및 해석
1) 개인의 각 문항별 반응에 따라 합계를 산출한다.
2) 합계점수가 높을수록 폭력 피해의 가능성이 높다고 말할 수 있다.

- 학급별, 학년별, 전교생 대상 학교폭력 예방교육
- 학부모 대상 학교폭력 예방교육: 가정통신문, 강연회, 워크숍
- 교사 대상 학교폭력 예방교육: 자체연수활동, 외부강사초빙특강, 온라인 교사연수 참여

(2) 폭력발생 시 개입적인 측면

책임교사는 담임교사에게서 보고받은 즉시 피해-가해 학생의 구체적인 면

담이 필요하다. 그래서 피해-가해 학생의 구체적인 진술서를 작성하고 정확한 경위와 상황에 대해서 구체적으로 파악해야 한다. 그리고 피해-가해 학생의 학부모 면담을 통해 상황을 인지시키고 책임 및 배상에 대한 합의를 유도해야 한다. 또한 중재를 조정하여 자치위원회를 소집해야 될지의 여부를 파악하고 학교장에게 보고해야 한다.

- 면담하기: 피해-가해 학생 진술서 작성, 피해-가해 학생 학부모 면담
- 보고하기: 진술서 첨부하여 학교장에게 보고
  (피해-가해자 조치상황 보고, 자치위원회 소집 요청)
- 개입하기: 피해자 보호 연계, 가해자 보호 연계
  학부모 면담-상황절차 인지, 책임 및 배상에 대한 합의 유도(진단서, 합의서)

〈피해학생 진술서 예시〉

학교폭력 진술서(피해학생용)	
(1) 언제 일어난 일인가요?	____월 ____일 약 __시경
(2) 어디서 일어난 일인가요?	① 교실 ② 교내 화장실 ③ 복도 ④ 학교 밖(더 구체적으로) ⑤ 기타(________________)
(3) 누가 했나요?	① 아는 사람 ________ (명) ② 모르는 사람 ________ (명)
(4) 어떻게 했나요?	
(5) 이런 일이 몇 번 정도 있었나요?	① __개월간 ____번 ② 처음 있는 일
(6) 이 일을 본 사람은?	① 같은 반 친구 ______ ② 그 외 사람 ______ ③ 기타 ______ ④ 없다 ______
(7) 왜 이런 일이 일어난 것 같나요?	

〈계속〉

(8) 지금 마음은?	
(9) 어떻게 해결되길 바라나요?	① 본인 _______ 〈전학, 사과받기, 치료비〉 ② 가해학생 _______ 〈전학, 사과하기, 치료비〉
책임교사 소견란	

출처: 청소년폭력예방재단, 2004.

〈가해학생 진술서 예시〉

학교폭력 진술서(가해학생용)	
(1) 언제 일어난 일인가요?	____월 ____일 약 __시경
(2) 어디서 일어난 일인가요?	① 교실 ② 교내 화장실 ③ 복도 ④ 학교 밖(더 구체적으로) ⑤ 기타(________________________)
(3) 누구와 함께했나요?	① 아는 사람 __________ (명) ② 모르는 사람 __________ (명)
(4) 어떻게 했나요?	
(5) 이런 행위가 몇 번 정도 있었나요?	① ___개월간 ____번 ② 처음 있는 일
(6) 이 일을 본 사람은?	① 같은 반 친구 ______ ② 그 외 사람 ______ ③ 기타 ______ ④ 없다
(7) 왜 이런 일이 일어난 것 같나요?	
(8) 지금 마음은?	
(9) 어떻게 해결되길 바라나요?	① 본인 _______ 〈전학, 사과받기, 치료비〉 ② 가해학생 _______ 〈전학, 사과하기, 치료비〉
책임교사 소견란	

출처: 청소년폭력예방재단, 2004.

4) 교장의 역할

(1) 예방적인 측면

교장은 전학교 수준에서 학교폭력의 위험수준을 진단할 필요가 있으며, 학생들에게 학교폭력 예방교육이 잘 실시되고 있는지 체크해 볼 필요가 있다. 또한 학부모들에게 가정통신문을 통해 학교폭력에 대한 인식을 높여 주며, 학부모 대상으로 학교폭력에 대한 예방교육이 잘되고 있는지를 감독하고, 교사들에게 학교폭력 예방에 대한 연수활동이 잘 진행될 수 있도록 기회를 제공하는 것도 중요한 역할이라고 하겠다.

(2) 학교폭력 발생 후 개입적인 측면

학교폭력이 발생한 후에 학교장은 책임교사에게서 보고를 받고 상황을 점검하여야 한다. 그래서 자치위원회를 소집해야 할지를 판단하여 결정하고 교육청에 보고하는 역할을 해야 한다.

- 면담하기: 책임교사에게서 보고받기, 상황 체크하기
- 보고하기: 자치위원회 소집 여부 판단 결정, 교육청 보고
- 개입하기: 자치위원회 소집을 해야 되는 경우와 안 해도 되는 경우
- 사후관리: 피해-가해자 상태, 학급분위기, 전체 학교분위기 파악

3. 학생의 지침

청소년들은 대부분의 생활을 학교, 학급을 중심으로 집단생활을 하는 가운데 주변 친구, 교사 혹은 선후배와의 관계 속에서 보내게 된다. 청소년기에 폭력적인 행동을 하거나 피해를 당한 사람은 성인이 되어서도 폭력의 피해자 또는 가해자가 되기 쉽다. 학교폭력 가해학생은 다른 피해학생을 겨냥하여 재차

폭력을 가할 우려가 높으며, 피해학생 또한 폭력으로 인한 피해의식, 왜곡된 사고에서 벗어나도록 도와주어야 한다.

1) 학생이 발견할 수 있는 징후

학생 스스로가 자신이 현재 피해를 당하고 있는지 또는 가해를 하고 있는 학생인지를 자문해 보면서 자기점검을 해 볼 수 있다.

(1) 피해학생의 징후

- 반복적으로 희롱을 당하며, 조소, 무시, 조롱, 위협, 멸시, 협박을 당한다.
- 지배를 받고 굴복한다.
- 조소적이고 비우호적인 방식으로 웃음거리가 되고 비웃음을 받는다.
- 꼬집고, 툭툭 치고, 밀치고, 주먹으로 치고, 발로 차는 등의 일을 당해도 적절하게 자기 자신을 방어하지 못한다.
- 책, 돈 또는 다른 물건들을 빼앗기거나 손상을 입는다.
- 멍이 들고, 상처가 나고, 베이고, 긁히고 또는 옷이 찢기는 등의 일을 당해도 적절하게 자기 자신을 방어하지 못한다.
- 학급에서 친한 친구가 없다.
- 심란하고 불행하고 우울하게 보이고 눈물이 글썽거린다.
- 학교성적이 갑자기 또는 서서히 떨어진다.
- 휴식시간에 선생이나 다른 어른 곁에 바싹 붙어 있으려고 한다.
- 동료학생 그룹 안에서 체력으로나 말로나 다른 방법으로 자기주장을 하기가 어렵다.
- 비행친구와 어울린다.
- 특이한 행동을 하며 신체적 결함 또는 장애가 있다.
- 지나치게 민감하고 소심한 성격을 갖고 있다.

(2) 가해학생의 징후

- 동급생, 특히 피해학생보다 육체적으로 힘이 세다.
- 다른 학생들을 지배하고 굴복시키고, 힘과 위협으로 자기 주장을 세우고, 자기 뜻대로 관철시키려는 욕구가 강하다.
- 성미가 급하고, 화를 잘 내고 충동적이며 반항적이다.
- 좌절에 대한 관용성이 부족하며, 타인에 대한 동정심이 부족하다.
- 규칙을 지키기 어렵고, 좌절과 스트레스 또는 힘듦을 참기 어렵다.
- 속임수를 써서라도 이익을 얻으려 한다.
- 선생과 부모를 포함한 어른들에게 일반적으로 반항적이고, 무시하고, 공격적이다.
- 난폭하고 강인한 것처럼 보이고, 피해학생에게 동정심을 전혀 기울이지 않는다.
- 다른 동급생에 비해서 비교적 더 어린 나이에 반사회적 활동(음주, 흡연, 도벽 등)에 참가한다.
- 폭력에 대한 긍정적인 태도를 갖고 있다.
- 신체적으로 힘을 과시하려는 욕구가 있으며, 학업과 학교에 관심이 적다.
- 타인에게 우쭐대고 싶은 심리가 있다.
- 과거 폭력 및 비행과 연루된 경험이 있다.
- 대인 갈등 해결능력이 부족하다.

2) 예방 및 대처방법

(1) 피해학생의 지침

- 혼자서 해결하려 하지 말고 주변의 믿을 수 있는 사람에게 도움을 청한다.
- 자신이 잘못하거나 못나서 폭력을 당한 것이라 생각지 말고 적극적으로 해결할 수 있다는 자신감을 갖는다.

- 지속적으로 폭력을 당하고 있는 경우 부모, 교사, 경찰 등에게 바로 알려서 가해학생의 폭력원인을 찾아 해결할 수 있도록 한다.
- 폭력을 당한 후 가해자에게 위축되지 말고 자신을 도와줄 부모, 교사 등이 있다고 생각하고 정당하게 대처한다.
- 학교나 부모에게 알리기 힘든 경우, 전문상담기관을 이용하여 도움을 받도록 한다.
- 누구도 나를 도와줄 수 없다는 부정적인 생각을 버리고 적극적으로 도움을 청한다.
- 피해신고는 마마보이나 고자질을 하는 것이 아니라 정당한 나의 권리를 찾는 것이라는 강한 의지를 갖는다.
- 등하굣길에 혼자 다니지 않는다.

(2) 가해학생의 지침

- 싸움의 원인과 자신의 행동에 대해 생각해 본다.
- 스트레스 해소방법을 찾아 화난 마음을 표출해 본다.
- 나도 언젠가는 피해학생이 될 수 있음을 기억한다.
- 나의 가해행동에 따르는 법적인 처벌이 있다는 것을 명심한다.
- 피해친구의 입장과 감정을 이해한다.
- 피해를 입힌 친구에게 찾아가서 사과한다.
- 어떠한 이유이건 폭력은 인간의 존엄성을 파괴하고, 생명의 소중함을 무시하는 행위임을 기억한다.

학교폭력이 발생하였을 경우 가해자와 피해자의 대처방법도 중요하지만, 무엇보다도 방관자, 즉 구경하고 있던 주변 또래 친구들의 역할 역시 중요하다. 방관자 입장에서 폭력상황을 그대로 목격하면서도 묵인하여 사태를 더욱 더 악화시키는 경우가 허다하다. 그러므로 폭력을 더 이상 미화하거나 묵인하지 않도록 해야 할 것이며, 학교폭력을 구경하고 있는 학생들이 선생님이나 주변 어른들께 알리는 것이 마마보이나 고자질을 하는 것이 아니라는 생각을 갖고 신고가 최선의 예방책임을 인식해야 한다.

도움을 받을 수 있는 기관	
청소년폭력예방재단	서울시 서초구 서초동 1484-13 성훈빌딩 2층, 02) 585-9128, 585-0098, www.jikim.net
노원청소년수련관상담실	서울시 노원구 상계6동 772, 02) 3391-4141, www.youthcenter.or.kr
스스로넷 상담실	서울시 용산구 갈월동 101-5번지 서울시정보문화센터, 02) 795-8000, 02)3487-6161, www.ssro.net
서초구립방배유스센터	서울시 서초구 방배동 1031-4호, www.bb1318.or.kr
자녀안심운동 사이버패트롤신고센터	서울시 강남구 대치동 996-14 하나빌딩 8층, 02) 3453-5227, www.1318love.net
청소년보호종합지원센터	서울시 동의동 6번지 2RUN 빌딩 3층, 국번 없이 1388, www.1388.or.kr
왕따닷컴	서울시 용산구 갈월동 101-5번지, www.wangtta.com
학교폭력대책국민협의회	서울시 서대문구 창천동 114-9, 내일여성센터 1층, 02) 325-2542, www.ttastop.org
우리아이 학교폭력피해자 가족협의회	http://www.uri-i.or.kr
서울특별시 청소년종합상담센터	서울시 중구 수표동 27-2, 02) 2285-1318, www.teen1318.or.kr
부산광역시 청소년 종합상담센터	부산 진구 전포 4동 666-6 세화빌딩 3층, 051) 804-5001, www.cando.or.kr
대구광역시 청소년 종합상담센터	대구 달서구 송현동702 앞산공원 소년수련원 내, 053) 635-2000
인천광역시 청소년 종합상담센터	인천시 연수구 연수2동 582-2 연수종합사회복지관 내, 032) 891-2000

광주광역시 청소년 종합상담센터	광주시 동구 금남로 1가 19번지 YMCA 내, 062) 232-2000, kycc.krdns.net
대전광역시 청소년 종합상담센터	대전시 중구 문화동 1-13 기독교연합봉사회관 3층, 042) 257-2000
경기도 청소년 종합상담센터	수원시 팔달구 인계동 1116-1 경기문화재단 9층, 031) 237-1318, www.hi1318.or.kr
강원도 청소년 종합상담센터	춘천시 사농동 277-1 도수련원 2층, 033) 256-2000, www.gyci.or.kr:8090
충북 청소년 종합상담센터실	청주시 상당구 문화동 89 충청북도청 동관 3층, 043) 258-2000, www.cyber1004.or.kr
충남 청소년 종합상담센터	천안시 원성동 543-4번지 천안 협동부지점, 041) 554-2000, www.nettore.or.kr
전북 청소년 종합상담센터	전주시 덕진구 금암 2동 1600-6 YMCA회관 내, 063) 275-2000, www.youthjb.or.kr
전남 청소년 종합상담센터	순천시 장천동 78-3 순천 YMCA 내, 061) 724-2000, www.kyci.or.kr
경북 청소년 종합상담센터	경북 안동시 신안동 290-3, 054) 853-3011~4, www.we7942.or.kr
경남 청소년 종합상담센터	경남 창원시 삼동동 산 27-1, 055) 273-2000, www.kyci.or.kr
울산광역시 청소년 종합상담센터	울산광역시 남구 신정 1동 1263-1, 가족보건복지센터 4층, 052)258-0428, www.friend5279.or.kr
제주도 청소년 종합상담센터	제주시 일도2동 141-4 기봉빌딩 내, 064) 746-7179, www.doum1004.or.kr
중랑청소년수련관상담실	중랑구 면목동 산 78-5, 02) 490-0216, www.jjang.or.kr
목동청소년수련관상담실	양천구 목동 918, 02) 646-6818, www.mdyouth.qp.to
문래청소년수련관상담실	영등포구 문래동 3가, 02) 676-6114, www.myway.or.kr

참고문헌

이동진 역(1996). 학교에서 일어나는 폭력문제. 단 올베우스 저. 서울: 삼신각.

청소년보호위원회(2004). 학교폭력 예방 지침서(부모용 교재).

청예단 연구자료(2004-02). 내가 바로 지킴이.

Dahlberg L. L. (1998). Youth violence in the United States: Major trends, risk factors, and prevention approaches. *American Journal of Preventive Medicine, 14*, 259-272.

Dishion T. J., Patterson G. R., & Kavanagh K. A. (1992). An experimental test of the coercion model: Linking theory, measurement, and intervention. In J. McCord & R. E. Tremblay (Eds.), *Preventing antisocial behavior: Interventions from birth through adolescence* (pp. 253-282). New York: The Guilford Press.

Taylor, T. K., & Biglan, A. (1998). Behavioral family interventions for improving childrearing: A review of the literature for chinicians and policy makers. *Chinical Child and Family Psychology Review, 1*(1), 41-60.

찾아보기

인 명

내 용

저자 소개 (집필순)

■ 문 용 린

서울대학교 사범대 교육학과를 졸업하고, 미국 미네소타대학에서 교육심리학 분야에서 철학 박사학위를 취득하였다. 교육개혁위원회 상임위원, 수학능력시험 채점위원장의 책임을 맡은 바 있고, 제40대 교육부 장관을 역임하였다. 청소년폭력예방재단 이사장, 독서새물결운동추진위원회 위원장, Safe Kids Korea 공동대표로 사회공헌 활동에도 참여하고 있다. 현재 서울대학교 교육학과 교수로 재직 중이며, 도덕심리, 정서지능, 다중지능에 대한 강의와 연구에 몰두하고 있다. 주요 저서로는 도덕교육론, EQ가 높으면 성공이 보인다, 나는 어떤 부모인가, 지력혁명, 백범 김구의 지적능력 개발 연구 등이 있고, 역서로는 피아제의 인지발달론, 콜버그의 도덕발달이론, 에디슨 아동, 비범성의 발견, 다중지능: 인간지능의 새로운 이해, 도덕심리와 발달 등 다수가 있다.

■ 김 준 호

고려대학교 사회학과 및 동 대학원에서 사회학을 전공하고 미국 아이오아주립대학교 대학원 사회학과에서 범죄 및 일탈 사회학을 세부전공으로 수학하여 박사학위를 취득하였다. 덕성여대 사회학과를 거쳐 현재 고려대학교 사회학과 교수로 재직 중이며, 덕성여대 근무 시절 한국형사정책연구원의 초빙을 받아 청소년범죄연구실장을 지내면서 청소년비행에 관한 다양한 연구 과제를 수행하였고 주 관심 분야는 청소년비행이다.

■ 임 영 식

중앙대학교 심리학과를 졸업하고 동 대학원에서 심리학 석사 및 박사 학위를 취득하였다. 현재 중앙대학교 청소년학과 교수로 재직 중이며, 청소년위원회 청소년 인권 및 청소년분과위원과 청소년폭력예방재단 자문위원으로 활동 중이다.

■ 곽 금 주

서울대학교 아동학과를 졸업하고 동 대학원에서 심리학 석사학위를 취득한 후 George Washington Univ. 대학원을 졸업하고 연세대학교 대학원에서 심리학 박사 학위를 취득하였다. 오산대학교 유아교육학과 교수와 청소년보호위원회 폭력, 인권분과 위원회 정책자문의원으로 활동하였으며, 현재 서울대학교 심리학과 교수로 재직 중이다.

■ 최 지 영

숙명여자대학교 교육심리학과를 졸업하고 서울대학교 교육학 석사학위와 미국 미네

소타주립대학 교육심리학 박사학위를 취득하였다. 현재 서울대학교, 건국대학교에 출강하고 있으며 서울대학교 교육연구소 객원연구원으로 활동 중이다.

■ 박 병 식

동국대학교 법학과를 졸업하고 일본 메이지대학원에서 법학 박사학위를 취득하였다. 현재 용인대학교 경찰행정학과 교수로 재직 중이며 학교폭력대책국민위원회 공동대표, 국무총리 청소년위원회 위원으로 활동 중이다.

■ 박 효 정

숙명여자대학교 대학원에서 교육학 박사학위를 취득한 후 오랫동안 학생의 발달, 학생생활과 문화, 문제행동, 학교폭력 등 학생 문제에 관한 연구를 수행해 왔다. 현재 한국교육개발원 학교폭력연구특임실장으로 재직 중이다.

■ 이 규 미

이화여자대학교를 졸업하고 동 대학원 심리학과에서 석사, 박사 학위(상담심리학)를 받았다. 서울청소년수련관 상담실을 시작으로 현장상담자로 오랫동안 일해 왔으며 서울특별시청소년종합상담실 실장을 지냈다. 정부 및 지방자치단체의 청소년 및 여성 관련 정책자문위원, 한국상담심리학회, 발달지원학회, 미래를 여는 청소년학회, 가족복지학회 등 학회임원으로 활동 중이며, 한국상담심리학회 부회장을 역임하였다. 현재 아주대학교 교육대학원 상담심리전공 주임교수로 재직 중이다.

■ 임 재 연

독일 빌레펠트대학교 교육학과 학사 및 석사를 마치고 박사과정 중에 귀국하였다. 성남여성의전화 사무국장을 거쳐, 현재 청소년폭력예방재단 상담센터에서 상담실장으로 재직 중이며 학교폭력 상담 및 예방교육 프로그램 제작과 학교폭력 전문가 양성교육 등의 활동에 몰두하고 있다.

■ 정 규 원

연세대학교 교육대학원에서 석사학위를 취득한 후 구로고등학교 교장, 서울시 교육청 중등장학사, 교육개혁 위원회 전문위원, 통일원 통일교육 전문위원을 역임하였다. 현재 청소년폭력예방재단 이사 및 학교폭력예방교육센터 소장으로 활동 중이다.

■ 김 충 식

성결대학교 사회복지학과를 졸업한 후 사회복지사 1급 자격증을 취득하였다. 현재 청소년폭력예방재단 전남지부 지부장으로 재직 중이다.

■ 이 정 희

중앙대학교 영어영문학과 졸업하고 서울여자대학교 교육심리학 석사학위를 취득하였다. 초 · 중 · 고 영어학원 강사로 근무하였고, 현재 청소년폭력예방재단 상담원으로 재직 중이다.

■ 신 순 갑

한신대학교 일반대학원 사회복지학 석사학위를 취득하고 문화관광부 청소년국 전문의원, 청소년보호위원회 학교폭력분과위원, 학교폭력국민대책협의회 초대사무국장을 역임하였으며 현재 청소년폭력예방재단 정책위원회 위원장과 서초구립방배유스센터 관장으로 재직 중이다.

■ 진 태 원

중앙대학교 의과대학을 졸업하고 동 대학원에서 의학박사 학위를 취득한 후 중앙대학교 의과대학 신경정신과 외래 부교수와 계요병원 청소년 정신의료센터 실장을 역임하였다. 현재 메티스 신경정신과 원장과 해랑 소아청소년연구소 소장으로 활동 중이다.

■ 장 현 우

서강대학교 법학과를 졸업하고 제41회 사법시험에 합격하여 2004년 청소년보호인권위원회 인권보호 법률지원단 변호사를 역임하였다. 2004년 KBS 라디오 '시사플러스' 변호사 해석법률 진행을 맡았고 2005년 서울강남경찰서 소년범 선도심의 위원으로 활동하였으며 현재 법률사무소 청지에 재직 중이다.

■ 박 종 효

서울여자대학교 교육심리학과를 졸업하고 서울대학교 교육학과 석사학위와 미국 위스콘신대학교 교육심리학과 박사학위를 취득하였다. 미국 국립정신보건원에서 박사후 연수과정을 마쳤으며 미국 위스콘신대학교 의과대학 연구원으로 아동 및 청소년의 정신병리와 문제행동에 관한 종단연구를 수행하였다. 현재 서울대학교 교육연구소 객원연구원으로 활동 중이며 서울대학교와 서울여자대학교에 출강하고 있다.

■ 장 맹 배

가톨릭대학교 대학원에서 박사과정(사회복지전공) 중이다. 서울시립보라매청소년수련관에 근무하였다. 학교사회복지, 학급단위 집단 따돌림 예방 프로그램 개발과 진행, 심성훈련 프로그램 개발과 진행을 수백 회 맡았으며, 현재는 구립방배유스센터 사업부장으로 재직 중이다.

■ 강 주 현

가톨릭대학교 심리학과 상담심리 석사학위를 취득한 후 한양대학교 심리치료학과에서 박사과정 중이다. 현재 서울시립청소년정보문화센터 상담팀 팀장과 한국사이코 · 소시오드라마학회 서울지부장으로 활동 중이다.

■ 이 유 미

독일 도르트문트대학교 청소년사회복지학 석사학위를 취득한 후 독일공인사회복지사(소지알아르바이트)로 J D Christliches Jugehddorfwerk Deutschlands e. V. 소속인 Haus Noah 청소년복지중장기그룹홈에서 근무하였다. 청소년폭력예방재단 상담위원으로 활동 중이며 현재 구립방배유스센터 상담팀장으로 재직 중이다. 학교폭력 예방교육 프로그램 개발과 가해학생 개인 및 집단상담에 관심이 많다.

■ 이 주 연

학교, 수련관, 시민단체에 근무하며 청소년 문화, 인권, 복지 활동을 10년 넘게 하고 있다. 수학교육과 청소년복지를 전공하였으며, 전통예술(국가중요무형문화재 34호 이수자)과 조사, 연구에 관심이 많다. 현재 청소년폭력예방재단 교육 · 상담위원, 한국청소년단체협의회 실무위원으로 활동 중이다.

■ 박 명 진

영남대학교 대학원 교육학과에서 석사학위와 박사과정 수료 후 춘해대학 상담심리학과, 여주대학, 한국관광대학 등에 출강하였다. 서울 사랑의 전화 복지재단 상담교수, 원격연수원 상담교수를 역임하였고 경기도 광주시 청소년상담실 전문상담원으로 활동하였다. 현재노원청소년수련관 상담팀장으로 재직 중이다.

학교폭력 예방과 상담

2006년 1월 25일 1판 1쇄 발행
2015년 10월 10일 1판 11쇄 발행

지은이 • 문용린 김준호 임영식 곽금주 최지영 박병식 박효정
이규미 임재연 정규원 김충식 이정희 신순갑 진태원
장현우 박종효 장맹배 강주현 이유미 이주연 박명진

펴낸이 • 김 진 환
펴낸곳 • (주) 학지사
121-838 서울특별시 마포구 양화로 15길 20 마인드윌드빌딩 5층
대표전화 • 02) 330-5114 팩스 • 02) 324-2345
등록번호 • 제313-2006-000265호
홈페이지 • http://www.hakjisa.co.kr
페이스북 • https://www.facebook.com/hakjisa

ISBN 978-89-5891-223-5 93370

정가 17,000원

무지개 프로그램 자료는 학지사 홈페이지 부록자료실에서 내려받을 수 있습니다.